Das reformierte deutsche und schwedische Schiedsverfahrensrecht

Schriftenreihe der August Maria Berges Stiftung für Arbitrales Recht

Herausgegeben von Dr. Hubertus W. Labes

Band 14

PETER LANG
Frankfurt am Main · Berlin · Bern · Bruxelles · New York · Oxford · Wien

Johann von Pachelbel-Gehag

Das reformierte deutsche und schwedische Schiedsverfahrensrecht

Eine vergleichende Betrachtung unter Berücksichtigung des UNCITRAL-Modellgesetzes über die internationale Handelsschiedsgerichtsbarkeit

PETER LANG
Europäischer Verlag der Wissenschaften

Die Deutsche Bibliothek - CIP-Einheitsaufnahme

Pachelbel-Gehag, Johann /von:

Das reformierte deutsche und schwedische Schiedsverfahrensrecht : eine vergleichende Betrachtung unter Berücksichtigung des UNCITRAL-Modellgesetzes über die internationale Handelsschiedsgerichtsbarkeit / Johann von Pachelbel-Gehag. - Frankfurt am Main ; Berlin ; Bern ; Bruxelles ; New York ; Oxford ; Wien : Lang, 2002

(Schriftenreihe der August-Maria-Berges-Stiftung für Arbitrales Recht ; Bd. 14)

Zugl.: Köln, Univ., Diss., 2001

ISBN 3-631-50115-3

D 38

ISSN 0801-0781

ISBN 3-631-50115-3

www.peterlang.de

Meiner Frau

Vorwort

Diese Arbeit wurde im Dezember 2000 fertiggestellt und lag der Rechtswissenschaftlichen Fakultät der Universität zu Köln im Wintersemester 2000/2001 als Dissertation vor. Spätere Literatur und Rechtsprechung konnten nur in Einzelfällen berücksichtigt werden.

Mein besonderer Dank gilt meinem Doktorvater Prof. Dr. Karl-Heinz Böckstiegel, der das Thema dieser Arbeit unterstützt und die Untersuchung umsichtig betreut sowie mir die Freiheit gegeben hat, meinen Thesen und Schwerpunkten nachzugehen. Frau Prof. Dr. Barbara Grunewald danke ich für die rasche Erstellung des Zweitgutachtens.

Danken möchte ich ferner der August Maria Berges Stiftung für Arbitrales Recht für die Aufnahme in diese Schriftenreihe und die freundliche Unterstützung bei der Drucklegung.

Dr. Jon Marcus Meese danke ich für das zeitintensive Korrekturlesen. Meinen Eltern möchte ich für die immerwährende Unterstützung während des Studiums und der Promotion danken. Insbesondere danke ich meiner Frau für Ihre Unterstützung, ohne die diese Arbeit nicht hätte fertiggestellt werden können.

Kronberg i. Ts., den 15. Juli 2002 Johann von Pachelbel-Gehag

Inhaltsverzeichnis

Schrifttumsverzeichnis

Aden, Menno	Internationale Handelsschiedsgerichtsbarkeit, Heidelberg 1988
Adlercreutz, Axel	Avtalsrätt II, 4. Aufl., Lund 1996 (zitiert: Adlercreutz)
Ahrendt, Achim	Der Zuständigkeitsstreit im Schiedsverfahren, Studien zum ausländischen und internationalen Privatrecht 48, Tübingen 1996
Bar, Christian von	Internationales Privatrecht, Zweiter Band – Besonderer Teil, München 1991 (zit.: v. Bar)
Basedow, Jürgen	Vertragsstatut und Arbitrage nach neuem IPR, Jahrbuch für die Praxis der Schiedsgerichtsbarkeit, Band 1, S. 3 ff., Heidelberg 1988
Baumbach, Adolf/ Lauterbach, Wolfgang/ Albers, Jan/ Hartmann, Peter	Zivilprozeßordnung, 58. Aufl., München 2000 (zit.: Baumbach/Lauterbach/Bearbeiter)
Baur, Fritz	Neuere Probleme der privaten Schiedsgerichtsbarkeit, Schriftenreihe der juristischen Gesellschaft e.V., Berlin/New York 1980, S. 5 ff. (zit.: Baur)
Behrens, Peter	Arbitration as an Instrument of Conflict Resolution in International Trade: Its Basis and Limits, in: Conflict Resolution in International Trade – A Symposium, Wirtschaftsrecht und Wirtschaftspolitik, Bd. 128, hrsg. von Daniel Friedmann und Ernst-Joachim Mestmäcker, Baden-Baden 1993, S. 13 ff.
Benkö, Marietta	Schiedsverfahren und Vollstreckung von Schiedssprüchen in England, in: Studien zum Recht der internationalen Schiedsgerichtsbarkeit, hrsg. von K.-H. Böckstiegel, Köln, 1979
Berg, Albert Jan van den	The New York Arbitration Convention of 1958, Deventer/Boston 1981
ders.	Commentary Cases reported in Yearbook of Commercial Arbitration (YCA) Vol. XII (1987), S. 409 ff.
Berger, Klaus Peter	Das neue Recht der Schiedsgerichtsbarkeit – The new German Arbitration Law, Köln 1998 (zit.: Berger, Schiedsgerichtsbarkeit)
ders.	Das neue deutsche Schiedsverfahrensrecht, DZWir 1998, S. 45 ff.
ders.	Internationale Wirtschaftsschiedsgerichtsbarkeit, in: Recht des internationalen Wirtschaftsverkehrs, Band 10, Berlin/New York 1992 (zit.: Berger)
ders.	International economic arbitration in Germany: A new era, Mealey's Int. Arb. Rep. 1992, Vol. 7 No. 7, S. 17 ff.
ders.	Die Regelung der gerichtlichen Anfechtbarkeit internationaler Schiedssprüche in europäischen Schiedsgerichtsgesetzen, RIW 1989, S. 850 ff.
Berglund, Hadar	Om skiljeavtal och skiljedom, Bidrag till läran om skiljeavtalets och den därpå grundade skiljedomens processuella verkningar enligt svensk rätt, Uppsala 1920
Beringe, von	Die Nationalitätsbestimmung bei Schiedssprüchen, NJW 1959, S. 77 ff.

Bernitz, Ulf	Den nya konkurrenslagen, 2. Aufl., Stockholm 1993 (zit.: Bernitz)
ders.	Näringslivets normer, in: Finna rätt – Juristens källmaterial och arbetsmetoder, (hrsg. von Bernitz, Ulf/ Heuman, Lars/Leijonhufvud, Madeleine/Seipel, Peter/ Warnling-Nerep, Wiweka/Victorin, Anders/Vogel, Hans-Heinrich), 4. Aufl., Stockholm 1996, S. 143 ff. (zit.: Bearbeiter, in: Finna rätt (Bernitz u.a.))
Bernuth, Marie-Louise von	Die Doppelkontrolle von Schiedssprüchen durch staatliche Gerichte, in: Europäische Hochschulschriften: Reihe 2 Bd. 1766, Frankfurt a. M. 1995
Blegvad, Britt-Marie	Schiedsverfahren und staatlicher Prozeß als Mittel der Konfliktlösung in der Wirtschaft, in: Rehbinder, Einführung in die Rechtssoziologie, Frankfurt a. M. 1971, S. 126 ff.
Blomeyer, Arwed	Zivilprozeßrecht, Erkenntnisverfahren, 2. Aufl. 1985
Böckstiegel, Karl-Heinz	An introduction to the New German Arbitration Act based on the UNCITRAL Model Law, Arb.Int. 1998, Vol. 14, No.1, S. 19 ff.
ders.	Introduction to Proceedings of Working Group II, in: International Council for Commercial Arbitration, Congress series no. 7, Planning efficient arbitration proceedings – the law applicable in international arbitration, hrsg. von Jan van den Berg, Den Haag 1996, S. 251 ff.
ders.	Schlichten statt Richten – Möglichkeiten und Wege außergerichtlicher Streitbeilegung –, DRiZ 1996, S. 267 ff.
ders.	The Problems Facing Arbitration in the European Union, Arbitration 08/1995, S. 191 ff.
ders.	Internationale Streiterledigung vor neuen Herausforderungen, Festschrift für Rudolf Bernhardt, Beiträge zum ausländischen öffentlichen Recht u Völkerrecht, Bd. 120, 1995, S. 671 ff.
ders.	Schiedsgerichtsbarkeit im wiedervereinigten Deutschland, in: Recht und Praxis der Schiedsgerichtsbarkeit (RPS), BB-Beil. 15/1992 (Heft 28), S. 4 ff.
ders.	Die Bedeutung der Schiedsgerichtsbarkeit im gegenwärtigen politischen und wirtschaftlichen Umfeld, in: K.-H. Böckstiegel (Hrsg.), DIS-Schriftenreihe, Bd. 9, S. 17 ff., Köln/Berlin/Bonn/München 1992
ders.	Practices of various arbitral tribunals; in: International Council for Commercial Arbitration, Congress series no. 5, Xth International Arbitration Congress, Stockholm 1990, hrsg. von Jan van den Berg, Den Haag 1991, S. 132 ff.
ders.	Vorwort des Herausgebers, in: K.-H. Böckstiegel (Hrsg.), Die internationale Schiedsgerichtsbarkeit in der Schweiz (II) – Das neue Recht ab Januar 1989, Schriftenreihe der Deutschen Institution für Schiedsgerichtswesen, 1/II, S. 1 ff., Köln/Berlin/Bonn/München 1989
ders.	Zu den Thesen von einer "delokalisierten" internationalen Schiedsgerichtsbarkeit, in: Festschrift für Walter Oppenhoff, München 1985, S. 1 ff.

ders.	Hardship, force majeure and special risks clauses in international contracts; in: Adaptation and renegotiation of contracts in international trade and finance, hrsg. von Norbert Horn – Studies in Transnational Economic Law – Bd. 3, Deventer 1985, S. 159 ff.
ders.	Erfahrungen als Schiedsrichter in Streitfällen des Großanlagenbaus und der Bauindustrie, in: K.-H. Böckstiegel (Hrsg.), DIS-Schriftenreihe, Bd. 4, S. 311 ff., Köln/Berlin/Bonn/München 1984
ders.	Das UNCITRAL-Modell-Gesetz für die internationale Wirtschafts-Schiedsgerichtsbarkeit, RIW 1984, S. 670 ff.
ders.	Die Bestimmung des anwendbaren Rechts in der Praxis internationaler Schiedsgerichtsverfahren, in Festschrift für Günther Beitzke, Berlin 1979, S. 443 ff.
Bösch, Axel	Einstweiliger Rechtsschutz in der internationalen Handelsschiedsgerichtsbarkeit, Frankfurt a. M./Bern/New York/Paris 1989
Bogdan, Michael	Komparativ Rättskunskap, Stockholm 1993 (zit.: Bogdan, Komparativ Rättskunskap)
Bogdan, Michael	Private International Law, in: Swedish Law, Hrsg. Fisher, David I. von Hugo Tiberg, Pär Cronhult und Frederik Sterzel, S. 566 ff., Stockholm 1994 (zit.: Bogdan, in Swedish Law)
ders.	Svensk Internationell Privat- och Processrätt, 4. Aufl. mit Ergänzung, Lund 1997 (zit.: Bogdan)
Bolding, Per Olof	Skiljeförfarande och rättegång, Stockholm 1956 (zit.: Bolding, Skiljeförfarande)
ders.	Skiljedom – studier i rättspraxis beträffande svensk skiljedoms giltighet och verkställbarhet, Stockholm 1962 (zit.: Bolding, Skiljedom)
Bosch, Wolfgang	Rechtskraft und Rechtshängigkeit im Schiedsverfahren, Veröffentlichungen zum Verfahrensrecht, Band 5, Tübingen 1991
ders.	Anfechtung von Gesellschafterbeschlüssen in der GmbH vor dem Schiedsgericht?, WiB 1996, S. 718 ff.
Bredow, Jens	Das neue 10. Buch der ZPO – ein Überblick, in: Recht und Praxis der Schiedsgerichtsbarkeit (RPS), BB-Beil. 2/1998 (Heft 12), S. 2 ff.
ders.	Das neue 10. Buch der ZPO – ein Überblick, DIS MAT IV (1998), S. 12 ff.
ders.	Deutsche Institution für Schiedsgerichtsbarkeit e.V. (DIS), AnwBl 1992, S. 262 f.
Bredow, Günther M.	Die Zukunft der Schiedsklausel für GmbH-Beschlußmängelklagen – Anmerkung zum BGH-Urteil vom 29.3.1996, II ZR 124/95, DStR 1996, S. 1653 ff.
Brocker, Stefan	Sweden, International Litigation News 07/1999, S. 21 ff.
Broomé, Bo	Näringslivets tvistlösning, JT 1995/96, Nr. 2, S. 457 ff.
Bühr, Daniel L.	Der internationale Billigkeitsschiedsspruch in der privaten Schiedsgerichtsbarkeit der Schweiz, Bern 1993

Bülow, Arthur/ Böckstiegel, Karl-Heinz/ Geimer, Reinhold/ Schütze, Rolf A. — Der Internationale Rechtsverkehr in Zivil- und Handelssachen, Band II, 22. Ergänzungslieferung zur 1. Aufl., München 1999 (zit.: Bülow/Böckstiegel/Geimer/Schütze)

Calavros, Constantin, — Das UNCITRAL-Modellgesetz über die internationale Handelsschiedsgerichtsbarkeit, Bielefeld, 1988

Calissendorf, Gotthard — Jura novit curia i internationella skiljeförfarande i Sverige, JT 1995/96, Nr. 1, S. 141 ff.

Cappelen-Smith, Hans — Vissa problem vid inlösen av minoritetsaktier, SvJT 1996, S. 750 ff.

Carlsson, Kenny/ Schuer, Lars/ Söderlind, Erik — Konkurrenslagen, 2. Aufl., Stockholm 1995 (zit. Carlsson/Schuer/Söderlind)

Carlsson, Kenny/ Göransson, Lennart/ Schuer, Lars — Konkurrenslagen och EES-avtalets konkurrensregler, Stockholm 1993 (zit.: Carlsson/Göransson/Schuer)

Carlsson, Per/ Persson, Mikael — Processrättens grunder, 5. Aufl., Uppsala 1999

Cars, Thorsten — Lagen om Skiljeförfarande – En kommentar; Stockholm 1999 (zit.: Cars)

Carsten, Gebhard — Finna Rätt oder Rechtsfindung in Schweden, ZEuP 1996, S. 541 ff.

Craig, W. Laurence/ Park, William W./ Paulsson, Jan — International Chamber of Commerce Arbitration, 2. Aufl., New York/London/Rom 1991 (zit.: Craig/Park/Paulsson)

Cromie, Stephen/ Park, William — International Comercial Litigation, Kent 1990 (zit.: Cromie/Park)

Cronhult, Pär — Introduction (to Swedish Law), in: Swedish Law, hrsg. von Hugo Tiberg, Pär Cronhult und Frederik Sterzel, S. 29 ff., Stockholm 1994

Cronstedt, Nina — Konkurrensrättsliga tvisters skiljedomsmässighet, JT 1994/95, Nr. 5, S. 1045 ff.

David, René — Arbitration in International Trade, Deventer 1985

Dhunér, Karl Johan — EC competition law and national arbitration procedure, Stockholm Arbitration Report 2000:1, S. 24 ff.

ders. — Arbitration and competition law, Swedish and International Arbitration 1997, S. 55 ff.

Dillén, Nils — "Bidrag till läran om skiljeavtalet", Stockholm 1933 (zit.: Dillén)

ders. — Om skiljeklausul vid ogiltigt huvudavtal, SvJT 1937, S. 674 ff.

Ebenroth, Carsten Thomas/ Bohne, Michael — Die schiedsgerichtliche Überprüfung von Gesellschafterbeschlüssen in der GmbH, BB 1996, S. 1393 ff.

Edlund, Lars — Om ersättning till skiljemän, JT 1998/99, Nr. 4, S. 1036 ff.

Edlund, Lars/ Söderlund, Christer — A valid agreement to arbitrate?, Swedish and International Arbitration 1996, S. 8 ff.

Eek, Hilding — The Swedish Conflict of Laws, The Hague 1965 (zit.: Eek)

ders. — Svensk eller utländsk lag ?, in: Exporträtt 4, Stockholm 1970, S. 1 ff. (zit.: Eek, Exporträtt)

ders. — Lagkonflikter i tvistemål II, Lund 1978 (zit.: Eek, Lagkonflikter)

Eisemann, Frédéric — Zur Rechtswahl in der Schiedsgerichtsbarkeit bei Kaufverträgen, in: Festschrift Bülow, S. 59 ff., Köln/Berlin/Bonn/München 1981

Ek, Ralf — Das neue schwedische Schiedsverfahrensrecht, RIW 2000, S. 31 ff.

Ekelöf, Per Olof — Schweden und das deutsche Zivilprozeßrecht, in: Das deutsche Zivilprozeßrecht und seine Ausstrahlung auf andere Rechtsordnungen, hrsg. von Walter J. Habscheid, Bielefeld 1991, S. 214 ff. (zit.: Ekelöf)

ders. — Rättegång, Band 2, 8. Aufl., Stockholm 1996

Engelhardt, Hanns — Die Rechtsprechung des BGH zur Schiedsgerichtsbarkeit, in: Schiedsgerichtsbarkeit im Umfeld von Politik, Wirtschaft und Gerichtsbarkeit, hrsg. von K.-H. Böckstiegel, Schriftenreihe der Deutschen Institution für Schiedsgerichtsbarkeit, Bd. 9, S. 31 ff., Köln/Berlin/Bonn/München 1992

Ernemann, Andreas — Zur Anerkennung und Vollstreckung ausländischer Schiedssprüche nach § 1044 ZPO, Bielefeld 1979

Eriksson, Magnus — Kostnad och effektivitet i skiljeförfarande: Är regler för förenklat skiljeförfarande lösningen?, JT 1995/96, Nr. 4, S. 1147 ff.

Fenn, Herbert — Zur Abgrenzung von Verbandsschiedsgerichtsbarkeit und statuarischer Schiedsgerichtsbarkeit, in Festschrift für Wolfram Henckel zum 70. Geburtstag, Berlin/New York 1995, S. 173 ff.

Fischler, Josef/ Vogel, Hans-Heinrich — Schwedisches Handels- und Wirtschaftsrecht mit Verfahrensrecht, 3. Aufl., Schriftenreihe Recht der internationalen Wirtschaft Bd. 5, Heidelberg 1978

Fitger, Peter — Rättegångsbalken, Stockholm 1997

Fontaine, Marcel — Droit et pratique du commerce international 1976, S. 51 ff.

Franke, Ulf — Arbitration, in: Swedish Law, hrsg. von Hugo Tiberg, Pär Cronhult und Frederik Sterzel, S. 532 ff., Stockholm 1994

ders. — Institutional Arbitration: Trends and developments, in: Festschrift für Ottoarndt Glossner zum 70. Geburtstag, Heidelberg 1994, S. 119 ff.

ders. — A Model Law on International Commercial Arbitration, Swedish and International Arbitration 1984, S. 54 ff.

Gärde, Natanael — Från praktiska rättslivet, SvJT 1945, S. 292 ff.

Gehlhoff, Stephan — Die Gestaltung deutsch-schwedischer Handelsverträge im Hinblick auf ihre Durchsetzung in Schweden, Hamburg 1990 (zit.: Gehlhoff)

Gentinetta, Jörg — Die lex fori internationaler Handelsschiedsgerichte, Bern 1973 (zit.: Gentinetta)

Gildeggen, Rainer	Internationale Schieds- und Schiedsverfahrens-vereinbarungen in Allgemeinen Geschäftsbedingungen vor deutschen Gerichten, Frankfurt a. M. 1991
Ginsburg, Ruth Bader/ Bruzelius, Anders	Civil Procedure in Sweden, The Hague 1965
Glossner, Ottoarndt	75 Jahre institutionelle Schiedsgerichtsbarkeit in Deutschland, in: Recht und Praxis der Schiedsgerichtsbarkeit (RPS), BB-Beil. 5/1996 (Heft 12), S. 3 ff.
ders.	Die internationale Handelsschiedsgerichtbarkeit – Versuch einer Standortbestimmung, in Festschrift für Johannes Semler, S. 909 ff., Berlin 1993
ders.	Der Einfluß der Internationalen Handelskammer (ICC) auf die moderne Schiedsgerichtsbarkeit, RIW 1984, S. 15 ff.
Glossner, Ottoarndt/ Bredow, Jens/ Bühler, Michael	Das Schiedsgericht in der Praxis, 3. Aufl., 1990
Gottwald, Peter	Die sachliche Kontrolle internationaler Schiedssprüche durch staatliche Gerichte, in: Festschrift für Heinrich Nagel zum 75. Geburtstag, Münster 1987, S. 54 ff.
Gottwald, Peter/ Adolphsen, Jens	Das neue deutsche Schiedsverfahrensrecht, DStR 1998, S. 1017 ff.
Gregow, Torkel	Utsökningsrätt, 3. Aufl., Stockholm 1996 (zit.: Gregow)
Grönfors, Kurt	Förlikning och skiljedom, in: Festskrift till Lars Welamson, S. 227 ff., Stockholm 1987
Haas, Ulrich	Die Anerkennung und Vollstreckung ausländischer und internationaler Schiedssprüche, (Schriften zum Prozessrecht, Bd. 99) Berlin 1991
Habscheid, Walther J.	Internationale Schiedsgerichtsbarkeit und Privatautonomie, in: Festschrift für Hans Ulrich Walder zum 65. Geburtstag, Zürich 1994, S. 323 ff.
ders.	Schiedsgerichtsbarkeit und Europäische Menschenrechtskonvention, in Festschrift für Wolfram Henckel zum 70. Geburtstag, Berlin/New York 1995, S. 341 ff.
ders.	Kompetenz-Kompetenz der Schiedsgerichte, in: Festschrift für Fritz Baur, Tübingen 1981, S. 425 ff.
ders.	Ende der West-Ost-Handelsschiedsgerichtsbarkeit? – insbesondere zur deutsch-deutschen Schiedsgerichtsbarkeit –, in: Etudes de droit international en l'honneur de Pierre Lalive, Frankfurt a. M. 1993, S. 517 ff.
Habscheid, Walther J./ Habscheid, Edgar	Arbitrageklauseln und Zusammenbruch der Sozialistischen Staatenwelt, IPRax 1993, S. 219 ff.
ders.	Ende der Ost-West-Handelsschiedsgerichtsbarkeit?, DtZ 1992, S. 370 ff.
Hagberg, Lennart	Salient features of the Swedish Arbitral Procedure, Svensk och internationell Skiljedom 1990, S. 34 ff.

ders.	Evidence in Swedish Arbitral Procedure; Swedish and International Arbitration 1982, S. 29 ff.
Hausmann, Rainer	Einheitliche Anknüpfung internationaler Gerichtsstands- und Schiedsvereinbarungen?, in: Festschrift für Werner Lorenz zum siebzigsten Geburtstag, S. 359 ff., Tübingen 1991
Hassler, Åke	Skiljeförfarande, Stockholm 1966
ders.,	Specialprocess, Stockholm 1972
Hassler, Åke/ Cars, Thorsten	Skiljeförfarande, 2. Aufl., Stockholm 1989 (zit.: Hassler/Cars)
Håstad, Torgny	Något om skiljeavtals verkan mot tredje man, vänbok till Robert Boman, S. 177 ff.
Heiermann, Wolfgang	Die Kompetenz-Kompetenz der Schiedsgerichte und die Einrede des Schiedsvertrags, in: Festschrift für Ottoarndt Glossner zum 70. Geburtstag, Heidelberg 1994, S. 129 ff.
Hellquist, Torvald	Mellandom i skiljeförfarande, SvJT 1983, S. 505 ff.
Henn, Günter	Grenzen der Wahl des schiedsgerichtlichen Verfahrensrechts und Nationalität des Schiedsspruchs, Jahrbuch für die Praxis der Schiedsgerichtsbarkeit, Band 3, (1989), S. 31 ff., Heidelberg 1989 (zit.: Henn, JPS)
Hennerkes, Brun Hagen/ Schiffer, K. Jan	Schiedsgerichtsbarkeit und mittelständische Unternehmen, Betriebs-Berater (BB) 1992, S. 1439 ff.
Henze, Hartwig	Zur Schiedsfähigkeit von Gesellschafterbeschlüssen im GmbH-Recht, ZGR 1988, S. 542 ff.
Herdegen, Matthias	Internationales Wirtschaftsrecht, 2. Aufl., München 1995
ders.	Einstweiliger Rechtsschutz durch Schiedsgerichte in rechtsvergleichender Betrachtung, RIW 1981, S. 304 f.
Herrlin, Hans	Tredje mans deltagande i skiljemannaförfarandet, Svensk och Internationell Skiljedom 1981, S. 31 ff.
Hesse, H.	Die Bedeutung der Schiedsgerichtsbarkeit im gegenwärtigen politischen Umfeld, in: Schiedsgerichtsbarkeit im Umfeld von Politik, Wirtschaft und Gerichtsbarkeit, hrsg. von K.-H. Böckstiegel, Schriftenreihe der Deutschen Institution für Schiedsgerichtsbarkeit, Bd. 9, S. 18 ff., Köln/Berlin/Bonn/München 1992
Heuman, Lars	Skiljemannarätt, Stockholm 1999 (zit.: Heuman, Skiljemannarätt)
ders.	Tystnadsplikt och underlåtenhet att ställa säkerhet i skiljetvist, JT 2000/01, Nr. 3, S. 662 ff.
ders.	Singularsuccessor bunden av skiljeklausul enligt nytt HD-fall, JT 1997/98, Nr. 2, S. 533 ff.
ders.	Specialprocess – utsökning och konkurs, 4. Aufl., Stockholm 1997 (zit.: Heuman, Specialprocess)
ders.	Delgivning av påkallelseskrift i skiljeförfarande, JT 1996/97, Nr. 2, S. 459 ff.

ders.	Rättspraxis, in: Finna rätt – Juristens källmaterial och arbetsmetoder, (Hrsg: Bernitz, Ulf/Heuman, Lars/Leijonhufvud, Madeleine/Seipel, Peter/Warnling-Nerep, Wiweka/Victorin, Anders/Vogel, Hans-Heinrich), 4. Aufl., Stockholm 1996, S. 113 ff. (zit.: Bearbeiter, in: Finna rätt, (Bernitz u.a.))
ders.	Avgående skiljemans rätt till ersättning, JT 1995/96, Nr. 3, S. 849 ff.
ders.	Power of attorney in Swedish Arbitration; Swedish and International Arbitration 1994, S. 45 ff.
ders.	Rättelse av Skiljedom, Svensk och internationell Skiljedom 1992, S. 19 ff.
ders.	Current issues in Swedish arbitration, Stockholm 1990
ders.	Domstols prövning av skiljedom, 31. Nordische Juristentreffen in Helsingfors 19.-21.08.1987, Bd. 1, S. 265 ff. sowie Bd. 2, S. 457 ff. und 487 ff.
ders.	Fråga om skiljeavtalets giltighet vid singularsuccession, in: Festskrift till Sveriges Advokatsamfund 1887-1987, S. 229 ff., Stockholm 1987
ders.	Otillåtna inskränkningar av bevisföringen och bevisvärderingen, Advokaten 1986, 40 ff.
Hilding, Mats	Om förlikning i skiljeförfarande, Advokaten 1985, S. 108 ff.
Hjerner, Lars A. E.	Skiljedomsrätt i omvandling, in: Festskrift till Stig Strömholm, S. 393 ff., Uppsala, 1998 (zit.: Hjerner, Festskrift Strömholm).
ders.	Multi-Parti Arbitration, Svensk och Internationell Skiljedom 1989, S. 45 ff.
ders.	Förskott till skiljemän – Andra versen, Advokaten 1986, S. 265 ff.
ders.	On partial awards, orders and other decisions in arbitral proceedings, in particular with respect to arbitration in Sweden, Swedish and International Arbitration 1984, S. 31 ff.
ders.	Choice of law problems in international arbitration with particular reference to arbitration in Sweden, Swedish and International Arbitration 1982, S. 18 ff.
ders.	Recourse to law courts in international arbitration in Sweden, in: Hommage à Eisemann, 1978, S. 61 ff.
Hobér, Kaj	Enforcement of arbitral awards, Stockholm Arbitration Report 1999:1, S. 67 ff.
ders.	Sweden, in: Encyclopedia of International Commercial Litigation, 1995, S. 1 ff. (zit.: Hobér, EICLIT)
ders.	In search for the centre of gravity – Applicable law in international arbitrations in Sweden; Swedish and International Arbitration 1994, S. 7 ff.
ders.	Enforcing foreign arbitral awards against Russian entities, Swedish and International Arbitration 1993, S. 43 ff.

ders.	International Commercial Arbitration in Sweden: Two salient problem areas, in: Festskrift till Lars Hjerner – Studies in international Law, S. 235 ff, Stockholm 1990
ders.	Svensk domstolspraxis i Skiljedomsrätt 1987-1990, Svensk och internationell Skiljedom 1990, S. 7 ff.
ders.	Schiedsort Stockholm: Verjährung und das anzuwendende Recht, Jahrbuch für die Praxis der Schiedsgerichtsbarkeit, Band 2, (1988), S. 80 ff., Heidelberg 1988 (zit.: Hobér, JPS)
ders.	Das anzuwendende Recht beim internationalen Schiedsverfahren in Schweden, RIW 1986, S. 685 ff.
ders.	Svensk domstolspraxis i Skiljedomsrätt 1984-1986, Svensk och Internationell Skiljedom 1986, S. 21 ff.
ders.	Party Substitution under Swedish Arbitration Law, Swedish and International Arbitration 1983, S. 43 ff.
ders.	The Doctrine of Separability under Swedish Arbitration Law, Including Comments on the Position of American and Soviet Law, SvJT 1983, S. 257 ff.
Hochbaum, Johann Friedrich	Mißglückte internationale Schiedsvereinbarungen Abhandlungen zum Recht der internationalen Wirtschaft, Band 34, Heidelberg 1994
Hoffmann, Bernd von	Mehrparteienschiedsgerichtsbarkeit und Internationale Handelskammer, in: Festschrift für Heinrich Nagel zum 75. Geburtstag, Münster 1987, S. 112 ff.
ders.	Internationales Privatrecht, 6. Aufl., München 2000 (zit.: v. Hoffmann)
Holmbäck, Ulf/ Mangård, Nils	Sweden, Yearbook Commercial Arbitration, Bd. 3, 1978, S. 161 ff.
Holtzmann, Howard M./ Neuhaus, Joseph E.	A guide to the UNCITRAL Model Law on International Commercial Arbitration, Deventer 1989 (zit.: Holtzmann/Neuhaus)
Horn, Norbert	Procedures of contract adaptation and renegotiation in international commerce, in: Adaptation and renegotiation of contracts in international trade and finance, hrsg. von Norbert Horn – Studies in Transnational Economic Law – Bd. 3, Deventer 1985, S. 173 ff. (zit.: Horn, Adaptation and renegotiation)
Hülsen, Hans-Viggo von	Die Gültigkeit von internationalen Schiedsvereinbarungen, Berlin 1973
Hußlein-Stich, Gabriele	Das UNCITRAL-Modellgesetz über die internationale Handelsschiedsgerichtsbarkeit, Internationales Wirtschaftsrecht, Band 8, Köln/Berlin/Bonn/München 1990
Jacobsson, Ulla	Civil Procedure, in: Swedish Law, hrsg. von Hugo Tiberg/Pär Cronhult/Frederik Sterzel, S. 515 ff., Stockholm 1994
Jäcker, Walter H.	Zur Beachtung bei der Gestaltung nationaler und internationaler Handelsverträge mit Schiedsklausel, Aachen 1995
Jagenburg, Walter	Schiedsgerichtsbarkeit zwischen Wunsch und Wirklichkeit, in: Festschrift für Walter Oppenhoff, München 1985, S. 147 ff.

Jarvin, Sigvard — The arbitral proceedings, Stockholm Arbitration Report 1999:1, S. 43 ff.

ders. — Observations by Sigvard Jarvin to Arbitral decision rendered in 1998 in case 104/1997 (SCC), in: Stockholm Arbitration Report 1999:2, S. 23 f.

ders. — Assignment of rights under a contract containing an arbitration clause – assignee bound to arbitrate. Decision by Sweden`s Supreme Court in the "EMJA", Swedish and International Arbitration 1997, S. 65 ff.

ders. — Sekretess i svenska och internationella skiljeförfarande, JT 1996/97, Nr. 1, S. 149 ff.

ders. — The place of arbitration – A review of the Court's guiding principles and practise when fixing the place of arbitration; in: The ICC International Court of Arbitration Bulletin, Vol. 7/No. 2, Dezember 1996, S. 54 ff. (zit.: Jarvin, ICC-Bull. 12/1996)

ders. — Arbitration of antitrust and competition issues – an overview of the situation in some major western jurisdictions, Swedish and International Arbitration 1994, S. 55 ff.

ders. — Skiljeförfarande för att lösa internationella affärstvister – reflexioner inför sekelskiftet, SvJT 1994, S. 577 ff.

ders. — Parts möjlighet att på avtalsvägen utesluta klander av skiljedom i Belgien, England, Frankrike och Schweiz; Svensk och Internationell Skiljedom 1989, S. 27 ff.

Jayme, Erik/ Hausmann, Rainer — Internationales Privat- und Verfahrensrecht, 9. Aufl., München 1998 (zit.: Jayme/Hausmann)

Jeong-Ha, Sunju — Einstweilige Maßnahmen in der Schiedsgerichtsbarkeit, Prozeßrechtliche Abhandlungen Heft 83, Köln/Berlin/ Bonn/München 1991

Kadelburger, John — Choice of Law in International Arbitration Proceedings in Sweden, Vortrag vor dem Schiedsgerichtshof der ungarischen Handelskammer in Budapest am 14. März 1989

Kaplan, Neil — Is the need for writing as expressed in the New York Convention and the Model Law on step with commercial practise ?, Arb.Int. 1996, Vol. 12 No. 1, S. 27 ff.

Karnell, Gunnar — Patent och skiljedom, giltighets- och intrångsfrågor, Festskrift till Sveriges Advokatsamfund 1887-1987, S. 285 ff., Stockholm 1987 (zit.: Karnell)

Kegel, Gerhard/ Schurig, Klaus — Internationales Privatrecht, 8. Aufl., München 2000 (zit.: Kegel/Schurig)

Kornblum, Udo — Zur Übernahme des UNCITRAL-Modellgesetzes über die internationale Handelsschiedsgerichtsbarkeit in das deutsche Schiedsverfahrensrecht, Jahrbuch für die Praxis der Schiedsgerichtsbarkeit, Band 1, (1987), S. 34 ff., Heidelberg 1988 (zit.: Kornblum, JPS)

ders.	Zur "Kompetenz-Kompetenz" privater Schiedsgerichte nach deutschem Recht, Jahrbuch für die Praxis der Schiedsgerichtsbarkeit, Band 3, (1989), S. 38 ff., Heidelberg 1989
ders.	Das "Gebot überparteilicher Rechtspflege" und der deutsche schiedsrichterliche ordre public, NJW 1987, S. 1105 ff.
Kreindler, Richard H./ Mahlich, Thomas C.	Das neue deutsche Schiedsverfahrensrecht aus ausländischer Sicht, NJW 1998, S. 563 ff.
Kronke, Herbert	Internationale Schiedsverfahren nach der Reform, RIW 1998, S. 257 ff.
Kropholler, Jan	Internationales Privatrecht, 3. Aufl., Tübingen 1997 (zit.: Kropholler)
Kühn, Wolfgang	Express and implied choice of the substantive law in the practise of international arbitration, in: International Council for Commercial Arbitration, Congress series no. 7, Planning efficient arbitration proceedings – the law applicable in international arbitration, hrsg. von Jan van den Berg, Den Haag 1996, S. 380 ff.
ders.	Die Bedeutung der Gerichte bei der Durchführung von Schiedsverfahren, in: Schiedsgerichtsbarkeit im Umfeld von Politik, Wirtschaft und Gerichtsbarkeit, hrsg. von K.-H. Böckstiegel, Schriftenreihe der Deutschen Institution für Schiedsgerichtsbarkeit, Bd. 9, S. 65 ff., Köln/Berlin/ Bonn/München 1992
ders.	Die Anfechtung und Vollstreckung des Schiedsentscheides – eine kritische Würdigung der neuen schweizerischen Regelung unter Berücksichtigung ihrer Auswirkungen im deutschen Vollstreckbarerklärungsverfahren –, hrsg. von K.-H. Böckstiegel, Die internationale Schiedsgerichtsbarkeit in der Schweiz (II) – Das neue Recht ab Januar 1989, Schriftenreihe der Deutschen Institution für Schiedsgerichtswesen, 1/II, S. 163 ff., Köln/Berlin/Bonn/ München 1989
ders.	Vorläufiger Rechtsschutz und Schiedsgerichtsbarkeit, Jahrbuch für die Praxis der Schiedsgerichtsbarkeit, Band 1, (1987), S. 47 ff., Heidelberg 1988
Kvart, Johan/ Olsson, Bengt	Tvistlösning genom skiljeförfarande, Stockholm 1999 (zit.: Kvart/Olsson)
ders.	Den nya skiljedomslagen, JT 1998/99, Nr. 3, S. 678 ff.
Labes, Hubertus W.	Schiedsgerichtsvereinbarungen in Rückversicherungsverträgen, Versicherungsrechtliche Studien Band 40, Frankfurt 1996 (zit.: Labes)
ders.	Dispute Resolution Methods – Germany, in: The Comparative Law Yearbook of International Business 1994, Special issue, S. 181 ff.
Lachmann, Jens-Peter	Handbuch für die Schiedsgerichtspraxis, Köln 1998 (zit.: Lachmann)

Lalive. Pierre	Ordre public transnational (ou réellement international et arbitrage international, Rev. arb. 1986, S. 329 ff.
Laschet, Franz Florian	Schiedsgerichtsbarkeit und einstweiliger Rechtsschutz, ZZP 99 (1986), S. 271 ff.
Leijonhufvud, Madeleine	Förarbeten, in: Finna rätt – Juristens källmaterial och arbetsmetoder, (hrsg. von Bernitz, Ulf/Heuman, Lars/Leijonhufvud, Madeleine/Seipel, Peter/Warnling-Nerep, Wiweka/Victorin, Anders/Vogel, Hans-Heinrich), Stockholm 1996, S. 89 ff. (zit.: Bearbeiter, in: Finna rätt, (Bernitz u.a.))
Leutheusser-Schnarren-Berger, Sabine	Rede bei der DIS-Veranstaltung "75 Jahre institutionelle, Schiedsgerichtsbarkeit in Deutschland" am 15. November 1995, BB-Beil. 5/1996 (Heft 12), S. 1 f.
Lew, Julian	Determination of Applicable Substantive Law, International Business Lawyer, 04/1997, S. 157 ff.
Lind, Johan	Aktuella frågor – Justitierådens extraknäck, SvJT 1999, 81 ff.
Lindell, Bengt	International Arbitration – Sweden, in Internationale Schiedsgerichtsbarkeit (hrsg. von Gottwald, Peter), Bielefeld 1997, S. 779 ff. (zit.: Lindell, in Int. Schiedsgerichtsbarkeit (Hrsg. Gottwald))
Lindskog, Stefan	Förskott till skiljemän – "Ett skolexempel på oriktigt äganderättstänkande", Advokaten 1986, S. 273 ff.
Lionnet, Klaus	Handbuch der internationalen und nationalen Schiedsgerichtsbarkeit, Stuttgart 1996 (zit: Lionnet)
ders.	Die UNCITRAL-Schiedsgerichtsordnung aus der Sicht der Parteien, BB-Beil. 17/1993 (Heft 27), S. 9 ff.
ders.	Parteiherrschaft im Schiedsgerichtsprozeß bei der Beweisaufnahme, in: Festschrift für Ottoarndt Glossner zum 70. Geburtstag, Heidelberg 1994, S. 209 ff.
Ljungar, Jan	Förskott till skiljemän – Vem har rätt till pengarna medan skiljeförfarandet pågår?, Advokaten 1986, S. 189 ff.
Lörcher, Gino	Towards a Reform of the German Rules Governing Arbitration, Arb.Int. 1995, Vol. 11 No. 4, S. 391 ff.
ders.	Improving procedures for oral and written witness testimony, in: International Council for Commercial Arbitration, Congress series no. 7, Planning efficient arbitration proceedings – the law applicable in international arbitration, hrsg. von Jan van den Berg, Den Haag 1996, S. 145 ff.
Loritz, Karl-Georg	Probleme der Rechtskraft von Schiedssprüchen im deutschen Zivilprozeßrecht, ZZP 1992, Bd. 105, S. 1 ff.
Lundblad, Claes	Behövs en uppförandekod för skiljemän? Svensk och Internationell Skiljedom 1991, S. 44 ff.

ders.	Något om vittnesbeviset i domstol och skiljeförfarande, in: Festskrift till Jan Sandström, Stockholm 1997, S. 327 ff. (zit.: Lundblad, Festskrift Sandström)
Magnusson, Staffan	The Swedish Arbitration Procedure, Swedish and International Arbitration 1996, S. 17 ff.
Maier, Hans Jakob	Zur Tätigkeit von Schiedsgerichten, in: Blankenburg/Gottwald/Strempel (Hrsg.), Alternativen in der Ziviljustiz, Bundesanzeiger, Köln 1982, S. 61 ff.
Mayer, Ulrich C.	The law applicable to the arbitration agreement – the solutions adopted by the new Swedish arbitration act in an international context, Swedish and International Arbitration 1997, S. 6 ff.
Mann, Frederick	Zur Nationalität des Schiedsspruchs, in: Festschrift für Alexander Walter Oppenhoff, München 1985, S. 215 ff.
Matz, S.	Handbok i svensk civilprocessrätt, Stockholm 1957
Mezger, Ernst	Das Europäische Übereinkommen über die Handelsschiedsgerichtsbarkeit, RabelsZ 1965, 231 ff.
Mitchell/ Stein	United States – China Commercial Contracts, The International Lawyer 20 (1986), S. 897 ff.
Möller, Gustaf	The arbitral award, Stockholm Arbitration Report 1999:1, S. 57 ff.
ders.	Om jämkning av skiljeavtal, FJFT 1996, S. 441 ff.
Münchener Kommentar zur Zivilprozeßordnung	Hrsg. von Lüke/Walchshöfer, Band 3, §§ 803-1048, EGZPO, GVG, EGGVG, Internationales Zivilprozeßrecht, München 1992 (zit.: MünchKomm-Bearbeiter)
Mustill, Michael John	Arbitration: History and Background, J.Int.Arb. 1989, Vol. 6 No. 2, S. 43 ff.
Mustill, M. J./ Boyd, S.	Commercial Arbitration, 2. Aufl., London 1989
Nagel, Heinrich	Gedanken über die Beschleunigung des Schiedsverfahrens, in: Festschrift für Karl Firsching, S. 191 ff.
ders.	Hur arbetar de västtyska domstolarna i civilmål?; SvJT 1976, S. 191 ff.
Nerep, Erik	Om partsautonomi och den "tvingande" svenska skiljemannarätten, in: Festskrift till Lars Hjerner – Studies in international Law, S. 419 ff., Stockholm 1990
ders.	Till frågan om skiljeavtalets särställning i svensk avtalsrätt, in Festskrift till Sveriges Advokatsamfund 1887-1987, S. 389 ff., Stockholm 1987
Nicklisch, Fritz	Die Ausfüllung von Vertragslücken durch das Schiedsgericht, in: RIW 1989, S. 15 ff.

Nilsson, Hans G.	Förskott till skiljemän – Borgenärsombudet: Tre tillrättaläggan-den, Advokaten 1986, S. 275 ff.
Nöcker, Thomas	Gesetzgebungstechnische Aspekte bei einer Übernahme des UNCITRAL-Modelgesetzes; RIW/AWD 1990, S. 28 ff.
Nolting, Ekkehard	Empfiehlt es sich, das deutsche Schiedsrecht zu reformieren?, IPRax 1987, S. 387 ff.
Nordensson, Ulf K.	Materiell processledning i skiljeförfarande, JT 1993/94, Nr. 1, S. 211 ff.
ders.	Remedies against arbitral awards under Swedish law; Swedish and International Arbitration 1993, S. 151 ff.
ders.	The arbitral tribunal, Swedish and International Arbitration 1990, S. 19 ff.
ders.	Skiljemannalagens förhållande till rättegångsbalken, Svensk och internationell Skiljedom 1986, S. 10 ff.
ders.	Beslut av skiljenämnd i vissa kostnadsfrågor, Advokaten 1985, S. 48 ff.
ders.	The arbitral proceedings in international arbitration in Sweden, Swedish and International Arbitration 1984, S. 6 ff.
ders.	Anmerkungen zu "Arbitration in Sweden", in SvJT 1977, S. 714 ff.
Nussbaum, Arthur	The Separability Doctrine in America and Foreign Arbitration, 17 N.Y.U.L.R. (1940), S. 609 ff.
Oppenhoff, Walter	Über die Bedeutung der Schiedsgerichtsbarkeit im gegenwärtigen politischen und wirtschaftlichen Umfeld, in: Schiedsgerichtsbarkeit im Umfeld von Politik, Wirtschaft und Gerichtsbarkeit, hrsg. von K.-H. Böckstiegel, Schriftenreihe der Deutschen Institution für Schiedsgerichtsbarkeit, Bd. 9, S. 24 ff., Köln/Berlin/Bonn/München 1992
Palandt, Otto	Bürgerliches Gesetzbuch, 59. Aufl., München 2000 (zit.: Palandt-Bearbeiter)
Philip, Allan	The Arbitrators, Stockholm Arbitration Report 1999:1, S. 33 ff.
Pålsson, Lennart	Svensk rättspraxis i internationell processrätt, Stockholm 1989
ders.	Rättspraxis – internationell privat- och processrätt, SvJT 1996, S. 593 ff.
Pfaff, Dieter	Grenzbewegungen der Schiedsfähigkeit – Patentnichtigkeit im Schiedsverfahren –, in: Festschrift für Heinrich Nagel zum 75. Geburtstag, Münster 1987, S. 278 ff.
Prütting, Hanns	Schlichten statt Richten, JZ 1985, S. 261 ff.

Quitzow, Carl Michael	The Benetton Judgement and its practical implications on arbitration, Stockholm Arbitration Report 2000:1, S. 33 ff.
Raape, Leo	Internationales Privatrecht, 5. Aufl., Berlin/Frankfurt a. M. 1961
Raeschke-Kessler,	AGB-Schiedsvereinbarungen über Börsentermingeschäfte, WM 1998, S. 1205 ff.
ders.	Neuere Entwicklungen der deutschen internationalen Schiedsgerichtsbarkeit, AnwBl 1993, S. 141 ff.
ders.	Sollen/dürfen Bundesrichter Schiedsrichter sein?, in: Festschrift für Rudolf Nirk zum 70. Geburtstag, hrsg. von Karl Bruchhausen/Wolfgang Hefermehl/Peter Hommelhoff/Herbert Messer, München 1992, S. 915 ff.
ders.	Normalisierung der Schiedsgerichtsbarkeit im Hilmar Ost-West-Verhältnis, RIW-Beil. 24 zu Heft 12/1990, S. 15 ff.
ders.	Binnenmarkt, Schiedsgerichtsbarkeit und ordre public, EuZW 1990, S. 145 ff.
ders.	Neuere Entwicklungen im Bereich der Internationalen Schiedsgerichtsbarkeit, NJW 1988, S. 3041 ff.
Raeschke-Kessler, Hilmar/ Berger, Klaus Peter	Recht und Praxis des Schiedsverfahrens, 3. Aufl., Köln 1999
Ramberg, Jan	The arbitration agreement, Stockholm Arbitration Report 1999:1, S. 23 ff.
ders.	Skiljedom eller dom? Om effektivitet och rättssäkerhet i dömande verksamhet, JT 1997/98, Nr. 3, S. 627 ff.
ders.	Foreseeability in Swedish Arbitration Contracts, Swedish and International Arbitration 1982, S. 37 ff.
ders./Hultmark, Christina	Allmän avtalsrätt, 4. Aufl., Stockholm 1996 (zit.: Ramberg/Hultmark, Allmän avtalsrätt)
Rauh, Karlheinz	Die Schieds- und Schlichtungsordnungen der UNCITRAL, Internationales Wirtschaftsrecht, Band 2, Köln/Berlin/Bonn/München 1983
Reithmann, Christoph/ Martiny, Dieter	Internationales Vertragsrecht, 5. Aufl., Köln 1996 (zit.: Reithmann/Bearbeiter)
Rosenberg, Leo/ Schwab, Karl/ Gottwald, Peter	Zivilprozeßrecht, 15. Aufl., München 1993
Rubino-Sammartano, M.	Commercial Arbitration in Western Europe, in: Mauro Konferenz über "Commercial justice proceedings" in Strasbourg, 4.-6. Dezember 1995, S. 73 ff.
Samuel, Adam	Arbitration in Western Europe – a generation of reform, Arb.Int. 1991, Vol. 7 No. 4, S. 319 ff.

ders. | Jurisdictional problems in international commercial arbitration: A study of Belgian, Dutch, English, Franch, Swedish, Swiss, U.S. and West German Law, (Publications de l'Institut Suisse de Droit Comparé no. 11) 1989 (zit.: Samuel)

Sandrock, Otto | Procedural Aspects of the New German Arbitration Act, Arb.Int. 1998, Vol. 14 No. 1, S. 33 ff.

ders. | The Cautio Judicatum Solvi in Arbitration Proceedings, J.Int.Arb. 1997, Vol. 14 No. 2, S. 17 ff.

ders. | Welche Verfahrensregeln hat ein Internationales Schiedsgericht zu befolgen ?, in: Festschrift für Ottoarndt Glossner zum 70. Geburtstag, Heidelberg 1994, S. 281 ff.

ders. | International Arbitration in the Federal Republic of Germany: A Hitherto Missed Opportunity, American Review of International Arbitration 1990, S. 49 ff.

ders. | "Ex aequo et bono" – und "amiable composition" – Vereinbarungen: ihre Qualifikation, Anknüpfung und Wirkungen, Jahrbuch für die Praxis der Schiedsgerichtsbarkeit (JPS), Band 2, (1988), S. 120 ff., Heidelberg 1988

ders. | Das Gesetz zur Neuregelung des Internationalen Privatrechts und die internationale Schiedsgerichtsbarkeit, RIW 1987, in: Beil. 2 zu Heft 5, S. 2 ff.

ders. | Zügigkeit und Leichtigkeit versus Gründlichkeit, JZ 1986, S. 370 ff.

ders./ Nöcker, Thomas | Einstweilige Maßnahmen internationaler Schiedsgerichte: bloße Papiertiger?, Jahrbuch für die Praxis der Schiedsgerichtsbarkeit, Band 1, (1987), S. 74 ff., Heidelberg 1988

Schäfer, Ulrike A. | Die Einrede der Kompetenz-Kompetenz des Schiedsgerichts, in Festschrift für Wolfram Henckel zum 70. Geburtstag, Berlin, New York 1995, S. 723 ff.

Schlosser, Peter | Die Schiedsfähigkeit im engeren und weiteren Sinne, DIS-MAT IV (1998), S. 39 ff.

ders. | Schiedsgerichtsbarkeit und Freiwillige Gerichtsbarkeit, DIS-Schriftenreihe, Band 11, 1996, S. 97 ff.

ders. | Bald neues Recht der Schiedsgerichtsbarkeit in Deutschland ?, RIW 1994, 723 ff.

ders. | Schiedsgerichtsbarkeit und Rechtsmittel zu den staatlichen Gerichten, ZZP 92, S. 125 ff.

ders. | Das Recht der internationalen privaten Schiedsgerichtsbarkeit, 2. Aufl., 1989, (zitiert: RipS)

ders. | Notwendige Reformen des deutschen Rechts der Schiedsgerichtsbarkeit, ZIP 1987, S. 492 ff.

ders.	Das Internationale an der internationalen privaten Schiedsgerichtsbarkeit, RIW/AWD 1982, 857 ff.
Schmidt, Karsten	Die Bindung von Personengesellschaftern an vertragliche Schiedsklauseln – Zur Bedeutung der §§ 1027 II, 1048 ZPO im Personengesellschaftsrecht, DB 1989, S. 2315 ff.
ders.	Schiedsfähigkeit von GmbH-Beschlüssen – Eine Skizze mit Ausblicken auf das Recht der AG und der Personengesellschaften –, ZGR 1988, S. 523 ff.
ders.	Präklusion und Einlassung auf die schiedsgerichtliche Verhandlung zur Hauptsache – Vertragsdenken und Prozeßdenken in der jüngeren Praxis – , in: Festschrift für Heinrich Nagel zum 75. Geburtstag, Münster 1987, S. 373 ff.
Schmidt-Diemitz, Rolf	Internationale Schiedsgerichtsbarkeit – eine empirische Untersuchung, DB 1999, S. 369 ff.
Schneider, Michael E.	Lean Arbitration: Cost control and efficiency through progressive identification of issues and separate pricing of arbitration services, Arb.Int. 1994, Vol 10 No. 2, S. 119 ff.
Schöldström, Patrik	The arbitrator's mandate, Stockholm 1998 (zit.: Schöldström)
ders.	Skiljemäns arvoden, JT 1998/99, Nr. 3, S. 692 ff.
Schuhmacher, Klaus	Das neue 10. Buch der Zivilprozeßordnung im Vergleich zum UNCITRAL-Modellgesetz über die internationale Handelsschiedsgerichtsbarkeit, in: Recht und Praxis der Schiedsgerichtsbarkeit (RPS), BB-Beil. 2/1998 (Heft 12), S. 6 ff.
ders.	Fragen zum Anwendungsbereich des künftigen deutschen Schiedsverfahrensrechts, in: Festschrift für Ottoarndt Glossner zum 70. Geburtstag, Heidelberg 1994, S. 341
Schütze, Rolf A.	Schiedsgericht und Schiedsverfahren, 3. Aufl., München 1999, (zit.: Schütze)
ders.	Einstweiliger Rechtsschutz im Schiedsverfahren, BB 1998, S. 1650 ff.
ders.	Zur Präzedenzwirkung von Schiedssprüchen, in: Festschrift für O. Glossner zum 70. Geburtstag, Heidelberg 1994, S. 333 ff.
ders.	Die Bedeutung eines ausländischen Urteils über die Wirksamkeit eines Schiedsspruchs für dessen Exequierung im Inland, Jahrbuch für die Praxis der Schiedsgerichtsbarkeit (JPS), Band 3, (1989), S. 118 ff., Heidelberg 1989
ders.	Rechtsverfolgung im Ausland, Schriftenreihe Recht der internationalen Wirtschaft, Band 27, Heidelberg 1986
Schütze, Rolf A./ Tscherning, Dieter/ Wais, Walter	Handbuch des Schiedsverfahrens, 2. Aufl., Berlin/New York 1990

Schuhmacher, Klaus	Fragen zum Anwendungsbereich des künftigen deutschen Schiedsverfahrensrechts, in: Festschrift für O. Glossner zum 70. Geburtstag, Heidelberg 1994, S. 341 ff.
Schwab, Karl Heinz	Wandlungen der Schiedsfähigkeit, in Festschrift für Wolfram Henckel zum 70. Geburtstag, Berlin/New York 1995, S. 803 ff.
ders.	Das Uncitral – model law und das deutsche Recht, in: Festschrift für Heinrich Nagel zum 75. Geburtstag, Münster 1987, S. 427 ff.
ders.	Einstweiliger Rechtsschutz und Schiedsgerichtsbarkeit, in: Festschrift für Fritz Baur, Tübingen 1981, S. 627 ff.
Schwab, Karl Heinz/ Walter, Gerhard	Schiedsgerichtsbarkeit, 6. Aufl., München 2000
Schwebel, Stephen M.	International Arbitration: Three salient problems, Cambridge 1987
Sjölin, Claes	Skiljemannarätt med brister, Advokaten 1985, S. 112 ff.
Smid, Stefan	Schiedsgericht und Rechtserkenntnis, DZWir 1995, S. 397 ff.
ders.	Gewährleistung eines fairen Schiedsgerichtsverfahrens, DZWir 1995, S. 441 ff.
ders.	Kompetenz-Kompetenz der Schiedsgerichte und Autorität des Schiedsrichters, DZWir 1995, S. 52 ff.
Söderlund, Christer	Verfahrensfragen im Rahmen der Internationalen Schiedsgerichtsbarkeit, BB-Beil. 13/1997 (Heft 37), S. 18 ff.
Staudinger, J. von	Kommentar zum Bürgerlichen Gesetzbuch, Buch 2, Recht der Schuldverhältnisse, §§ 293-327, 13. Aufl., Berlin 1995 (zit.: Staudinger/Bearbeiter)
Stein, Friedrich/ Jonas, Martin	Kommentar zur ZPO, §§ 946-1048, Bd. 7/2, 21. Aufl., Tübingen 1994 (10. Buch bearbeitet von Schlosser)
Strömholm, Stig	An introduction to Swedish law, hrsg. von Stig Strömholm, 2. Aufl., Stockholm 1988 (zit.: Strömholm)
Strohbach, Heinz	Schiedsgerichtsbarkeit in Ostdeutschland heute, BB-Beil. 8/1991 (Heft 9), S. 1 ff.
ders.	Normalisierung der Schiedsgerichtsbarkeit im Ost-West-Verhältnis, RIW 1990, in: Beil. 24 zu Heft 12, S. 15 ff.
Stumpf, Herbert/ Steinberger, Christian	Bedeutung von internationalen Schiedsgerichten und ihre Vereinbarung in verschiedenen Ländergruppen; RIW 1990, S. 174 ff.
Stumpf, Herbert/ Lindstaedt, Wolfgang	Vereinbarungen über das anzuwendende Recht und das zuständige Schiedsgericht in Handelsverträgen mit osteuropäischen Ländern; AWD 1972, S. 228 ff.

Szász, Iván	Introduction to the Model Law of UNCITRAL on International Commercial Arbitration; in: Sanders, Uncitral's Project, ICCA Congress Series no. 2, S. 31 ff.
Thomas, Heinz/ Putzo, Hans	Zivilprozeßordnung, 22. Aufl., München 1999
Timmermann, Franz Hubert/ Vogel, Hans-Peter	Das "Schiedsgericht Berlin" – Nachfolger des "Schiedsgerichts bei der Kammer für Außenhandel der DDR?", BB-Beil. 15/1992 (Heft 28), S. 9 ff.
Triebel, Volker/ Viertel, Berthold	Die Bundesrepublik Deutschland wird als Schiedsgerichtsort in internationalen Schiedsverfahren gemieden, BB 1986, S. 1168 ff.
Verbist, Herman	Reform des belgischen Rechts der Schiedsgerichtsbarkeit, BB-Beil. 9/1998 (Heft 39), S. 4 ff.
Walter, Gerhard	Neue Mechanismen internationaler Streitschlichtung?, in: Festschrift für Fritz Baur, Tübingen 1981, S. 691 ff.
Weigand, Frank-Bernd	The UNCITRAL Model Law: New Draft Arbitration Acts in Germany and Sweden, Arb.Int. 1995, Vol. 11 No. 4, S. 397 ff.
ders.	Discovery in der internationalen Schiedsgerichtsbarkeit, RIW 1992, S. 361 ff.
Welamson, Lars	Vite i samband med skiljetvister, in: Festskrift till Bertil Bengtsson, Stockholm 1993, S. 477 ff.
Westberg, Peter	Advokatuppdrag och processuell undersökningsbörda – betydelsen av rättskraftens preklusionsverkan i tvistemål och skiljeförfarande, JT 1998/99, Nr. 2, S. 398 ff.
Westerling, Bengt	Why arbitrate in Sweden – some observations, Swedish and International Arbitration 1982, S. 12 ff.
ders.	Void and challengeable awards in Swedish arbitral procedure, Swedish and International Arbitration 1984, S. 45 ff.
Wetter, Gillis J.	Procedures for avoiding unexpected legal issues, in: International Council for Commercial Arbitration, Congress series no. 7, Planning efficient arbitration proceedings – the law applicable in international arbitration, hrsg. von Jan van den Berg, Den Haag 1996, S. 87 ff.
ders.	Arbitration in the New Europe – Commentary –, Mealey's Int. Arb. Rep. 1990, Vol 5 No. 11, S. 13 ff.
ders.	Salient Features of Swedish Arbitration Law and Practise, Vortrag vor dem Schiedsgerichtshof der ungarischen Handelskammer in Budapest am 14. März 1989 (zit.: Wetter, Salient Features, Budapest 1989)
ders.	Methods of settling international commercial disputes – Commentary, Mealey's Int. Arb. Rep. 1988, Vol. 3 No. 5, S. 21 ff.

ders.	A multi-party arbitration scheme for international joint ventures, Arb.Int. 1987, Vol. 3 No. 1, S. 2 ff.
ders.	The conduct of the arbitration, Arb.Int. 1985, Vol. 2 No. 2, S. 7 ff.
ders.	Choice of law in international arbitration proceedings in Sweden, Swedish and International Arbitration 1984, S. 16 ff.
ders.	Salient fatures of Swedish arbitration clauses, Vortrag auf dem Symposium zu "international commercial arbitration" in Stockholm vom 4.-5. März 1982 (Internationale Handelskammer Stockholm) (zit.: Wetter, Salient Features, Stockholm 1982)
ders./ Kadelburger, John	The Uganda case decides important jurisdictional issue, Mealey's Int. Arb. Rep. 1989, Vol. 4 No 5, S. 19 ff.
ders./ Priem, Charl	A Scandinavian Enforcement Drama, Mealey's Int. Arb. Rep. 1993, Vol. 8 No. 2, S. 26 ff.
ders./ Priem, Charl	Sweden – Cost and their allocation in international commercial arbitrations, in: The American Review of International Arbitration, 1991, S. 267 ff.
Wetter, Carl/ Ericsson, Eric/ Karlsson, Johan/ Rislund, Johan	Konkurrenslagen i praxis, Juridik & Samhälle 1995 (zit.: Wetter/Ericsson/Karlsson/Rislund)
Wiesen, Hans	Statement zur Podiumsdiskussion des DIS am 21. Januar 1992 ("Die Bedeutung der Schiedsgerichtsbarkeit im gegenwärtigen politischen und wirtschaftlichen Umfeld"), hrsg. von Böckstiegel, DIS-Schriftenreihe, Bd. 9, S. 9 ff., Köln, Berlin, Bonn, München 1992
Winkler, Rolf M./ Weinand, Armin	Deutsches internationales Schiedsverfahrensrecht, BB 1998, S. 597 ff.
Winterfeld, Achim v.	Noch einmal: Der deutsche ordre public in der internationalen Schiedsgerichtsbarkeit, NJW 1987, S. 3059 ff.
Wunderer, Regina	Der deutsche "Ordre Public D`Arbitrage International" und Methoden seiner Konkretisierung, Frankfurt a. M. 1993 (zit.: Wunderer)
Zöller, Richard	Kommentar zur ZPO, 21. Aufl., Köln 1999 (zit.: Zöller/Bearbeiter)
Zweigert, Konrad/ Kötz, Hein	Einführung in die Rechtsvergleichung auf dem Gebiet des Privatrechts, 3. Aufl., Tübingen 1996

Abkürzungsverzeichnis

a.A.	anderer Ansicht
AAA	American Arbitration Association
a. a. O.	am angegebenen Orte
Abs.	Absatz
ADR	Alternative Dispute Resolution
AG	Aktiengesellschaft oder im Zusammenhang mit Urteilszitaten: Amtsgericht
AGB	Allgemeine Geschäftsbedingungen
AGBG	Gesetz zur Regelung des Rechts der Allgemeinen Geschäftsbedingungen
Anh.	Anhang
Anm.	Anmerkung, -en
AnwBl	Anwaltsblatt (*Zeitschrift*)
Arb.Int.	Arbitration International (*Zeitschrift*)
Art.	Artikel
Aufl.	Auflage
Ausn.	Ausnahme, -n
AWD	Außenwirtschaftsdienst des Betriebsberaters (*Zeitschrift* – ab 1975: RIW)
Az	Aktenzeichen

BB	Betriebs-Berater (*Zeitschrift*)
Bd.	Band
Beil.	Beilage
BGB	Bürgerliches Gesetzbuch
BGBl.	Bundesgesetzblatt
BGH	Bundesgerichtshof
BGHZ	Entscheidungen des Bundesgerichtshofs in Zivilsachen
bspw.	beispielsweise
BT-Drs.	Bundestagsdrucksache
bzgl.	bezüglich
bzw.	beziehungsweise

ca.	etwa (*cirka*)

DAS	Deutscher Ausschuss für Schiedsgerichtswesen
DB	Der Betrieb (*Zeitschrift*)
DDR	Deutsche Demokratische Republik
ders.	derselbe
d.h.	das heißt
diesbzgl.	diesbezüglich
DIS	Deutsche Institution für Schiedsgerichtsbarkeit e.V.
Disk.-E.	Bericht mit einem Diskussionsentwurf zur Neufassung des 10. Buches der ZPO (Februar 1994)
Dok.	Dokument
DRiG	Deutsches Richtergesetz
DS	Departementsserien (schwed.)
DZWir	Deutsche Zeitschrift für Wirtschaftsrecht

ECE	Economic Commission for Europe (Wirtschaftskommission der Vereinten Nationen für Europa)
EGBGB	Einführungsgesetz zum Bürgerlichen Gesetzbuche
EICLIT	Encyclopedia of International Commercial Litigation
etc.	und so weiter (*et cetera*)
et seq.	und die folgenden (*et sequentes*)
EU	Europäische Union
EuGH	Europäischer Gerichtshof (Luxemburg)
EuGVÜ	Übereinkommen der Europäischen Gemeinschaft über die gerichtliche Zuständigkeit und die Vollstreckung gerichtlicher Entscheidungen in Zivil- und Handelssachen
EuÜ	Europäisches Übereinkommen über die Handelsschiedsgerichtsbarkeit
EuZW	Europäische Zeitschrift für Wirtschaftsrecht
e.V.	eingetragener Verein

f	folgend
ff	folgende
FJFT	Tidskrift, utgiven av Juridiska Föreningen i Finland (*Zeitschrift*)
Fn.	Fußnote, -n
FS	Festschrift

gem.	gemäß
GG	Grundgesetz
GmbH	Gesellschaft mit beschränkter Haftung
grds.	grundsätzlich
Grundz	Grundzüge
GVG	Gerichtsverfassungsgesetz
GWB	Gesetz gegen Wettbewerbsbeschränkungen

HD	Högsta domstolen (Oberster Gerichtshof)
HGB	Handelsgesetzbuch
h.L.	herrschende Lehre
Hrsg.	Herausgeber
HS	Halbsatz

IBA	International Bar Association
ICC	Internationale Handelskammer (Paris)
ICCA	International Council for Commercial Arbitration
ICSID	International Centre for the Settlement of Investments Disputes
i.e.	zum Beispiel (*id est*)
i.E.	im Ergebnis
insbes.	insbesondere
iSd	im Sinne des, -der
IPR	Internationales Privatrecht
IPRax	Praxis des internationalen Verfahrensrechts (*Zeitschrift*)
iVm	in Verbindung mit
iwS	im weiteren Sinne

J.Int.Arb.	Jounal of International Arbitration (*Zeitschrift*)
JPS	Jahrbuch für die Praxis der Schiedsgerichtsbarkeit
JR	Juristische Rundschau (*Zeitschrift*)
JT	Juridisk Tidskrift
JuS	Juristische Schulung (*Zeitschrift*)
JW	Juristische Wochenschrift (*Zeitschrift*)
JZ	Juristische Zeitschrift

Kap.	Kapitel
KO	Konkursordnung
krit.	kritisch
KTS	Konkurs-, Treuhand- und Schiedsgerichtswesen (*Zeitschrift*)

LCIA	London Court of International Arbitration
LG	Landgericht
lit.	Buchstabe (*literal[ly]*)
LSF	Lag (1999:116) om skiljeförfarande
LUSK	Lagen (1929:147) om utländska skiljeavtal och skiljedomar

MDR	Monatsschrift für Deutsches Recht (*Zeitschrift*)
MG	(UNCITRAL)-Modellgesetz
MünchKomm	Münchener Kommentar zum Bürgerlichen Gesetzbuch
m.w.N.	mit weiteren Nachweisen

ND	Nordisk Domssamling
NJA	Nytt Juridisk Archiv, Avdelning I/II
NJW	Neue Juristische Wochenschrift (*Zeitschrift*)
NJW-RR	Neue Juristische Wochenschrift, Rechtsprechungsreport (*Zeitschrift*)
No.	Number
Nr.	Nummer

OLG	Oberlandesgericht

PatG	Patentgesetz
Prop.	Regeringens Proposition (*Regierungsentwurf*)

RabelsZ	Rabels Zeitschrift für ausländisches und internationales Recht
RB	Rättegångsbalk
Ref.-E.	Entwurf eines Gesetzes zur Neuregelung des Schiedsverfahrensrechts des Bundesministeriums der Justiz
Rn.	Randnummer
RG	Reichsgericht
RGBl.	Reichsgesetzblatt
RGZ	Entscheidungen des Reichsgerichts in Zivilsachen
RH	Rättsfall från hovrätterna
RIW	Recht der Internationalen Wirtschaft (*Zeitschrift*)
RPS	Recht und Praxis der Schiedsgerichtsbarkeit (*Beilage zu BB*)
Rspr.	Rechtsprechung

s.	Siehe
S.	Seite, -n
SCC	Schiedsgerichtsinstitut der Stockholmer Handelskammer
SchO	Schiedsordnung
schwed.	schwedisch
Sec.	Paragraph (*Section*)
SEK	Schwedische Kronen
SFS	Svensk Författningssammling (*Zeitschrift*)
SML	Lagen (1929:145) om skiljemän
s.o.	siehe oben
sog.	sogenannt, -e
str.	streitig
SOU	Statens Offentliga Utredningar (Staatl. Kommissionsgutachten)
u.a.	unter anderem
SvJT	Svensk Juristtidning (*Zeitschrift*)

u.ä.	und ähnliche, -s
UAR	UNCITRAL Arbitration Rules
UB	Utsökningsbalken
UNCITRAL	United Nations Commission on International Trade Law
UNC-MG	UNCITRAL – Modellgesetz
UNÜ	United Nations-Übereinkommen über die Anerkennung und Vollstreckung ausländischer Schiedssprüche
Urt.	Urteil
USA	Vereinigte Staaten von Amerika

v.	von, vom oder im Zusammenhang mit ausländischen Urteilszitaten: gegen (*vers*)
VerglO	Vergleichsordnung
vgl.	Vergleiche
Vol.	Volume
WIPO	World Intellectual Property Organization
WM	Wertpapiermitteilungen (*Zeitschrift*)
WuW	Wirtschaft und Wettbewerb (*Zeitschrift*)

YCA	Yearbook Commercial Arbitration (*Zeitschrift*)

Ziff.	Ziffer, -n
ZIP	Zeitschrift für Wirtschaftsrecht (bis 1982: Zeitschrift für Wirtschaftsrecht und Insolvenzpraxis)
zit.	Zitiert
ZPO	Zivilprozessordnung
ZRP	Zeitschrift für Rechtspolitik
z.T.	zum Teil
ZZP	Zeitschrift für Zivilprozess

Das reformierte deutsche und schwedische Schiedsverfahrensrecht

– eine vergleichende Betrachtung unter Berücksichtigung des UNCITRAL-Modellgesetzes über die internationale Handelsschiedsgerichtsbarkeit –

A. Einleitung

Die vorliegende Arbeit hat einen Rechtsvergleich zwischen dem deutschen und dem schwedischen Schiedsverfahrensrecht zum Gegenstand. Beide Länder haben ihre jeweiligen Schiedsverfahrensrechte novelliert.

In Deutschland ist nach mehrjährigen Vorarbeiten am 1. Januar 1998 das neue Schiedsverfahrensrecht in Kraft getreten.[1] Es ist – wie bisher – im 10. Buch der Zivilprozeßordnung (§§ 1025–1066 ZPO) geregelt und baut wesentlich auf einem im Februar 1994 von einer Reformkommission vorgelegten Diskussionsentwurf[2] sowie einem davon nur in wenigen Punkten abweichenden Gesetzesentwurf der Bundesregierung vom April 1996 auf.[3]

Das schwedische Schiedsverfahrensgesetz („Lag (1999:116) om skiljeförfarande") trat in seiner Neufassung am 1. April 1999 in Kraft (nachstehend: „LSF")[4] Ähnlich wie in Deutschland waren auch der schwedischen Reform langjährige Vorbereitungen vorausgegangen. Das LSF baut entscheidend auf einem von einer Expertenkommission im Juni 1994 vorgestellten Reformentwurf in Form eines Zwischenberichts auf[5], der weitgehend in die Begründung des schwedischen Regierungsentwurfes Eingang gefunden hat.[6]

Die Reformen in beiden Ländern können nicht isoliert betrachtet werden, sondern gehören in das Gesamtbild einer Zeit, in der vielerorts in der Welt nationale Schiedsrechte überarbeitet werden oder bereits wurden. Die international verbreitete Reformbereitschaft ist wesentlich zurückzuführen auf das UNCITRAL-Modellgesetz über die internationale Handelsschiedsgerichtsbarkeit vom 21. Juni 1985 (nachfolgend „UNC-MG").[7] Dieses Modellgesetz ist den Staaten von der Vollversammlung der Vereinten

---

1 Gesetz zur Neuregelung des Schiedsverfahrensrechts (Schiedsverfahrens-Neuregelungsgesetz – SchiedsVfG), BGBL. 1997 I 3224.

2 Bericht mit einem Diskussionsentwurf zur Neufassung des 10. Buches der ZPO" (nachstehend: „Disk.-E")

3 Gesetzentwurf der Bundesregierung zur Neuregelung des Schiedsverfahrensrechts (Schiedsverfahrens-Neuregelungsgesetz – SchiedsVfG), BT-Drucks. 13/5274 v. 12.07.1996 (nachstehend: „BT-Drs. 13/5274").

4 Abgedruckt im amtlichen Gesetzesblatt SFS 1999:116 (SFS = „Svensk Författningssamling").

5 Veröffentlicht in der amtlichen Gutachtensammlung SOU (= „Statens offentliga utredningar") unter dem Titel: „Ny lag om skiljeförfarande – Delbetänkande av Skiljedomsutredningen – SOU 1994:81" (nachstehend: „SOU 1994:81").

6 Veröffentlicht unter dem Titel: „Prop. 1998/99:35 – Ny lag om skiljeförfarande" (nachstehend: „Prop. 1998/99:35").

7 Angenommen von der Kommission der Vereinten Nationen für internationales Handelsrecht am 21.06.1985, abgedr. im Anhang.

Nationen zur Berücksichtigung bei der Überprüfung ihrer nationalen Schiedsrechte empfohlen worden und genießt international die Anerkennung eines modernen Regelwerkes. Es hat in der internationalen Staatengemeinschaft eine wichtige Rolle als Denkanstoß bei der Planung und Durchführung nationaler Reformen gespielt.

In der folgenden Arbeit wird einleitend die Bedeutung der Schiedsgerichtsbarkeit dargestellt (unter B), gefolgt von einer Darstellung der Entwicklung des Schiedsverfahrensrechts in Deutschland und Schweden bis zu den jeweiligen Reformen (unter C). Anschließend folgt eine Analyse der Motive und Ausgangspunkte der jeweiligen Reformen, auch unter Berücksichtigung der Frage, inwieweit nach dem Willen der Gesetzgeber dem UNC-MG eine Vorbildfunktion zukommen sollte (unter D). Weiter folgt eine Untersuchung der Anwendungsbereiche der neuen deutschen und schwedischen gesetzlichen Regelungen (unter E), gefolgt von einer rechtsvergleichenden Gegenüberstellung und Analyse der deutschen und schwedischen Schiedsverfahrensgesetze unter Berücksichtigung auch der jeweiligen nationalen Schiedspraxis (unter F). Abschließend folgt eine zusammenfassende Schlußbetrachtung einschließlich eines Ausblicks auf die weitere Entwicklung der Schiedsgerichtsbarkeit in Deutschland und in Schweden (unter G).

B. Bedeutung der Schiedsgerichtsbarkeit

Die heutige Bedeutung der nationalen und internationalen Schiedsgerichtsbarkeit beruht auf einer Reihe verschiedener Faktoren, von denen einige wesentliche nachstehend genannt werden sollen.

I. Allgemeine Bedeutung

Die Reform des deutschen und des schwedischen Schiedsrechts findet zu einer Zeit statt, in der das Phänomen Schiedsgerichtsbarkeit international im Bereich der institutionellen und der ad-hoc Schiedsgerichtsbarkeit[8] eine fortlaufende Verbreitung findet.[9] Diese Entwicklung geht einher mit der Internationalisierung der Märkte sowie der Fortentwicklung der Kommunikationstechniken. Hintergrund der Entwicklung ist ein allgemeines Bedürfnis nach effektiven privaten Formen der Streiterledigung. Dieses Phänomen ist zum Teil mit den Worten „Flucht in die Schiedsgerichtsbarkeit" umschrieben worden.[10]

Im grenzüberschreitenden Wirtschaftsverkehr spielt die internationale private Schiedsgerichtbarkeit seit Jahrzehnten mit steigender Tendenz eine herausragende Rolle. Die Ursache dafür ist, daß die nationalen Rechtssysteme die dabei auftretenden Streitigkeiten nach Ansicht der Vertragsparteien nicht angemessen zu lösen vermögen. Im grenzüberschreitenden Handel wird die Schiedsgerichtsbarkeit sogar z.T. als das einzig zur Verfügung stehende weltweit akzeptierte[11] effektive Rechtsschutzsystem angesehen.[12] In diesen Bereichen hat die Schiedsgerichtsbarkeit weitgehend die Funktion der staatlichen Justiz übernommen.[13] Rechtlich interessante und bedeutende Prozesse des Wirtschaftsrechts laufen heute an der staatlichen Gerichtsbarkeit häufig vorbei[14], obwohl Schiedssprüchen anerkanntermaßen keine Präzedenzwirkung zukommt, sie also für Grundsatzentscheidungen ungeeignet sind.[15] Schiedsgerichtsbarkeit als Mittel der Streiterledigung ist daher nicht mehr aus unserem Rechtsleben wegzudenken.[16]

---

8 Ein ad-hoc Schiedsgericht ist ein für den Einzelfall bestimmtes Gelegenheitsschiedsgericht. Institutionelle (administrierte) Schiedsgerichte sind dagegen vorgegebene ständige Schiedsgerichte, die den Parteien eine Mindestorganisation zur Entscheidung einer Vielzahl von Streitigkeiten (z.T. mit einer nicht abänderbaren Schiedsordnung) und einer Organisation für die Durchführung von Schiedsverfahren zur Verfügung stellen; siehe dazu Aden, S. 37 ff.

9 Vgl. Böckstiegel, DIS-Bd. 9, S. 17. Nach Berger, Schiedsgerichtsbarkeit, S. 2, hat der Anstieg erkennbar nach Inkrafttreten des englischen Arbitration Act von 1979 eingesetzt.

10 Vgl. z. B. Kornmeier/Sandrock, S. 860.

11 Vgl. Franke, in: FS Glossner, S. 119 (123); Raeschke-Kessler, AnwBl 1993, 141 (141); Berger, DZWir 1993, 465 (469) spricht von einer über 90 %-igen Verbreitung von Schiedsvereinbarungen und in diesem Zusammenhang von einer übergreifenden wirtschaftstypischen Streitschlichtungsmethode.

12 Vgl. Habscheid, RIW 1988, 766 (767).

13 Vgl. Smid DZWir 1995, 397; Raeschke-Kessler, in: FS Nirk, S. 915 (916).

14 Vgl. Baur, S. 5.

15 Vgl. dazu Schütze, in: FS Glossner, S. 333 (339 f.) m.w.N.

16 Vgl. Labes, S. 5.

Zu der Entwicklung der insbesondere internationalen Schiedsgerichtsbarkeit haben auch zahlreiche politische Systemveränderungen in verschiedenen Ländern und die Hinwendung zur Marktwirtschaft im Osten beigetragen, da in den betroffenen Gebieten, wie etwa im Bereich der früheren sozialistischen Staaten sich häufig (noch) keine zuverlässige und leistungsfähige staatliche Justiz herausgebildet hat.[17] Aus diesem Grund bestehen etwa viele ausländische Vertragsparteien gegenüber Vertragspartnern aus den früheren sozialistischen Staaten Osteuropas und einer größeren Zahl von Entwicklungsländern auf der Aufnahme einer Schiedsvereinbarung in gemeinsame Verträge.[18]

Zur Verbreitung der Schiedsgerichtsbarkeit beigetragen haben ferner die von diversen internationalen Schiedsorganisationen erarbeiteten Schiedsordnungen[19] und organisationsunabhängige Muster-Schiedsordnungen[20], die eine verbreitete Anwendung in der Praxis gefunden haben. In der nationalen deutschen Schiedspraxis wird neben der Ad-hoc Schiedsgerichtsbarkeit am häufigsten die z.T. branchenspezifische institutionelle Schiedsgerichtsbarkeit sowie insbesondere die Schiedsgerichtsordnung der Deutschen Institution für Schiedsgerichtsbarkeit e.V. (DIS) gewählt.[21] In Schweden spielt neben der im Verhältnis zu Deutschland stärker verbreiteten ad-hoc Schiedsgerichtsbarkeit im Bereich der institutionalisierten Schiedsgerichtsbarkeit das Schiedsgerichtsinstitut der Stockholmer Handelskammer (SCC) eine beherrschende Rolle. International überwiegt zahlenmäßig die Schiedsgerichtsbarkeit der Internationalen Handelskammer (ICC), der UNCITRAL, des London Court of International Arbitration (LCIA) sowie nationale bzw. internationale Institutionen in der Schweiz, in Österreich, Schweden und in den USA.[22]

---

17 Vgl. Böckstiegel, Arb. 08/1995, 191 (193); ders., in: FS Bernhardt, S. 671 (678).

18 Vgl. Böckstiegel, DIS-Bd. 9, S. 17 (19).

19 Z. B. die Schiedsgerichtsordnungen der Internationalen Handelskammer in Paris (ICC), der Handelskammer Stockholm (SCC), des London Court of International Arbitration (LCIA) und der Deutschen Institution für Schiedsgerichtsbarkeit e.V. in Bonn (DIS) (entstanden am 01.01.1992 durch Verschmelzung des Deutschen Instituts für Schiedsgerichtswesen und des Deutschen Ausschusses für Schiedsgerichtsbarkeit); Vgl. ferner Überblick über die maßgeblichen Schiedsinstitutionen bei Blessing, in IPRG-Blessing, Einl. zum 12. Kap., S. 1317 ff.

20 Dazu zählen insbesondere die UNCITRAL Arbitration Rules v. 1976 (UAR), die häufig zwischen Unternehmen aus Industrie- und Entwicklungsländern vereinbart werden, ergänzt durch die UNCITRAL Conciliation Rules v. 1980 für vorgelagerte Schlichtungsversuche. Die UNCITRAL-Regeln sind abgedr. bei Bülow/Böckstiegel/Geimer/Schütze, Bd. 2, C. III. 4. (753-4 ff.).

21 Vgl. Böckstiegel, BB-Beilage 15/1995 (Heft 28), S. 4 (5 f.). Zahlreiche Schiedsverfahrensordnungen haben lediglich eine branchenspezifische und ausdrücklich auf bestimmte Regionen oder Länder bezogene Bedeutung, so z. B. die Hamburger Freundschaftliche Arbitrage; vgl. Schütze/Tscherning/Wais, Rn. 792

22 Vgl. Böckstiegel, BB-Beilage 15/1995 (Heft 28), S. 4 (5 f.). In einer jüngeren empirischen begrenzten Umfrage von Schmidt-Diemitz unter deutschen Unternehmen (Teilnahmequote je nach Unternehmensgröße zwischen 6,5-28 %) wird u. a. festgestellt, daß die Reihenfolge der vier beliebtesten Schiedsgerichtsordnungen generell (1.) ICC, (2.) SCC, (3.) Züricher Handelskammer und (4.) DIS lautet, bei Dauerschuldverhältnissen (1.) ICC, (2.) DIS, (3.) Zürcher Handelskammer und (4.) SCC lautet sowie im Ost-West-Geschäft (1.) Int. Schiedsgericht der Bundeskammer der gewerblichen Wirtschaft, Wien, (2.) ICC, (3.) SCC und (4.) DIS lautet; in DB 1999, 369 (370).

II. Privatautonomie

Der Grundsatz der (privaten) Schiedsgerichtsbarkeit besteht international einheitlich darin, daß einem Privatgericht, bestehend aus einem oder mehreren Schiedsrichtern, durch private Willenserklärung der Parteien die Entscheidung einer in der Regel zivilrechtlichen Streitigkeit unter Ausschluß staatlicher Gerichte übertragen wird.[23] Ein Rechtsprechungsmonopol der staatlichen Gerichte gibt es insoweit nicht. Die Legitimation der Parteien zum Ausschluß des Rechtsweges zu den staatlichen Gerichten beruht auf ihrer allgemeinen Befugnis zur Regelung der bürgerlichrechtlichen Beziehungen untereinander. Das Schiedsgericht ist somit ein privates Gericht mit echter streitentscheidender Funktion. Es hat seine Wurzel in der rechtsgeschäftlichen Privatautonomie, der es weitgehend unterliegt.[24] Allein die Parteien bestimmen, ob ein Schiedsverfahren stattfinden soll, welche Fragen zu entscheiden sind, welche Tatsachen vorgetragen werden und welche rechtlichen Ausführungen dazu gemacht werden sollen.

Das neue deutsche Recht und das neue schwedische Recht heben die Parteiautonomie an vielen Stellen hervor. Die schwedische Reformkommission war ausdrücklich darum bestrebt, den Grundsatz der Parteiautonomie noch stärker als bisher hervorzuheben.[25] Die Betonung entspricht der Intention des UNC-MG.[26] Die Abgrenzung zwischen dispositiven und zwingenden Vorschriften erfolgt entsprechend dem UNC-MG bei den einzelnen Regelungen. Im deutschen Recht erfolgt dies gesetzestechnisch durch den häufigen Zusatz „soweit die Parteien nichts anderes vereinbart haben“. Entsprechende Formulierungen zur Klarstellung der Dispositivität der Bestimmung enthält ebenfalls das LSF in vielen Regelungen („Har parterna inte bestämmt något annat“ = Haben die Parteien nichts anderes bestimmt).

Nach beiden Rechtsordnungen sind allerdings nicht alle Normen im Wege eines Gegenschlusses zwingender Natur, die nicht ausdrücklich unter Vorbehalt stehen. In den jeweiligen Gesetzesbegründungen wird hervorgehoben, daß diese Frage letztlich aus dem Normzweck heraus zu entscheiden[27] bzw. nach den Umständen des Einzelfalles zu beurteilen ist.[28]

---

23 Anders als die Schiedsgerichtsbarkeit bezweckt ein von den Parteien vereinbartes Schiedsgutachten die bindende Feststellung bestimmter einzelner Tatsachen (z. B. Wert, Preis oder Schadenshöhe) durch einen Gutachter. Ein Schiedsgutachten kann auch zur Ausfüllung von Vertragslücken oder zur Klarstellung des Vertragsinhalts dienen. Das staatliche Gericht ist jedoch – anders als beim Schiedsspruch – in einem späteren Prozeß nicht an das Schiedsgutachten gebunden, sondern kann es auf offenbare Unbilligkeit oder Unrichtigkeit überprüfen (§§ 317, 319 Abs. 1 S. 2 BGB); vgl. BGH NJW 1975, 1556; Prütting, JZ 1985, 261 (264). Vom Schiedsrichter ist ferner der sog. Schiedsmann zu unterscheiden, bei dem es sich um eine private ehrenamtlich tätige Person handelt, die aufgrund sog. Schiedsmannsordnungen in einigen Bundesländern als vorprozessualer Streitschlichter vor allem in Strafsachen tätig ist; Prütting, ebenda.

24 Vgl. Schwab/Walter, S. 4; Zöller/Geimer v. § 1025 Rn. 3; Niklisch, RIW 1991, 89 (90).

25 Vgl. SOU 1994:81, S. 71.

26 Vgl. Böckstiegel in RIW 1984, 670 (675).

27 Vgl. BT-Drs. 13/5274, S. 28; Ref.-E., S. 81; Disk.-E., S. 15.

28 Vgl. Prop. 1998/99:35, S. 44; SOU 1994:81, S. 11.

III. Vorteile der Schiedsgerichtsbarkeit

Die Popularität der Schiedsgerichtsbarkeit im In- und Ausland wird auf eine Vielzahl von Gründen zurückgeführt, die in Deutschland und Schweden weitgehend gleich beurteilt werden.[29] Nachstehend werden einige der maßgeblichen Gründe aufgezeigt.

1. Flexibles Verfahren

Die Parteien haben als Ausfluß der Parteiautonomie umfassende Einwirkungsmöglichkeiten auf das Verfahren und können dadurch eine flexible und pragmatische Art der Streiterledigung erreichen. Sie können etwa in den Grenzen des anwendbaren nationalen Rechts das auf die Hauptsache, auf die Schiedsvereinbarung sowie auf das Verfahren anwendbare Recht bestimmen. Das Bestimmungsrecht der Parteien geht so weit, daß sie die Verfahrensregeln in den staatlichen Prozeßrechten im In- und Ausland bis an die Grenze eines rechtsstaatlichen Kernbestandes (ordre-public) durch Vereinbarung umgestalten oder ganz abbedingen können.[30] Als Kehrseite dieser Parteiautonomie hat die Praxis gezeigt, daß sie im Streitfall zu Komplikationen führen kann, wenn schiedsunerfahrene Parteien oder ihre Vertreter individuelle Schiedsvereinbarungen und Verfahrensabreden formulieren oder von empfohlenen Standardklauseln abweichen, ohne die Folgen und Reichweite ihrer Vereinbarungen überblicken zu können („products of incompetence").[31]

Schiedsgerichtsbarkeit bietet die Möglichkeit eines verfahrensrechtlichen Brückenschlags zwischen Parteien aus unterschiedlichen Rechtskulturen.[32] Dies kann in der Praxis etwa zwischen einer Partei aus dem Bereich des common-law und einer deutschen Partei wesentlich sein, die sich beide nicht nach den jeweils anderen unbekannten Verfahrensrechten richten möchten und daher ein individuell vereinbartes Schiedsverfahren vorziehen.[33]

Mit einem privaten Schiedsgerichtsverfahren sind regelmäßig erhebliche Verfahrenserleichterungen verbunden. Dies gilt etwa für (internationale) Zustellungen und Beweisaufnahmen, die ohne Einhaltung komplizierter staatsvertraglicher Vorschriften der internationalen Rechtshilfe durchgeführt werden können.[34] In Schiedsverfahren gilt ferner der Grundsatz des Freibeweises, d. h., die Schiedsrichter können alle Erkenntnismöglichkeiten ausschöpfen, ohne Bindung an die Voraussetzungen begrenzter Beweismittel einer Verfahrensordnung.

---

29 Vgl. zu Schweden: Dillén, S. 3; Bolding, Skiljeförfarande, S. 18 ff.; Hassler/Cars, S. 14.

30 Vgl. Aden, S. 14 Rn. 11.

31 Vgl. Wetter, Mealey's Int. Arb. Rep. 1988, Vol. 3 No. 5, S. 21 (25 f.); ders., Mealey's Int. Arb. Rep. 1990, Vol. 5 No. 11, S. 13 (18).

32 Vgl. Raeschke-Kessler, NJW 1988, 3041 (3042); Franke, in: FS Glossner, S. 119 (123).

33 Vgl. Raeschke-Kessler/Berger, Rn. 13 u. 74.

34 Vgl. dazu Schütze/Tscherning/Wais, Rn. 5 ff.

2. Forum nach Maß

Ferner können die Parteien die Qualität des Schiedsgerichts durch die Auswahl der Schiedsrichter selbst bestimmen („L`arbitrage vaut ce que vaut l`arbitre").[35] Die Einschaltung von sachkundigen Schiedsrichtern, die der Vertrags- bzw. Verhandlungssprache mächtig sind, kann die zeit- und kostenintensive Einschaltung von Sachverständigen und Übersetzern überflüssig machen.[36] Man spricht hier von einem „Richter nach Maß".[37] Durch die Einschaltung von Prozeßbevollmächtigten ihres Vertrauens[38] müssen die Parteien auch nicht aufgrund besonderer Zulassungsregeln (z. B. Anwaltszwang) vor einem (ausländischen) ordentlichen Gericht ihnen unbekannte Anwälte hinzuziehen.[39]

3. Schnelligkeit des Verfahrens

Entscheidende Bedeutung kommt ferner der vergleichsweisen kurzen Verfahrensdauer zu, die dem Bedürfnis der Praxis nach beschleunigter Konfliktbeilegung entspricht.[40] Die Kürze des Verfahrens beruht zunächst auf dem eininstanzlichen Verfahren.[41] Ein „Oberschiedsgericht" und damit ein Instanzenzug in einem Schiedsverfahren wird in Deutschland und Schweden oder sonst im Ausland so gut wie niemals vereinbart.[42] Zwar können sich auch Schiedsverfahren erheblich in die Länge ziehen, insbesondere wenn eine am Verfahren beteiligte Partei oder ein Schiedsrichter es darauf anlegen, doch sind sie jedenfalls im Vergleich zu dem in der Praxis häufig ausgeschöpften Instanzenzug der ordentlichen Gerichte regelmäßig schneller.[43] Die Schiedsrichter können das Verfahren erfahrungsgemäß auch schneller anberaumen und sich mit dem Fall intensiver befassen, als es ein ordentliches Gericht aufgrund seiner Arbeitsbelastung kann.[44] Ein existenzielles Interesse an einer möglichst kurzen Verfahrensdauer

---

35 Vgl. Hobér, in: Festskrift till Lars Hjerner, S. 235 (237); Böckstiegel, DIS-Bd. 4, S. 311 (329).

36 Vgl. Schütze, S. 213.

37 Vgl. Schwab/Walter, S. 5 Rn. 8 m.w.N.

38 Vgl. Stumpf/Steinberger, RIW 1990, 174 (175); Rüede/Hadenfeld, § 6 III 2., S. 30.

39 In England müssen beispielsweise sowohl geschäftsführende (solicitors) als auch plädierende (barristers) Anwälte als Parteivertreter eingeschaltet werden (auch LCIA); vgl. Jarvin, SvJT 1994, 577 (584).

40 Vgl. Nagel, in: FS Firsching, S. 191 (191); Franke, in: FS Glossner, S. 119 (128). Institutionelle Verfahrensordnungen bieten für dringende und geeignete Fälle zunehmend sog. „fast-track-arbitration" – Regeln an (z. B. Art. 1 Abs. 3 ICC-Schiedsordnung; Regeln für vereinfachte Schiedsverfahren der Stockholmer Handelskammer (in Kraft seit 01.07.1995)). Grundsätzlich können auch Ad-hoc Verfahren als Schnellverfahren bei Einverständnis und Kooperation der Parteien sowie einer entsprechenden Verhandlungsleitung gehandhabt werden; vgl. Eriksson, JT 1995/96, 1147 ff.

41 Das Prinzip der Eininstanzlichkeit bedeutet zugleich eine eingeschränkte Rechtssicherheit. Die unterlegene Partei muß mit einer „falschen" Entscheidung zu ihrem Nachteil leben, da der Schiedsspruch in der Sache (materiell) nicht nachprüfbar ist. „Falsche" Gesetzes- oder Vertragsauslegung, fehlerhafte Beweiswürdigung bzw. Beweislastverteilung sowie Fehlbeurteilungen der „Praxis" sind unumkehrbar; vgl. Heuman, Specialprocess, S. 41; Bolding, Skiljeförfarande, S. 22 ff. u. NJA II 1929, 46.

42 Vgl. Schütze/Tscherning/Wais, Rn. 122; Hennerkes/Schiffer, BB 1992, 1439 (1439); Cars, S. 25.

43 Vgl. Hennerkes/Schiffer, BB 1992, S. 1439 (1440).

44 Vgl. Jagenburg, in: FS Oppenhoff, S. 147 (164).

findet sich häufig bei liquiditätsschwachen Unternehmen in Gläubigerrolle, da sie oftmals nicht die Mittel haben, um langjährige Verfahren zu finanzieren.

Schiedsverfahren können nicht nur vergleichsweise schnell sein, unter dem Gesichtspunkt der Verfahrenskosten können Schiedsverfahren im Vergleich mit mehrinstanzlichen Gerichtsverfahren auch im Einzelfall günstiger sein.[45] Dies hängt jedoch von den Umständen des Einzelfalles ab. In (internationalen) wirtschaftsrechtlichen Verfahren ist das Kostenargument allerdings häufig kein allein ausschlaggebendes Argument für oder gegen das Eingehen einer Schiedsvereinbarung.[46]

4. Vertraulichkeit

Die Vertraulichkeit des Verfahrens bewirkt, daß etwa sensible Unternehmensdaten, Know-how und andere Informationen geschützt bleiben.[47] Auch das geschäftspolitische Bestreben, den Firmennamen in der Öffentlichkeit nicht mit einer Rechtsstreitigkeit in Zusammenhang gebracht zu sehen, kann Motiv einer Schiedsvereinbarung sein.[48]

Wird ein ad-hoc-Verfahren ohne institutionellen Organisationsapparat durchgeführt, erfährt dies häufig neben den Parteien und den Schiedsrichtern niemand.[49] Aus diesem Grunde fehlen wirklich verläßliche statistische Angaben über die Anzahl und Dauer der durchgeführten Verfahren, die Höhe der Streitwerte oder die Nationalität der Parteien, was angesichts der großen Bedeutung vieler solcher Schiedsverfahren überraschen mag.[50] In der jüngeren Vergangenheit nehmen Veröffentlichungen zu nationalen und internationalen Schiedsverfahren auch aufgrund des gestiegenen Interesses an dieser Thematik allerdings zu. Ohne Einvernehmen der Parteien wird jedoch grundsätzlich nicht über Schiedsverfahren publiziert.[51] Im Bereich der institutionellen Schiedsgerichtsbarkeit – z. B. bei der Internationalen Handelskammer in Paris (ICC) – ist das statistische Material aus naheliegenden Gründen reichhaltiger als auf dem Gebiet der ad-hoc Schiedsgerichtsbarkeit.

---

45 Die Kosten können je nach Schiedsrichtervertrag oder Schiedsordnung durchaus auch höher als für ein Verfahren vor einem staatlichen Gericht sein; vgl. Gentinetta, S. 29; Schütze/Tscherning/Wais, Rn. 10.

46 Vgl. dazu Jagenburg, in: FS Oppenhoff, S. 147 (164); ausführlich Schneider, Arb.Int. 1994, Vol. 10 No. 2, S. 119 ff. („lean arbitration") und Lachmann, S. 404 ff.; auch Hennerkes/Schiffer, BB 1992, 1439 (1440 f.), wonach die Kosten in nationalen Fällen mit geringem Streitwert regelmäßig höher sind als für staatliche Gerichtsverfahren.

47 Vgl. Hennerkes/Schiffer, BB 1992, 1439 (1439).

48 In einigen Schiedsordnungen wird dies ausdrücklich angesprochen, vgl. etwa Art. 20 Abs. 3 S. 1 der Regeln des Schiedsgerichtsinstitutes der Stockholmer Handelskammer (SCC): „Das Verfahren ist vom Schiedsgericht (...) unter Beachtung der Verschwiegenheit zu führen."

49 Vgl. für Schweden: SOU 1994:81, S. 66.

50 Vgl. Glossner, in: FS Semler, S. 909 (910); Samuel, Arb.Int. 1991, Vol. 7 No. 4, S. 319 (322).

51 Vgl. zu den Grenzen der Vertraulichkeit von Schiedsverfahren nach schwedischem Recht die Entscheidung des Obersten Gerichtshofs (HD) vom 27.10.2000 – Az. T 1881-99 – (Bulgarian Foreign Trade Bank Ltd. ./. A.I. Trade Finance Inc.), dargestellt unten in Fn. 888.

In der Praxis wird die Vertraulichkeit des Verfahrens auch deshalb geschätzt, weil sie zur Verhinderung eines unnötigen Konfrontationsklimas beitragen kann.[52] Verglichen mit einem ordentlichen Klageverfahren gilt die Einleitung eines Schiedsverfahrens in der internationalen Wirtschaft als ein weniger unfreundlicher Akt.[53] Einer Schiedsklausel wird ferner eine Befriedungsfunktion insofern zugesprochen, daß sie die Parteien bereits vorprozessual vergleichsbereiter stimme.[54] Kommt es zum streitigen Verfahren, sehen sie danach in der Atmosphäre des Schiedsverfahrens am ehesten die Möglichkeit, die zuvor vergeblich gesuchte Einigkeit im Wege eines rechtsgestaltenden Vergleichs zu erreichen. Häufig kommt der Wunsch der Parteien nach weiterer zukünftiger Kooperation hinzu („formerly friends, temporarily enemies, friends hereafter").[55] Dabei kommt einem Vergleichsvorschlag insbesondere dann Erfolgsaussicht zu, wenn er auch von den parteiernannten Schiedsrichtern uneingeschränkt mitgetragen wird.[56] In internationalen Schiedsverfahren werden rund 50% der Fälle verglichen, national liegt die Vergleichsquote sogar höher.[57]

5. Neutralität

Staaten oder staatliche Unternehmen als Vertragspartner lehnen die Vereinbarung der staatlichen Jurisdiktion des Vertragspartners häufig bereits aus Prestige- und Souveränitätsgründen als unannehmbar ab.[58] Sie wollen sich nicht einer unbekannten und möglicherweise voreingenommenen Gerichtsbarkeit mit den lokalen und kulturellen Besonderheiten unterwerfen. Letzteres gilt ebenfalls für viele nichtstaatliche Parteien. Internationale Schiedsgerichtsbarkeit als Instrument der Streiterledigung wird hier aufgrund ihrer Anpassungsfähigkeit als unausweichliche Notwendigkeit angesehen.[59]

In der Erwartung einer größeren Neutralität und Rechtssicherheit bei der Entscheidungsfindung vereinbaren die Parteien oftmals einen Schiedsort in einem neutralen (Dritt-) Land, sofern nicht eine Partei aufgrund ihrer Verhandlungsmacht den Schiedsort – ebenso wie das anwendbare Recht – „diktieren" kann. In internationalen Streitigkeiten versuchen die Parteien mitunter, das Verfahren in ein Drittland zu verlegen, dessen Gesetzgebung und Praxis die weitgehende Ausschaltung der Kontrolle staatlicher Gerichte ermöglichen (delocalization). Dadurch sollen weder die eigenen

52 Vgl. Böckstiegel, BB-Beilage 15/1992, (Heft 28), S. 4 (5); SOU 1994:81, S. 68.

53 Vgl. Lionnet, S. 48; Jagenburg, in: FS Oppenhoff, S. 147 (156).

54 Vgl. Hesse, DIS-Bd. 9, S. 18 (28).

55 Vgl. Gentinetta, S. 28.

56 Vgl. Jagenburg, in: FS Oppenhoff, S. 147 (155 f. u. 166); auch Hellwig, RIW 1984, 421 (427).

57 Vgl. Glossner, BB-Beilage 5/1996 (Heft 12), S. 3; Hennerkes/Schiffer. BB 1992, 1439 (1440); Jagenburg, in: FS Oppenhoff, S. 147 (155) m.w.N. Aus der Schiedspraxis ist in jüngerer Zeit zu hören, daß die Vergleichsbereitschaft (sog. „Industriekompromiß") tendenziell abnehme weil der „shareholder value" – Gedanke in die Unternehmen hereingetragen werde und dadurch ein mit jedem Vergleich verbundenes Nachgeben innerhalb der Unternehmen schwerer zu vertreten werde und da im Zuge von Umorganisationen die Leitungsebenen immer schneller erneuert würden und dadurch frühere persönliche Kontaktnetze der Beteiligten als eine Voraussetzung für streitbeendende Vergleiche weggefallen sei.

58 Das gilt auch, wenn sich auf beiden Seiten Staaten gegenüber stehen; vgl. Böckstiegel, DIS-Bd. 9, S. 17 (20).

59 Vgl. dazu Walter, in: FS Baur, S. 691 (694).

Gerichte noch die der Gegenseite im Schiedsverfahren intervenieren bzw. weder die eigenen Gesetze noch die der Gegenseite Anwendung finden können.

6. Vollstreckung

Ein anerkannter Vorteil der (internationalen) Schiedsgerichtsbarkeit ist schließlich die nahezu weltweit gesicherte Vollstreckung von Schiedssprüchen vor allem aufgrund des UN-Übereinkommens vom 10.6.1958 über die Anerkennung und Vollstreckung ausländischer Schiedssprüche (nachstehend „UNÜ").[60] Das UNÜ ist zwischenzeitlich von über einhundertfünfzig Staaten ratifiziert worden[61] und hat zur Verbreitung der internationalen Schiedsgerichtsbarkeit im Wirtschaftsbereich maßgeblich beigetragen. Es genießt international hohe Anerkennung und wird als „the most effective instance of international legislation in the entire history of commercial law" gelobt.[62] Die internationale Vollstreckbarkeit von Schiedssprüchen ist für die Praxis von erheblicher Bedeutung, obwohl die meisten Schiedssprüche freiwillig erfüllt werden, d. h. sich von selbst vollstrecken (self-executing).[63] Die internationale Vollstreckung staatlicher Gerichtsurteile ist abgesehen von einzelnen bilateralen Abkommen lediglich zwischen den EG-Mitgliedstaaten aufgrund des Brüsseler Übereinkommens über die gerichtliche Zuständigkeit und die Vollstreckung gerichtlicher Entscheidungen in Zivil- und Handelssachen (EUGVÜ)[64] und zwischen den EG- und EFTA-Staaten aufgrund des parallelen sog. Lugano-Übereinkommens staatsvertraglich geregelt.[65]

---

60 Gesetz vom 15.03.1961 (BGBL. 1961 II S. 121). Geänd. durch Art. 2 § 2 SchiedsVfG vom 22.12.1997 (BGBL. 3224); Bek. über das Inkrafttreten vom 23.03.1962 (BGBL. 1962 II S. 102); abgedr. bei Bülow/Böckstiegel/Geimer/Schütze, Bd. II, C. I. 3. b (714-5 ff.).

61 Mit Stand von Mai 2000 sind 152 Staaten – darunter sämtliche EU-Vertragsstaaten – dem UNÜ beigetreten; vgl. Auflistung in Stockholm Arb. Rep. 2000:1, S. 151 ff.

62 Vgl. Lord Justice Mustill, J.Int.Arb. 1989 Vol. 6 No. 2, S. 43 (49).

63 In der Vergangenheit wurden rund 90 % aller Schiedssprüche und -vergleiche, die nach der ICC-Schiedsordnung ergangen sind, freiwillig erfüllt; vgl. Glossner, RIW 1984, 15 (16); ähnl. Hennerkes/Schiffer, BB 1992, 1439 (1440); allg. Raeschke-Kessler/Berger Rn. 620; Schmidt-Diemitz, DB 1999, 369 (371) aufgrund begrenzter empirischer Umfrage unter deutschen Unternehmen.

64 Übereinkommen der Europäischen Gemeinschaften über die gerichtliche Zuständigkeit und die Vollstreckung gerichtlicher Entscheidungen in Zivil- und Handelssachen vom 27.09.1968 (BGBL. 72 II 774).

65 Übereinkommen v. 16.09.1988 über die gerichtliche Zuständigkeit und die Vollstreckung gerichtlicher Entscheidungen in Zivil- und Handelssachen (BGBL. 94 II 2660).

C. Entwicklung der Schiedsgerichtsbarkeit in Deutschland und Schweden

Eine vergleichende Betrachtung der Entwicklung der Schiedsgerichtsbarkeit in den Ländern Deutschland und Schweden hat zu beachten, daß Schwedens Rechtsordnung sich nicht ohne Schwierigkeiten in einen Rechtskreis einordnen läßt. Ausgehend von den westeuropäischen Rechtsordnungen in der EG und EFTA gehört sie nicht zu den Common Law-Rechten. Die schwedische Rechtsordnung wurde andererseits wesentlich weniger als z. B. die zur großen Gruppe der Civil Law-Staaten gehörende (kontinentale) deutsche Rechtsordnung vom römischen Recht geprägt. Die generelle Rechtsentwicklung in Skandinavien – und somit auch das allgemeine schwedische Zivilprozeßrecht – wurde seit Mitte des 19. Jahrhunderts bis um die Jahrhundertwende wesentlich von der deutschen Rechtswissenschaft beeinflußt. Ab den zwanziger Jahren wurde das Rechtsdenken in Skandinavien stärker durch amerikanische Einflüsse bzw. nach dem zweiten Weltkrieg durch das angelsächsische Recht beeinflusst.[66] Rechtsvergleichend wird Schwedens Rechtsordnung daher aufgrund der vielfach parallelen Rechtsentwicklung mit den skandinavischen Ländern Dänemark, Norwegen, Finnland und Island sowie aufgrund vieler politisch-historischer und kultureller Gemeinsamkeiten im Rahmen des Civil Law zu einem besonderen skandinavischen bzw. „nordischen“ Rechtskreis zusammengefaßt.[67]

I. Schiedsgerichtsbarkeit in Deutschland

Die Entwicklung der deutschen Schiedsgerichtsbarkeit baut auf verschiedenen Elementen auf, einmal der Entwicklung der nationalen Gesetzgebung, zum anderen der Entwicklung der Schiedsgerichtsbarkeit in Deutschland unter dem Blickwinkel inländischer bzw. internationaler Verfahrenspraxis.

1. Legislative Entwicklung

Das deutsche Schiedsverfahrensrecht im 10. Buch der Zivilprozeßordnung (ZPO) stammte bis zur Reform ursprünglich noch aus dem Jahr 1879, dem Jahr ihres Inkrafttretens.[68] Das Schiedsrecht wurde in der Zeit danach lediglich in Randbereichen reformiert. Mit dem „Gesetz zur Änderung einiger Vorschriften der Zivilprozeßordnung über das schiedsrichterliche Verfahren“ vom 25.07.1930[69] wurden u. a. die Vorschriften über die Vollstreckbarerklärung ausländischer Schiedssprüche eingefügt (§§ 1042 a)-d), 1044 ZPO a.F.). Im Jahre 1933 wurde in § 1025 ZPO a.F. der Abs. 2 eingefügt, wonach die Schiedsvereinbarung bei Knebelung unwirksam war.[70] Die einzig nennenswerte spätere Änderung war die Neufassung des § 1039 ZPO a.F. durch

---

[66] Vgl. Ekelöf, S. 214 f.

[67] Vgl. dazu Zweigert/Kötz, S. 271 (279 f.); Kropholler, § 9 III 1. (S. 59 f.); Cronhult, in: Swedish Law, S. 29 (38 f.); Carsten, ZEuP 1996, 541 u. ZEuP 1993, 335 (338 f.) m.w.N. Die nordischen Staaten haben insbesondere ihr Zivilrecht einander weitestgehend angeglichen; vgl. Carsten, a.a.O., S. 347 f.

[68] Civilprozeßordnung vom 30.01.1877 (RGBL. 1877, S. 83 ff.), in Kraft seit 01.10.1879.

[69] RGBL. 1930 I., S. 361 ff.

[70] RGBL. 1933 I., S. 780.

das „Gesetz zur Neuregelung des Internationalen Privatrechts" vom 25.07.1986[71] (sog. „kleine Reform"). Der Gesetzgeber beabsichtigte dabei nur die punktuelle Regelung der dringendsten Anliegen, darunter die Liberalisierung der förmlichen Wirksamkeitsvoraussetzungen des Schiedsspruchs im Hinblick auf die Bedürfnisse der internationalen Schiedsgerichtsbarkeit.[72]

Das Bundesministerium der Justiz (BMJ) setzte im Jahre 1991 eine „Kommission zur Neuordnung des Schiedsverfahrensrechts" ein[73], die im Februar 1994 ihren „Bericht mit einem Diskussionsentwurf zur Neufassung des 10. Buches der ZPO" vorlegte.[74] Aufbauend darauf und auf einen Referentenentwurf des BMJ von Juli 1995[75] legte das BMJ im April 1996 einen inhaltlich weitgehend identischen Gesetzentwurf der Bundesregierung vor[76], den der Bundestag am 25. November 1997 in dritter Lesung verabschiedete, nachdem der Rechtsausschuß ihm mit geringen Änderungen in seiner Beschlußempfehlung vom 24. November 1997 zugestimmt hatte.[77] Das neue 10. Buch der ZPO ist am 1. Januar 1998 in Kraft getreten.[78]

Das Gesetz ist systematisch in zehn Abschnitte eingeteilt:

- Allgemeine Vorschriften (§§ 1025-1028)
- Schiedsvereinbarung (§§ 1029-1033)
- Bildung des Schiedsgerichts (§§ 1034-1039)
- Zuständigkeit des Schiedsgerichts (§§ 1040-1041)
- Durchführung des schiedsrichterlichen Verfahrens (§§ 1042-1050)
- Schiedsspruch und Beendigung des Verfahrens (§§ 1051-1058)
- Rechtsbehelf gegen den Schiedsspruch (§ 1059)
- Voraussetzungen der Anerkennung und Vollstreckung (§§ 1060-1061)
- Gerichtliches Verfahren (§§ 1062-1065)
- Außergerichtliche Schiedssprüche (§ 1066)

---

71 BGBL. 1986 I., S. 1142 ff.

72 Vgl. Raeschke-Kessler, AnwBl. 1993, 141 (142). Im Schrifttum auch als „Mini-Reform" bezeichnet, Nolting, IPRax 1987, 387 (388); zusammenfassend v. Hoffmann, IPRax 1986, 337 ff.; dazu auch Sandrock, JZ 1986, 370 (378); Schlosser ZIP 1987, 492 ff. Vor 1986 war der Schiedsspruch nach § 1039 ZPO a.F. erst wirksam bei Unterzeichnung durch alle Schiedsrichter. Nach der Reform von 1986 genügte die Mehrheit der Unterschriften und der Schiedsspruch mußte nicht mehr zugestellt und beim Gericht am Sitz des Schiedsgerichts niedergelegt werden. Die Form der Bekanntmachung wurde der Parteiautonomie unterstellt.

73 Mitglieder: Prof. Dr. Rolland (Vorsitzender), Jens Bredow, Dr. Dr. Ottoarndt Glossner, Dr. Gerold Herrmann, Doris Müller, Prof. Dr. Peter Schlosser, Dr. Inga Schmidt-Syaßen, Werner Weiß.

74 Nachstehend: "Disk.-E."

75 Nachstehend: "Ref.-E."

76 Gesetzentwurf der Bundesregierung zur Neuregelung des Schiedsverfahrensrechts (Schiedsverfahrens-Neuregelungsgesetz – SchiedsVfG), BT-Drucks. 13/5274 v. 12.07.1996 (nachstehend: „BT-Drs. 13/5274").

77 Beschlußempfehlung und Bericht des Rechtsausschusses vom 24.11.1997, BT-Drucks. 13/9124 (nachstehend: „BT-Drs. 13/9124").

78 Gesetz zur Neuregelung des Schiedsverfahrensrechts (Schiedsverfahrens-Neuregelungsgesetz – SchiedsVfG), BGBL. 1997 I 3224.

Vor der Reform war aufgrund der nachstehend angeführten Gründe nach verbreiteter Ansicht ein erheblicher Reform- und Harmonisierungsbedarf des Schiedsverfahrensrechts entstanden, verbunden mit dem Wunsch, Deutschland im Wettbewerb auf dem internationalen Markt der Schiedsgerichtsbarkeit als Austragungsort bedeutender Verfahren attraktiver zu machen.[79]

2. Entwicklung der nationalen Schiedsgerichtsbarkeit

Das Schiedsverfahrensrecht der ZPO a.F. galt nach verbreiteter Ansicht als veraltet und umständlich und entsprach zuletzt nicht mehr der Rechtswirklichkeit.[80] In der Praxis wurde es daher weitgehend abbedungen oder durch Individualvereinbarungen ersetzt. Im alten Recht fand etwa die einwöchige Frist für die Schiedsrichterbestellung keine internationale Akzeptanz.[81] Die früher umfangreichen Rechtsmittel gegen gerichtliche Entscheidungen unter Gewährung des vollen Instanzenzuges im Zusammenhang mit Aufhebungsklagen oder der Vollstreckbarerklärung von Schiedssprüchen galt als abschreckend für ausländische Parteien.[82] Das Verfahren der Vollstreckbarerklärung von Schiedssprüchen galt ferner als kompliziert. Dieser Zustand widersprach dem Anliegen einer möglichst zügigen Durchführung und Beendigung des Schiedsverfahrens sowie der Entlastung der staatlichen Justiz.[83] Schließlich war der Verfahrensablauf mangels anderweitiger Parteivereinbarungen weitgehend in das Ermessen der Schiedsrichter gestellt (§ 1034 Abs. 2 ZPO a.F.), während moderne Gesetze und Verfahrensordnungen dieses Ermessen zugunsten des Prinzips der Rechtssicherheit stärker regulieren.[84] Hierdurch wird die Benutzerfreundlichkeit erheblich gesteigert, da allein die Gesetzeslektüre einen Überblick über die maßgeblichen Vorschriften und einen immerhin begrenzten Einblick in die jeweilige nationale Streitkultur ermöglicht.[85]

Die Situation der Schiedsgerichtsbarkeit in den neuen Bundesländern ließ ebenfalls eine grundlegende Reform für ganz Deutschland angebracht erscheinen.[86] Aufgrund der in der Anfangszeit nach der Wiedervereinigung noch fehlenden Strukturen der

---

79 Vgl. Leutheusser-Schnarrenberger, BB-Beilage 5/1996 (Heft 12), S. 2; Schlosser, RIW 1994, 723 (723); Raeschke-Kessler, Rn. 1 u. 629 m.w.N., zum internationalen „Wettbewerb" vgl. auch Berger, Schiedsgerichtsbarkeit, S. 3.

80 Vgl. Raeschke-Kessler, AnwBl. 1993, 141 (142); Schlosser, ZIP 1987, 492 (496).

81 Vgl. Berger, DZWir 1998, S. 45 (45) – vgl. §§ 1029, 1031 ZPO a.F.

82 Wurde z. B. dem Antrag auf Vollstreckbarerklärung durch Beschluß stattgegeben, fand dagegen Widerspruch statt, über den durch Endurteil zu entscheiden war (vgl. §§ 1042 a Abs. 1, 1042 c Abs. 2 ZPO a.F.), gegen das die Rechtsmittel Berufung/Revision gegeben waren. Zur Aufhebungsklage vgl. § 1041 ZPO a.F. Dagegen entscheidet heute das Oberlandesgericht über die Vollstreckbarerklärung durch Beschluß, gegen den lediglich die Rechtsbeschwerde zum BGH zulässig ist (§ 1065 Abs. 1 ZPO sowie unten unter Kapitel F. VII.

83 Vgl. Leutheusser-Schnarrenberger, BB 1996, Beil. 5 zu Heft 12, S. 2.

84 Vgl. Begründung zu BT-Drs. 13/5274, S. 22; Ref.-E., S. 73.

85 Vgl. Berger, Schiedsgerichtsbarkeit, S. 5.

86 Vgl. BT-Drs. 13/5274, S. 23; Ref.-E., S. 65; Disk.-E., S. 3. Die ehemalige DDR hat mit Wirkung vom 03.10.1990 ihren Beitritt zum Geltungsbereich des Grundgesetzes erklärt (BGBL. I., S. 2057). Mit dem Wirksamwerden des Beitritts nach dem EinigungsVG vom 31.08.1990 (EinigungsVG vom 23.09.1990, BGBL. II., S. 885) ist das Bundesrecht im Gebiet der bisherigen DDR in Kraft getreten, soweit im Einigungsvertrag nichts anderes bestimmt ist.

Justizverwaltungen und der Überlastung der Gerichte in den neuen Bundesländern wurden in viele Verträge mit Partnern aus den neuen Bundesländern Schiedsvereinbarungen aufgenommen.[87] Im übrigen ist das Schiedsverfahrensrecht der damaligen DDR seit dem 3. Oktober 1990 außer Kraft gesetzt und durch die Geltung des 10. Buchs der ZPO ersetzt worden.[88] Mit der Auflösung der Kammer für Außenhandel der damaligen DDR in Ost-Berlin ist auch die rechtliche Existenz des angegliederten (Zwangs-) Schiedsgerichts weggefallen.[89] Ihr unterlagen neben einer Reihe innerdeutscher Verträge auch viele nach dem früheren Außenhandelsrecht der ehemaligen DDR zwischen ostdeutschen und anderen staatlichen Außenhandelsunternehmen kommunistischer Ostblockstaaten geschlossene Verträge. Die in ihnen enthaltenen alten Schiedsklauseln sind nach überwiegender Ansicht in der Rechtsprechung[90] und im Schrifttum[91] aufgrund des Wegfalls des in ihnen vorgesehenen staatlichen Außenhandelsschiedsgerichts ungültig geworden.[92]

Das Verhältnis der deutschen Gerichte zur Schiedsgerichtsbarkeit ist heute dadurch geprägt, daß letztere als privates Mittel der Streiterledigung zunehmend von den Gerichten akzeptiert wird. Eine etwaige aus früheren Zeiten bekannte Einschätzung als Konkurrenz ist überwunden, doch ist die Rechtsprechung bestrebt sicherzustellen, daß die Schiedsparteien nicht ihrer fundamentalen Rechte beraubt werden, die ihr die staatliche Gerichtsbarkeit aufgrund des Rechtsstaatsprinzip garantiert.[93]
In Teilbereichen der deutschen Wirtschaft und insbesondere in brancheninternen Verträgen zwischen Unternehmen des Maschinen- und Anlagenbaus, der Bauindustrie,

---

87 Vgl. Bredow, AnwBl. 1992, 262; Böckstiegel, BB-Beilage 15/1992 (Heft 28), S. 4 (6). Dies gilt insbesondere für Investitions- und Gesellschaftsverträge, die ohnehin üblicherweise Schiedsvereinbarungen enthalten; vgl. Böckstiegel, DIS-Bd. 9, S. 17 (19).

88 Vgl. BT-Drs. 13/5274, S. 22 f.

89 Vgl. ausführlich Raeschke-Kessler, RIW 1990, Beilage 24 zu Heft 12, S. 15 (17 ff.); Timmermann/Vogel, BB-Beilage 15/1992 (Heft 28), S. 9; Hochbaum, S. 184 ff.

90 BGH, ZIP 1995, 678 (678 f. u. 682 f.); BGH ZZP 107 (1994), S. 533 ff. mit im Ergebnis zustimmender Anmerkung von Walter/Hauck, S. 541 ff., sowie Vorinstanzen: OLG Hamburg, BB-Beilage 17/1993 (Heft 27), S. 22 und LG Hamburg, BB-Beilage 15/1992 (Heft 28), S. 25 ff.; OLG Frankfurt/M., DtZ 1993, 183; a.A. LG Berlin, DtZ 1993, 91 f.; siehe weitere Rechtsprechungsnachweise bei Habscheid/Habscheid, IPRax 1993, 219 (220, Fn. Nr. 5).

91 Vgl. Smid, DZWir 1995, 52 (57); Böckstiegel, BB-Beilage 15/1992 (Heft 28), S. 4 (8); Glossner, Yearbook of Commercial Arbitration, Vol. XV, 1991, S. 389; Raeschke-Kessler, AnwBl 1993, 141 (143 f.); ders. in RIW 1990, Beilage 24 zu Heft 12, S. 15 (17 ff.); Berger, Arb.Int. 1992, Vol. 8 No. 2, S. 101 (118 f.); Timmermann/Vogel, BB-Beilage 15/1992 (Heft 28), S. 9; Hochbaum, S. 200 f.; a.A. Habscheid, in: FS Walder, S. 323 (326 f.); Habscheid/Habscheid, DtZ 1992, 370 ff.; Strohbach, RIW 1990, Beilage 24 zu Heft 12, 15 ff.; ders., BB-Beilage 8/1991 (Heft 9), S. 1 ff.; Kirchner, DtZ 1992, 270 (272).

92 Soweit die Parteien die Zuständigkeit der staatlichen Gerichte vermeiden wollen, müssen sie nunmehr eine neue Schiedsvereinbarung treffen; Timmermann/Vogel, BB-Beilage 15/1992 (Heft 28), S. 9 (13 f.). Der hauptsächlich von früheren Schiedsrichtern dieses DDR-Außenhandelsgerichts gegründete private Verein „Schiedsgericht Berlin“ hat zwar eine neue Institution zur Weiterbearbeitung der über 200 Streitfälle aus Altverträgen der sozialistischen Zeit geschaffen, doch fehlt dieser Institution mangels Rechtsidentität mit dem Schiedsgericht bei der Kammer für Handelssachen der ehemaligen DDR bzw. einer wirksamen Rechtsnachfolge die Zuständigkeit; LG Hamburg, BB-Beilage 15/1992 (Heft 28), S. 25-27.

93 Vgl. Böckstiegel, DRiZ 1996, 267 (269); ders., BB-Beilage 15/1992 (Heft 28), S. 4 (5) jeweils m.w.N.; Wiesen, DIS-Bd. 9, S. 9 (11); Engelhardt, DIS-Bd. 9, 31 (32 f).

der Erdölindustrie und der Versicherungsbranche sind regelmäßig Schiedsvereinbarungen enthalten.[94] Bezogen auf Vertragstypen werden Schiedsvereinbarungen am häufigsten getroffen in Verträgen über Unternehmens(anteils-)käufe, gemeinsame Forschung und Entwicklung, Joint Ventures, ferner in Lizenz-, Franchising- und Handelsvertreterverträgen, sowie Verträgen über verlängerte Werkbank, Zulieferverträge, Verträge über die Verlagerung von Produktionen ins Ausland und Gesellschaftsverträge, insbesondere zwischen Angehörigen von Familiengesellschaften.[95] Parteien grenzüberschreitender Verträge der deutschen Wirtschaft vereinbaren die Zuständigkeit deutscher Gerichte nur noch ausnahmsweise bzw. bei Verträgen über geringwertige Gegenstände.[96]

3. Internationale Schiedsgerichtsbarkeit in Deutschland

Obwohl sich die Schiedsgerichtsbarkeit auch in Deutschland seit Jahrzehnten als Instrument der Streiterledigung zwischen Unternehmen[97] einer wachsenden Beliebtheit erfreut[98], wurde Deutschland in der Vergangenheit von den Parteien internationaler Schiedsverfahren nur vergleichsweise selten als Austragungsort gewählt und genießt daher – zumindest in der Zeit bis zur deutschen Reform – insoweit eine relative Bedeutungslosigkeit.[99] Vereinzelt wurde früher sogar von ihm abgeraten.[100] Hierzu steht Deutschlands Stellung als eine führende Industrienation in auffälligem Missverhältnis. Bildlich wurde dies beschrieben mit: „Though it is an elephant in international trade, the Federal Republic of Germany surprisingly is only a dwarf in international arbitration. [...] Yet, international arbitration proceedings very rarely take place in the Federal Republic."[101] Andererseits sind deutsche Unternehmen zu

94 Vgl. Böckstiegel, DRiZ 1996, 267 (269); ders., BB-Beilage 15/1992 (Heft 28), S. 4 (6) mit Hinweis auf Oppenhoff, DIS-Bd. 9, S. 23; vgl. auch Lörcher, Arb.Int. 1995, Vol. 11 No. 4, S. 391 ff.

95 Vgl. Bredow, AnwBl 1992, S. 262; Böckstiegel, DRiZ 1996, 267 (269); ders., BB-Beilage 15/1992 (Heft 28), S. 4 (6) mit Verweis auf Oppenhoff, DIS-Bd. 9, S. 23.

96 Vgl. Böckstiegel, DRiZ 1996, 267 (270); so auch Stumpf/Steinberger, RIW 1990, 174 (174), für 80-90 % der Geschäfts mit höherem Gegenstandswert aus den Bereichen Maschinen- und Anlagenbau, Elektro- und Bauindustrie.

97 Die Schiedsgerichtsbarkeit wird dagegen zwischen Privatleuten so gut wie nicht angewendet; vgl. z. B. Prütting, der sie für die „Bedürfnisse des Normalbürgers" ungeeignet hält; JZ 1985, 261 (264).

98 Vgl. Böckstiegel, Arb.Int. 1998, Vol. 14 No. 1, S. 19 (19); ders., DRiZ 1996, 267 (268).

99 Bezogen auf den Zeitraum 1990-1999 wurden etwa nach der – bezüglich des geographischen Querschnitts als repräsentativ anzusehenden – Statistik der nach der Schiedsgerichtsordnung der Internationalen Handelskammer (ICC) durchgeführten internationalen Verfahren rund 1/3 in Frankreich, 1/4 in der Schweiz und 1/10 in England ausgetragen. Deutschland ist in den Jahren 1998/99 immerhin mit 1/20 an die vierte Stelle vorgerückt, gefolgt von Österreich, den Niederlanden, Belgien und Schweden; vgl. ICC-Statistik in: International Court of Arbitration Bulletin Vol. 11 No 1, Spring 2000, S. 9; vgl. zu früherer Zeit Craig, Park & Paulsson, Anh. I-13. Außerhalb der ICC-Schiedsgerichtsbarkeit werden zahlenmäßig in Europa mit Abstand am meisten Verfahren in England durchgeführt; vgl. Samuel, Arb. Int. 1991, Vol. 7 No. 4, S. 319 (322).

100 Das Sekretariat des Schiedsgerichtshofes der Internationalen Handelskammer in Paris (ICC) empfahl den Parteien früher zeitweise, andere Länder als die Bundesrepublik Deutschland zu wählen; vgl. Triebel/Viertel, BB 1986, 1168.

101 Vgl. Sandrock in American Rev. of Int. Arb. 1990, S. 49.

einem hohen Anteil als Parteien an internationalen Verfahren beteiligt.[102] Die Ursachen dieses Mißverhältnisses sind vielfältig. Zum Teil wurde das deutsche Schiedsrecht für unmodern gehalten.[103] Ein Grund dafür war, daß die ZPO a.F. abgesehen von den Bestimmungen über die Anerkennung und Vollstreckung ausländischer Schiedssprüche (§ 1044 ZPO a.F.) trotz der gestiegenen Bedeutung internationaler Schiedsverfahren dazu keine speziellen Regelungen enthielt. Nach überwiegender Ansicht bestand ferner für die Vertragspartner, Laien und ausländischen Juristen – mangels deutscher Sprachkenntnisse – ein erschwerter Zugang zum deutschen Recht (ZPO a.F.) und zu dem dann subsidiär in einem bestimmten Umfang anwendbaren deutschen Recht.[104] Auch die Rechtsentwicklung durch die Rechtsprechungspraxis war dem Gesetzestext der ZPO a.F. nicht zu entnehmen. Als weitere Ursache wurde – zumindest früher – vielfach angeführt, die Lage Deutschlands im Zentrum der Ost-West-Spannungen verkörpere keine politische Neutralität. Tatsächlich ist es bis heute so, daß kein Ort in Deutschland sich einer vergleichbaren Beliebtheit als Austragungsort für Schiedsverfahren erfreut wie etwa London, Stockholm, Zürich oder Wien. Der deutsche Gesetzgeber erhofft sich jedoch aufgrund der Entspannung im Ost-West-Konflikt eine zukünftig vermehrte Wahl Deutschlands als Schiedsplatz.[105]

Völkerrechtlich hat die Bundesrepublik Deutschland eine Reihe von Verträgen über das Wesen der Schiedsgerichtsbarkeit ratifiziert, die als geltendes Recht über Art. 25 GG mit zu berücksichtigen sind. Dazu gehören u. a. (1) das Genfer Protokoll vom 24. September 1923 über die Schiedsklauseln im Handelsverkehr[106] (GP), (2) das Genfer Abkommen vom 26. September 1927 zur Vollstreckung ausländischer Schiedssprüche[107] (GA), (3) das UN-Übereinkommen über die Anerkennung und Vollstreckung ausländischer Schiedssprüche vom 10. Juni 1958[108] (UNÜ), (4) das (Genfer) Europäische Übereinkommen vom 21. April 1961 über die internationale Handelsschiedsgerichtsbarkeit[109] (EuÜ), (5) das Übereinkommen vom 18. März 1965

---

102 Vgl. Haas, S. 40 m.w.N.

103 Vgl. Böckstiegel, BB-Beilage 15/1992 (Heft 28), S. 4 (8).

104 Vgl. BT-Drs. 13/5274, S. 22; Ref.-E., S. 65; Böckstiegel, Arb.Int. 1998, Vol. 14 No. 1, S. 19 (20); Raeschke-Kessler, AnwBl 1993, 141 (142); Nöcker, RIW 1990, 28 (29).

105 Vgl. BT-Drs.. 13/5274, S. 23; Ref.-E., S. 66.

106 RGBl. 1925 II., S. 47; abgedr. bei Bülow/Böckstiegel/Geimer/Schütze, Bd. 2, C. I 1 b (710-5 ff.); authentisch gleichberechtigt sind der englische und französische Text.

107 RGBl. 1930 II., S. 1068; abgedr. bei Bülow/Böckstiegel/Geimer/Schütze, Bd. 2, C. I. 2 b (712-3 ff.); authentisch gleichberechtigt sind der englische und französische Text.

108 BGBL. 1961 II., S. 121; abgedr. bei Bülow/Böckstiegel/Geimer/Schütze, Band 2, C. I. 3 b (714-5 ff.); authentisch gleichberechtigt sind der chinesische, englische, französische, russische und spanische Text. Soweit Vertragsstaaten des GP v. 1923 und das GA v. 1927 dem UNÜ beigetreten sind, sind das GP und das GA für diese gemäß Art. 7 Abs. 2 UNÜ außer Kraft getreten; vgl. Übersicht bei Baumbach/Lauterbach/Albers Einl. IV. Rn. 11.

109 BGBL. 1964 II., S. 425; abgedr. bei Bülow/Böckstiegel/Geimer/Schütze, Band 2, C. I. 4 b (716-3 ff.); authentisch gleichberechtigt sind der englische, französische und russische Text. Zum EuÜ vgl. ausführlich Mezger, RabelsZ 1965, 231 ff. Das EuÜ hat seinen eigentlichen Sinn als Brücke zwischen Ost und West seit dem Zusammenbruch der kommunistischen Systeme im Osten verloren. Deutlich wird das insbesondere an der Pariser (Zusatz-) Übereinkunft über die Anerkennung des EuÜ vom 17.12.1964 (BGBL. 1964 II., S. 449 ff.), die im wesentlichen eine

zur Beilegung von Investitionsstreitigkeiten zwischen Staaten und Angehörigen anderer Staaten[110] (ICSID) sowie (6) das Übereinkommen vom 11. Oktober 1985 zur Errichtung der Multilateralen Investitions-Garantie-Agentur[111] (MIGA). Ergänzend bestehen für Deutschland diverse bilaterale Staatsverträge[112], die sich zum Teil mit den obigen Übereinkommen überschneiden. Sie spielen praktisch kaum eine Rolle, weil die Bundesrepublik mit den betreffenden Staaten auch multilaterale Verträge geschlossen hat, die aufgrund des Meistbegünstigungsprinzips zur Anwendung kommen.

II. Schiedsgerichtsbarkeit in Schweden

Die Entwicklung der schwedischen Schiedsgerichtsbarkeit bis zur Reform kann ebenso wie in Deutschland nur beurteilt werden unter Berücksichtigung einmal der Entwicklung der nationalen Gesetzgebung und andererseits der Entwicklung der nationalen Schiedsgerichtsbarkeit in Schweden unter Beachtung der Praxis inländischer und internationaler Verfahren.

1. Legislative Entwicklung

Auf dem Gebiet der Schiedsgerichtsbarkeit kann Schweden auf eine nationale Tradition zurückblicken, die bis zurück ins Mittelalter reicht.[113]

Das schwedische Schiedsrecht war bis zum 1. April 1999 in zwei Gesetzen aus dem Jahr 1929 geregelt[114], dem Gesetz über Schiedsrichter („Lagen [1929:145] om skiljemän")[115] sowie dem Gesetz über ausländische Schiedsverträge und Schiedssprüche

---

Einflußnahme der kommunistischen Staaten auf die Ernennung von Schiedsrichtern in Westeuropa beinhaltet; vgl. Glossner, in: FS Semler, S. 909 (912).

110 = sog. Weltbankübereinkommen – BGBL. 1969 II., S. 369; abgedr. bei Bülow/Böckstiegel/Geimer/Schütze, Bd. 2, C. I. 5 b (720-33 ff.); authentisch gleichberechtigt sind der englische, französische und spanische Text.

111 BGBL. 1987 II., S. 454; abgedr. bei Bülow/Böckstiegel/Geimer/Schütze, Bd. 2, C. I. 6 b (724-11 ff.).

112 Bilaterale Verträge bestehen mit Belgien, Griechenland, Israel, Italien, Niederlande, Norwegen, Österreich, Schweiz, Tunesien, Vereinigte Staaten von Amerika sowie der ehemaligen Union der Sozialistischen Sowjetrepubliken; vgl. Übersicht bei Bülow/Böckstiegel/Geimer/Schütze, Band 2, C. II. (735-1 bis 746-2).

113 Schiedsabreden werden bereits in Urkunden aus dem 13. Jahrhundert erwähnt. Die erste nachweisbare gesetzliche Regelung findet sich im Stadtgesetz von Visby aus dem 14. Jahrhundert. Es handelte sich um eine Abrede, durch die sich die Kontrahenten einigten, einen zwischen ihnen aufgekommenen Streit durch damit betraute Männer entscheiden zu lassen. Dieses Gesetz weist eine unverkennbare hanseatische Prägung auf, so daß mit Gewißheit angenommen werden kann, daß dieses Institut aus zeitgleichen deutschen Stadtgesetzen entlehnt worden ist (Hassler/Cars, S. 15). Umfangreichere Regelungen der Schiedsgerichtsbarkeit folgten mit dem wirtschaftlichen Aufschwung ab dem 17. Jahrhundert; SOU 1994:81, S. 55-57.

114 Beide Gesetze wurden vom schwedischen Reichstag am 14.06.1929 verabschiedet und gingen zurück auf das Gesetz über Schiedsrichter von 1887 („Lag om skiljemän"), abgedr. im amtlichen Gesetzblatt SFS 1887:83 (SFS = „Svensk Författningssamling"), auch abgedr. in NJA II 1887 Nr. 4.

115 Abgedruckt im amtlichen Gesetzblatt SFS 1929:145 (nachstehend „SML a.F.").

(„Lagen [1929:147] om utländska skiljeavtal och skiljedomar").[116] Letzteres wurde anläßlich der Ratifizierung des UNÜ vom 10. Juni 1958 angepaßt. Im übrigen blieb das schwedische Schiedsrecht bis zur jetzigen Reform im wesentlichen unverändert und wurde auch nicht im Zuge der großen Reform des schwedischen Prozeßrechts im Jahre 1948 novelliert.[117]

Die Initiative zur Neufassung des Schiedsverfahrensrechts geht auf einen Vorschlag des Schiedsgerichtsinstituts der Stockholmer Handelskammer vom 23. April 1990 zurück. Am 27. Februar 1992 erließ die schwedische Regierung daraufhin eine Direktive zur Gesetzesreform[118], die im wesentlichen drei Aufgaben umfaßte: (1.) die Überprüfung (Überarbeitung) des Schiedsverfahrensgesetzes, (2.) die Untersuchung, ob Schiedsvereinbarungen aufgrund der mit einem Schiedsverfahren verbundenen Kosten bewirken, daß gewisse Ansprüche nicht geltend gemacht werden und welche Maßnahmen in solch einem Fall vorzunehmen sind, damit diese Ansprüche vor einem Schiedsgericht oder ordentlichen Gericht behandelt werden können, sowie (3.) die Überlegung, ob die Verfahrensregeln vor den ordentlichen Gerichten in wirtschaftsrechtlichen Streitigkeiten auf vermögensrechtlichem Gebiet derart geändert werden können, daß der Zivilprozeß eine schlagkräftigere Alternative zur Schiedsgerichtsbarkeit werden kann.

In Schweden wurde die Vorbereitung entsprechend einer regelmäßigen Praxis bei wichtigen Gesetzesvorhaben einer Kommissionen übertragen, die mit anerkannten Juristen besetzt und bei ihrer Arbeit an Direktiven gebunden ist. Die Expertenkommission[119] erarbeitete zunächst bis Juni 1994 ein Gutachten und Vorschlag für eine neues Schiedsverfahrensgesetz in Form eines Zwischenberichts.[120] Eine weitere Expertenkommission[121] erarbeitete anschließend Vorschläge zu den obigen Fragepunkten 2. und 3. und legte im August 1995 ihren Schlußbericht vor[122], allerdings mit nur wenigen Änderungen bzw. Ergänzungen in Bezug auf das im Zwischenbericht vorgestellte Schiedsrecht.[123] Beide Berichte haben danach ein Anhörungs- und

---

116 Abgedruckt im amtlichen Gesetzblatt SFS 1929:147 (nachstehend „LUSK").

117 Vgl. Prop. 1998/99:35, S. 34; SOU 1994:81, S. 57 u. 70; Cars, S. 16.

118 Vgl. „Direktiv (Dir. 1992:22) Förmögenhetsrättrsliga tvister i skiljeförfarande och rättegång" – abgedr. in SOU 1994:81, S. 329 (Anh. 1).

119 Mitglieder: Bo Broomé (Vorsitzender), Bengt Olsson, Ulf Franke, Lars Heuman, Kaj Hobér, Göran Ramberg, Hans-Gunnar Solerud, J. Gillis Wetter, Kenny Carlsson (bis 1993) und Jan Stockhaus (ab 1993).

120 Veröffentlicht unter dem Titel: "Ny lag om skiljeförfarande" – Delbetänkande av Skiljedomsutredningen – SOU 1994:81 (zit. „SOU 1994:81"). Eine Zusammenfassung sowie Abdruck des Entwurfs sind abgedr. in Arb.Int. 1994, Vol. 10 No. 4, S. 407 ff. („The Draft New Swedish Arbitration Act – A Presentation").

121 Mitglieder: Bo Broomé (Vorsitzender), Ulf Franke, Lars Heuman, Göran Ramberg, Peter Berg, Gunnar Lindgren, Michael Rask, Dan Ogvall.

122 Der Schlußbericht trägt den Titel „Näringslivets tvistlösning – Slutbetänkande av skiljedomsutredningen vom 01.08.1995 (SOU 1995:65)", nachfolgend: „SOU 1995:65".

123 Bei der Auslegung von Gesetzen wird in Schweden den Gesetzesvorarbeiten eine besonders hohe Bedeutung beigemessen (Leijonhuvud, S. 89 (90)). Die häufig informativen Kommissionsgutachten werden in der Reihe „Statens Offentliga Utredningar" (SOU) – Staatliche Öffentliche Untersuchungen – veröffentlicht, enthalten neben einem historischen Rückblick und einer Darstellung des geltenden Rechts einen rechtsvergleichenden Überblick und einen begründeten

Verlautbarungsverfahren (Remissverfahren) bei Behörden, Gerichten und anderen in- und ausländischen interessierten Stellen durchlaufen. Anschließend wurde der Gesetzesvorschlag vom Gesetzesrat (lagrådet) überprüft, der seinen Bericht am 6. Oktober 1998 vorgelegte. Auf dieser Grundlage und mit nur wenigen Änderungen wurde dann der Regierungsentwurf (Proposition)[124] am 12. November 1998 dem Schwedischen Reichstag zur Entscheidung zugeleitet und am 4. März 1999 verabschiedet. Das neue schwedische Schiedsrecht („Lag (1999:116) om skiljeförfarande") ist am 1. April 1999 in Kraft getreten.[125]

Das neue LSF weist eine systematische Einteilung in neun Abschnitte auf:

(1) Die Schiedsabrede (§§ 1-6) (= „Skiljeavtalet")
(2) Das Schiedsgericht (§§ 7-18) (= „Skiljemännen")
(3) Das Schiedsverfahren (§§ 19-26) (= „Förfarandet")
(4) Der Schiedsspruch (§§ 27-32) (= „Skiljedomen")
(5) Die Ungültigkeit des Schiedsspruchs u. dessen Aufhebung (§§ 33-37) (= „Skiljedomens ogiltighet och upphävande av skiljedomen")
(6) Kosten des Schiedsverfahrens (§§ 38-43) (= „Skiljedomskostnaderna")
(7) Gerichtliche Zuständigkeiten und Klagefristen (§§ 44-46) (= „Forumfrågor och talefrister")
(8) Internationale Schiedsverfahren (§§ 47-52) (= „Internationella förhållanden")
(9) Anerkennung und Vollstreckung eines ausländischen Schiedsspruchs (§§ 53-61) (= „Erkännande och verkställighet av utländsk skiljedom")

2. Entwicklung der nationalen Schiedsgerichtsbarkeit

In Schweden spielen rein inländische Schiedsverfahren traditionell eine deutlich größere Rolle als in Deutschland und in vielen anderen (europäischen) Ländern. Sie werden in der Regel als ad-hoc Verfahren, internationale Verfahren dagegen eher im Rahmen institutioneller Schiedsgerichtsbarkeit durchgeführt. Das bis zur Reform geltende schwedische Schiedsrecht gilt unter Fachleuten als praxisbewährt und hat mit dazu geführt, daß Schweden im In- und Ausland den Ruf einer großen Schiedsfreundlichkeit genießt.[126] Trotz Bestehens dieser allgemeinen Zufriedenheit bedurften die früheren Gesetze aus schwedischer Ansicht jedoch einer Anpassung an Ansprüche, die

---

Gesetzesvorschlag. Zu dem Gutachten nehmen zunächst Behörden, Gerichte und andere interessierte Stellen in einem Anhörungs- und Verlautbarungsverfahren (Remissverfahren) Stellung. Zusätzlich wird der Gesetzesvorschlag regelmäßig vom Gesetzesrat (lagrådet) auf seine Verfassungsmäßigkeit und Gesetzgebungstechnik überprüft, einem Gremium bestehend aus drei obersten Richtern, die dem Obersten Gerichtshof (Högsta Domstolen) oder dem Obersten Verwaltungsgericht (Regeringsrätten) angehören. Die Stellungnahmen der Remissinstanzen, des Gesetzesrates sowie des zuständigen Ministers werden dann im Regierungsentwurf (Proposition) abgedruckt der – nach der Stellungnahme des zuständigen Reichstagsausschusses – dem Reichstag zur Entscheidung zugeleitet wird; vgl. zum Gesetzgebungsverfahren Carsten, ZEuP 1996, 541 (546 f.); Leijonhufvud, in: Finna Rätt (Bernitz u. a.), S. 87 ff., jeweils m.w.N.

124 Prop. 1998/99:35 – Ny lag om skiljeförfarande (nachfolgend: „Prop. 1998/99:35").

125 Abgedruckt im amtlichen Gesetzblatt SFS 1999:116 (SFS = „Svensk Författningssamling"). Eine sachdienliche Übersetzung, veröffentlicht durch das Schiedsgerichtsinstitut der Stockholmer Handelskammer (SCC), findet sich im Anhang.

126 Vgl. Franke, in: Swedish Law, S. 532 (533).

an ein modernes Schiedsgesetz gestellt würden, an völkerrechtliche Abkommen, an neuere Regeln des Prozeßrechts sowie an die nationale Rechtsprechungspraxis.[127] Ziel der Reform war nach Angaben der Reformkommission dabei die Schaffung eines Schiedsgesetzes, das ein schnelles und Rechtssicherheit vermittelndes Verfahren gewährleiste und zur Sicherung von Schwedens starker Stellung in der internationalen Handelsschiedsgerichtsbarkeit geeignet sei.[128]

In Schweden ist eine starke Verbreitung von Schiedsvereinbarungen im täglichen Rechtsleben zu verzeichnen. Neben den allgemein mit der Schiedsgerichtsbarkeit verbundenen Vorteilen werden dafür nachstehende Ausprägungen des Rechtslebens in Schweden mitursächlich gemacht. Die Verfahrensdauer vor den staatlichen Gerichten erster Instanz in den Großstädten dauert mindestens eineinhalb Jahre, in komplizierten Fällen häufig wesentlich länger. Einschließlich einer Berufung dauert ein wirtschaftsrechtsrechtliches Verfahren ohne weiteres 3-5 Jahre.[129] Ferner kommt der Vertraulichkeit von Schiedsverfahren aufgrund des in Schweden geltenden Öffentlichkeitsprinzips ein besonderer Stellenwert zu.[130] Danach ist jedermann zur Einsichtnahme und Ablichtung sämtlicher Verfahrensunterlagen bei den staatlichen Gerichten befugt. Die Geltendmachung eines berechtigten Interesses ist insoweit nicht erforderlich.[131] Anders als in Deutschland werden auch Urteile in weniger anonymisierter Form veröffentlicht. So enthält beispielsweise die Urteilssammlung „NJA" des Obersten Gerichtshofs („Högsta Domstolen") bis einschließlich 1980 die vollständigen Parteinamen. Seit 1981 werden bei Privatpersonen allerdings nur noch Vornamen genannt und der Nachname mit dem ersten Buchstaben abgekürzt.

Neben den in Schweden häufig im Wirtschaftsleben in Individualverträgen enthaltenen Schiedsvereinbarungen enthalten auch die meisten branchenspezifischen Standard- und Formularverträge zwischen Gewerbetreibenden Schiedsklauseln.[132] Das gilt insbesondere im Bauwesen und Schiffsbau, für Anlagen- und Maschinenlieferungsverträge, Lizenzverträge, joint-ventures und andere ähnliche wirtschaftliche Verträge. Ebenso enthalten Verträge über Unternehmenskäufe, die Übertragung von Aktienpaketen sowie über die Bewertung von Aktien von Kapitalgesellschaften

---

127 SOU 1994:81, S. 70; vgl. zur Kritik am bisherigen schwedischen Recht: Spector, Svensk och Internationell Skiljedom 1988, S. 37 ff.; Heuman, Svensk och Internationell Skiljedom 1986, S. 6 (7 f.); Nordenson, ebenda, S. 10 ff.; Lindskog, ebenda, S. 16 ff.; Sjölin, Advokaten 1985, 112 (113 f.).

128 SOU 1994:81, S. 71. Bemühungen um die Schaffung eines Einheitlichen Nordischen Schiedsrechts waren bereits in den fünfziger Jahren gescheitert; vgl. Hassler/Cars, S. 21.

129 Vgl. Stefan Brocker, International Litigation News, 07/1999, S. 21.

130 Vgl. 2. Kap. §§ 12, 13 Tryckfrihetsförordningen (TF), 5. Kap. § 1 1 st. RB. Umfangreichere Gesetze, wie z. B. das schwedische Prozeßgesetz („Rättegångbalk"), bestehen aus Kapiteln mit eigener Paragrapheneinteilung. Die übliche Zitierweise ist dann 7 kap 2 § RB für Kapitel 7 § 2 des prozessrechtlichen Abschnittes; vgl. dazu Victorin, in: Finna Rätt (Bernitz u. a.), S. 80; Carsten, ZeuP 1996, 541 (545)).

131 Westerling, Swedish and International Arbitration 1982, 12 (13).

132 Vgl. nur Bernitz, in: Finna rätt (Hrsg: Bernitz u. a.), S. 143 (156); siehe auch die aufzählende Darstellung von Schiedsklauseln bei Hassler/Cars, S. 210 ff. (I.-X.).

regelmäßig Schiedsvereinbarungen.[133] Sie sind aber auch in erheblicher Zahl in Verträgen zwischen Unternehmen und Privatleuten enthalten, so z. B. im Versicherungswesen.[134]

Die ordentliche Gerichtsbarkeit in Schweden betrachtet das Schiedswesen seit jeher nicht als Konkurrenz, sondern als vorrangige und legitime Ausprägung der Parteiautonomie.[135] Verglichen mit Deutschland sind den ordentlichen Gerichten in Schweden deutlich weniger wirtschaftsrechtliche Streitfälle zur Entscheidung verblieben.[136] Eine Präjudizrechtsprechung auf vermögens- u. wirtschaftsrechtlichem Gebiet konnte daher bislang kaum entstehen. Heumann spricht insoweit von „Präjudizdürre".[137] Es gibt hierzu seit einigen Jahren Reformüberlegungen des Gesetzgebers, die jedoch bislang zu keinem Ergebnis geführt haben.[138] Es wird daher zum Teil davon ausgegangen, daß die ordentlichen Gerichte[139] derzeit aufgrund ihrer sachlichen und personellen Kapazität auch nicht zur Entscheidung großer Handelsrechtsstreitigkeiten in der Lage wären.[140] Als eine Ursache gilt das Fehlen spezieller Kompetenzverteilungen innerhalb der staatlichen Gerichtsbarkeit.[141] Selbst beim Obersten Gerichtshof in Stockholm (HD) erfolgt die Geschäftsverteilung nach einem rotierenden Verteilungsplan, der nicht zwischen Zivil- und Strafsachen unterscheidet.[142]

---

133 Vgl. Wetter, Salient Features – Budapest 1989, S. 5; auch Holmbäck/Mangård, in: YCA III (1978), 161 (164) (Lizenzverträge) und SOU 1994:81, S. 60 (Aktienübertragung etc.).

134 Vgl. dazu Hassler/Cars, S. 214 f.; SOU 1995:65, S. 212.

135 Vgl. bereits die Motive zum schwedischen Schiedsverfahrensgesetz von 1887; NJA II 1887 Nr. 4, S. 14.

136 Vgl. Wetter, Salient Features – Budapest 1989, S. 4.

137 „Prejudikatstorka"; in: Finna rätt (Bernitz u. a.), S. 113 (119); so auch Bernitz, in: Finna rätt (Bernitz u. a.)), S. 143 (156); Ramberg JT 1997/98, 627 (629).

138 Ein dabei diskutiertes Mittel sind Zuständigkeitskonzentrationen innerhalb der Amts- und Hofgerichte und die Schaffung von prorogationsfähigen Abteilungen für wirtschaftsrechtsrechtliche Streitigkeiten (näringslivstvister) an den einzelnen Bezirksgerichten; vgl. dazu Zwischenbericht der Reformkommission SOU 1995:65, S. 137 ff. u. 146 ff. sowie Broomé, JT 1995/96, 457 (458 f.). Nach Auskunft des schwedischen Justizministeriums im Juli 2000 wird dieses Thema frühestens 2001 weiter behandelt werden.

139 Die schwedische Gerichtsorganisation ist in dem für das Zivil- und Strafverfahren geltenden Prozeßgesetz – „Rättegangsbalk" (RB) – geregelt und unterscheidet sich von dem deutschen Gerichtsaufbau. Die sachliche Zuständigkeit in Zivilsachen ist in drei Ebenen aufgegliedert. Streitwertunabhängige Eingangsinstanz ist das Bezirksgericht (= „tingsrätt" – 1:3 RB), in zweiter Instanz entscheidet das Hofgericht (= „hovrätt" – 2:4 Abs. 1 RB) – das Hofgericht in Stockholm heißt "Svea Hovrätt" – und dritte Instanz ist der Oberste Gerichtshof in Stockholm (= „Högsta Domstolen" (HD) – 3:6 RB).

140 Vgl. dazu Heuman, 31. NJM 1987, S. 265 (268) m.w.N.

141 Vgl. Brocker, International Litigation News 07/1999, S. 21 (22); Fischler/Vogel, S. 199. Im – älteren – Schrifttum wird ferner teilweise ein allgemeines Mißtrauen der Bevölkerung gegenüber den staatlichen Gerichten angeführt, das darauf basiere, daß von den Gerichten überwiegend keine Gerechtigkeit erwartet und die Kompetenz der Richter häufig angezweifelt werde; vgl. Strömholm, S. 114 f.; Blegvad, in: Rehbinder, Einführung in die Rechtssoziologie, S. 126 (140).

142 Vgl. Kap 3 § 4 Abs. 5 schwedisches Prozeßgesetz (Rättegångsbalk – RB); vgl. dazu Gehlhoff, S. 5. Das rotierende System soll der Vereinheitlichung der Rechtsprechung unter den verschiedenen Abteilungen des Obersten Gerichtshofes dienen, vgl. Fitger, S. 3:8.

Die schwedische Reformkommission hatte im Frühling 1995 im Rahmen ihres Schlussberichts (SOU 1995:65) bezogen auf die Jahre 1992 und 1993 eine statistische Umfrage durch das schwedische Statistische Zentralbüro (SCB) durchführen lassen. Die Ergebnisse werden aus schwedischer Sicht als repräsentativ angesehen. Befragt wurden knapp 5500 Personen (Teilnahmequote ca. 83,5 %), darunter 3843 Anwälte, 1271 Richter, 258 Unternehmensjuristen und 88 Professoren. Von den Befragten hatten insgesamt 389 Personen in dem fraglichen Zeitraum als Schiedsrichter gearbeitet. Die Umfrage kommt zu dem Ergebnis, daß in Schweden jährlich 300-400 auf einer Schiedsvereinbarung beruhende konventionelle Verfahren stattfinden[143], zuzüglich gesetzlicher Schiedsverfahren und solcher, die lediglich die Prüfung von Rechtsanwaltsvergütungen zum Gegenstand haben.[144]

3. Internationale Schiedsgerichtsbarkeit in Schweden

Schweden und insbesondere dessen Hauptstadt Stockholm erfreuen sich als Austragungsort internationaler Schiedsverfahren einer großen Beliebtheit. Dies war in den letzten Jahrzehnten wesentlich auf Schwedens politische Neutralität zurückzuführen, die jedoch angesichts der zwischenzeitlich vielfach entspannten politischen Lage als Kriterium bei der Wahl eines Schiedsortes an Bedeutung verloren hat.[145]

Der Wahl Stockholms als Schiedsort hat der zum Teil schwierige Zugang zum schwedischen Recht ebensowenig Abbruch getan, wie die häufig mangelnden schwedischen Sprachkenntnisse der Parteien.[146] Letzteres dürfte darauf zurückzuführen sein, daß 85 % der internationalen Schiedsverfahren in Stockholm in englischer, 10 % in deutscher und einige Verfahren auf französischer oder russischer Sprache durchgeführt werden, jedoch fast nie auf Schwedisch.[147] Insbesondere im internationalen Geschäftsverkehr mit China, im Ost-West-Geschäft und zwischen Partnern aus

---

143 Auch Wetter, Salient Features – Budapest 1989, S. 5 geht von schätzungsweise jährlich mehreren hundert Fällen in Schweden aus; vgl. auch Presentation, Arb.Int. 1994, Vol. 10 No. 4, S. 407 (408).

144 Die Auswertung ist wiedergegeben in SOU 1995:65, S. 283 ff. (Anh. 3). Sie hat weiter ergeben, daß die konventionellen Verfahren zu rund 13 % vor einem Einzelschiedsrichter, die übrigen ganz überwiegend vor einem Dreiergremium verhandelt werden. In rund 20 % der Verfahren war zumindest eine ausländische Partei beteiligt (internationale Schiedsvereinbarungen), und in 55-60 % der Fälle wurde das Verfahren nach erfolgter Sachprüfung durch Schiedsspruch beendet. Die Verfahrensdauer betrug bei etwa der Hälfte der Verfahren rund 8,5 Monate gerechnet ab Verfahrenseinleitung, bei inländischen Verfahren im Schnitt 8 Monate, bei internationalen Verfahren rund 11,5 Monate. Die Dauer verlängerte sich um rund einen Monat, wenn in der Sache entschieden wurde. Streitgegenstand waren zu 17 % Bausachen, zu 80 % andere und nur sehr wenige Rechtsstreitigkeiten über tarifvertragliche Auseinandersetzungen bzw. über Satzungsfragen von Aktiengesellschaften oder Vereinen; vgl. auch Broomé, JT 1995/96, 457 (458 u. 462).

145 Wetter, Mealey's Int. Arb. Rep., Vol. 5 No. 11, 13 (15). Nach Berger, Mealey's Int. Arb. Rep. 1992, Vol. 7 No. 7, S. 17 (18), hat das Neutraltiätskriterium seine Bedeutung verloren („(...) today, in a changing political and economic environment, the attribute neutrality has become meaningless".) m.w.N.

146 Anders Stumpf/Steinberger, RIW 1990, 174 (176), die Stockholm als Schiedsort gerade aufgrund dieser Gründe nicht für empfehlenswert halten.

147 Vgl. Söderlund, BB-Beilage 13/1997, (Heft 37), S. 18 (20). Als Standortvorteil für Schweden wird ferner die Professionalität der auf Schiedsverfahren spezialisierten und fast ausnahmslos englischsprachigen Professoren, Richter und Anwälte genannt; vgl. Ek, RIW 2000, S. 31 (31).

Industrie- und Entwicklungsländern enthalten Verträge häufig Schiedsklauseln, nach denen Streitigkeiten in Stockholm beizulegen sind.[148] Dabei wird entweder auf die Schiedsordnung des Schiedsgerichtsinstituts der Stockholmer Handelskammer (SCC) verwiesen, oder ein Ad-hoc Schiedsverfahren vereinbart.[149] Man geht beispielsweise davon aus, daß über 90 % der US-China-Handelsverträge Schiedsverfahren in Beijing oder Stockholm vorsehen.[150]

Das SCC-Institut entscheidet Streitigkeiten nicht selbst, sondern unterstützt Parteien unter anderem bei der Ernennung und ordnungsgemäßen Einsetzung des Schiedsgerichts. Von den jährlich durchgeführten internationalen Verfahren des SCC sind mehr als die Hälfte Ost-West-Streitigkeiten. Auf der östlichen Seite stehen knapp 50 % russische, 10-15 % chinesische, 5-10 % ukrainische und 5-10 % Parteien aus der ehemaligen Sowjetunion. Während dem SCC für die Zeit der 1980er Jahre aus internationaler Sicht teilweise eine größere Bedeutung abgesprochen wurde, da das SCC-Institut lediglich eine vergleichsweise geringe Anzahl von Verfahren zu administrieren hatte[151], ist seit Anfang der neunziger Jahre ein starker Anstieg der registrierten Ersuchen um Einleitung von Schiedsverfahren bei der SCC zu verzeichnen. Die Anzahl der Verfahren hat sich von 1990 (35 Verfahren) bis 2000 (135 Verfahren) annähernd vervierfacht.[152] Dies wird in erster Linie auf eine große Zahl von Rechtsstreitigkeiten mit Inkassocharakter zurückgeführt, bei denen eine Partei ein ehemaliger sowjetischer Staatsbetrieb oder dessen Nachfolger bzw. ein chinesisches (Staats-) Unternehmen ist.[153]

Hervorzuheben ist auch das zuletzt 1992 zwischen der „American Arbitration Association" (AAA) und dem „Chamber of Commerce and Industry" der Russischen Föderation erneuerte Abkommen „Optional Arbitration Clause for use in contracts in USA-Russian trade and investment – 1992".[154] Darin empfehlen die Organisationen ihren Mitgliedern, in allen Verträgen zwischen US-Unternehmen und Unternehmen in der Russischen Föderation die sog. Optional Clause zu vereinbaren, wonach Rechtsstreitigkeiten in einem Schiedsverfahren gemäß den UNCITRAL Schiedsregeln mit

---

148 Vgl. Craig, Park & Paulsson, S. 516; Hobér, EICLIT 2/1995, A4.19.

149 Die Handelskammer Stockholm ist führend in Schweden und wurde 1902 als eine private Institution zum Zweck der Förderung des Handels, der Industrie und der Schiffahrt gegründet. Ihr ist seit 1917 das Schiedsgerichtsinstitut angegliedert; vgl. Hobér, JPS, Bd. 2 (1988) S. 80; SOU 1994:81, S. 59 u. 65.

150 Vgl. Berger, RIW 1989, 850; Mitchell/Stein, The Int. Lawyer 20 (1986), S. 897 (911) m.w.N.

151 In den Jahren 1980-1988 fanden zum Teil deutlich unter zwanzig SCC – Verfahren pro Jahr statt, was vereinzelt zu der Bemerkung führte, daß entweder die entsprechenden Verträge nur selten Streitgegenstand wären, oder die SCC überschätzt würde; vgl. Samuel, Arb.Int. 1991, Vol. 7 No. 4, S. 319 (323) m.w.N.; Craig, Park & Paulsson, S. 515.

152 Vgl. zu den statistischen Angaben die offiziellen Mitteilungen des Schiedsgerichtsinstituts der Stockholmer Handelskammer (homepage www.chamber.se).

153 Vgl. dazu Hobér, Swedish and International Arbitration 1993, 43 (43).

154 Abgedruckt in International Business Lawyer 1994, 24 f. Das inhaltlich weitgehend identische und ursprünglich am 29.12.1976 zwischen der AAA in den USA und der „Handels- und Industriekammer der Sowjetunion" (ehem. UDSSR – Moskau geschlossene – und 1982 informell erneuerte – „Optional Arbitration Clause Agreement" ist abgedr. in YCA III (1978), S. 299 ff.; Arbitration in Sweden, Appendix 5.

dem Schiedsgerichtsinstitut der Stockholmer Handelskammer (SCC) als ernennender Stelle und Stockholm als Schiedsort zu entscheiden sind.

Schweden ist ebenso wie Deutschland vielen maßgeblichen Staatsverträgen auf dem Gebiet der Schiedsgerichtsbarkeit beigetreten, so z. B. dem Genfer Protokoll von 1923[155], dem Genfer Abkommens von 1927[156] und dem UN-Übereinkommen von 1958[157], nicht aber dem EuÜ von 1961.

III. Stellungnahme

Die vorstehende Untersuchung hat deutlich gemacht, daß es trotz einer Reihe von Gemeinsamkeiten einige erhebliche Unterschiede hinsichtlich der Ausgangssituation Deutschlands und Schwedens vor Durchführung der Reformen gegeben hat.

Die Ausgangssituation ist insoweit vergleichbar gewesen, als in beiden Länder alte Gesetze galten, in Deutschland ein gut hundert Jahre altes und in Schweden zwei jeweils siebzig Jahre alte Gesetze. Diese waren zwischenzeitlich kaum überarbeitet worden und daher bereits aufgrund ihrer Sprache reformbedürftig. Der Informationsgehalt der alten Gesetze – und damit der Zugang zum Recht – war unzureichend, da die Rechtsentwicklung durch die nationale Rechtsprechungspraxis aus dem jeweiligen Gesetzestext nicht zu ersehen war. Auch sollten die Gesetze an nationales und internationales Recht angepaßt werden. Die Reformen sollten daher auch für mehr Rechtssicherheit sorgen, dadurch, daß das geltende Recht aus dem Gesetzestext deutlich hervorgehe. Ferner strebten beide Länder ein Gesetz an, durch daß das jeweilige Land aus Sicht des Auslandes als geeigneter und schiedsfreundlicher Austragungsort internationaler Schiedsverfahren erscheine.

Neben diesen Gemeinsamkeiten kam in Deutschland jedoch hinzu, daß das deutsche Recht in der Praxis weitgehend abbedungen wurde, das Verfahren der Vollstreckbarerklärung von Schiedssprüchen als kompliziert galt und für moderne Maßstäbe den Parteien zu umfangreiche Rechtsmittel gegen gerichtliche Entscheidungen etwa im Zusammenhang mit der Vollstreckbarerklärung zustanden. Weiter wurde das Fehlen von klaren Verfahrensregeln im 10. Buch der ZPO angeführt und das insoweit bestehende weite Ermessen der Schiedsrichter als Nachteil empfunden.

Es ist neben diesen Unterschieden in der Ausgangssituation deutlich geworden, daß Schweden im Vergleich zu Deutschland über eine ausgeprägtere nationale Tradition der Schiedsgerichtsbarkeit verfügt. Die Bestätigung dieser These mit statistischem Material ist aus naheliegenden Gründen schwer. Andererseits sprechen die Ergebnisse der von schwedischer Seite als repräsentativ angesehenen Umfrage durch die Reformkommission dafür, daß jährlich 300-400 Schiedsverfahren für ein Land der Größe Schwedens eine im Vergleich zu Deutschland hohe Zahl ist. Unabhängig davon ist je-

155 Ratifiziert 1929 (1929: 145).

156 Ratifiziert 1929 (1929: 147).

157 Ratifiziert am 29.01.1972, ohne Vertragsstaaten- (Art. 1 Abs. 3 S. 1 UNÜ) bzw. Handelssachenvorbehalt (Art. 1 Abs. 3 S. 2 UNÜ); SOU 1994:81, S. 61.

doch deutlich geworden, daß in Schweden auf nationaler Ebene eine viel größere Verbreitung der Schiedsgerichtbarkeit als Form der Streitentscheidung stattgefunden hat. Dies zeigt etwa der sehr hohe Anteil von Schiedsvereinbarungen in schwedischen branchenspezifischen Standard- und Formularverträgen. Auch wenn man unterstellen würde, daß die Wirtschaft beider Länder in internationalen Verträgen seit geraumer Zeit in vergleichbarem Umfang Schiedsabreden trifft, so scheint dies nicht für die jeweils inländischen Verhältnisse zu gelten. Wirtschaftsrechtliche Verträge zwischen schwedischen Unternehmen und/oder Gewerbetreibenden enthalten fast immer Schiedsvereinbarungen, eine Feststellung, die so – mit Ausnahme einiger Branchen – nicht für Deutschland gilt, selbst wenn man von einer recht verbreiteten Schiedsfreundlichkeit auch in Deutschland zwischenzeitlich ausgeht. Die traditionell unterschiedliche Akzeptanz der Schiedsgerichtsbarkeit in beiden Ländern hat verschiedene Ursachen, deren Nachweis mitunter schwerfallen dürfte. Aus der obigen Analyse ist jedoch deutlich geworden, daß ein entscheidender Grund in der unterschiedlichen Entwicklung der jeweiligen ordentlichen Gerichtsbarkeiten zu sehen ist. Hier ist auffällig, daß das schwedische Gerichtssystem sowohl organisatorisch wie personell nicht mit dem deutschen System verglichen werden kann. Deutschland verfügt über eine weiter entwickelte Rechtsprechung in wirtschaftsrechtlichen Fragen – auch in Form von Präjudizrechtsprechung. Es ist daher davon auszugehen, daß die Lösung von wirtschaftsrechtlichen Rechtsstreitigkeiten durch die ordentlichen Gerichte in Deutschland traditionell üblicher, bewährter und effizienter erreichbar ist. Dies ist ein wesentlicher Grund dafür, daß die Schiedsgerichtsbarkeit in der Vergangenheit sich in Deutschland im Vergleich zu Schweden vergleichsweise langsamer entwickelt hat.

Ein weiterer Grund für die Verbreitung der Schiedsgerichtsbarkeit in Schweden ist die weitgehend unbeschränkte Geltung des Öffentlichkeitsprinzips in Schweden. Dieses stellt trotz Bemühungen um dessen Eingrenzung immer noch einen wichtigen Grund für Unternehmen zur Vermeidung der ordentlichen Gerichte dar, da es kaum einen Vertrag in der freien Wirtschaft gibt, der nicht zwischen den Parteien als vertraulich gilt.

D. Vorbildfunktion des UNC-MG

Neben den vorgenannten Motiven zu den Gesetzesreformen in Deutschland und Schweden hat in beiden Ländern die Frage eine wesentliche Rolle gespielt, inwieweit man sich in seinen Reformbemühungen an dem Modellgesetz orientieren werde.

I. UNCITRAL-Modellgesetzes

Die Kommission für Internationales Handelsrecht der Vereinten Nationen (United Nations Commission on International Trade Law = UNCITRAL)[158] hatte von 1978 bis 1985 unter Beteiligung internationaler Experten und Vertretern der maßgeblichen Schiedsgerichtsorganisationen[159] den Entwurf eines Modellgesetzes zur internationalen Handelsschiedsgerichtsbarkeit (model law) erarbeitet und am 21. Juni 1985 verabschiedet.[160] Dieses wurde von der Vollversammlung der Vereinten Nationen in einer Resolution vom 11. Dezember 1985 allen Staaten mit folgenden Worten als Modell empfohlen: „The General Assembly (...) 2. Recommends that all States give due consideration to the Model Law on International Commercial Arbitration, in view of the desirability of uniformity of the law of arbitral procedures and the specific needs of international commercial arbitration practise“.[161] Die Mitgliedstaaten sollen danach bei der angestrebten internationalen Vereinheitlichung des Rechts der Schiedsgerichtsbarkeit das UNC-MG bei der Gestaltung ihrer Schiedsverfahrensgesetze gebührend berücksichtigen. Der Kommission erschien die Erreichung dieses Ziels durch das Instrument eines Modellgesetzes gegenüber dem Weg über die Umsetzung internationaler Konventionen als geeigneter.[162] Motiv der mit dem UNC-MG angestrebten Rechtsvereinheitlichung ist die Schaffung internationaler Standards eines rechtsstaat-

---

[158] Die Kommission wurde 1966 gegründet und besteht aus 36 Mitgliedern, die jeweils auf 6 Jahre gewählt werden (9 Sitze für afrikanische Staaten, 9 Sitze für westeuropäische Staaten, 7 Sitze für asiatische Staaten, 6 Sitze für südamerikanische Staaten und 5 Sitze für osteuropäische Staaten; vgl. dazu Holtzmann/Neuhaus, S. 4-6.

[159] z. B. der ICC, der ICCA (Int. Council for Commercial Arbitration) der IBA (Int. Bar Association) und der ILA (Int. Law Association).

[160] Abgedruckt in deutscher Übersetzung z. B. bei Schwab/Walter, Anh. A, A III. (S. 615 ff.); vgl. zur Entstehungsgeschichte Böckstiegel, RIW 1984, 670 ff; Holtzmann/Neuhaus, S. 9-17. Auf europäischer Ebene war erstmals 1933 von UNIDROIT in Rom (auf Initiative der Internationalen Handelskammer) an einem Modellgesetz gearbeitet worden (Entwurf von 1937). 1954 legten UNIDROIT und die Internationale Handelskammer einen weiteren Entwurf vor. 1966 verabschiedete der Europarat (gegen den Widerstand der internationalen Handelskammer, die einer flexibleren Lösung eines Modellgesetzes größere Realisierungschancen gab) das „Einheitliche Gesetz über die Schiedsgerichtsbarkeit“, welches nur Belgien ratifizierte. Das EuÜ vom 21.04.1961 enthält – neben Kollisionsnormen betreffend die Gültigkeit der Schiedsvereinbarung und des anwendbaren materiellen Rechts – im wesentlichen nur Regelungen über die Bildung des Schiedsgerichts und regelt damit lediglich Teilaspekte des Schiedsverfahrens. Das gilt auch für das UNÜ von 1958, welches lediglich den Teilbereich der Anerkennung und Vollstreckung ausländischer Schiedssprüche regelt; vgl. Begründung zum Ref.-E., S. 67; BT-Drs. 13/5274, S. 23.

[161] Der Wortlaut der UN-Resolution (40/72) vom 06.02.1986 ist abgedr. bei Holtzmann/Neuhaus, S. 1236 f.

[162] Vgl. dazu Böckstiegel, RIW 1984, 670 (675); Zweigert/Kötz, § 2 V (S. 24); Berger, Wirtschaftsschiedsgerichtsbarkeit, S. 34 f.; v. Bernuth, S. 73.

lichen und fairen Schiedsverfahrens und der damit verbundene Schutz der Parteien vor überraschenden nationalen Prozeßrechten am jeweiligen Schiedsort (lex fori).[163]

Das UNC-MG besteht aus 36 Artikeln und ist in acht Kapitel unterteilt:

Kapitel I	Allgemeine Bestimmungen (Art. 1-6 UNC-MG)
Kapitel II	Schiedsvereinbarung (Art. 7-9 UNC-MG)
Kapitel III	Bildung des Schiedsgerichts (Art. 10-15 UNC-MG)
Kapitel IV	Zuständigkeit des Schiedsgerichts (Art. 16-17 UNC-MG)
Kapitel V	Durchführung des schiedsrichterlichen Verfahrens (Art. 18-27 UNC-MG)
Kapitel VI	Schiedsspruch und Beendigung des Verfahrens (Art. 28-33 UNC-MG)
Kapitel VII	Rechtsbehelf gegen den Schiedsspruch (Art. 34 UNC-MG)
Kapitel VIII	Anerkennung und Vollstreckung von Schiedssprüchen (Art. 35-36 UNC-MG)

Das UNC-MG hat bereits in vielen Ländern bei der Novellierung der Schiedsgesetze Pate gestanden und zum Teil zu einer vollinhaltlichen oder weitgehenden Übernahme des UNC-MG geführt.[164] In einigen dieser Länder haben die Reformen zu einer deutlich höheren Zahl durchgeführter internationaler Schiedsverfahren geführt.[165] Alle nationalen Gesetzgeber, die in jüngerer Zeit ihre Schiedsgesetze überarbeitet haben, wurden von dem Motiv geleitet, international akzeptierte, benutzerfreundliche und wiedererkennbare Gesetze zu schaffen, um die eigene Attraktivität auf dem wichtigen internationalen Markt für Schiedswesen zu steigern.[166] Die schlichte Übernahme der 36 Artikel des UNC-MG wurde zwar auch auf deutscher und schwedischer Seite erwogen, im Ergebnis gingen jedoch beide Länder einen anderen Weg.

II. Deutscher Ansatz

Aus Sicht des deutschen Gesetzgebers entspricht das UNC-MG dem modernen Standard, wie er im internationalen Bereich auch durch völkerrechtliche Vereinbarungen gesetzt und in modernen Verfahrensordnungen wiederzufinden sei. Es beruhe auf weltweitem Konsens und sei international als weitgehend vollständiges und in sich geschlossenes System bekannt.[167] Die deutsche Kommission hatte daher den Vorsatz,

---

163 Vgl. Berger, Schiedsgerichtsbarkeit, S. 10 m.w.N. Die zum Modellgesetz ergangene Rechtsprechung wird zwecks Erreichung einer einheitlichen Auslegung regelmäßig im Yearbook Commercial Arbitration (YCA) veröffentlicht.

164 Vgl. fortlaufend aktualisierte Länderliste auf der UNCITRAL-Homepage www.uncitral.org/en-index.htm (unter „Ratifications and Enactments") – Stand 11/2000: 37 Staaten. Die Länderliste ist insofern nicht vollständig, als es zahlreiche weitere reformierte nationale Schiedsverfahrensrechte gibt, die jedoch nach Ansicht der UNCITRAL im Ergebnis nicht nahe genug an das UNC-MG herankommen.

165 So z. B. in Kanada (insbesondere in British Columbia) und Hongkong (insbesondere bei dem dort gleichzeitig entstandenen Schiedsverfahrensinstitut); vgl. SOU 1994:81, S. 63.

166 Vgl. dazu Berger, Schiedsgerichtsbarkeit, S. 3 m.w.N.

167 Vgl. BT-Drs. 13/5274, S. 24; Ref.-E., S. 69 f.; Disk.-E., S. 10.

sich stark am UNC-MG zu orientieren.[168] Auch war ihr vom Bundesjustizministerium am 30. Oktober 1991 ausdrücklich aufgegeben worden, „Vorschläge zu erarbeiten, wie das deutsche Schiedsverfahrensrecht unter besonderer Berücksichtigung des UNCITRAL-Modellgesetzes über die internationale Handelsschiedsgerichtsbarkeit neu zu gestalten ist. In diese Überlegung ist sowohl das für internationale als auch das für nationale Schiedsfälle geltende Recht einzubeziehen".[169]

Das Recht sollte nach Ansicht der Kommission so gefaßt werden, daß das an die englische oder französische Fassung des UNC-MG gewöhnte Ausland das Modellgesetz trotz der Anpassung an den deutschen Gesetzgebungsstil wiedererkennen könne. Der Gesetzeswortlaut sollte sich daher leicht ins Englische/Französische zurückübersetzen lassen.[170]

Das neue 10. Buch der ZPO, bestehend aus 42 Paragraphen (§§ 1025-1066 ZPO), hat äußerlich die Anordnung und Kapitelüberschriften der ersten acht Abschnitte des UNC-MG übernommen. Auch die Sprache des UNC-MG ist in das deutsche Reformgesetz eingeflossen, damit es möglichst aus sich selbst heraus verständlich werde, obwohl die entsprechenden Regeln nach Schlosser zum Teil wortreich und selbstverständlich erscheinen.[171] Die deutsche Reformkommission hat sich neben dem UNC-MG auch an den Regelungen der UNCITRAL Arbitration Rules (UAR)[172] sowie rechtsvergleichend an den Schiedsverfahrensrechten der Schweiz und der Niederlande bei den Reformüberlegungen orientiert. Die Kommission zog es im Ergebnis jedoch vor, die Übernahme bei jeder einzelnen Regelung gesondert zu prüfen.[173]

III. Schwedischer Ansatz

Schweden ist ebenfalls nicht den Weg der schlichten Übernahme des UNC-MG gegangen. Die schwedische Reformkommission hat – im Gegensatz zur deutschen Seite – ausdrücklich hervorgehoben, daß sie zwar das UNC-MG in jedem Einzelfall mit in Erwägung gezogen habe, andererseits jedoch die auf ihre lange Schiedsverfahrenstradition zurückgehenden schwedischen Besonderheiten zu berücksichtigen beabsichtige.[174] Das LSF, bestehend aus den §§ 1-60 LSF, bezwecke vornehmlich eine Verbesserung und Anpassung des gegenwärtigen Rechts an die Schiedspraxis und an die schwedische „case-law"-Rechtsprechung. Eine direkte Übernahme des UNC-MG als „blueprint" scheide daher aus.

---

168 Vgl. Schuhmacher, in: FS Glossner, S. 341 (342).

169 Vgl. BT-Drs. 13/5274, S. 24; Disk.-E., S. 8.

170 Soweit Einzelregelungen des Entwurfes dem deutschen Recht an sich fremd sind, war der Gesichtspunkt der Rechtsvereinheitlichung für deren Übernahme maßgebend; Disk.-E., S. 14.

171 Vgl. Schlosser, RIW 1994, 723 f.

172 Abgedruckt z. B. bei Schwab/Walter, B. 6a (S. 738 ff.); dazu ausführlich Rauh, S. 1 ff. Die UAR wurden 1976 verabschiedet und bieten eine in der Praxis beliebte Alternative gegenüber der institutionellen Schiedsgerichtsbarkeit; vgl. Lionnet, BB-Beilage 17/1993, (Heft 27), S. 9 (12).

173 Vgl. BT-Drs. 13/5274, S. 24; Disk.-E., S. 8. Nach Raeschke-Kessler „passen" viele Regelungen des UNC-MG zum deutschen Recht, da sie inhaltlich von der deutschen Rechtsprechung vorweggenommen worden seien, AnwBl 1993, 141 (143).

174 Vgl. Presentation, Arb.Int. 1994, Vol. 10 No. 4, S. 407 (409).

Auf schwedischer Seite sieht man sich dabei durch die Schiedsverfahrensgesetze in Frankreich (1981), den Niederlanden (1986), der Schweiz (1987), Belgien (1985)[175] und Spanien (1988) bestärkt. Diese Länder hätten es ebenfalls vorgezogen, Gesetze für internationale Verfahren zu schaffen, die vornehmlich auf einheimischer Tradition und historisch geprägter nationaler Sichtweise aufbauten. Die schwedische Kommission verweist dabei insbesondere auf das finnische Schiedsverfahrensgesetz von 1992, das zwar vom UNC-MG inspiriert, aber dennoch ein „einheimisches" Produkt sei.[176]

Von schwedischer Seite wird betont, daß derzeit bereits in vielen sehr langfristigen internationalen Verträgen zahlreiche Schiedsvereinbarungen enthalten seien, die Schweden als Forum der Streiterledigung vorsähen. Die inhaltlichen Erwartungen dieser Vertragsparteien an das schwedische Schiedsrecht und dessen Effektivität müßten weiterhin erfüllt werden. Bereits aus diesem Grunde müßten schwedische traditionell prägende Regelungen zum Schiedsverfahrensrecht erhalten bleiben.[177]

IV. Stellungnahme

Vergleicht man den Ausgangspunkt der Reformgesetzgeber in Deutschland und Schweden stellt man fest, daß – natürlich – beide Länder das UNC-MG mit berücksichtigen wollten. Dies folgt bereits daraus, daß sich jedes nationale Schiedsverfahrensrecht, das auch attraktiv für ein internationales Publikum sein möchte, sich an dem auf einem weltweiten Konsens beruhenden UNC-MG messen muß. Der Ansatzpunkt ist jedoch verschieden. Während Deutschland sich von vorneherein ausdrücklich um eine Anpassung an das UNC-MG bemüht hat, zeigte Schweden nach außen eine reserviertere Haltung gegenüber dem UNC-MG. Die Ursache für diesen Unterschied dürfte in dem unterschiedlichen Selbstverständnis beider Länder in Bezug auf ihre jeweilige Rolle als Schiedsverfahrensnation zu suchen sein. Während Deutschland auf eine zwar lange, jedoch international weniger stark ausgeprägte Schiedsverfahrenstradition zurückblicken konnte, erfreute sich Schweden bereits vor der Reform einer ebenfalls langen und zudem international anerkannten Schiedsverfahrenstradition. Es ist schwer zu beurteilen, inwieweit dieser Ruf Schwedens auf das frühere schwedische Schiedsverfahrensrecht zurückzuführen ist, da – wie oben gezeigt wurde – auch andere Faktoren zu Schwedens Popularität beigetragen haben. Es kann jedenfalls festgestellt werden, daß Schweden bei dieser Ausgangsposition einen geringeren Druck zur Anpassung an das UNC-MG verspürte und daher mit einem gewissen Selbstbewußtsein an tradierten einheimischen Verfahrensregeln festzuhalten beabsichtigte. Schweden sah sich hier in einer vergleichbaren Rolle wie andere anerkannte Schiedsverfahrensnationen, die ebenfalls die Verabschiedung eines erkennbar „einheimischen" Gesetzes bevorzugt haben. Dagegen ging man von deutscher Seite trotz der Überzeugung, ein bewährtes und praxiserprobtes Schiedsverfahrensrecht zu haben, davon aus, daß auch

---

175 In Belgien ist am 17.08.1998 ein reformiertes belgisches Gesetz vom 19.05.1998 in Kraft getreten. vgl. Verbist, BB-Beilage 9/1998 (Heft 39), S. 4 ff.

176 Vgl. SOU 1994:81, S. 64 f. In Finnland ist am 01.12.1992 das „Lag om skiljeförfarande 23.10.1992/967" in Kraft getreten.

177 Vgl. SOU 1994:81, S. 72.

nach außen erkennbar eine möglichst weitgehende Anpassung an das moderne UNCMG erforderlich sei, um schnell über den Weg eines international anerkannten Schiedsverfahrensrechtes auch ein entsprechend seiner wirtschaftlichen Bedeutung international anerkannter und vermehrt frequentierter Austragungsort für Schiedsverfahren zu werden. Es wird nachfolgend zu untersuchen sein, wie diese unterschiedliche Ausgangsmotivation der Gesetzgeber sich auf die Gestaltung des jeweiligen Schiedsverfahrensrechts ausgewirkt hat.

E. Anwendungsbereiche der Schiedsverfahrensgesetze

Die gesetzlichen Bestimmungen in Deutschland und in Schweden zu den jeweiligen sachlichen, räumlichen und zeitlichen Anwendungsbereichen weisen wesentliche Parallelen auf.

I. Sachliche Anwendungsbereiche

Der Anwendungsbereich der neuen deutschen bzw. schwedischen Schiedsverfahrensgesetze ist inhaltlich nicht auf lediglich nationale oder internationale Schiedsverfahren bzw. lediglich auf die (internationale) Handelsschiedsgerichtsbarkeit begrenzt.[178] Ihr Anwendungsbereich ist daher weiter als der des UNC-MG, das lediglich für die internationale Handelsschiedsgerichtsbarkeit konzipiert ist – vgl. Art. 1 Abs. 1 1. HS UNC-MG: „This law applies to international commercial arbitration (...)". Andererseits ist das UNC-MG nach Ansicht seiner Verfasser grundsätzlich auch zur Anwendung auf nationale Verfahren geeignet: „In accordance with the mandate of the Commission, the model law is designed to establish a special regime for international cases. (...) However, (...) any state is free to take the model law, whether immediately or at a later stage, as a model for legislation on domestic arbitration and, thus, avoid a dichotomy within its arbitration law."[179]

In Deutschland galt das bisherige 10. Buch der ZPO vorrangig für nationale Schiedsverfahren. Lediglich vereinzelte Regelungen betrafen internationale Verfahren, wie z. B. über die Anerkennung und Vollstreckung von ausländischen Schiedssprüchen (§ 1044 ZPO a.F.). Das neue Recht ist dagegen ausdrücklich als einheitliches Regelungswerk geschaffen, da sich die für internationale Verfahren gebotenen Regelungen entsprechend dem traditionell liberalen deutschen Schiedsverfahrensrecht durchweg für nationale Verfahren eignen würden.[180]

Anders als z. B. in Frankreich und in der Schweiz wurde – wie oben erwähnt – von der schlichten Übernahme des UNC-MG als Sondergesetz der internationalen Handelsschiedsgerichtsbarkeit abgesehen. Nach Ansicht des Gesetzgebers war eine Reform des deutschen Schiedsrechts jedoch auch deshalb nötig, da die Beibehaltung des alten Rechts für nationale Verfahren zu einem sachlich kaum vertretbaren Nebeneinander von zwei strukturell und sprachlich nicht zusammenpassenden Gesetzen geführt hätte.

---

[178] Andererseits wurde teilweise im Bestreben um eine erhöhte Attraktivität Deutschlands als internationaler Schiedsverfahrensort eine unveränderte (z. B. Calavros, S. 201 f.; Nöcker, RIW 1990, 28 [31] m.w.N.) bzw. nahezu unveränderte Übernahme des UNC-MG mit Geltung ausschließlich für die internationale Schiedsgerichtbarkeit vertreten; vgl. Berger Int. Arb. Rep. 1992, Vol. 7, S. 17 (24); ähnlich Hußlein-Stich, S. 178 f.

[179] Vgl. Holtzmann/Neuhaus, S. 71 f.; Für nationale Verfahren haben das UNC-MG bisher Kanada (auf Bundesebene), Ägypten, Mexiko und Bulgarien übernommen; BT-Drs. 13/5274, S. 25; Ref.-E., S. 73.

[180] Vgl. BT-Drs. 13/5274, S. 25; Ref.-E., S. 72; Disk.-E., S. 11. Die Einheitlichkeit wurde nach dem Vorbild der Niederlande geschaffen; vgl. Schlosser, RIW 1994, 723 (723).

Eine separate Reform des nationalen Verfahrensrechts wäre zudem auf zwei weitgehend identische Regelungswerke hinausgelaufen.[181]

Auch die Kriterien der Kaufmannseigenschaft bzw. des Handelsgewerbes (-geschäfts) oder der Handelsbeziehungen eigneten sich aus deutscher Sicht nicht zur Abgrenzung konzeptionell unterschiedlicher Gesetze. Der Grund liegt darin, daß die historisch bedingte Beschränkung des Handelsrechts auf gewerblich tätige „Kaufleute" heute allgemein als zu eng empfunden wird.[182] Dagegen wird der gegenüber den §§ 1 bis 7 und 343 HGB weit gefaßte Handelsbegriff im UNC-MG in der Fußnote zu Art. 1 Abs. 1 nur unklar umschrieben.[183] Er ist nach dem Willen der Verfasser des UNC-MG unverbindlich[184] und die rechtliche Bedeutung der Fußnotenanmerkung ist unklar.[185] Sein Aufgreifen im Bereich des Schiedsverfahrens hätte also für das deutsche Recht die unerwünschte Folge eines gespaltenen Handelsbegriffes gehabt, da ausländischen Rechtsordnungen ein dem deutschen „Handelsgeschäft" vergleichbarer Begriff als Anknüpfungspunkt für Sonderregelungen fremd ist.[186]

Auch das LSF stellt eine einheitliche Regelung dar und ersetzt das schwedische Gesetz über Schiedsrichter („Lag (1929:145) om skiljemän" – SML a.F.) und das Gesetz über ausländische Schiedsverträge und Schiedssprüche („Lag (1929:147) om utländska skiljeavtal och skiljedomar" – LUSK). Letzteres fließt im neuen Schiedsverfahrensgesetz als Teilbereich in leicht abgewandelter Form mit ein.[187] Der schwedische Gesetzgeber hat ebenfalls die Einführung getrennter Regelungswerke für inländische und internationale Streitigkeiten abgelehnt, da dies der zunehmend grenzüberschreitenden Verflechtung der schwedischen Wirtschaft widersprochen hätte.[188] Die Integration der wenigen Sonderbestimmungen für internationale Verfahren in das LSF soll Abgrenzungsprobleme vermeiden und eine größere Übersichtlichkeit insbesondere für ausländische Anwender bewirken.[189] Eine unveränderte Übernahme des UNC-MG als Sondergesetz für die internationale Handelsschiedsgerichtsbarkeit schied daher aus.

---

181 Vgl. BT-Drs. 13/5274, S. 25; Ref.-E., S. 73; Disk.-E., S. 12.

182 In jüngerer Zeit wird zur Anknüpfung an die Handelsschiedsgerichtsbarkeit zunehmend anstelle eines „Handelsrechts" ein „Unternehmensrecht" gefordert, mit der Maßgabe, daß es bei unternehmensbezogenen Streitigkeiten auch auf nichtkaufmännische Gewerbetreibende und Freiberufler Anwendung findet; vgl. Kornblum, JPS, Bd. 1 (1987), S. 35 (36) m.w.N.

183 Abgedr. z. B. bei Schwab/Walter, Anh. A, A III. (S. 615 ff.); Die Fußnote enthält lediglich eine beispielhafte und nicht abschließende positive Aufzählung der unter den weiten Begriff „commercial" fallenden Handelsbeziehungen und -geschäfte; Holtzmann/Neuhaus, S. 34.

184 Siehe ausführlich Hußlein-Stich., S. 9 m.w.N.

185 Diese Lösung wird daher vielerorts nicht als zufriedenstellend erachtet; vgl. nur Franke, Swedish and International Arbitration 1984, 54 (57).

186 Vgl. BT-Drs. 13/5274, S. 25; Ref.-E., S. 74.

187 Vgl. 9. Abschnitt (§§ 52-60 LSF). Das Gesetz über ausländische Schiedsverträge und Schiedssprüche von 1929 (LUSK) wurde im Jahre 1971 an das UNÜ angepaßt, und im neuen Schiedsverfahrensrecht lediglich in Teilbereichen vereinfacht bzw. präziser gefaßt; vgl. Prop. 1998/99:35, S. 48; SOU 1994:81, S. 74.

188 Prop. 1998/99:35, S. 45 f.

189 Vgl. ebenda.

II. Räumliche Anwendungsbereiche

Der räumliche Anwendungsbereich des deutschen und des schwedischen Schiedsverfahrensrechts bestimmt sich übereinstimmend nach dem sog. Territorialitätsprinzip. Beide Länder wenden ihr jeweiliges Schiedsverfahrensrecht daher auf alle in ihrem Land stattfindenden Schiedsverfahren an. Entsprechend ist in § 1025 Abs. 1 ZPO geregelt, daß die Vorschriften des 10. Buchs der ZPO immer dann anzuwenden sind, wenn der Ort des Schiedsverfahrens (§ 1043 ZPO) in Deutschland liegt.[190] Begrifflich sind damit lediglich der Sitz, nicht aber die möglicherweise verschiedenen Tagungsorte des Schiedsgerichts zu verstehen.

Das Territorialitätsprinzip beschränkt die Rechtswahlmaxime der Parteien auf die dispositiven Bestimmungen des Ortsrechts. Damit ist im deutschen Recht die bisher geltende „verfahrens- oder prozeßrechtliche Theorie“[191] aufgegeben worden, wonach die Parteien auch für ein inländisches Verfahren ein ausländisches Verfahrensrecht – und umgekehrt – vereinbaren konnten. Diese frühere Theorie ließ nach Ansicht des Gesetzgebers unklar, inwieweit das Schiedsgericht die zwingenden Vorschriften der lex fori dennoch – insbesondere im Hinblick auf eine spätere Vollstreckbarerklärung des Schiedsspruchs – zu beachten habe. Auch bleibe dabei fraglich, welche Gerichte für die Aufhebungsklage und die unterstützenden Funktionen bei der Bildung des Schiedsgerichts zuständig seien.[192] Die erforderliche Rechtssicherheit solle durch die Einführung des Territorialitätsprinzips erreicht werden. Die Regelung in § 1025 Abs. 1 ZPO stelle allerdings keine negative Kollisionsnorm in dem Sinne dar, daß die Vereinbarung deutschen Verfahrensrechts für im Ausland stattfindende Verfahren untersagt wäre. Letzteres richte sich allein danach, ob der jeweilige nationale Gesetzgeber das Territorialitätsprinzip eingeführt hat oder nicht.[193]

In Schweden hat der Reformgesetzgeber an dem bereits bisher geltenden Territorialitätsprinzip in der Schiedsgerichtsbarkeit festgehalten. Das LSF findet daher nach § 46 LSF auf in Schweden stattfindende Verfahren Anwendung, unabhängig davon, ob das Verfahren internationale Bezüge hat oder nicht. Die Parteien können – wie auch nach deutschem Recht – ein fremdes Verfahrensrecht für ein inländisches Verfahren lediglich in Bezug auf dispositive Verfahrensregeln vereinbaren.[194]

---

[190] Die deutsche Kommission folgte insoweit der Diktion des UNCITRAL-Modellgesetzes – „place of arbitration“ – in vgl. Art. 1 Abs. 2. Im Ergebnis gleichbedeutend hätte auch auf den „Sitz des Schiedsgerichts“ abgestellt werden können; vgl. BT-Drs. 13/5274, S. 31; Ref.-E., S. 91; Disk.-E., S. 75; Schlosser, RIW 1994, 723 (727 f.); ausführlich zur Einführung des Territorialitätsprinzips vgl. Schuhmacher, in: FS Glossner, S. 341 (346 ff.).

[191] So die früher h.M. zur ZPO a.F., vgl. BGHZ 21, 365, NJW 1956, 1838; Zöller/ Geimer, 20. Aufl., § 1044 ZPO a.F. Rn. 4; Stein/Jonas/Schlosser § 1044 Rn. 10; vgl. dazu unten Kapitel F. VII 1. a).

[192] Vgl. BT-Drs. 13/5274, S. 31; Ref.-E., S. 91; Disk.-E., S. 75.

[193] Eine große Zahl ausländischer Rechtsordnungen läßt die Wahl eines fremden Verfahrensrechts zu; vgl. BT-Drs. 13/5274, S. 31; Ref.-E., S. 91-92; Disk.-E., S. 76.

[194] Vgl. Prop. 1998/99:35, S. 190.

III. Zeitliche Anwendungsbereiche

Die zeitliche Geltung des neuen deutschen Rechts bestimmt sich nach Art. 3 des Gesetzes zur Neuregelung des Schiedsverfahrensrechts. Danach richtet sich die Wirksamkeit von vor dem Inkrafttreten dieses Gesetzes geschlossenen Schiedsvereinbarungen nach dem bisherigen Recht (Abs. 1). Das gilt, vorbehaltlich anderer Parteiabreden, aus Gründen des Vertrauensschutzes und der Verfahrensökonomie ebenso für Verfahren, die im Zeitpunkt des Inkrafttretens des neuen Rechts bereits begonnen, aber noch nicht beendet sind (Abs. 2).[195] Haben gerichtliche Verfahren bereits begonnen und sind sie bei Inkrafttreten des neuen Schiedsrechts nicht beendet, gilt für sie zwingend die ZPO a.F., für nach Inkrafttreten begonnene Verfahren gilt dagegen bereits das neue Recht (Abs. 3).

Das schwedische Gesetz bestimmt vorbehaltlich anderer Parteivereinbarungen in Nr. 2 der Übergangsbestimmungen, daß das alte Recht auf alle vor Inkrafttreten des neuen Rechts eingeleiteten Verfahren Anwendung findet. Dies gilt auch für vor Inkrafttreten des LSF gestellte Anträge auf Vollstreckbarerklärung ausländischer Schiedssprüche. Das neue Recht findet folglich auf alle nach dem Inkrafttreten des LSF am 1. April 1999 eingeleitete Schiedsverfahren Anwendung. Eine Ausnahme gilt für die sechsmonatige Mitteilungsfrist für Schiedssprüche nach § 18 Abs. 2 SML a.F. Diese gilt nach Nr. 3 der Übergangsbestimmungen auch für Schiedsverfahren, die innerhalb von zwei Jahren ab Inkrafttreten des LSF eingeleitet werden und auf Schiedsvereinbarungen basieren, die vor Inkrafttreten des LSF abgeschlossen wurden. Nach Ablauf der zweijährigen Anpassungszeit gilt das neue Recht ausnahmslos.

---

195 Vgl. BT-Drs. 13/5274, S. 71; Ref.-E., S. 215.

F. Vergleichende Gegenüberstellung

Die folgende Untersuchung der gesetzlichen Regelungen in Deutschland und Schweden orientiert sich kapitelweise am üblichen Ablauf eines Schiedsverfahrens. Dabei wird stets zunächst das deutsche bzw. schwedische Recht analysiert und kapitelweise einer zusammenfassenden Wertung unterzogen. Es wird dabei auch unter Berücksichtigung der jeweiligen Schiedspraxis zu prüfen sein, inwieweit die beiden Länder sich an den Bestimmungen des UNC-MG orientiert bzw. ob sie eigene Lösungsansätze dem UNC-MG vorgezogen haben.

I. Schiedsvereinbarung

Voraussetzung jedes Schiedsverfahrens ist eine wirksame Schiedsvereinbarung, wonach bereits entstandene oder zukünftige Streitigkeiten zwischen den Parteien über ein bestimmtes Rechtsverhältnis vertraglicher oder nichtvertraglicher Art von einem oder mehreren Schiedsrichtern zu entscheiden ist (so ausdrücklich § 1029 Abs. 1 ZPO, ähnlich § 1 Abs. 1 LSF). In beiden Ländern gilt der auch in Art. 5 UNC-MG festgeschriebene Grundsatz, daß das Eingreifen eines staatlichen Gerichts eine gesetzliche Ermächtigung voraussetzt. Dies ist in § 1026 ZPO ausdrücklich festgeschrieben, ist jedoch auch fester Bestandteil schwedischen Rechts.[196]

Einer Schiedsvereinbarung ist nach schwedischem und deutschem Recht wesensimmanent, daß sich die Parteien freiwillig der Schiedsgerichtsbarkeit unterwerfen und damit die Zuständigkeit in- oder ausländischer staatlicher Gerichte ausschließen. Eine Schiedsvereinbarung kann zeitgleich mit dem Hauptvertrag, aber auch nach Entstehen der Streitigkeit getroffen werden und die Parteien können sie individuell auf ihren Hauptvertrag abstimmen. Voraussetzungen an die Form, inhaltliche Gültigkeit der Schiedsvereinbarung sowie die Schiedsfähigkeit des Streitgegenstandes haben große praktische Bedeutung für die Schiedsgerichtsbarkeit und können bei Nichtbeachtung zur späteren Aufhebung des Schiedsspruches führen.

Das deutsche und schwedische Recht machen ebenso wie Art. 7 Abs. 1 UNC-MG keinen Unterschied zwischen Schiedsvereinbarungen über bestehende und zukünftige Streitigkeiten.[197] Ihre rechtliche Selbständigkeit vom Hauptvertrag ist ferner in Deutschland[198] und Schweden[199] anerkannt, auch wenn die Schiedsklausel – wie im

---

[196] Vgl. Prop. 1998/99:35, S. 309.

[197] Vgl. zu Schweden: Cars, S. 34; zu Deutschland: Schütze/Tscherning/Wais, Rn. 39 f. m.w.N. Das gilt nach der Streichung des § 91 GWB nunmehr auch für Kartellstreitigkeiten. Die aus dem französischen Recht stammende Unterscheidung der Schiedsvereinbarungen über gegenwärtige (compromis = Schiedsvertrag bzw. -abrede/submission agreement) und künftige Rechtsstreitigkeiten (clause compromissoire = Schiedsklausel/arbitration clause) ist somit für beide Länder bedeutungslos.

[198] Zum Begriff vgl. Zöller/Geimer § 1029 Rn. 1. Das Reichsgericht bestätigte bereits in den Jahren 1890 und 1914 die rechtliche Selbständigkeit der Schiedsvereinbarung gegenüber dem Hauptvertrag – (vgl. RG JW 1890, S. 203, und 1914, S. 773; u. Hinweise bei Nussbaum, 17 N.Y.U.L.R. (1940), Fn. 4 auf S. 610). Dies entspricht st. Rspr. seit BGHZ 53, 315 (318); BGHZ 69, 260 (264); BGH NJW 1979, 2567 (2568), LG Hamburg RIW/AWD 1978, 124 (124).

Regelfall – Bestandteil des Hauptvertrages ist (ebenso Art. 16 Abs. 1 S. 2-3 UNCMG). Diese Autonomie der Schiedsvereinbarung ist erstmals klarstellend in § 1040 Abs. 1 S. 2 ZPO bzw. in § 3 Abs. 1 LSF kodifiziert. Sie wird häufig begrifflich mit „separability doctrine“[200] umschrieben, entspricht dem Rechtszustand in nahezu allen Ländern und ist in vielen internationalen Schiedsverfahren bestätigt worden.[201] Die Unwirksamkeit des Hauptvertrages bewirkt daher nicht zwangsläufig die Unwirksamkeit der Schiedsvereinbarung bzw. die Unzuständigkeit des Schiedsgerichts.[202]

1. Deutsches Recht

Im deutschen Recht sind die Regelungen über die Schiedsvereinbarung in dem zweiten Abschnitt des 10. Buches der ZPO (§§ 1029-1033 ZPO) enthalten.

a) Rechtsnatur

Die Rechtsnatur der Schiedsvereinbarung ist national und international umstritten.[203] Einigkeit besteht aus deutscher Sicht heute insoweit, daß es sich nicht um einen rein materiellrechtlichen Vertrag handelt.[204] Nach der vermittelnden Ansicht des BGH und Teilen des deutschen Schrifttums handelt es sich bei der Schiedsvereinbarung um einen privatrechtlichen Vertrag (sui generis) über prozessuale Beziehungen.[205] Das überwiegende Schrifttum betrachtet dagegen die Schiedsvereinbarung als Vereinbarung prozeßrechtlicher Natur, d. h. als einen Prozeßvertrag, dessen Hauptwirkung im Ausschluß der staatlichen Gerichtsbarkeit und in der Entstehung einer prozeßhindernden Einrede liege.[206] Nach letzterer Ansicht begründe eine Schiedsvereinbarung zwar

---

199 So bereits der Oberste Gerichtshof (HD) in NJA 1936, 521 u. 1976, 125; Dillén, SvJT 1937, 674 (683-688); Arbitration in Sweden, S. 24 ff. (27); Hobér, SvJT 1983, 257 (260 u. 262 m.w.N.); wohl auch Hassler/Cars, S. 44; ausführlich SOU 1994:81, S. 260 und Heuman, Skiljemannarätt, S. 62 ff.

200 Zum Begriff siehe Samuel, S. 155 ff. und zur historischen Entwicklung siehe Nussbaum, 17 N.Y.U.L.R. (1940), S. 609 ff.; Schwebel, S. 3.

201 Schlosser, RipS Rn. 392; vgl. einschlägige Entscheidungen bei Schwebel, S. 24-60. Diese Doktrin hat auch Kritiker gefunden (the arbitrators would be „pulling themselves up by their own bootstraps“), die nur von einer Vereinbarung, bestehend aus der Hauptvereinbarung und der in sie aufgenommenen Schiedsvereinbarung ausgehen; vgl. dazu Hobér, SvJT 1983, 257 (260).

202 Das Schiedsgericht kann in diesem Fall beispielsweise noch über Rückabwicklungsansprüche zu entscheiden haben; vgl. BT-Drs. 13/5274 S. 43 mit Verweis auf die gleichlautende Regelung in Art. 6 Abs. 4 ICC-SchO vom 01.01.1998.

203 Zur Entwicklung des Meinungsstreits im deutschen Recht vgl. Schlosser, RipS, Rn. 42 m.w.N. Die Schiedsvereinbarung gilt nach italienischem, amerikanischem, französischem und englischem Recht als materiellrechtlicher Vertrag, dagegen wertet die österreichische und schweizerische Rechtsprechung sie als Prozeßvertrag; vgl. dazu Kornmeier/Sandrock, F Rn. 124.

204 So noch z. B. Blomeyer, in: FS Rosenberg (1949), S. 51 f.; Lorenz, AcP 157, 265 (272 ff.).

205 So bereits RGZ 144, 96 (98); BGHZ 23, 198 (200); 40, 320 (322); 48, 35 (46); nicht ganz klar BGH ZZP 100, 452 (454): „Unterfall des Prozessvertrages“; wie der BGH: Baumbach/Lauterbach/Albers, § 1029 Rn. 10; MünchKomm-Maier, § 1025 Rn. 3, 84, 92; Kornmeier/Sandrock, F Rn. 124; Schütze/Tscherning/Wais-Wais vor Rn. 153; Schütze/Tscherning/Wais-Schütze, Rn. 559; ders. in BB 1992, 1877 (1877); Thomas/Putzo, § 1029 Rn. 1.

206 Vgl. dazu Rosenberg/Schwab/Gottwald, § 172 Anm. II; Schwab/Walter, S. 76 Rn. 37; Stein/Jonas/Schlosser, vor § 1025 Rn. 2 f. u. § 1025 Rn. 1; Zöller/Geimer, § 1029 Rn. 15; Reithmann/Martiny/Hausmann, Rn. 2298.

auch zivilrechtliche Rechte und Pflichten, die jedoch mit ihrem Rechtscharakter als solchem nichts zu tun hätten. Zwar sei richtig, daß die Willenserklärungen der Parteien bei Abschluß der Schiedsvereinbarung nicht gegenüber dem Gericht, sondern der jeweils anderen Partei gegenüber abgegeben würden[207], doch liege die Hauptwirkung der Schiedsvereinbarung auf prozessualem Gebiet[208] und prägendes Ziel der Schiedsgerichtsbarkeit insgesamt sei der Schiedsspruch als Rechtssprechungsakt.[209]

Diese verschiedenen Ansichten zeigen, daß es somit eine Wertungsfrage ist, welche Normen sinnvollerweise auf den Schiedsvertrag anzuwenden sind.[210] Es ist jedoch zweifelhaft, ob der Frage der dogmatischen Einordnung eine praktische Bedeutung zukommt, da unabhängig von der systematischen Stellung der Bestimmungen über die Schiedsvereinbarung im 10. Buch der ZPO Einigkeit über die vertragliche Grundlage der Schiedsgerichtsbarkeit besteht.[211] Auch sofern die Schiedsvereinbarung als Prozeßvertrag beurteilt wird, bestimmt sich das Zustandekommen und die Wirksamkeit des Schiedsvertrages daher nach den Grundsätzen des materiellen bürgerlichen Rechts.[212] Die Wirkungen der Schiedsvereinbarung bestimmen sich dagegen – etwa im Einredeverfahren – nach der lex fori.[213]

b) Anwendbares Recht der Schiedsvereinbarung

Das Gesetz bestimmt das auf die Schiedsvereinbarung anwendbare Recht nicht. Sie untersteht als selbständiger „materiellrechtlicher Vertrag über prozeßrechtliche Beziehungen" nach der in Deutschland insbesondere in der BGH-Rechtsprechung vertretenen Ansicht denselben Grundsätzen wie andere Verträge auch.[214] Zustandekommen und Wirksamkeit richten sich daher in Fällen mit reinem Inlandsbezug nach den allgemeinen Regeln des Bürgerlichen Gesetzbuches (BGB). Bei internationalen Schiedsvereinbarungen ist das deutsche Internationale Privatrecht maßgeblich, sofern die Anwendbarkeit unterschiedlicher nationaler Rechtsordnungen in Betracht kommt.[215] Vorrangiges kollisionsrechtliches Anknüpfungskriterium ist die Parteiautonomie, d. h. die Parteien können in internationalen Verhältnissen das auf die Schieds-

---

207 Zustimmend Schütze Rn. 559; Mezger, RIW 1979, 488 f. m.w.N.

208 Vgl. Schwab/Walter, S. 76 Rn. 37.

209 Vgl. Stein/Jonas/Schlosser, vor § 1025 Rn. 2 f.

210 Vgl. Schlosser, Rn. 45 u. 51 f.; Hausmann, in: FS Lorenz, S. 359 (362 ff.).

211 Die Auseinandersetzung um die Rechtsnatur der Schiedsvereinbarung wird im Schrifttum teilweise als ebenso „müßig" wie bei anderen Prozeßverträgen auch (Blomeyer, Zivilprozeßrecht, S. 74) bzw. als „reichlich akademisch" bezeichnet; Schütze/Tscherning/Wais, vor Rn. 153 in Fn. 276.

212 Das ist im Ergebnis zwischen den Vertretern der materiellrechtlichen und prozessualen Qualifikation der Schiedsvereinbarung unstreitig; vgl. Baumbach/Lauterbach/Albers, § 1029 Rn. 10; Zöller/Geimer, § 1029 Rn 18; Reithmann/Hausmann, Rn. 2438 m.w.N.

213 Nach dem sog. lex-fori-Prinzip darf ein Gericht im internationalen Zivilprozeßrecht seinem Verfahren nur eigenes Prozeßrecht zugrundelegen und ausländisches Recht nur auf dem Privatrecht unterliegende Sachverhalte anwenden; vgl. Schütze/Tscherning/Wais, Rn. 559.

214 Vgl. st. Rspr.: RGZ 144, 96 (98); 156, 101 (104); BGHZ 23, 198 (200); 40, 320; 51, 255; Raeschke-Kessler/Berger, Rn. 272 m.w.N.; Hochbaum, S. 27 f.

215 BHGZ 40, 320 (322).

vereinbarung anwendbare Recht wählen.[216] Haben die Parteien keine Rechtswahl zur Schiedsvereinbarung getroffen und greifen keine vorrangigen völkerrechtlichen Abkommen ein, wendet die Rechtsprechung die Grundsätze des Art. 27 ff. EGBGB an. Nach den von der Rechtsprechung entwickelten Auslegungsgrundsätzen entspricht es aufgrund allgemeiner Erfahrungssätze dem regelmäßigen (stillschweigenden) Parteiwillen, das Statut der Schiedsvereinbarung dem der Hauptsache zu unterstellen.[217] In der Praxis bewirkt ein solcher „kollisionsrechtlicher Gleichlauf" eine Vereinfachung der häufig komplizierten kollisionsrechtlichen Fragen.

c) Inhalt und Bestimmtheit

Die Vereinbarung der Parteien muß bestimmt und ausdrücklich sein, d. h. die Unterwerfung des Streitgegenstandes unter die endgültige Entscheidungsbefugnis eines zumindest bestimmbaren Schiedsgerichts muß aus ihr zweifelsfrei hervorgehen.[218] In der Praxis genügt dafür häufig die Bezugnahme auf eine Schiedsordnung einer Schiedsgerichtsinstitution.[219] Umstände außerhalb des Vertragswortlauts dürfen nur ganz ausnahmsweise zur Behebung letzter Unklarheiten herangezogen werden. Einschränkend gilt jedoch, daß eine Schiedsvereinbarung über künftige Rechtsstreitigkeiten das fragliche Rechtsverhältnis und die daraus entspringenden Rechtsstreitigkeiten genau bezeichnen muß, da sie andernfalls nichtig ist. Die Formulierung „alle Streitigkeiten aus der Geschäftsbeziehung" oder „alle Streitigkeiten aus künftigen Leistungen" ist beispielsweise zu unbestimmt.[220] Ausreichend ist dagegen, wenn sich die Schiedsvereinbarung auf eine Vielzahl von Einzelgeschäften bezieht, die ihre Grundlage in einem Rahmenvertrag haben.[221]

d) Auslegung

Schiedsvereinbarungen sind anerkanntermaßen auslegungsfähig. Dabei kommt in der internationalen Praxis im Interesse der Parteien eine großzügige Auslegungspraxis zur

---

216 Dies entspricht auch dem UNC-MG, wie aus den Kollisionsnormen in Art. 34 Abs. 2 a) i) und in Art. 36 Abs. 1 a) i) folgt. Erstere Bestimmung gilt im Fall der Erhebung der Aufhebungsklage im Inland (Art. 1 Abs. 2) während Art. 36 Abs. 1 a) i) auch auf Verfahren im Ausland anwendbar ist. Subsidiär findet nach Art. 34 Abs. 2 a) i) UNC-MG das Recht des Aufhebungsstaates und nach Art. 36 Abs. 1 a) i) UNC-MG das Recht des Ortes Anwendung, an dem der Schiedsspruch erlassen wurde. Beide subsidiären Regeln führen regelmäßig zu gleichen Ergebnissen, wenn der Schiedsort im Inland liegt, doch ist nur Art. 36 Abs. 1 a) i) UNC-MG bei einem ausländischen Schiedsort anwendbar, vgl. Hußlein-Stich, S. 48 f.; a.A. Calavros, wonach Art. 34 Abs. 2 a) i) nur im Aufhebungsverfahren und Art. 36 Abs. 1 a) i) UNC-MG in allen anderen Verfahren Anwendung finde, S. 153 f.

217 BGHZ 40, 320, (322); 51, 255 (256); OLG München, RIW 1990, 585 (586); auch Kornmeier/Sandrock, F Rn. 215. Eine Anknüpfung an das Wohnsitz- bzw. Sitzrecht der Partei, die die jeweilige „vertragscharakteristische Leistung" zu erbringen hat (Art. 28 Abs. 2 EGBGB), führt hier nicht weiter, da die charakteristische Leistung einer Schiedsvereinbarung in erster Linie und für beide Parteien die Förderung der Durchführung des Schiedsverfahrens bedeutet; vgl. Hochbaum, S. 29.

218 Vgl. Baumbach/Lauterbach/Albers, § 1029 Rn. 13 f.; Thomas/Putzo, § 1029 Rn. 4.

219 Vgl. Böckstiegel, in: FS Bülow, S. 1 (5).

220 Vgl. Glossner/Bredow/Bühler, Rn. 78.

221 Z. B. Vertragshändlerverträge, MünchKommZPO – Maier, § 1026 Rn. 4 mit weiteren Beispielen.

Anwendung.[222] Die Auslegung folgt den Regeln des materiellen bürgerlichen Rechts (§§ 133, 157 BGB), die im Prozeßrecht und daher auch für prozessuale Vereinbarungen entsprechend heranzuziehen sind.[223] Maßgebende Auslegungskriterien sind der erklärte Parteiwille, der Empfängerhorizont sowie die den Parteien erkennbaren Gesamtumstände.

e) Schiedsfähigkeit

Das Schiedsverfahren setzt voraus, daß die am Verfahren beteiligten Parteien schiedsfähig sind (subjektive Schiedsfähigkeit) und der Streitgegenstand des Verfahrens der Entscheidung durch Schiedsrichter unterworfen werden kann (objektive Schiedsfähigkeit).

aa) Subjektive Schiedsfähigkeit

Die subjektive Schiedsfähigkeit ist gesetzlich nicht geregelt. Sie bestimmt sich nach der Geschäftsfähigkeit der Parteien – §§ 104 ff. BGB.[224] Eine Partei ist subjektiv schiedsfähig, wenn sie persönlich unbeschränkt geschäftsfähig ist. Diese Voraussetzung ist im Geschäftsverkehr regelmäßig erfüllt. Gesetzliche Beschränkungen sind nur bei einigen (schutzbedürftigen) Personengruppen gegeben, vgl. z. B. § 28 BörsG und § 7 KO.[225]

bb) Objektive Schiedsfähigkeit

Die objektive Schiedsfähigkeit bestimmt sich in Übereinstimmung mit der Intention des Art. 1 Abs. 5 UNC-MG nach nationalem Recht. Gegenstand einer Schiedsvereinbarung kann nach § 1030 Abs. 1 S. 1 ZPO jeder „vermögensrechtliche Anspruch" sein.[226] Es ist ein erklärtes Ziel des Gesetzgebers, durch dieses neue Kriterium eine

---

222 So die h.M., zum UNC-MG vgl. Hußlein-Stich, S. 36 m.w.N. Zum deutschen Recht vgl. etwa KG in BB 2000, Beil. 8, S. 13 (14) m.w.N., wonach eine Schiedsvereinbarung für wirksam befunden wurde, die auf die „German Central Chamber of Commerce" referierte, da durch Auslegung zu ermitteln war, daß die Parteien eine zentrale Einrichtung der Industrie- und Handelskammer vereinbart hatten. Dies sei als Vereinbarung der Deutschen Institution für Schiedsgerichtsbarkeit (DIS) als maßgeblich vom Deutschen Industrie- und Handelstag (DIHT) mitgetragene Schiedsgerichtsinstitution zu verstehen.

223 BGH NJW 1994, 2155 (2156); MünchKommZPO – Maier § 1025 Rn. 24, Raeschke-Kessler/Berger, Rn. 281. Versagt die Auslegung, bleibt u. U. eine Umdeutung möglich; vgl. Thomas/Putzo, Einl. III, Rn. 16.

224 Die subjektive Schiedsfähigkeit ausländischer natürlicher Personen bestimmt sich gemäß Art. 7 EGBGB nach dem jeweiligen Personalstatut, bei juristischen Personen nach dem Sitzstatut; Schütze/Tscherning/Wais, Rn. 562.

225 Die Vollmacht zum Abschluß eines Schiedsvertrages richtet sich nach §§ 164 ff. BGB und wird von der Standard-Prozeßvollmacht nach § 81 ZPO nicht umfaßt; Zöller/Geimer, § 1029 Rn. 20.

226 Kollisionsrechtlich ist nach § 1059 Abs. 2 Nr. 2 a) ZPO für jedes Schiedsverfahren mit Sitz in Deutschland jeder vermögensrechtliche Streitgegenstand schiedsfähig, unabhängig von dem auf die Hauptsache anwendbaren Recht; vgl. Schlosser, DIS-MAT IV (1998), S. 49 (55); Zöller-Geimer, § 1030 Rn. 26; Raeschke-Kessler/Berger Rn. 165; a.A. Schütze Rn. 97 (lex causae).

erweiterte Schiedsfähigkeit zu schaffen.[227] Es umfaßt grundsätzlich jedes Klagebegehren, mit dem wirtschaftliche Belange im weitesten Sinne verfolgt werden können, unabhängig davon, ob der Anspruch dem Zivilrecht oder dem öffentlichen Recht zuzuordnen ist.[228]

Bislang stellte das Gesetz darauf ab, ob die Parteien befugt waren, über den – auch nichtvermögensrechtlichen – Streitgegenstand einen materiellrechtlichen Vergleich (§ 779 BGB) zu schließen.[229] Eine fehlende Vergleichsbefugnis der Parteien führte zur Unwirksamkeit der Schiedsabrede.[230] Das abgeschaffte Kriterium der „Vergleichbarkeit" wurde insbesondere im Schrifttum als zu eng kritisiert.[231] Der BGH ging ebenfalls bereits vor der Schiedsrechtsreform von einer weiten objektiven Schiedsfähigkeit aus und grenzte diese negativ ab. Sie fehlt danach nur, wenn der Staat im Interesse besonders schutzwürdiger Rechtsgüter sich ein Rechtsprechungsmonopol derart vorbehalten hatte, daß nur der staatliche Richter in der Lage sein sollte, durch seine Entscheidung eine bestimmte Rechtsfolge herbeizuführen.[232] Die „Vergleichsfähigkeit" dient im neuen Recht nur noch zur Abgrenzung unter nichtvermögensrechtlichen Streitigkeiten. Danach sind nichtvermögensrechtliche Ansprüche nur schiedsfähig, soweit die Parteien zum Abschluß eines Vergleiches über den Streitgegenstand berechtigt sind (§ 1030 Abs. 1 S. 2 ZPO).

Die objektive Schiedsfähigkeit fehlt in den der Parteidisposition entzogenen Verfahren, d. h. in Ehesachen, sofern sie nicht vermögensrechtliche Auseinandersetzungen der Eheleute betreffen[233], Kindschaftssachen und andere Statusverfahren, sowie Betreuungs- und Entmündigungssachen, da sie weder vermögensrechtlicher Natur

---

227 Als Vorbild diente Art. 177 Abs. 1 des schweiz. Bundesgesetzes über das Internationale Privatrecht (IPRG); vgl. dazu BT-Drs. 13/5274, S. 34; Ref.-E., S. 111.

228 Vgl. Berger, DZWir 1998, 45 (48); Baumbach/Lauterbach/Albers, § 1030 Rn. 2; Raeschke-Kessler/Berger, Rn. 160.

229 § 1025 Abs. 1 ZPO a.F. lautete: „Die Vereinbarung, daß die Entscheidung einer Rechtsstreitigkeit durch einen oder mehrere Schiedsrichter erfolgen solle, hat insoweit rechtliche Wirkung, als die Parteien berechtigt sind, über den Gegenstand des Streites einen Vergleich zu schließen".

230 Vgl. BGH WM 1971, 308 (308); Schütze/Tscherning/Wais, Rn. 43.

231 Vgl. Bork, ZZP 100 (1987), 249 (256-258); Schwab, in: FS Glossner, S. 803; Kornmeier, ZZP 94 (1981), 27 ff., jeweils m.w.N. Es hatten sich eine prozessuale und eine materiell-rechtliche Ansicht herausgebildet. Die prozessuale Lösung entscheidet nach der verfahrensrechtlichen Verfügungsbefugnis und lehnt die Schiedsfähigkeit dann ab, wenn prozessual die Offizialmaxime gilt oder der Streitgegenstand ein von Amts wegen einzuleitendes oder durchzuführendes Verfahren berührt, bzw. wenn es um die Beseitigung eines bzw. Einwirkung auf einen Hoheitsakt geht; vgl. insbesondere Kornmeier, ZZP 94 (1981), 27 (45). Überwiegend wird jedoch im Schrifttum (b) nach der Lehre von Bork auf die objektive Verfügbarkeit des Rechtsverhältnisses abgestellt, d. h. primär auf die materiellrechtliche Verfügungsbefugnis, von der wiederum die prozessuale Verfügungsbefugnis abhängig sei; vgl. Bork, ZZP 100 (1987), 249; Schwab/Walter, S. 33, Rn. 4 ff. (4. Aufl.); Stein/Jonas/Schlosser, § 1025 Rn. 27; Zöller/Geimer § 1030 Rn. 1 (zur Kritik vgl. 20. Aufl., § 1025 Rn. 37).

232 BGH BB 1996, 1074 (1075); NJW 1991, 2215 (2216); Engelhardt, DIS – Schriftenreihe, Bd. 9, S. 31 (32 f.). Nach Schwab ist es zweifelhaft, ob der BGH insoweit dem Schrifttum folgen wollte, da der BGH sowohl auf den Wortlaut von § 1025 Abs. 1 ZPO a.F. als auch auf die modifizierte Auslegung Bezug genommen habe; in: FS Glossner, S. 802 (811) Fn. 17.

233 Nicht schiedsfähig sind die Verfahren auf Scheidung, Aufhebung oder Nichtigerklärung einer Ehe im Sinne des § 606 ZPO.

noch vergleichsfähig sind.[234] Ausdrücklich von der Schiedsfähigkeit ausgenommen sind ferner nach § 1030 Abs. 2 ZPO größtenteils Streitigkeiten über Mietverhältnisse über inländischen Wohnraum.[235] Einschränkungen folgen ferner aus gesetzlichen Vorschriften außerhalb des 10. Buches der ZPO, wonach bestimmte Streitigkeiten ausdrücklich nicht oder nur beschränkt einem Schiedsverfahren unterworfen werden dürfen (§ 1030 Abs. 3 ZPO). Dazu gehört etwa das Schiedsverfahren auf arbeitsrechtlichem Gebiet gemäß §§ 101-110 ArbGG.[236] Auch in Angelegenheiten der freiwilligen Gerichtsbarkeit (fGG) liegt Schiedsfähigkeit des Streitgegenstandes lediglich hinsichtlich echter Streitsachen vor.[237] Ferner scheidet eine schiedsrichterliche Streiterledigung in verwaltungs-, sozial- und finanzgerichtlichen Streitigkeiten aus, soweit ohne Schiedsvereinbarung Gerichte eines anderen als des ordentlichen Rechtsweges zuständig wären.[238]

Abgesehen von vorgenannten der Parteidisposition entzogenen Verfahren war es das Bestreben des Gesetzgebers, eine erweiterte Schiedsfähigkeit zu schaffen. Das gilt insbesondere auch in Bezug auf eine Reihe von früheren Zweifelsfragen, zu denen die Motive klarstellende Feststellungen treffen. Als Beispiel ist zu nennen, daß auch Ansprüche, denen Bestimmungen über Verfügungs-, Vergleichs- oder Verzichtsverbote zugrundeliegen, grundsätzlich schiedsfähig sind.[239] Auch Ansprüche öffentlichrechtlichen Charakters können schiedsfähig sein, soweit die Parteien über den Streitgegenstand einen öffentlichrechtlichen Vertrag schließen können (§ 55 Verwaltungs-

---

[234] Vgl. §§ 640 ff. ZPO – nicht schiedsfähig sind daher Fragen der Feststellung des Eltern-Kind-Verhältnisses, die Anfechtung der Ehelichkeit eines Kindes oder der Anerkennung der Vaterschaft und die Feststellung des Bestehens oder Nichtbestehens der elterlichen Sorge einer Partei über die andere; Schwab, in: FS Henckel, S. 803 (805).

[235] Vgl. den ausschließlichen Gerichtsstand in § 29 a ZPO. Ausgenommen hiervon ist der in § 556 a Abs. 8 BGB bezeichnete Wohnraum – § 1030 Abs. 2 S. 2 ZPO.

[236] Weitere Beispiele: § 1822 Nr. 12 BGB (Genehmigung des Vormundschaftsgerichts erforderl.), § 160 Abs. 2 Nr. 3 Insolvenzordnung (früher § 133 Nr. 2 Konkursordnung [Genehmigung des Gläubigerausschusses erforderlich]) und § 28 Börsengesetz, soweit nicht in §§ 28, 53 BörsenG zugelassen.

[237] So die h.M., BGHZ 6, 248 (253 ff.); Zöller/Geimer, § 1030 Rn. 6; Schlosser, DIS-Bd. 11, S. 97 ff.; Schütze/Tscherning/Wais, Rn. 43 m.w.N.; a.A. Kornmeier (wg. Amtsermittlung; a.a.O. Fn 38). Hiernach ist Schiedsfähigkeit u. a. bei § 43 WEG, auch § 51 b GmbHG, §§ 99, 132 AktG gegeben. Die Zuordnung zum fGG-Verfahren beruht nach Bork nicht auf einem besonderen öffentlichen Interesse an einer Entscheidung durch ein staatliches Gericht, sondern auf der Effektivität dieser flexiblen Verfahrensart; ZZP 100 (1987) 249 (252 f.).

[238] Schlosser weist darauf hin, daß dies nicht gilt, soweit die geltend gemachte Ansprüche im ausländischen Recht wurzeln, etwa bei der Entscheidung über die Rechtmäßigkeit von Enteignungen durch fremde Staaten; in DIS-MAT IV (1998), S. 39 (59).

[239] Vgl. BT-Drs. 13/5274, S. 34. Das betrifft z. B. § 89 b IV HGB – Ausgleichsanspruch des Handelsvertreters, der im voraus nicht ausgeschlossen werden kann; § 51 a III GmbHG – Auskunfts- und Einsichtsrecht der Gesellschafter gegenüber Geschäftsführer; § 312 BGB – Verbot eines Vertrages über den Nachlaß eines Dritten; § 50 AktG – Verzicht auf bzw. Vergleich über Ersatzansprüche gegen Gründer (...) nur begrenzt möglich; § 302 Abs. 2 u. 3 AktG – Verzicht auf bzw. Vergleich über Ausgleichsanspruch des abhängigen gegen das herrschende Unternehmen nur begrenzt möglich; § 9 b I GmbHG – Verzicht der Gesellschaft auf Ersatzansprüche nach § 9a oder ein Vergleich der Gesellschaft über diese Ansprüche ist unwirksam, soweit der Ersatz zur Befriedigung der Gläubiger der Gesellschaft erforderlich ist; § 43 Abs. 3 S. 2 (iVm. § 9 b) GmbHG – Verzicht auf Ansprüche aus Geschäftsführerhaftung nur begrenzt möglich.

verfahrensgesetz), wie z. B. über die Höhe eines Entschädigungsanspruchs.[240] Ein weiterer Bereich betrifft Verfahren mit einer ausschließlichen Gerichtszuständigkeit. Diese Zuständigkeitsnormen beziehen sich regelmäßig nur auf die Zuständigkeit unter den staatlichen Gerichten innerhalb der staatlichen Gerichtsbarkeit. Die Motive heben in Übereinstimmung mit der h.M. hervor, daß sie jedoch nicht die Schiedsfähigkeit beschränken, da sie die Frage nicht regeln, ob der Rechtsstreit auch von einem Schiedsgericht entschieden werden kann.[241] Ausschließliche Gerichtszuständigkeiten bestehen beispielsweise hinsichtlich Streitigkeiten über die (generelle) Wirksamkeit von Allgemeinen Geschäftsbedingungen, in Kennzeichenstreitsachen und für Anfechtungs- und Nichtigkeitsklagen gegen Hauptversammlungsbeschlüsse in Beschlußmängelstreitigkeiten einer Aktiengesellschaft bzw. einer GmbH.[242] Schiedsgerichte können jedoch anerkanntermaßen auch rechtsgestaltende Entscheidungen treffen.[243] Im Fall einer gesellschaftsrechtlichen Beschluß-Anfechtungsklage liegt daher grundsätzlich Schiedsfähigkeit vor, wie auch der BGH in einer Grundsatzentscheidung für Beschlußmängelstreitigkeiten bei einer GmbH ausdrücklich bestätigt hat.[244] Eine in diesem Zusammenhang problematische Frage ist jedoch, inwieweit ein Schiedsspruch über eine aktienrechtliche Anfechtungsklage für und gegen alle Aktionäre wirken kann (erga omnes – Wirkung – § 248 Abs. 1 S. 1 AktG). Der Gesetzgeber hat diese Frage ausdrücklich offengelassen und ihre Lösung der Rechtsprechung überlassen.[245] Der BGH hat in einer Entscheidung aus dem Jahre 1996 eine analoge Anwendung der Regelung der §§ 248 Abs. 1 S. 1, 249 Abs. 1 S. 1 AktG auf Schiedssprüche abgelehnt, da dies den Rahmen richterlicher Rechtsfortbildung sprenge, zugleich jedoch auf die Möglichkeit hingewiesen, diese Frage durch eine entsprechende Vereinbarung in der Satzung zu lösen.[246] Dem vom BGH eingeschlagenen Weg ist zu folgen. Er fordert von den Parteien (Gesellschaftern bzw. Aktionären) eine sorgfältige Formulierung einer

---

240 Vgl. BT-Drs. 13/5274, S. 35; Ref.-E., S. 113. Auch im Vermögensgesetz (BGBL. 1991 I S. 957) und im Vermögenszuordnungsgesetz (BGBL. 1994 I S. 709) wird für die dort geregelten Ansprüche in § 30 Abs. 2, 38 a VermG; 14 VZOG z.T. eine schiedsrichterliche Entscheidung ermöglicht.

241 So BT-Drs. 13/5274, S. 35; auch h.M.: Bork ZZP 100 (1987) 249 (259 f.) m.w.N. in Fn. 32; Westermann, DIS-Bd. 11, S. 31 (37); Schmidt, ZGR 1988, 523 (526); Henze, ZGR 1988, 542 (550); Stein/Jonas/Schlosser, § 1025 Rn. 27; Schwab/Walter, S. 37 Rn. 6.

242 Vgl. §§ 14 AGBG; 140 I MarkenG; 246 Abs. 3 S. 1 AktG (analog).

243 So auch BT-Drs. 13/5274, S. 35; BGH BB 1996, 1074 (1074) mit Beispielen; auch Ebenroth/Bohne, BB 1996, 1393 (1394). Die Befugnis zum Erlaß rechtsgestaltender Schiedssprüche kann über die Kompetenz von staatlichen Gerichten hinausgehen; vgl. BGH NJW 1959, 1493 (1494); Zöller/Geimer § 1030 Rn. 5; Stein/Jonas/Schlosser, § 1025 Rn. 16 (z.B. Neufestsetzung eines Mietzinses; ders., § 1034 Rn. 3).

244 Vgl. BGH (Urt. v. 29.03.1996) in BB 1996, 1074 (1075) sowie vorinstanzlich OLG Karlsruhe (Urt. v. 16.02.1995) ZIP 1995, 915 ff., jeweils m.w.N. Der BGH weist darauf hin, daß die Unterwerfung der Gesellschaft unter die Bindung des Schiedsspruches bereits aus verbandsrechtlichen Gesichtspunkten folge (a.a.O., S. 1075).

245 BT-Drs. 13/5274, S. 35; Ref.-E., S. 112 f.; vgl. auch Smid DZWir 1995, 397 (402).

246 Vgl. BGH (Urt. v. 29.03.1996) in BB 1996, 1074 (1076 f.), vgl. dazu Ebenroth/Bohne, BB 1996, 1393 ff.; Timm/Witzorrek, EWiR 1996, 481 f.; Bosch, WiB 1996, 718 ff., sowie Bredow, DStR 1996, 1653 ff. Zur Frage möglicher Satzungsgestaltungen bei der AG vgl. Schwab, in: FS Henckel, S. 803 (810) m.w.N.

Schiedsvereinbarung, die sicherstellt, daß alle Beteiligten ausreichenden Einfluß auf die Bildung des Schiedsgerichts nehmen können.[247]

Von der Frage der ausschließlichen Zuständigkeit ist die Zuständigkeit von gesetzlich bestimmten Sondergerichten zu unterscheiden. Der Gesetzgeber hat unter beispielhafter Bezugnahme auf die Zuständigkeit des Bundespatentgerichts für Klagen auf Nichtigerklärung oder Zurücknahme von Patenten (§ 65 PatG) die Schiedsfähigkeit solcher Streitigkeiten, die unter die Zuständigkeit solcher Sondergerichte fallen, verneint.[248] Begründet wird dies in den Motiven damit, daß diese Verfahren sich auf kraft Verwaltungsakt erteilte Rechte beziehen, die nicht zur Parteidisposition stehen und über die lediglich durch ein gegenüber jedermann wirkendes Gestaltungsurteil zu entscheiden sei.[249] Auch hier stellt sich jedoch die Frage, ob die Voraussetzungen einer erga omnes – Wirkung eines Gestaltungsurteils durch das Bundespatentgericht der grundsätzlichen Bejahung der Schiedsfähigkeit von Klagen auf Nichtigerklärung oder Zurücknahme von Patenten mit Wirkung zwischen den Parteien (inter partes) entgegensteht. Dies ist zu Recht von Vertretern im Schrifttum abgelehnt worden.[250] Auch die Begründung in den Motiven, daß ein Patent durch Verwaltungsakt erteilt werde überzeugt nicht, da etwa ein Schiedsgericht auch über das Fortbestehen von Hoheitsakten in Streitigkeiten im Rahmen von Zwangsvollstreckungsverfahren entscheiden kann.[251] Die Sonderzuständigkeit des Bundespatentgerichts nach § 65 PatG bewirkt daher per se nicht die Schiedsunfähigkeit eines diesem Gericht zugewiesenen Streitgegenstandes im Verhältnis zwischen den Parteien eines Schiedsverfahrens. Auch ein Schiedsgericht kann von den Parteien ermächtigt werden, über die Patentnichtigkeit mit Bindungswirkung inter partes zu entscheiden. Die Nichtigkeitserklärung durch das Patentgericht bleibt lediglich unentbehrlich, um die Wirkung des Schiedsspruches in eine erga omnes – Wirkung umzuwandeln. Hinsichtlich der Rechtsprechung bleibt jedoch abzuwarten, ob sich insoweit eine „schiedsfreundliche" Praxis entwickeln wird.

---

[247] Einer Entscheidung einer Beschlußmängelstreitigkeit steht z. B. dann nichts im Wege, wenn alle Betroffenen am Verfahren teilnehmen oder die Satzung die Entscheidung aller denselben Beschluß betreffenden Klagen durch ein von einer neutralen Stelle einzusetzenden Schiedsgericht vorsieht; vgl. Schwab/Walter S. 37 Rn. 4 m.w.N.; ähnl. mit Formulierungsvorschlägen Bredow, DStR 1996, 1653 (1655).

[248] Vgl. BT-Drs. 13/5274, S. 35. Umfaßt sind davon Rechtsstreitigkeiten, die die Eintragung in die Patentrolle betreffen. Dagegen fallen Klagen, durch die ein Anspruch aus einem der im PatG geregelten Rechtsverhältnisse geltend gemacht wird, nicht unter die Zuständigkeitsregelung in § 65 PatG (vgl. § 143 PatG).

[249] So ausdrücklich BT-Drs. 13/5274, S. 35; Ref.-E., S. 112; im Ergebnis auch Schwab, in: FS Glossner, S. 802 (805); MünchKommZPO-Maier, § 1025 Rn. 13; Baumbach/Lauterbach/Albers, § 1030 Rn. 8, Berger DZWir 1998, 45 (48).

[250] Vgl. Pfaff, in: FS Nagel, S. 278 (286 ff.); Schwab/Walter, S. 39 Rn. 11 (s. auch 4. Aufl. S. 34 Rn. 13) und Stein/Jonas/Schlosser, § 1025 Rn. 27d m.w.N., die darauf abstellen, daß das staatliche Gericht in seinem patentrechtlichen Gestaltungsurteil unter Berücksichtigung der BGH-Rechtsprechung an vergleichsweise (vgl. § 1025 Abs. 1 ZPO a.F.) getroffene Beschränkungen des Patentanspruchs durch die Parteien gebunden sei.

[251] Vgl. Schlosser, DIS-MAT IV 1998, S. 49 (60).

Kartellrechtliche Streitigkeiten sind grundsätzlich schiedsfähig.[252] Die frühere Einschränkung der Schiedsfähigkeit bestimmter zukünftiger Kartellsachen ist weggefallen.[253] Die Schiedsfähigkeit folgt auch daraus, daß in den Motiven hervorgehoben wird, daß ein Schiedsgericht die (zwingenden) Vorschriften des GWB ebenso wie ein ordentliches Gericht zu beachten habe.[254] Dies gilt im Ergebnis auch für zwingendes Gemeinschaftsrecht[255], da die Verbote wettbewerbsbeschränkender Vereinbarungen und Verhaltensweisen in Art. 81 EGV[256] als grundlegendes Gemeinschaftsrecht (vgl. Art. 3 Abs. 1 lit. g EGV) für das Funktionieren des Binnenmarktes unerläßlich und entgegenstehende Vereinbarungen nichtig sind (vgl. Art. 81 Abs. 2 EGV). Letztere Vorschrift ist in den Gemeinschaftsländern als Bestandteil des nationalen ordre-public einzuordnen, wie der Europäische Gerichtshof kürzlich in Sachen „Eco Swiss China Time Ltd. ./. Benetton International NV" bestätigt hat.[257]

Schließlich können einem Schiedsgericht von den Parteien auch aufgrund der Parteiautonomie und mangels entgegenstehender öffentlicher Interessen Befugnisse verliehen werden, die die rein erkennende (Rechtsprechungs-) Tätigkeit übersteigen. Um eine Schiedsvereinbarung handelt es sich jedoch nur, sofern das Schiedsgericht zur rechtskräftigen Entscheidung über die Frage oder den Umstand ermächtigt wird.[258] Einem Schiedsgericht kann dabei über die Befugnis eines staatlichen Gerichts hinaus auch die rechtskräftige Entscheidung über das Vorliegen oder Nichtvorliegen von Tatsachen übertragen werden, wie etwa die Entscheidung über das Vorliegen von Mängeln einer gewerblichen Leistung.[259]

---

[252] Vgl. BT-Drs. 13/5274, S. 36 u. 71; Zöller/Geimer, § 1030 Rn. 12; Schwab/Walter, S. 37 Rn. 7; Raeschke-Kessler/Berger, Rn. 171 f.

[253] § 91 GWB a.F. wurde mit Inkrafttreten des reformierten 10. Buches der ZPO ersatzlos aufgehoben (BGBL. 1997 I 3224 [3239]). Danach waren bestimmte kartellrechtliche Streitigkeiten zwar schiedsfähig, nicht aber schiedsklauselfähig, d. h. den Parteien mußte hinsichtlich zukünftiger Streitigkeiten stets als Option der alternative Weg zu den ordentlichen Gerichten offenstehen. Die Schutzvorschrift erschien dem Gesetzgeber zur Sicherung des Wettbewerbs und der Beseitigung wettbewerbsbeeinträchtigender wirtschaftlicher Macht verzichtbar; vgl. BT-Drs. 13/5274, S. 36 u. 71; Ref.-E., S. 115 u. 220 f.; a.A. der Bundesrat in seiner Stellungnahme in BT-Drs. 13/5274, S. 74.

[254] Vgl. BT-Drs. 13/5274, S. 71; Ref.-E., S. 115 u. 220 f.

[255] So auch Raeschke-Kessler/Berger, Rn. 172 m.w.N.

[256] Vertrag zur Gründung der Europäischen Gemeinschaft vom 25.03.1957 in seiner durch den Amsterdamer Vertrag geänderten Fassung, in Kraft getreten am 01.05.1999 (vgl. Bek. v. 06.04.1999, BGBL. 1999 II S. 296).

[257] Vgl. EuGH Urt. v. 01.06.1999 – Rs. C-126/97 (Eco Swiss China Time Ltd. ./. Benetton International NV), EuZW 1999 (Heft 18), S. 565 (567) mit folgendem Leitsatz: „Ein nationales Gericht, das mit einer Klage auf Aufhebung eines Schiedsspruches befaßt ist, muß dieser Klage stattgeben, wenn es der Auffassung ist, daß der Schiedsspruch Art. 81 EGV (früher Art. 85) widerspricht, sofern es nach seinem nationalen Verfahrensrecht im Fall der Verletzung nationaler Verfahrensvorschriften, die der öffentlichen Ordnung zuzurechnen sind, einer Aufhebungsklage stattzugeben wäre; abgedr. in EuZW 1999 (Heft 18), S. 565 ff. mit Anm. Spiegel.

[258] Wird dem Schiedsgericht lediglich die Entscheidung über bloße Tatfragen übertragen und soll das staatliche Gericht über die Folgen entscheiden (§ 319 BGB), so liegt keine Schiedsvereinbarung, sondern ein Schiedsgutachten vor; vgl. Baumbach/Lauterbach/Albers, Grundz. § 1025 Rn. 15, § 1029 Rn. 13.

[259] Vgl. Stein/Jonas/Schlosser, § 1025 Rn. 17; einschränkend Baumbach/Lauterbach/Albers, § 1029 Rn. 13 m.w.N.

f) Anpassung und Ergänzung von Verträgen

Im Rahmen der Reformierung des deutschen Schiedsrechts ist überlegt worden, inwieweit ein Schiedsgericht zur Ausfüllung von Vertragslücken durch Anpassung oder Ergänzung eines Vertrages bei Vorliegen sog. echter Vertragslücken befugt ist, etwa wenn die Parteien regelungsbedürftige Sachverhalte im Zeitpunkt des Vertragsschlusses bewußt oder unbewußt offengelassen haben. Gegen eine vertragsgestaltende Befugnis eines Schiedsgerichts könnte sprechen, daß es regelmäßig anstelle des staatlichen Gerichts über ein bestimmtes Rechtsverhältnis eine Rechtsentscheidung trifft, also über bereits bestehende materielle Rechte der Parteien. International geht die Tendenz jedoch dahin, Gerichten und Schiedsgerichten auf Wunsch der Parteien rechtsgestaltende Entscheidungsbefugnis einzuräumen.[260] Das deutsche Recht trifft hierzu keine ausdrückliche Regelung. In der Vertragspraxis besteht nach verbreiteter Ansicht ein Bedürfnis nach der Möglichkeit der Vertragsanpassung durch Dritte.[261] Dies wurde auch bei den Verhandlungen zum UNC-MG ausdrücklich festgestellt, jedoch ohne daß eine einschlägige Regelung in das Modellgesetz aufgenommen wurde.[262] Typische Fälle sind etwa die Bestimmung der Höhe einer zu zahlenden Vertragsstrafe oder die Festsetzung eines Preises. Allen diesen Entscheidungen ist gemeinsam, daß dem Schiedsgericht Ermessen bei seiner Entscheidung zukommt.[263] Das Bedürfnis nach Vertragsanpassung besteht insbesondere für komplexe oder langfristige Verträge, bei deren Abschluß die Parteien die Lücke oder die Unwirksamkeit einer Bestimmung nicht erkannten beziehungsweise nicht bereits alle denkbaren späteren Umstände berücksichtigen wollten oder konnten.[264] Ist später keine einvernehmliche Lösung zu erreichen, kann auch ein Schiedsgericht auf Wunsch der Parteien lückenfüllende und gestaltende Vervollständigungen ihres Vertragswillens vornehmen.[265]

Echte Vertragslücken nach materiellem Recht können anerkanntermaßen auf drei Wegen geschlossen werden. Zunächst kann dem klägerischen Leistungsbegehren durch ergänzende Vertragsauslegung anhand des hypothetischen Parteiwillens entsprochen werden. Alternativ können die Grundsätze des Wegfalls der Geschäftsgrundlage Anwendung finden, wenn eine wesentliche und den Parteien nicht zumutbare Änderung der Geschäftsgrundlage von Rechts wegen zu einem im Rahmen von

---

260 Vgl. Schlosser, RipS, S. 33 (rechtsvergl. Rn. 29-32); zur Vertragsanpassung im Fall von „hardship-clauses" siehe (rechtsvergleichend) Fontaine, Droit et pratique du commerce international 1976, 51 (83); Lionnet, S. 221-223.

261 Vgl. Horn, Adaptation and renegotiation, S. 173 (174); a.A. Lionnet, der aus der Tatsache, daß die von der ICC 1978 erlassenen und bis 1994 der Praxis angebotenen Rules for the Adaptation of Contracts keinerlei Verwendung gefunden haben, schließt, daß die Parteien nicht „business decisions" von Dritten treffen lassen wollen, S. 223.

262 Vgl. Holtzmann/Neuhaus, S. 1116 f. sowie 1123 ff.

263 Vgl. Baumbach/Lauterbach/Albers, § 1029 Rn. 13.

264 Vgl. Holtzmann/Neuhaus, S. 1125 para 3; Böckstiegel, Adaption and renegotiation, S. 159 (160). Beispiele zu einschlägigen Verträgen bei Nicklisch, RIW 1989, 15 (15).

265 Nach Lionnet, S. 220, besteht bereits aufgrund von vertraglich vereinbarter sog. „salvatorischen Klauseln" bzw. einer allgemeinen vertraglichen Nachverhandlungspflicht für die Parteien die Pflicht zur Suche nach einer einverständlichen Lösung.

Treu und Glauben veränderten Vertragsinhalt führt.[266] Letzteres kann bereits zu einer weitgehenden Rechtsgestaltung führen. Der Richter hat in beiden Fällen die Entscheidungsfreiheit der Parteien zu beachten, doch er entscheidet in Form der Zuerkennung von Ansprüchen durch ein Leistungsurteil. Nach Schlosser beruht dies darauf, daß man noch vor dem „plakativen Schritt" zurückschrecke, dies offen in einem Gestaltungsurteil zu tun.[267] Schließlich besteht für die Parteien jederzeit die Möglichkeit, nach § 317 Abs. 1 BGB die Bestimmung der vertraglich geschuldeten Leistung einem Dritten nach billigem Ermessen zu überlassen.[268] Diese Leistungsbestimmung durch den sog. Schiedsgutachter im weiteren Sinne[269] ist rechtsgestaltend und verbindlich, wenn sie nicht „offenbar unbillig" ist, was der richterlichen Nachprüfung unterliegt (§ 319 Abs. 1 BGB). Ein staatliches Gericht kann jedoch – ebenso wie ein Schiedsgericht – nicht rechtsgestaltender „Dritter" im Sinne des § 317 Abs. 1 BGB sein, da sein gesetzlicher Aufgabenbereich nicht der Parteidisposition unterliegt. Dagegen kann ein Schiedsgericht von den Parteien zur Ergänzung oder Anpassung von Verträgen beauftragt werden[270], entweder unmittelbar oder auch indirekt durch vertragliche Anpassungsklauseln, wonach die Anpassung im Falle der Nichteinigung analog §§ 315 Abs. 3, 319 Abs. 2 BGB durch Urteil bzw. Schiedsspruch erfolgen soll.[271] Im Schrifttum wird zu Recht ferner vertreten, daß einem Schiedsgericht darüber hinaus eine schiedsgutachterliche Tätigkeit übertragen werden kann, da es im Falle einer unbilligen Leistungsbestimmung ohnehin zur Lückenausfüllung befugt ist (vgl. § 319 Abs. 1 BGB). Hiernach wird der „Dritte" als erste Instanz übersprungen, da die spezielle Überprüfung der Leistungsbestimmung des Dritten bereits in der Entscheidung des Schiedsgerichts „enthalten" ist.[272] Dem Schiedsgericht kommt somit im Rahmen der Parteivereinbarungen eine weite Gestaltungsbefugnis zu, sofern die Entscheidung des Schiedsgerichts nicht abschließend ist und davon keine Interessen Dritter oder öffentliche Interessen betroffen sind.

---

[266] Vgl. Nicklisch, RIW 1989, 15 (17); Geschäftsgrundlage sind die bei Vertragsabschluß zutage getretenen, dem anderen Teil erkennbaren und von ihm nicht beanstandeten Vorstellungen der einen Partei oder die gemeinsamen Vorstellungen beider Parteien von dem Vorhandensein oder dem künftigen Eintritt bestimmter Umstände, sofern der Geschäftswille der Parteien auf diesen Vorstellungen aufbaut; Palandt-Heinrichs, § 242 Rn. 113.

[267] Vgl. Schlosser, RipS, Rn. 29, der darauf hinweist, daß im Tenor die Partei zur Leistung verpflichtet und in den Gründen erläutert wird, daß das Gericht den Vertrag den geänderten Verhältnissen angepaßt hat.

[268] Vergleichbare Regelungen finden sich in u. a. im italienischen, französischen und griechischen Recht; siehe dazu Nicklisch, RIW 1989, 15 (16). Das Schiedsgericht nimmt hier keine Rechtsprechungstätigkeit im eigentlichen Sinne vor, da die Tätigkeit vornehmlich auf der Einschätzung ökonomischer Faktoren basiert, nicht aber auf der direkten Anwendung materiellen Rechts oder von Handelsbräuchen.

[269] Zur Terminologie vgl. Staudinger/Mader, § 317 Rn. 21 f. u. 24. Dagegen hat der Schiedsgutachter im engeren Sinne feststellende Aufgaben; siehe auch Lionnet, S. 222.

[270] BGH NJW 1995, 1360 (bei objektiver Bestimmbarkeit der Leistung) m.w.N.

[271] Vgl. Palandt-Heinrichs, § 317 Rn. 2; Kröll, S. 58 ff.

[272] Vgl. Lionnet, S. 222; Nicklisch, RIW 1989, 15 (17) m.w.N.; Schlosser, RipS, Rn. 29 m.w.N. auch zur a.A. (Schiedsgutachten).

g) Formerfordernisse

Die formellen Anforderungen an die Schiedsvereinbarung sind in § 1031 ZPO geregelt und stehen nicht zur Parteidisposition (vgl. § 1059 Abs. 2 Nr. 1 a ZPO). Sie sind im wesentlichen aus dem UNC-MG übernommen und unabhängig von einem möglichen Formerfordernis des Hauptvertrages. Ihre Nichterfüllung führt grundsätzlich zur Ungültigkeit der Schiedsvereinbarung, wenn der Formmangel nicht geheilt werden kann. In der Praxis ist der Formmangel der häufigste Fall der Unwirksamkeit einer Schiedsvereinbarung.[273]

Eine Schiedsvereinbarung bedarf nach Abs. 1 grundsätzlich der Schriftform (ebenso Art. 7 Abs. 2 S. 1 UNC-MG). Entgegen früherem Recht können auch sog. Vollkaufleute grundsätzlich keine formlosen oder mündlichen Schiedsverträge abschließen.[274] Andererseits wird der Schriftform bereits durch jede handelsübliche Form des Vertragsabschlusses genügt, sofern die Schiedsklausel während der Verhandlungen einmal schriftlich fixiert wurde, oder auf eine solche Bezug genommen wird. Diese Formerleichterung macht nach Ansicht der deutschen Reformkommission die Zulässigkeit von mündlichen Schiedsvereinbarungen überflüssig. Auch im Sinne einer Rechtsvereinheitlichung seien letztere verzichtbar, da sie international unüblich und weder im UNC-MG noch im UNÜ vorgesehen seien.[275] Nach neuem Recht muß die Schiedsvereinbarung daher so abgefaßt sein, daß der Nachweis der Vereinbarung sichergestellt ist – § 1031 Abs. 1 ZPO. Sie kann in einer separaten und von den Parteien unterzeichneten Urkunde (1. Alt.), oder auch in zwischen den Parteien gewechselten Schreiben, Fernkopien, Telegrammen oder ähnlichen Formen der Nachrichtenübermittlung enthalten sein (2. Alt.). Diese Aufzählung ist angesichts der sich weiterentwickelnden Kommunikationstechniken nicht abschließend und entspricht dem UNC-MG.[276] Im Schrifttum wird vertreten, daß Schiedsvereinbarungen auch formwirksam geschlossen werden können durch moderne Datenkommunikationsmittel wie etwa dem Internet oder andere elektronische Techniken des Datenaustausches (Electronic Data Interchange – EDI). Entscheidend hierbei ist, ob diese einen „Nachweis der Vereinbarung sicherstellen" (§ 1031 Abs. 1 a.E. ZPO), d. h. es muß gefordert werden, daß die „Vereinbarung" als Nachricht abgespeichert und dadurch der (jederzeitige) Nachweis der Vereinbarung erbracht werden kann.[277] Es bleibt abzuwarten,

---

273 Vgl. Schütze, JPS, Bd. 3, 1989, S. 118 (125).

274 Vgl. zu den Möglichkeiten des Eingehens mündlicher, konkludenter aber auch stillschweigender Schiedsvereinbarung unter Vollkaufleuten nach § 1027 Abs. 2 ZPO a.F. z. B. Böckstiegel, in: FS Bülow, 1 ff. (8).

275 Weiter wird zu Recht darauf hingewiesen, daß ausländischen Rechtsordnungen ein dem "Handelsgeschäft" (§§ 434, 344 HGB) vergleichbarer Anknüpfungsbegriff für Sonderbestimmungen fremd sei; vgl. BT-Drs. 13/5274, S. 36; Ref.-E., S. 116 f.; Disk.-E., S. 98; Schlosser, RIW 1994, 723 (725).

276 Vgl. Art. 7 Abs. 2 S. 2 (2. Alt.) UNC-MG, womit gegenüber der eng auszulegenden Regelung in Art. 2 Abs. 2 UNÜ – „Briefen oder Telegrammen" eine bewußte Formerleichterung bezweckt wird; vgl. Holtzmann/Neuhaus, S. 262 f.; zum UNÜ vgl. van den Berg, S. 178-180; BT-Drs. 13/5274, S. 36 mit Verweis auf parallele Bestimmungen in Art. 1021 S. 1 niederl. ZPO; Art. 178 schweiz. IPRG und § 577 österr. ZPO; Ref.-E., S. 117.

277 Vgl. Berger, DZWir 1998, S. 45 (49); Raesche-Kessler/Berger, Rn. 226 m.w.N.; ebenso Holtzmann/Neuhaus, S. 263 bezüglich des UNC-MG.

welche anderen modernen Formen der Nachrichtenübermittlung diese Voraussetzung erfüllen werden.[278]

Das Gesetz trifft eine Sonderregelung für Verbraucher in § 1031 Abs. 5 ZPO.[279] Der Verbraucherbegriff wird nicht (mehr) in § 1031 Abs. 5 ZPO definiert, sondern in § 13 BGB („Verbraucher ist jede natürliche Person, die ein Rechtsgeschäft zu einem Zweck abschließt, der weder ihrer gewerblichen noch ihrer selbständigen beruflichen Tätigkeit zugerechnet werden kann").[280] Dieser Personenkreis, der dem Verbraucherbegriff im Sinne des Art. 2 b) der EG-Richtlinie über „mißbräuchliche Klauseln in Verbraucherverträgen"[281] entspricht, soll durch das sog. Trennungsgebot vor dem Verzicht auf den ordentlichen Rechtsweg gewarnt werden. Schiedsvereinbarungen mit „Verbrauchern" sind daher in einer separaten und eigenhändig unterzeichneten Urkunde zu treffen, die ausschließlich das Schiedsverfahren betreffende Vereinbarungen enthalten darf, es sei denn, die Schiedsvereinbarung wird notariell beurkundet (§ 1031 Abs. 5 ZPO). Letzteres ist ausreichend, da den Parteien durch die Unterzeichnung eines in ein notarielles Protokoll aufgenommenen Hauptvertrages die Bedeutung der Schiedsvereinbarung ausreichend vor Augen geführt wird und die notarielle Belehrungspflicht (§ 17 Abs. 1 Beurkundungsgesetz) als wesentlichen Punkt auch eine Schiedsvereinbarung umfaßt.[282]

---

[278] So auch zu Recht Lachmann, Rn. 138.

[279] Das UNC-MG regelt ausschließlich die internationale Handelsschiedsgerichtsbarkeit (Art. 1 Abs. 1) und behandelt Verbraucherfragen daher nicht.

[280] § 13 BGB wurde neu eingeführt durch Art. 2 Abs. 1 Gesetz vom 27.06.2000 (BGBL. I S. 897). Mit gleichem Gesetz wurde der bisherige § 1031 Abs. 5 S. 3 ZPO aufgehoben, der eine inhaltsgleiche Verbraucherdefinition enthielt (Art. 9 Ziff. 7). Dies ist zu bedauern, da das neue 10. Buch der ZPO so konzipiert ist, daß es eine abgeschlossene, aus sich verständliche Regelung der Schiedsgerichtsbarkeit sein sollte, die ohne Verweise in andere deutsche Gesetze auskommen sollte; vgl. Bredow, DIS-MAT IV (1998), S. 12 (13). Im Ref.-E. von Juli 1995 war diese bereits im Disk.-E. enthaltene Definition des Verbraucherbegriffes als zu eng beurteilt worden – zur Begründung vgl. dort S. 119 – doch hat sich obiger Verbraucherbegriff bei den Beratungen im Rechtsausschuß des Deutschen Bundestages durchgesetzt; vgl. dazu BT-Drs. 13/5274, S. 37; Disk.-E., S. 101.

[281] Richtlinie des Rates der Europäischen Gemeinschaften v. 05.04.1993 über mißbräuchliche Klauseln in Verbraucherverträgen (93/13 EWG; Abl.Nr.L 95/29 v. 24.04.1993).

[282] BT-Drs. 13/5274, S. 37; Ref.-E. S. 120. In der Praxis zum alten Recht sind insoweit sehr formalstrenge Entscheidungen gefällt worden. Das OLG Düsseldorf hatte z. B. mit Urteil vom 23. Februar 1996 (16 U 85/95), abgedr. in RPS, Beilage 3 zum BB vom 13.03.1997, S. 21 ff. die Unwirksamkeit einer Schiedsvereinbarung festgestellt in einem Fall, in dem die Parteien (Nichtkaufleute) eine Schiedsvereinbarung in einem notariell beurkundeten Vertrag getroffen hatten, ohne jedoch die Vereinbarung gesondert zu unterschreiben. Das Gericht sah auch eine am gleichen Tage von den Parteien getroffene separate schriftliche Vereinbarung mit der Bezeichnung „Schiedsvertrag gemäß den Gesellschaftsverträgen" nicht als ausreichend an, worin sie die Zusammensetzung und Bildung des Schiedsgerichts sowie dessen Verfahren regelten. Das Gericht begründet die Formunwirksamkeit der Schiedsvereinbarung damit, daß die Klausel im Hauptvertrag nicht von diesem eindeutig abgesetzt und gesondert unterschrieben war, andererseits der separate Schiedsvertrag nur Einzelheiten zum Verfahren, nicht aber „die unerläßliche Schiedsvereinbarung selbst" enthalte; kritisch etwa Kessler, BB 1998, Beilage 2 zu Heft 21, S. 17 („Außerachtlassens des erkennbaren Parteiwillens"). Nach der Neuregelung in § 1031 Abs. 5 S. 2 2. HS ZPO wäre eine solche Schiedsvereinbarung aufgrund notarieller Beurkundung als wirksam anzusehen.

Eine wesentliche Formerleichterung – auch gegenüber dem UNC-MG und dem UNÜ – enthält § 1031 Abs. 2 ZPO. Danach genügt die einseitige Erfüllung des Schriftformerfordernisses und das Schweigen der Gegenseite, wenn dies nach der Verkehrssitte als Zustimmung zu dem schriftlichen Abschlußangebot anzusehen ist. Diese Regelung berücksichtigt vor allem das „kaufmännische Bestätigungsschreiben", dem nach deutschem Recht die rechtsgeschäftliche Bedeutung der Annahme eines Vertragsangebots zukommt.[283] Die widerspruchslose Entgegennahme eines Bestätigungsschreibens über eine vorangegangene (fern-) mündliche Verhandlung im kaufmännischen Verkehr gilt danach regelmäßig als Einverständnis mit dem Vertragsinhalt des Schreibens.[284]

Eine Schiedsvereinbarung kann gemäß § 1031 Abs. 3 ZPO auch durch die vertragliche Bezugnahme auf ein Schriftstück vereinbart werden, das eine Schiedsklausel enthält. Schiedsvereinbarungen können daher z. B. in Allgemeinen Geschäftsbedingungen (AGB) vereinbart werden (ebenso Art. 7 Abs. 2 S. 3 UNC-MG).[285] Dies trägt der verbreiteten Handelssitte Rechnung, insbesondere bei ständigen Geschäftsbeziehungen Schiedsvereinbarungen in AGB zu vereinbaren.[286] Bei branchentypischen Geschäften kann die Einbeziehung der AGB auch auf Verkehrssitte beruhen, sofern die Beteiligten regelmäßig in dem fraglichen Geschäftskreis tätig sind oder als Geschäftskreiskundige auftreten.[287]

Eine für die seerechtliche Praxis wichtige Sonderregelung zu Konnossementen enthält § 1031 Abs. 4 ZPO. Danach kann eine Schiedsvereinbarung durch Begebung eines Konnossements geschlossen werden, in dem ausdrücklich auf die in einem Chartervertrag zwischen Verfrachter und Befrachter enthaltene Schiedsklausel Bezug genommen wird. Wie auch nach bisherigem Recht kommt die Schiedsvereinbarung somit wirksam zustande, obwohl diese im Konnossement selbst nicht aufgeführt ist.[288]

---

283 St. Rechtsprechung, vgl. BGHZ 54, 239; 40, 42 m.w.N., BGH RIW/AWD 1970, 417 (419); Schütze/Tscherning/Wais, S. 44. Dies gilt auch für Frankreich und die Beneluxstaaten Belgien, Luxemburg und den Niederlanden; vgl. Ref.-E., S. 117; BT-Drs. 13/5274, S. 36 f.

284 In der Gesetzesbegründung wird darauf hingewiesen, daß auch nach Art. 17 EUGVÜ eine Gerichtsstandsvereinbarung in einer Form zustande kommen kann, die „einem Handelsbrauch entspricht, den die Parteien kannten oder kennen mußten"; BT-Drs. 13/5274, S. 37.

285 Da dies im UNÜ nicht geregelt ist, ist unklar, ob eine Schiedsvereinbarung in AGB's das Schriftformerfordernis des UNÜ erfüllt; vgl. Schütze/Tscherning/Wais, Rn. 566; BT-Drs. 13/5274, S. 37; Ref.-E., S. 118. Zu internationalen Schiedsvereinbarungen in AGB vgl. Gildeggen, S. 27 ff.

286 Dabei bedarf es gem. § 24 AGBG nicht der besonderen Form des § 2 AGBG, sondern jede irgendwie erklärte Willensübereinstimmung genügt. Eine Schiedsklausel kann aber in Ausnahmefällen nach § 3 AGBG („überraschende Klausel") oder § 9 AGBG („unangemessene Benachteiligung") unwirksam sein; vgl. Beispiele bei Raeschke-Kessler, NJW 1988, 3041 (3044), WM 1998, 1205 (1207-1210) bzgl. AGB-Schiedsvereinbarungen über Börsentermingeschäfte gegenüber Verbrauchern.

287 In diesem Fall muß nicht der Abschluß, sondern der Ausschluß der Schiedsvereinbarung von der Partei, die den Handelsbrauch nicht gegen sich gelten lassen will, erklärt werden.

288 Siehe dazu näher Schlosser RIW 1994, 723 (725); BT-Drs. 13/5274, S. 37; Ref.-E., S. 118 f.

Formmängel können rückwirkend geheilt werden (Abs. 6).[289] Diese Regelung bewirkt eine möglichst frühzeitige Klärung der Formgültigkeit einer Schiedsvereinbarung. Läßt sich der Beklagte z. B. nach Erhebung der Schiedsklage (erkennbar) vorbehaltlos und sachlich auf die Verhandlung zur Hauptsache ein[290], tritt die Heilung eines Formfehlers ein, selbst wenn sich die Parteien dieser Wirkung nicht bewußt sind.[291] Auch ein (schriftliches) Verhandeln über die Begründetheit des in der Klage enthaltenen prozessualen Anspruchs kann bereits genügen.[292]

h) Wirkung der Schiedsvereinbarung

Bei der Wirkung der Schiedsvereinbarung ist zwischen der prozessualen und der materiell-rechtlichen Wirkung sowie der Bindungswirkung gegenüber Dritten zu unterscheiden.

aa) Prozessual

Die Schiedsvereinbarung begründet prozessual eine prozeßhindernde Einrede vor den ordentlichen Gerichten, soweit die Angelegenheit von der Schiedsvereinbarung umfaßt ist (§ 1032 Abs. 1 ZPO).[293] Dies gilt auch für internationale Schiedsvereinbarungen nach ausländischem Recht oder zugunsten eines ausländischen Schiedsgerichts, da ihre Wirkungen sich verfahrensrechtlich nach der lex fori richten.[294] Die Einrede wird nur auf Rüge berücksichtigt und führt zur Klageabweisung als unzulässig.[295] Mit der Schiedseinrede kann somit in der Praxis die exklusive Entscheidungszuständigkeit des Schiedsgerichts durchgesetzt werden. Das Gericht setzt den

---

289 Vgl. BT-Drs. 13/5274, S. 37; Ref.-E., S. 120.

290 Eine zuvor erhobene Rüge wird damit grundsätzlich ebenfalls wirkungslos.

291 Vgl. bereits § 1027 Abs. 1 S. 2 ZPO a.F. sowie BGHZ 48, 35 (45). Bei anderen Unwirksamkeitsgründen entfaltet die Einlassung nur Heilungswirkung, wenn die Parteien zumindest mit der Möglichkeit der Unwirksamkeit des Schiedsvertrages rechneten und der Rügeverzicht aus ihrem Verhalten klar erkennbar ist. Die Erforderlichkeit eines Erklärungsbewußtsein ist streitig; siehe dazu K. Schmidt, in: FS Nagel 1987, 373 (380 f. u. 391).

292 Vgl. Schwab/Walter S. 46 Rn. 5 m.w.N.

293 Die Schiedseinrede greift nach h.M. im Urkunden- bzw. Wechselprozeß nicht durch, da ein Gläubiger regelmäßig nicht auf die besondere Möglichkeit der beschleunigten und vereinfachten gerichtlichen Durchsetzung von wechselrechtlichen Ansprüchen gem. §§ 602 ff. ZPO verzichtet; BGH NJW 1994, 136 m.w.N.; a.A. Zöller-Geimer § 1032 Rn. 10. Nach Auffassung des BGH greift die Schiedseinrede jedoch gegenüber einer Vollstreckungsabwehrklage (§ 767 ZPO) durch, wenn die mit ihr geltend gemachte Einwendung der Schiedsabrede unterliegt; vgl. BGH NJW 1987, 651 (652) mit Nachweisen zum Meinungsstand; zustimmend für den Einzelfall Schwab/Walter, S. 56 Rn. 9 m.w.N.

294 Vgl. Schlosser, RipS, Rn. 401; Schütze/Tscherning/Wais, Rn. 558 m.w.N.

295 Die Abweisung der Klage als unzulässig führt schnell zu klaren Verhältnissen. Art. 8 Abs. 1 UNC-MG spricht hier lediglich von „shall ... refer the parties to arbitration ...“, ohne die Art und Weise der „Verweisung“ vorzugeben. Nach Ansicht der deutschen Reformkommission sprach gegen eine Verweisung (iSd. § 281 ZPO) die häufig noch fehlende Konstituierung des Schiedsgerichts im Zeitpunkt der Schiedseinrede und gegen eine Aussetzung (iSd. § 148 ZPO), daß dann das staatliche Gericht lange mit der Sache befaßt bleibe, obwohl ungewiß sei, ob und wie es sie später wieder aufnehmen könne; BT-Drs. 13/5274, S. 38; Ref.-E., S. 120 f.

Rechtsstreit lediglich fort, wenn es – entsprechend Art. 8 Abs. 1 UNC-MG[296] – feststellt, daß die Schiedsvereinbarung nichtig, ungültig oder undurchführbar ist.[297] Der Schiedseinrede kann im Einzelfall die (Gegen-) Einrede der Arglist entgegenstehen, etwa wenn dem Beklagten die für eine Durchführung des Schiedsverfahrens notwendigen Mittel fehlen[298] oder er in einem vorhergehenden Schiedsverfahren die Zuständigkeit des staatlichen Gerichts geltend gemacht hat.[299]

Die Regeln des § 1032 Abs. 1-3 ZPO bezwecken insgesamt die Verhinderung von Verschleppungstaktiken, die Stärkung der Verfahrensökonomie sowie die Entlastung der staatlichen Justiz.[300] Ein Antrag auf Feststellung der (Un-) Zulässigkeit des Schiedsverfahrens kann daher nur bis zur Bildung des Schiedsgerichts beim zuständigen Oberlandesgericht gestellt werden (§§ 1032 Abs. 2, 1062 Abs. 1 Nr. 2 ZPO).[301] Danach kann die Rüge der Unzuständigkeit bzw. der Überschreitung der schiedsrichterlichen Befugnisse nur vor dem Schiedsgericht geltend gemacht werden (§ 1040 Abs. 2 ZPO).[302]

Andererseits hindert die Anhängigkeit eines Verfahrens im Sinne von Abs. 1 und 2 weder die Einleitung oder Fortsetzung des Schiedsverfahrens, noch den Erlaß des Schiedsspruchs (Abs. 3). Ein Schiedsgericht ist nicht zur Beachtung einer anderweitigen Anhängigkeit eines Verfahrens verpflichtet, ebensowenig wie das Gericht es im umgekehrten Fall ist. Die damit verbundene theoretische Gefahr von Parallelverfahren wird in der Praxis dadurch begrenzt, daß in beiden Verfahren Einredemöglichkeiten bestehen (§ 1032 Abs. 1 [Gericht], § 1040 Abs. 2 ZPO [Schiedsgericht]) und das Schiedsgericht sein Verfahren bei Klageerhebung vor dem ordentlichen Gericht häufig aussetzen wird.[303]

---

296 Art. 8 Abs. 1 a.E. UNC-MG lautet: „(...) unless it finds that the agreement is null and void, inoperative or incapable of being performed".

297 Die Schiedseinrede des Beklagten ist unbegründet, wenn das ordentliche Gericht entsprechend dem Klägervortrag feststellt, daß die Schiedsvereinbarung undurchführbar ist (z. B. aufgrund Mittellosigkeit des Klägers); einer Kündigung bedarf es nicht, BGH BB 2000, 2330 (2330).

298 Vgl. BGH JZ 1988, 315 (315).

299 Vgl. BGHZ 50, 191 (196).

300 BT-Drs. 13/5274, S. 38; Ref.-E., S. 121. Die Parallelbestimmung in Art. 8 Abs. 2 UNC-MG hatte insoweit Vorbildfunktion für § 1032 Abs. 3 ZPO; Kornblum, JPS, Bd. 1 (1987), S. 34 (40) m.w.N.

301 Bei Fehlen eines deutschen Schiedsverfahrensortes ist in den Fällen des § 1062 Abs. 1 Nr. 2 (1. Alt.) das OLG örtlich zuständig, in dessen Bezirk der Antragsgegner seinen Sitz oder gewöhnlichen Aufenthalt hat, oder sich Vermögen von ihm bzw. der betroffene Gegenstand befindet, hilfsweise das Kammergericht in Berlin (Abs. 2).

302 Ebenso wie nach § 1032 Abs. 1 ZPO hat nach § 1032 Abs. 2 ZPO lediglich eine gerichtliche Prüfung dahingehend zu erfolgen, ob eine Schiedsvereinbarung besteht, durchführbar ist und der Streitgegenstand der Schiedsverienbarung unterfällt; vgl. BayOblG in BB 2000, Beil. 8, S. 16 (20). § 1032 Abs. 2 ZPO umfaßt über den Wortlaut von § 1046 ZPO a.F. hinaus auch den positiven Feststellungsantrag; vgl. RGZ 23, 426; BT-Drs. 13/5274, S. 38; Ref.-E., S. 121.

303 Vgl. dazu BT-Drs. 13/5274, S. 38; Ref.-E., S. 122.

bb) Materiell

Die Parteien werden durch die Schiedsvereinbarung verpflichtet, die Durchführung des Schiedsverfahrens zu fördern, sich an der Bildung des Schiedsgerichts zu beteiligen sowie etwaige Kostenvorschüsse an das Schiedsgericht zu leisten.[304]

cc) Wirkung gegenüber Dritten

Eine Schiedsvereinbarung wirkt grundsätzlich nur zwischen den Vertragsparteien. Ausnahmen bestehen in Fällen einer Gesamt- oder Einzelrechtsnachfolge.

Im Fall einer Gesamtrechtsnachfolge (Universalsukzession) erstreckt sich die Wirkung einer von dem Rechtsvorgänger abgeschlossenen Schiedsvereinbarung grundsätzlich auch auf den Rechtsnachfolger (z. B. Erbe, Fusion von Gesellschaften).[305] Eine Wirkungserstreckung gilt regelmäßig auch für den Einzelrechtsnachfolger (Singularsukzession).[306] Wird etwa ein mit einer Schiedsklausel verbundenes Recht abgetreten, gehen die Rechte und Pflichten auf den Zessionar mit über[307], ohne daß die Abtretung der Form gem. § 1031 ZPO bedarf.[308] In der Schiedsvereinbarung kann jedoch für die Fälle einer Gesamt- oder Einzelrechtsnachfolge eine Wirkungserstreckung ausgeschlossen werden. Ein solcher Ausschluß kann sich auch aus sonstigen Umständen – z. B. einem besonderen Vertrauensverhältnis zwischen den Parteien – ergeben.[309]

Ferner kann es etwa beim Bürgen, Garanten oder Mitschuldner zu einer gewillkürten, d. h. vertraglichen Bindung an die Schiedsvereinbarung kommen, obwohl ihre Schuld rechtlich selbständig neben der Hauptschuld steht.[310] Auch ein Weiterabnehmer wird von der Bindungswirkung erfaßt, sofern er von der Schiedsvereinbarung und dem Willen der Parteien nach Einbeziehung der Weiterabnehmer Kenntnis hatte.[311] Ebenso untersteht der Indossatar eines Orderpapieres der Schiedsvereinbarung, sofern sich

---

[304] Der BGH hat in NJW 1988, 1215 (1215) ausdrücklich festgestellt, daß aus der Schiedsvereinbarung die Pflicht einer Partei zur Zahlung des (hälftigen) Vorschusses an das Schiedsgericht folge; vgl. auch Baumbach/Lauterbach/Albers, § 1029 Rn. 19; a.A. Schwab/Walter, S. 69 Rn. 20 hinsichtlich der Bildung des Schiedsgerichts und prozessualer Mitwirkungspflicht („prozessuale Lasten“).

[305] So die h.M., vgl. BGHZ 68, 356 (359); Stein/Jonas/Schlosser, § 1025 Rn. 40, jeweils m.w.N.

[306] So die ganz h.M. in Rechtsprechung und Schrifttum, vgl. Übersicht bei Stein/Jonas/Schlosser, § 1025, S. 127 in Fn. 219; Zöller/Geimer, § 1031 Rn. 10; a.A. Schricker, in: FS Quack, S. 99 ff., wonach lediglich im Einzelfall aufgrund Auslegung der Schiedsvereinbarung eine Wirkungserstreckung angenommen werden kann.

[307] Ständige Rechtsprechung, vgl. BGH IPRax 1992, 240; BGHZ 77, 32 (35); 68, 356 (359).

[308] Vgl. BGHZ 71, 162 (165 f.) zur alten Formvorschrift in § 1027 Abs. 1 ZPO a.F; BGH in Urteil vom 02.10.1997 (III ZR 2/96 (formfreier Übergang einer Schiedsvereinbarung mit Abtretung eines Gesellschaftsanteils)); Raesche-Kessler/Berger, Rn. 385.

[309] So bereits RGZ 146, 52 (55); Raeschke-Kessler/Berger, Rn. 387; Stein/Jonas/Schlosser, § 1025 ZPO Rn. 41 m.w.N.; MünchKommZPO – Maier § 1025 Rn. 30 (z. B. gemeinsame Verbandszugehörigkeit).

[310] So die h.M.; vgl. Beispiele bei MünchKommZPO – Maier, § 1025 Rn. 31 f.; Baumbach/Lauterbach/Albers, § 1029 Rn. 23; Zöller/Geimer, § 1029, Rn. 60; auch Raeschke-Kessler/Berger; Rn. 388 f.

[311] Vgl. Schütze, S. 39 Rn. 49.

dies aus der Schiedsurkunde ergibt.[312] Im Gesellschaftsrecht ist eine Erstreckung der Schiedsvereinbarung denkbar, wenn es bei Ansprüchen gegen die Gesellschaft um die gleichgerichtete Haftung des Gesellschafters geht (Passivprozeß), und umgekehrt für einen Prozeß des Gesellschafters, in dem er in dieser Eigenschaft Ansprüche der Gesellschaft erhebt oder sie von ihr ableitet (Aktivprozeß).[313]

i) Kompetenz-Kompetenz

Schiedsverfahren beginnen häufig mit einem Zuständigkeitsstreit oder einem Streit über die Gültigkeit und den Inhalt der Schiedsvereinbarung.[314] Nach der Neuregelung in § 1040 Abs. 1 S. 1 ZPO kann das angerufene Schiedsgericht über seine Zuständigkeit selbst entscheiden.[315] Die sog. Kompetenz-Kompetenz betrifft die Frage, ob die positive Entscheidung des Schiedsgerichts über seine Zuständigkeit und somit über Wirksamkeit, Tragweite und Auslegung des Schiedsvertrages für staatliche Gerichte und Behörden bindend ist.[316]

Bejaht das Schiedsgericht seine Zuständigkeit, kann jede Partei binnen Monatsfrist beim zuständigen Oberlandesgericht hierüber gerichtliche Entscheidung beantragen (§§ 1040 Abs. 3 S. 2, 1062 Abs. 1 Nr. 2 ZPO).[317] Letzterem kommt nach neuem Recht eine generelle Zuständigkeit als sachliche Eingangsintanz zu.[318] Das Gericht entscheidet in der Regel im vereinfachten Beschlussverfahren bei regelmäßig freigestellter

---

312 Vgl. § 364 HGB; MünchKommZPO – Maier, § 1025 Rn. 31.

313 Ist z. B. eine offene Handelsgesellschaft (OHG) oder Kommanditgesellschaft (KG) eine Schiedsvertragspartei, sind die persönlich haftenden Gesellschafter hieran gebunden. Die Erstreckung wird nach h.M. ausnahmsweise aus der besonderen Haftungsvorschrift für Gesellschaftsverbindlichkeiten in § 128 HGB hergeleitet, die grundsätzlich persönliche Verbindlichkeiten oder Ansprüche nicht erfaßt; BGH NJW-RR 1991, 423 (424); Baumbach/Lauterbach/Albers, § 1029 Rn. 25; Zöller/Geimer, § 1029 Rn. 64 m.w.N.; kritisch, aber im Ergebnis zust. K. Schmidt, DB 1989, 2315 (2318f.); Weber/v. Schlabrendorff gehen von einer „konkludenten Vereinbarung" aus, in: FS Glossner, S. 477 (486 f.).

314 Vgl. Böckstiegel, RIW 1984, S. 670 (672).

315 Vgl. Schwab/Walter, S. 149 Rn. 8 („von Amts wegen"); siehe dazu ausführlich Ahrendt, S. 5 ff. u. 18 ff. Die Gültigkeit der Schiedsvereinbarung beurteilt sich – wie im gerichtlichen Aufhebungsverfahren – nach den in § 1059 Abs. 2 Nr. 1a und § 1059 Abs. 2 Nr. 2a ZPO (objektive Schiedsfähigkeit) enthaltenen Kollisionsregeln; Ref.-E., S. 137; BT-Drs. 13/5274, S. 43.

316 Verneint das Schiedsgericht seine Zuständigkeit durch (bindenden) Prozeßschiedsspruch, ist die Schiedsklausel verbraucht und daher zwangsläufig das ordentliche Gericht zuständig; vgl. BT-Drs. 13/5274, S. 44; Schütze/Tscherning/Wais, Rn. 146; Zöller-Geimer, § 1040 Rn. 10; a.A. Schwab/Walter, S. 209 Rn. 4; Thomas Putzo, § 1040 Rn. 9 m.w.N. (lediglich Mitteilung an die Parteien, daß das Schiedsgericht mangels Zuständigkeit nicht tätig werden kann).

317 Dieser Zwischenentscheid (Abs. 3 S. 1) stellt keinen „Zwischenschiedsspruch" dar, da es sich um keine Entscheidung in der Sache handelt; BT-Drs. 13/5274, S. 44; Ref.-E., S. 138.

318 Nach § 1062 Abs. 5 ZPO kann die Landesregierung innerhalb eines Bundeslandes die Zuständigkeit eines OLG bestimmen bzw. können mehrere Landesregierungen dies über die Ländergrenzen hinweg vereinbaren. Die generelle frühere Zuständigkeit der Amts- oder Landgerichte ist damit ersetzt worden (§§ 1045, 1046 ZPO a.F.). Das Amtsgericht ist lediglich noch zur Unterstützung bei der Beweisaufnahme und sonstiger richterlichen Handlungen zuständig (§ 1062 Abs. 4 ZPO). Die örtliche Zuständigkeit des OLG richtet sich nach Parteivereinbarung, subsidiär ist das OLG zuständig, in dessen Bezirk der Schiedsverfahrensort belegen ist.

Durchführung einer mündlichen Verhandlung. Allerdings ist der Gegner vor der Entscheidung zu hören (§ 1063 Abs. 1 ZPO).[319]

Die abschließende Entscheidung über die Zuständigkeit des Schiedsgerichts und somit über die Wirksamkeit der Derogation der staatlichen Gerichtsbarkeit trifft daher das Gericht. Auch nach Art. 16 UNC-MG kommt dem Schiedsgericht keine endgültige Kompetenz-Kompetenz zu.[320] Die Einleitung eines gerichtlichen Verfahrens bewirkt jedoch keine aufschiebende Wirkung. Das schiedsrichterliche Verfahren kann daher parallel fortgesetzt und ein Schiedsspruch erlassen werden, der gegebenenfalls später vom Gericht wieder aufgehoben werden kann.[321] Vermutet das Schiedsgericht hinter der Zuständigkeits- bzw. Kompetenzrüge lediglich eine Verzögerungsabsicht, kann es ausnahmsweise eine positive Zuständigkeitsentscheidung erst im Schiedsspruch treffen.[322] Im deutschen Recht geht somit das öffentliche Interesse an einer Kontrolle der Schiedsgerichtsbarkeit durch die staatlichen Gerichte dem Grundsatz der Privatautonomie vor. Dies entspricht der überwiegenden Ansicht im deutschen Schrifttum[323], wonach Schiedsgerichte bewußt nur in engen und überprüfbaren Grenzen zuzulassen sind. Dadurch werde verhindert, daß Schiedsgerichte ohne gesetzliche Grundlage geschaffen werden oder daß sie möglicherweise ihre Zuständigkeit entgegen dem ausdrücklichen Willen der Parteien und der Zuständigkeit staatlicher Gerichte ausdehnten. Die endgültige Entscheidungskompetenz über die Auslegung des Anwendungsbereichs der Schiedsvereinbarung muß nach deutscher Ansicht daher dem staatlichen Gericht vorbehalten bleiben.[324]

Die Regelung in § 1040 ZPO steht im Gegensatz zu der bisherigen BGH-Rechtsprechung[325], die damit überholt sein dürfte. Bereits in den fünfziger Jahren entschied der BGH, daß die Parteien einem privaten Schiedsgericht die Kompetenz einräumen könnten, über die Wirksamkeit und Tragweite des Schiedsvertrages bindend zu entscheiden. Die Kompetenz des ordentlichen Gerichts beschränkte sich auf die Nachprüfung, ob dies tatsächlich vereinbart war und ob materiell eine Schiedsvereinbarung

---

319 Auch ohne gesetzliche Regelung kann nach den Motiven eine mündliche Verhandlung unter Berücksichtigung von Art. 6 Europäische Menschenrechtskonvention (EMRK) erforderlich werden, wenn eine Partei dies beantragt, beispielsweise im Zusammenhang mit Anträgen zur (Un-) Zulässigkeit des Schiedsverfahrens; vgl. BT-Drs 13/5274, S. 65; Ref.-E., S. 193 f.

320 Vgl. Böckstiegel, RIW 1984, 673; Herrmann, Pace Law Review, 1984, 554; Szurski, in Sanders, Uncitral's Project, S. 74 ff.

321 Das zuständige Oberlandesgericht kann den Schiedsspruch nach § 1059 Abs. 1 Nr. 1 a bzw. c ZPO aufheben.

322 Die Rüge der Unzuständigkeit ist nach § 1040 Abs. 2 ZPO unabhängig von einer Schiedsrichterbestellung spätestens mit der Klagebeantwortung vorzubringen, kann jedoch im Fall der Verspätung bei genügender Entschuldigung noch zugelassen werden.

323 Vgl. Schlosser RIW 1994, 723, (724 f.); Böckstiegel, RIW 1979, 161 (164); Kornblum, JPS, Bd. 3, 1989, S. 38 (43 u. 46) Schwab/Walter, Kap. 6 Rn. 12; Schäfer, in: FS Henckel, S. 723 (734 f.); Leipold, ZZP 91 (1978), 479 ff.; ausführliche Nachweise zu den Ansichten in Rechtsprechung und Literatur bei Schwab/Walter, S. 54 in Fn. 18. und bei Ahrendt, S. 23-28.

324 Vgl. Heiermann, in: FS Glossner, S. 129 (131) m.w.N.

325 Wie der BGH zur ZPO a.F.: Thomas/Putzo, 20. Aufl., § 1025 Rn. 10, § 1041 Rn. 6; Zöller/Geimer, 20. Aufl., § 1041 Rn. 41; Habscheid, in: FS Baur, 425 (430 ff.); ders., KTS 1964 (146) S. 152; Schütze/Tscherning/Wais, Rn. 188; Stein/Jonas/Schlosser, § 1037 Rn. 3a mit Nachweisen für beide Ansichten in Fn. 12 und 13.

vorlag. Bejahendenfalls war die schiedsrichterliche Entscheidung ihm gegenüber bindend.[326] In seinen späteren Urteilen hat der BGH die Kompetenz-Kompetenz des Schiedsgerichts dogmatisch damit begründet, daß die Parteien das Schiedsgericht in einer zweiten (Schieds-) Vereinbarung ausdrücklich zur verbindlichen Entscheidung über dessen Zuständigkeit ermächtigt hätten.[327] Der uneingeschränkten Prüfung durch das staatliche Gericht unterliege aber nur Zustandekommen und Wirksamkeit dieser zweiten Schiedsvereinbarung. Einer Feststellungsklage auf Unwirksamkeit des (ersten) Schiedsvertrages stand somit die Schiedseinrede aus dem zweiten Schiedsvertrag entgegen.[328]

2. Schwedisches Recht

Im neuen schwedischen Schiedsrecht sind die Bestimmungen über die Schiedsvereinbarung in §§ 1-6 LSF enthalten.

a) Rechtsnatur

Eine Schiedsvereinbarung ist nach überwiegender Ansicht im schwedischen Schrifttum sowie nach Auffassung der Reformkommission ihrer Rechtsnatur nach eine (materiell-) zivilrechtliche Vereinbarung über prozessrechtliche Wirkungen.[329] Im Regierungsentwurf wird dies weniger klar geäußert. Danach hat eine Schiedsvereinbarung sowohl zivilrechtliche wie prozessrechtliche Züge, ohne daß auf die Abweichung in der Formulierung zum Bericht der Reformkommission eingegangen wird.[330] Nach Heuman handelt es sich bei diesen Definitionsversuchen um eine dem schwedischen Rechtsdenken fremde und verzichtbare Begriffsjurisprudenz.[331] Die begriffliche Einteilung helfe im Einzelfall bei der Lösung von Fragen etwa zur Vertragsbindung, Ungültigkeit oder Auslegung nicht weiter und sei daher müßig. Diese Fragen seien unter besonderer Beachtung der im Einzelfall einschlägigen Gesichtspunkte zu lösen.

b) Anwendbares Recht der Schiedsvereinbarung

Die Motive weisen auf die Bedeutung der Ermittlung des auf die Schiedsvereinbarung anwendbaren Rechts (lex contractus) hin, da dieses über die Wirksamkeit der Schiedsvereinbarung, ihre Auslegung, die Schiedsfähigkeit des Streitgegenstandes sowie über ihr Erlöschen bzw. ihr Fortbestehen im Falle einer Rechtsnachfolge entscheide.[332]

---

326 BGH (v. 03.03.1955), KTS 1961, 26 (27).

327 So seit BGH NJW 1977, 1397 (1400); vgl. auch BGH WM 1988, 1430 (1430 f.); NJW 1991, 2215 (2215); auch OLG Düsseldorf, WM 1996, 1904 (1905); vgl. Schlosser, RipS, Rn. 556 bzw. Ahrendt, S. 22 mit Hinweisen zum älteren Schrifttum.

328 Vgl. Schlosser, RIW 1994, 723 f.

329 So bereits im Jahre 1933 Dillén, S. 50, auch Hassler/Cars, S. 23; Hassler, S. 20; Berglund, S. 49 ff.; Nerep, in: Festskrift till Sveriges Advokatssamfund 1887-1987, S. 396 f. sowie SOU 1994:81, S. 77.

330 Prop. 1998/99:35, S. 48.

331 Vgl. Heuman, Skiljemannarätt, S. 50; ebenso Möller, FJFT 1996, 441 (444).

332 Prop. 1998/99:35, S. 245; SOU 1994:81, S. 306; Arbitration in Sweden, S. 22; Bogdan/Fisher, in: Swedish Law, S. 566 (581).

Das schwedische Recht differenziert danach, ob die Schiedsvereinbarung internationalen Bezug hat oder nicht. Fehlt dieser Bezug, handelt es sich um eine rein nationale Schiedsvereinbarung, auf die schwedisches Recht Anwendung findet. Liegt dagegen ein internationaler Bezug vor, können die Parteien das anwendbare Recht frei wählen (§ 48 Abs. 1 S. 1 LSF), sofern die Rechtswahl sich ausdrücklich auf die Schiedsvereinbarung bezieht.[333] Ein internationaler Bezug kann etwa darin bestehen, daß zumindest eine Partei ihren Wohnsitz im Ausland hat oder daß der Streit aufgrund einer (betrieblichen) Tätigkeit im Ausland aufgekommen ist.[334]

Wurde keine Rechtswahl getroffen, findet auf die Schiedsvereinbarung das Recht des Ortes Anwendung, an dem das Verfahren nach dem Willen der Parteien eingeleitet wurde oder stattfinden soll (§ 48 Abs. 1 S. 2 LSF), d. h. das Recht am Schiedsverfahrensort.[335] Subsidiär ist das anwendbare Recht mit Hilfe des schwedischen Internationalen Privatrechts (IPR) zu ermitteln[336], etwa wenn der Schiedsverfahrensort noch nicht feststeht. Das schwedische Kollisionsrecht besteht aus im wesentlichen von der Rechtsprechung und dem Schrifttum entwickelten (widerlegbaren) falltypisierten Vermutungsregeln, soweit keine internationalen Verträge bei der Bestimmung Anwendung finden.[337]

Das Statut der Schiedsvereinbarung ist wie im deutschen Recht von der Frage zu unterscheiden, ob die Parteien die Schiedsvereinbarung oder eine Rechtswahl wirksam treffen konnten bzw. dabei wirksam vertreten waren. Dies richtet sich nach ihrem jeweiligen Personalstatut (Abs. 2), das hier nach schwedischem Internationalem Privatrecht zu bestimmen ist.[338]

c) Inhalt und Bestimmtheit

Eine Schiedsvereinbarung setzt auch nach schwedischem Recht voraus, daß die Parteien die Entscheidung einer aus einem bestimmten Rechtsverhältnis folgenden gegenwärtigen oder zukünftigen Streitfrage durch einen oder mehrere Schiedsrichter vereinbaren (vgl. § 1 Abs. 1 LSF).[339] Hierfür ist in der Praxis auch nach schwedischem

---

333 Prop. 1998/99:35, S. 244 f.; SOU 1994:81, S. 306; Arbitration in Sweden, S. 23; van den Berg, S. 291 f.

334 Prop. 1998/99:35, S. 244; SOU 1994:81, S. 228 u. 306.

335 Vgl. HD, Urteil vom 27.10.2000 – T 1881-99 (Bulgarian Trade Bank Ltd. ./. A.I. Trade Finance Inc.) – NJA 2000, 538 (548); kritisch z. B. Mayer, Swedish and International Arbitration 1997, S. 6 (26), wonach eine Anknüpfung unter Berücksichtigung internationaler Gepflogenheiten (favor validitatis) und der UNIDROIT Principles of Commercial Contracts vorzuziehen sei.

336 Prop. 1998/99:35, S. 245; SOU 1994:81, S. 306. Dieses ist insoweit nicht gesetzlich geregelt, und auch das am 01.07.1998 in Schweden in Kraft getretene EVÜ ist auf Schiedsvereinbarungen nicht anwendbar (vgl. Art. 1 Ziffer 2 d) Lag (1998:167) om tillämplig lag för avtalsförpliktelser).

337 Vgl. dazu unter F. V. 2. a); Fischler/Vogel, S. 193; Fisher/Bogdan, in: Swedish Law, S. 566 (581 f.). Hobér, Swedish and International Arbitration 1994, S. 7 ff.; ders., JPS, Bd. 2 (1988), S. 80 ff.

338 Prop. 1998/99:35, S. 245; SOU 1994:81, S. 306; vgl. Fischler/Vogel, S. 194.

339 In Ausnahmefällen kann ein Schiedsgericht auch auf gesetzlicher Anordnung beruhen; vgl. z. B. 14 Kap. §§ 32 und 31 Abs. 2 schwedisches Aktiengesetz (Aktiebolagslag – ABL) für Streitigkeiten bei der Einlösung von Minoritätsaktien (vgl. Cappelen-Smith, SvJT 1996, 750 ff.), sowie

Recht regelmäßig die Bezugnahme auf eine Schiedsordnung einer Schiedsgerichtsinstitution ausreichend.[340]

d) Auslegung

Schiedsvereinbarungen sind – wie im deutschen Recht – nach allgemeinen schwedischen zivilrechtlichen Regeln und unter vorrangiger Berücksichtigung der Parteiwillen auslegungsfähig.[341] Unterschiedliche Auslegungsregeln werden überwiegend abgelehnt[342], da dies ein ungerechtfertigtes Mißtrauen gegenüber der Schiedsgerichtsbarkeit ausdrücken und im Widerspruch zur Akzeptanz der Schiedsgerichtsbarkeit als Alternative zur ordentlichen Gerichtsbarkeit erscheinen würde.[343] Auch könnten die Parteien anderenfalls den tatsächlichen Inhalt der Vereinbarung nicht mehr sicher vorhersehen. Aus diesem Grund ist in der internationalen Schiedsgerichtsbarkeit die gegenteilige Tendenz einer extensiven Auslegung von Schiedsvereinbarungen auszumachen, auch um eine Rechtswegspaltung zu vermeiden.[344]

In der Praxis kann es zu einer eingeschränkten Gültigkeit einer Schiedsvereinbarung aufgrund der zentralen Vorschrift in § 36 des schwedischen Vertragsgesetzes[345] kommen, sofern die Anwendung der Schiedsvereinbarung unbillig erscheint.[346] Die Generalklausel lautet übersetzt:

---

die entsprechenden Regelungen in 11. Kap. §§ 11, 10 Abs. 2 schwedisches Bankaktiengesellschaftsgesetz (Bankaktiebolagslag).

340 Wird eine Schiedsvereinbarung (erst) vor dem Schiedsgericht getroffen, so muß dies ausdrücklich geschehen; vgl. Hassler/Cars, S. 36.

341 So die h.M., vgl. HD NJA 1976, 125 (127); 1955, 500 (502) sowie Berglund, S. 558; Hassler/Cars, S. 40; Heuman, Skiljemannarätt, S. 74; ders., in: Festskrift till Sveriges Advokatssamfund 1887-1987, S. 229 (235); Nerep, in: Festskrift till Sveriges Advokatssamfund 1887-1987, 389 (397); Nilsson/Westerberg, Svensk och Internationell Skiljedom 1991, S. 35 f.

342 Eine einschränkende Auslegung kommt nur bei Vorliegen außergewöhnlicher Umstände in Betracht; vgl. HD NJA 1976, 125 (127); 1955, 500 (502). Vereinzelt wird dagegen eine wortlautorientierte und restriktive Auslegung von Schiedsvereinbarungen vertreten (interpretatio stricta); so Hassler/Cars, S. 40 unter Berufung auf Dillén SvJT 1937, 674 (689), der jedoch keine grundsätzlich restriktive Auslegung vertritt (S. 691 f.).

343 Vgl. Nilsson/Westerberg, Svensk och Internationell Skiljedom 1991, S. 35 f.

344 So Heuman, Skiljemannarätt, S. 72 u. 83 m.w.N.

345 § 36 Lag (1915:218) om avtal och andra rättshandlingar på förmögenhetsrättens område („avtalslagen“).

346 Der Oberste Gerichtshof (HD) hat § 36 Vertragsgesetz u. a. angewendet auf: Schiedsvereinbarungen in Franchiseverträgen (NJA 1992, 290); Verträge zw. Gewerbetreibenden (NJA 1987, 639; 1979, 666); Vergleichsvereinbarungen (NJA 1986:388); (Groß-) Bauverträge zw. Bauunternehmen und Wohnungsgenossenschaft (Erbbaurechtsverwaltung) (NJA 1992, 143) sowie Verträge zw. Gewerbetreibenden und Verbraucher (NJA 1983, 510; 1982, 800; 1981, 711). Nach Ansicht des Obersten Gerichtshofs in Stockholm bringen Schiedsvereinbarungen regelmäßig zu große Kostenrisiken für Verbraucher mit sich. Anders wäre es, wenn die Kosten zugunsten des Verbrauchers auf einen halben „Basisbetrag“ begrenzt würden (NJA 1983, 510). Der „Basisbetrag“ richtet sich nach dem Allgemeinen Versicherungsgesetz (Lag (1962, 381) om allmän försäkring) und dem schwedischen Lebenshaltungskostenindex und beträgt für das Jahr 2000 SEK 36.600. Eine Schiedsvereinbarung wurde auch zwischen einem Unternehmen und einem leitenden Angestellten für wirksam erachtet, da die Vereinbarung kommerzieller Natur war und die Streitigkeit kein arbeitsrechtliches Verfahren darstellte (NJA 1986, 388). Ferner sind Schiedsvereinbarungen zwischen Unternehmen und einem leitenden Angestellten in Vertrauensstellung nach

„Eine Vertragsbedingung kann angepaßt oder für wirkungslos erklärt werden, wenn die Bedingung im Hinblick auf den Inhalt des Vertrages, die Umstände oder andere Gründe als ungebührlich anzusehen ist. Ist die Bedingung für den Vertrag von solcher Bedeutung, daß redlicherweise die unveränderte Gültigkeit im übrigen nicht verlangt werden kann, so kann der Vertrag auch insgesamt angepaßt oder für wirkungslos erklärt werden (Abs. 1).“[347]

Sind ausschließlich Gewerbetreibende und Unternehmen beteiligt, wendet die Praxis die Vorschrift des § 36 schwedisches Vertragsgesetz restriktiv an.[348] Als Beispiele aus der Rechtsprechung des Obersten Gerichtshofes (HD) können angeführt werden:

Das Gericht hatte 1979 eine Schiedsvereinbarung zwischen Gewerbetreibenden („näringsidkare“) für ungültig erklärt, weil es sich um eine in Allgemeinen Geschäftsbedingungen enthaltene, schwer erkennbare und bei den Vertragsverhandlungen nicht besprochene Schiedsklausel handelte und weil die eine Partei geschäftlich deutlich unerfahrener war als die andere.[349] Die schwächere Partei war auch finanziell schwach und die Schiedsklausel überließ der stärkeren Partei – die auf dem Markt in ihrem Bereich eine Monopolstellung innehatte – zudem das einseitige Wahlrecht zwischen Schieds- und ordentlichem Gerichtsverfahren.

Ein anderer vom HD entschiedener Fall betrifft eine Schiedsvereinbarung in einem Handelsvertretervertrag.[350] Die Handelsvertreterin war der Ansicht, daß die Schiedsvereinbarung ungültig sei, da sie kein Geld zur Durchführung eines Schiedsverfahrens habe. Bei Vertragsschluß habe sie die nähere Bedeutung einer Schiedsvereinbarung nicht gekannt und gegenüber der Gegenseite eine unterlegene Stellung eingenommen. Das Gericht führt zunächst aus, daß die Schiedsvereinbarung im Vertrag gut erkennbar war und die Handelsvertreterin diese daher habe sehen müssen. Allein die Unkenntnis ihrer rechtlichen Bedeutung mache diese nicht ungültig. Allerdings sei zu beachten, daß die Handelsvertreterin bei Abschluß des mündlichen Vertrages (1982) noch nicht Gewerbetreibende („näringsidkare“), sondern bei einem Dritten angestellt gewesen sei. Bei dem schriftlichen Vertragsschluß (1983) lebte sie dagegen bereits von Erträgen der Agentur. Sie habe jedoch unstreitig niemals vorher als Gewerbetreibende gearbeitet und keine Erfahrungen mit solchen Verträgen sammeln können. Ihre Selbständigkeit gegenüber der Gegenseite war auch beschränkt, da die Miete für das Büro, die Telefonkosten etc. von der Gegenseite bezahlt wurden. Angesichts dieser Umstände kam das Gericht zu dem Ergebnis, daß die Parteien bei Vertragsschluß nicht ebenbürtig waren und der Vertrag eher einem Arbeitsvertrag ähnelte, so daß der Handels-

---

dem schwedischen Obersten Arbeitsgericht („Arbetsdomstolen“ – AD) zulässig (vgl. z. B. AD 1995, 34 m.w.N.).

347 Die Bestimmung des § 36 Abs. 1 schwedisches Vertragsgesetz findet auf andere Rechtsgeschäfte analoge Anwendung (Abs. 3).

348 Vgl. HD NJA 1984, 229 (233) sowie Darstellungen des Anwendungsbereichs des § 36 Avtalslagen bei Möller, FJFT 1996, 441 (445 ff.) und Heuman, Skiljemannarätt, S. 122 ff.

349 HD in NJA 1979, 666 ff.

350 HD in NJA 1987, 639 ff.

vertreterin „Verbraucherschutz" zukomme. Die Schiedsvereinbarung wurde daher für ungültig erklärt.

Die Beispiele zeigen, daß eine Schiedsvereinbarung nach schwedischem Recht nicht bereits deshalb als „unbillig" und daher unwirksam eingestuft wird, weil wirtschaftlich unterschiedlich starke Parteien an ihr beteiligt sind.[351] Unbilligkeit in diesem Sinne erfordert vielmehr das Vorliegen schwerwiegender Umstände, die eine Partei schutzbedürftig erscheinen lassen. Dies ist im Wirtschaftsleben zwischen juristischen Personen nur selten der Fall.

e) Schiedsfähigkeit

Auch im schwedischen Recht ist zwischen subjektiver und objektiver Schiedsfähigkeit zu unterscheiden.

aa) Subjektive Schiedsfähigkeit

Die subjektive Schiedsfähigkeit richtet sich – entsprechend dem deutschen Recht – nach der Rechtsfähigkeit der Parteien.[352] Eine das Schiedsverfahren einleitende Partei – oder deren bevollmächtigter Vertreter – muß ferner über den Streitgegenstand verfügungsberechtigt sein.[353] Steht der Streitgegenstand mehreren gemeinsam zu, können diese daher auch nur gemeinsam eine Schiedsvereinbarung eingehen.

bb) Objektive Schiedsfähigkeit

Die objektive Schiedsfähigkeit bestimmt sich nach der Vergleichsbefugnis der Parteien über den Streitgegenstand. Der schwedische Gesetzgeber hat bewußt an dem Kriterium der Vergleichsbefugnis festgehalten.[354] Übersetzt heißt es in § 1 Abs. 1 S. 1 LSF: *„Streitigkeiten in Fragen, über welche die Parteien einen Vergleich schließen können, können durch eine Vereinbarung einem oder mehreren Schiedsrichtern zur Entscheidung vorgelegt werden".*[355] Die vergleichsfähigen – auch disposi-

---

[351] Vgl. z. B. den Beschluß des Berufungsgerichts für das obere Norrland („Hovrätten för övre Norrland") vom 25.11.1997 (Az. Ö 224/97).

[352] SOU 1994:81, S. 77. Die Partei (bzw. ihr Vertreter) muß ferner prozessfähig sein; Hassler/Cars, S. 4, Cars, S. 21 m.w.N.

[353] Anwaltliche Standardvollmachten bevollmächtigen regelmäßig nicht zur Einleitung eines Schiedsverfahrens oder zur Entgegennahme einer Schiedsklage; Hassler/Cars, S. 24, Cars, S. 21 u. 111.

[354] Vgl. bereits § 1 Abs. 1 S. 1 SML (1929:145) a.F.; Prop. 1998/99:35, S. 49; SOU 1994:81, S. 78. Diese Systematik hat nach Ansicht des Gesetzgebers bewährt. Eine alternative Bestimmung der Schiedsfähigkeit – wie in Frankreich – anhand des nationalen ordre-public Begriffes scheide aufgrund mangelnder inhaltlicher Präzision des schwedischen ordre-public aus. Auch erscheine eine Bestimmung – wie in Deutschland – anhand der Qualifikation als vermögensrechtlicher Anspruch nicht vorteilhafter, da eine klare Abgrenzung der Schiedsfähigkeit schwierig sei, zumal im deutschen Recht auch andere Streitigkeiten schiedsfähig seien, sofern den Parteien insoweit eine Vergleichsbefugnis zukomme; vgl. Prop. 1998/99:35, S. 49; SOU 1994:81, S. 78.

[355] Vgl. Übersetzung des LSF im Anhang.

tiv bezeichneten[356] – Streitgegenstände werden im LSF nicht näher bestimmt. Grundsätzlich ist von einer weiten Schiedsfähigkeit auszugehen[357], die sich nach den materiellen Bestimmungen in Gesetzen außerhalb des LSF richtet. Das Vorhandensein zwingender Rechtsvorschriften steht der Schiedsfähigkeit von Streitfragen auf diesem Gebiet grundsätzlich nicht entgegen. Entscheidend ist, ob die Parteien eine uneingeschränkte Verfügungsbefugnis über den Streitgegenstand besitzen. Nicht schiedsfähig sind Status- und sonstige indispositive Fragen, über die sich die Parteien vor dem ordentlichen Gericht nicht vergleichen können.[358]

Die objektive Schiedsfähigkeit kann ganz oder teilweise fehlen, sofern die Streitfrage Interessen Dritter oder öffentlichen Interessen berührt.[359] Einzelne grundsätzlich dispositive Streitigkeiten sind ferner in § 6 LSF von der Schiedsfähigkeit ausgenommen, beispielsweise im Bereich des Arbeits- und Mitbestimmungsrechts.[360] Ferner sind Schiedsvereinbarungen hinsichtlich bestimmter zukünftiger Streitigkeiten ausgeschlossen.[361] Dies betrifft zukünftige Streitigkeiten zwischen Verbrauchern und Gewerbetreibenden bezüglich Waren und Dienstleitungen zum privaten Gebrauch.[362] Einschränkungen gelten auch in Bezug auf bestimmte künftige Streitigkeiten miet- und pachtrechtlicher Art[363] sowie bei Verstößen gegen zwingende Nichtigkeitsregeln im schwedischen Vertragsgesetz. Abgesehen von diesen Einschränkungen liegt jedoch Schiedsfähigkeit vor, auch bezüglich nicht ausdrücklich im Gesetz genannter Materien, wie etwa von Sekundäransprüchen (Schadensersatz etc), vor.[364]
Patent- oder markenrechtliche Streitigkeiten und solche über gewerbliche Schutzrechte sind grundsätzlich schiedsfähig.[365] Zweifelhaft ist die Schiedsfähigkeit jedoch in Rechtsstreitigkeiten über die Gültigkeit von Patenten, doch gelten keine Einschränkun-

---

356 Die Begriffe „dispositiv"/„indispositiv" werden im schwedischen Schrifttum zum LSF gleichbedeutend mit „vergleichsfähig"/„nicht vergleichsfähig" verwandt; Carlsson/Persson, S. 27; Jacobsson, in: Swedish Law, S. 515 (516 f.).

357 Vgl. Franke, in: Swedish Law, S. 532 (535).

358 Prop. 1998/99:35, S. 50; SOU 1994:81, S. 79.

359 Prop. 1998/99:35, S. 49. In einzelnen Fällen aus dem transportrechtlichen Bereich sind Schiedsvereinbarungen ausgeschlossen bzw. nur eingeschränkt gültig. Dies betrifft Vorschriften im Seerecht (z. B. 13 kap. § 60 Sjölag [1994:1009]), im Eisenbahnverkehrsgesetz und im Luftfahrttransportgesetz, vgl. dazu Prop. 1998/99:35, S. 51. Teilweise indispositive Streitgegenstände müssen vom ordentlichen Gericht selbständig beachtet werden; vgl. HD NJA 1986, 205 (207); 741 (746 f.).

360 Erfaßt werden von dieser Ausnahme z. B. Streitigkeiten über die Gültigkeit bzw. Befreiung von bestimmten Kollektivverträgen (1. Kap. § 3 Lagen (1974:371) om rättegången i arbetstvister [= Gesetz über Gerichtsverfahren in Arbeitsrechtsstreitigkeiten]) und § 31 Abs. 1 u. 3 Lagen (1976:580) om medbestämmande i arbetslivet [= Gesetz über Mitbestimmung im Arbeitsleben].

361 Auch in diesen Fällen ist der Streitgegenstand jedoch grundsätzlich schiedsfähig, sofern die Parteien über ihn einen Vergleich schließen können; so auch zu Recht etwa Heuman, Skiljemannrätt, S. 157.

362 Dies bedeutet eine Ausweitung des Verbraucherschutzes im LSF, da nach § 3a SML a.F. Streitigkeiten mit Verbrauchern lediglich in Verfahren mit einem Gegenstandswert unterhalb des halben gesetzlichen sog. Basisbetrages (Basisbetrag für 2000 = SEK 36.600) unzulässig waren.

363 Vgl. 8 Kap. § 28 und 12 Kap. § 66 Jordabalk (1970:994) (= Gesetz über Grundstückswesen).

364 Vgl. SOU 1994:81, S. 78; auch Heuman, Current issues, S. 166 Fn. 8; Hassler/Cars, S. 32; Cars, S. 33; Jarvin, Swedish and International Arbitration 1994, 55 (60).

365 Vgl. Franke, in: Swedish Law, S. 532 (535); Holmbäck/Mangård, YCA III (1978), 161 (164).

gen hinsichtlich Ersatzansprüchen aufgrund von Patentverletzung sowie in Bezug auf Gültigkeits- und Verletzungsfragen mit Wirkung zwischen den Parteien.[366] Schiedsfähig sind weiter Streitigkeiten im Zusammenhang mit Konkursverfahren, unabhängig davon, ob der Konkursschuldner die Schiedsvereinbarung vor Konkurseröffnung getroffen hat oder sie erst der Konkursverwalter eingeht.[367]

Nach dem schwedischen Aktiengesellschaftsgesetz sind ferner Rechtsstreitigkeiten zwischen einer Aktiengesellschaft und ihrer Organe oder (einzelner) ihrer Aktionäre schiedsfähig, sofern die Satzung der Gesellschaft einen entsprechenden Vorbehalt enthält.[368] Ein solcher Vorbehalt hat die gleiche Bedeutung wie eine Schiedsvereinbarung.[369] Die Erhebung einer Anfechtungs- oder Nichtigkeitsklage vor dem Schiedsgericht ist danach zulässig und einer stattgebenden Entscheidung des Schiedsgerichts wird Rechtskraft gegenüber allen Aktionären zugesprochen (erga omnes-Wirkung).[370] Die Wirkung eines Urteils, in dem ein Beschluß der Gesellschafterversammlung aufgehoben wird, erstreckt sich auch auf die Aktionäre, die nicht geklagt haben. Diese gesetzlich angeordnete Wirkungserstreckung gilt unabhängig davon, ob die Frage durch ein ordentliches Gericht oder durch ein Schiedsgericht entschieden wurde.[371] Diese Rechtskrafterstreckung wird im Schrifttum im Ergebnis für richtig befunden, da die Gesellschafterversammlung nicht daran gehindert sei, neue Beschlüsse zu fassen und da der Bereich der objektiven Schiedsfähigkeit nicht unnötigerweise eingegrenzt werden solle.[372] Somit ist von einer umfassenden Schiedsfähigkeit von Anfechtungs- und Nichtigkeitsklagen in Beschlußmängelstreitigkeiten im schwedischen Recht auszugehen.[373]
Der schwedische Gesetzgeber sieht auf dem Gebiet des Wettbewerbs- und Kartellrechts großen praktischen Bedarf für schiedsrichterliche Entscheidungskompetenz

---

366 Vgl. Karnell, S. 285 (311).

367 In diesem Fall bedarf der Konkursverwalter jedoch einiger Genehmigungen; vgl. Holmbäck/ Mangård, YCA III (1978), 161 (164).

368 In Kap. 9 § 43 st. 1 Aktiebolagslag (1975:1385) heißt es übersetzt: „Ein Vorbehalt in einer Satzung, wonach Streitigkeiten zwischen der Gesellschaft und dem Verwaltungsrat, einem Verwaltungsratsmitglied, dem geschäftsführenden Direktor, einem Likvidator oder einem Aktionär vor ein Schiedsgericht zu bringen sind, hat dieselbe Wirkung wie eine Schiedsvereinbarung." (übersetzt vom Verfasser).

369 Vgl. Prop. 1998/99:35, S. 63.

370 Vgl. ABL kap. 9 § 39 Abs. 1 und Prop. 1998/99:35, S. 64; SOU 1994:81, S. 90 u. 257, mit dem Hinweis auf den Vorrang der aktienrechtlichen Vorschriften im Verhältnis zum LSF.

371 So ausdrücklich Prop. 1998/99:35, S. 64. Die Wirkungserstreckung folgt aus Kap. 9 § 41 st. 1 Aktiebolagslag (1975:1385): „Ein Urteil, durch das ein Gesellschafterbeschluß aufgehoben oder geändert wird, gilt auch für die Aktionäre, die keine Klage erhoben haben." (übersetzt vom Verfasser). Die Gleichstellung von ordentlichem Gericht und Schiedsgericht wird im Gesetz vorausgesetzt, da es insoweit keine Unterscheidung trifft; so auch die Motive zu der aktienrechtlichen Proposition in Prop. 1997/98:99, S. 129.

372 Vgl. Heuman, Skiljemannarätt, S. 173 m.w.N.

373 So auch Heuman, Skiljemannarätt, S. 173 m.w.N. In der Praxis können Schwierigkeiten aufgrund des Fehlens einer Vorschrift zur Kumulation von mehreren Schiedsverfahren aufkommen. Dies kann zu widersprüchlichen Entscheidungen hinsichtlich ein und desselben Gesellschafterbeschlusses führen. Dieses Problem, dessen Lösung der Gesetzgeber der Praxis überlassen hat (vgl. Prop. 1997/98: 99, S. 130), läßt sich nach Heuman kaum über eine für alle Situationen passende Anpassung der Formulierung des Satzungsvorbehaltes vermeiden; Skiljemannarätt, S. 173.

alternativ zur Zivilgerichtsbarkeit.[374] In der Neuregelung des § 1 Abs. 3 LSF wird das Schiedsgericht explizit zur Entscheidung über die wettbewerbsrechtlichen Auswirkungen zwischen den Parteien ermächtigt (inter partes). Die Bestimmung ist auf nationale und internationale Schiedsverfahren anwendbar und nicht im Wege eines Umkehrschlußes abschließend zu verstehen, sondern ein Schiedsgericht darf auch andere öffentlich-rechtliche Vorschriften prüfen.[375] Die überwiegende Meinung geht davon aus, daß die Bestimmung in § 1 Abs. 3 LSF eine Bestätigung der bisherigen Rechtslage enthält.[376] Unter zivilrechtliche Auswirkungen im Sinne der Neuregelung fallen wettbewerbsbeschränkende Vereinbarungen wie etwa ihre (behauptete) Ungültigkeit oder Schadensersatzansprüche.[377] Abzugrenzen hiervon ist die Prüfung von Verstößen gegen das schwedische Wettbewerbsgesetz, die in die Zuständigkeit spezieller ordentlicher Gerichte fällt.[378] Auch gesetzliche (Eingriffs-) Kompetenzen der Wettbewerbsbehörde bzw. des Stockholmer Bezirksgerichts kommen einem Schiedsgericht nicht zu.[379] Die ausdrückliche Regelung der Frage im Gesetz stimmt nach den Motiven mit der internationalen Entwicklung überein und bezweckt die Beseitung bisheriger Unklarheiten über den Umfang der Schiedsfähigkeit in diesem Bereich.[380]

Ein Schiedsgericht kann ferner ohne gesonderte Ermächtigung nach § 1 Abs. 1 S. 3 LSF und unabhängig von anderen Fragen Streitigkeiten über beliebige selbständige Umstände bzw. Tatsachen entscheiden.[381] Voraussetzung ist, daß die Tatsache unter das von der Schiedsvereinbarung umfaßte Rechtsverhältnis fällt.[382] Die Reformkommission nennt als Beispiel die Frage, ob eine Ware fehlerhaft ist oder rechtzeitig gerügt wurde. Erläßt ein Schiedsgericht antragsgemäß einen feststellenden Schiedsspruch, erwächst die Entscheidung in Rechtskraft. Eine solche Kompetenz

---

374 Vgl. Prop. 1998/99:35, S. 57; SOU 1994:81, S. 83; auch Cronstedt, JT 1994/95, 1045 (1050 ff.); Jarvin, Swedish and International Arbitration 1994, 55 (60); Heuman, Skiljemannarätt, S. 164 ff. Nordenson weist darauf hin, daß der Schiedsfähigkeit nicht entgegenstehe, daß Schiedsrichter bei ihrer Entscheidung Regeln öffentlichrechtlichen Charakters anwenden müßten, vgl. 60 Years of ICC Arbitration, 1984, 305.

375 Vgl. Prop. 1998/99:35, S. 213. Die Regelung in § 1 Abs. 3 LSF bezweckt die Verhinderung von Verfahrensobstruktionen dadurch, daß eine Partei behauptet, daß ein streitgegenständlicher Vertrag aus wettbewerbs- bzw. kartellrechtlicher Sicht ungültig sei, vgl. Heuman, Skiljemannarätt, S. 165.

376 Vgl. Dhunér, Swedish and International Arbitration 1997, 55 (56), Heuman, Skiljemannarätt, S. 165.

377 Vgl. Heuman, Skiljemannarätt, S. 165 m.w.N.

378 Das schwedische Wettbewerbsgesetz („Konkurrenslagen" (KL 1993:20)), wurde 1993 dem europäischem Wettbewerbsrecht (Art. 81, 82 [früher Art. 85, 86] EWG-Vertrag) weitestgehend angepaßt; vgl. Jarvin, Swedish and International Arbitration 1994, 55 (56-60). Die gerichtlichen Zuständigkeiten sind in §§ 7, 33 u. 60-63 KL geregelt.

379 Vgl. Prop. 1998/99:35, S. 55; SOU 1994:81, S. 81.

380 Vgl. Prop. 1998/99:35, S. 57 f.; SOU 1994:81, S. 84.

381 Vgl. Prop. 1998/99:35, S. 61; SOU 1994:81, S. 88 u. 257.

382 Dieser Umstand („omständighet") muß keine unmittelbare Bedeutung für den Verfahrensausgang haben (Rechtstatsache), sondern auch rechtlich qualifizierte Tatsachen können Streitgegenstand sein, wie z. B. der Fehler einer Ware; SOU 1994:81, S. 257; so auch bereits Dillén, S. 63 u. 74 m.w.N.). Schiedsfähig ist nach einer Entscheidung des Obersten Gerichtshofs auch die Frage, ob ein Todesfall auf einen Unfall zurückzuführen ist oder nicht; vgl. NJA 1918, 478.

wurde bisher im Schrifttum abgelehnt, da diesbezügliche Feststellungen den Charakter einer Zeugenaussage oder eines Sachverständigengutachtens hätten.[383]

f) Anpassung und Ergänzung von Verträgen

Das neue schwedische Schiedsrecht gibt den Parteien die ausdrückliche Befugnis, ein Schiedsgericht über die Auslegung eines Vertrages hinaus mit Fragen der Vertragsanpassung durch (echten) Schiedsspruch zu beauftragen (§ 1 Abs. 2 LSF). Die Vorschrift lautet übersetzt: „Die Parteien können die Schiedsrichter ermächtigen, Verträge über die Grenzen der Grundsätze der Vertragsauslegung hinaus zu ergänzen.“ Der Gesetzgeber hat sich bei der Einführung dieser Bestimmung unter anderem vom niederländischen Schiedsprozeßrecht[384] leiten lassen. Eine Vertragsanpassung nach § 1 Abs. 2 LSF setzt jedoch stets zumindest eine indirekte vertragliche Ermächtigung der Schiedsrichter in der Schiedsvereinbarung oder dem Hauptvertrag voraus. Die Ermächtigung kann etwa darin liegen, daß der Hauptvertrag eine spätere Ergänzung voraussetzt.[385] Die Neuregelung in § 1 Abs. 2 LSF stellt die schiedsrichterliche Kompetenz zur Vertragsanpassung klar.[386] Dadurch wird für den Bereich des Schiedsrechts eine im schwedischen Recht bestehende Unsicherheit über die richterliche Kompetenz zur Vertragsergänzung über eine Vertragsauslegung hinaus beseitigt.[387] Die Gesetzesmotive heben daher auch hervor, daß die Regelung dem Schiedsgericht weitergehende Möglichkeiten zur Streiterledigung geben soll, als sie staatliche Richter haben.[388] Dies soll die Befugnis umfassen, Verträge auch ohne Vorliegen eines objektiven Maßstabes oder objektiver Vorgaben zu ergänzen, auch in Form von Rechtsgestaltung. Hierunter fällt beispielsweise auch eine Leistungsbestimmung in langfristigen Verträgen nach billigem Ermessen oder nach anderen Kriterien.[389]

g) Formerfordernisse

Das schwedische Schiedsrecht statuiert im Gegensatz zum deutschen Recht kein Formerfordernis für eine Schiedsvereinbarung. Letztere kann formlos eingegangen werden, d. h. auch mündlich.[390] Der Verzicht wird damit begründet, daß das Schriftformerfordernis im UNC-MG bzw. UNÜ ohnehin ausgedünnt sei, wie z. B. im Fall von Brief- oder Telefaxwechseln oder aufgrund anderer technischer Übermittlungswege.[391] Angesichts der rasant fortschreitenden Entwicklung solcher neuer Techniken

---

383 Vgl. Hassler/Cars, S. 27.

384 Art. 1020 Abs. 4 c) niederl. ZPO von 1986 lautet: „Durch Vereinbarung können auch einem Schiedsverfahren unterworfen werden: (...) die Ergänzung oder Änderung von Rechtsbeziehungen, auf die im ersten Absatz Bezug genommen ist“.

385 Vgl. Prop. 1998/99:35, S. 63 u. 212 f.; SOU 1994:81, S. 89 u. 257.

386 Die deutschen Regeln der ergänzenden Vertragsauslegung (§ 157 BGB) gelten sinngemäß auch in Schweden. Als Parallele zum Wegfall der Geschäftsgrundlage (§ 242 BGB) gilt die Vorschrift des § 36 avtalslagen (Vertragsgesetz); vgl. Ramberg/Hultmark, Allmän avtalsrätt, S. 179.

387 Vgl. dazu Adlercreutz, S. 148 f.; Ramberg/Hultmark, Allmän avtalsrätt, S. 179 u. 181.

388 Prop. 1998/99:35, S. 62 f. u. 212 f.; SOU 1994:81, S. 89 u. 257.

389 Vgl. dazu Hassler/Cars, S. 27 f; Cars, S. 35 f., jeweils m.w.N.

390 Prop. 1998/99:35, S. 67 f; SOU 1994:81, S. 256.

391 So auch Holmbäck/Mangård, YCA III (1978), 161 (162).

sei ein Schriftformerfordernis nicht sinnvoll.[392] Schiedsvereinbarungen würden in der Praxis ohnehin fast ausnahmslos schriftlich getroffen oder zumindest anders dokumentiert, so daß dem für einen Formzwang sprechenden Gesichtspunkt der Beweisbarkeit kaum Bedeutung zukomme.[393]

h) Wirkung der Schiedsvereinbarung

Bei der Wirkung der Schiedsvereinbarung ist – wie im deutschen Recht – zwischen der in den §§ 4-5 LSF erstmals gesetzlich geregelten prozessualen und der nicht geregelten materiellen Wirkung zu unterscheiden.

aa) Prozessual

Die prozessuale Wirkung einer Schiedsvereinbarung besteht nach schwedischem Recht gemäß § 4 Abs. 1 LSF darin, daß der Beklagte vor dem ordentlichen Gericht die Schiedseinrede erheben kann. Wird der Streitgegenstand von einer Schiedsvereinbarung erfaßt, wird die Klage abgewiesen.[394] Die Schiedseinrede als dispositives Verfahrenshindernis wird nur auf Einrede berücksichtigt.[395] Eine Partei verliert jedoch die Schiedseinrede, wenn sie die Anwendbarkeit der Schiedsvereinbarung bestreitet, die Schiedsrichter nicht rechtzeitig ernennt, die geforderte anteilige Sicherheit für die Schiedsrichtervergütung nicht stellt[396] oder ein ordentliches Gerichtsverfahren einleitet. Die Aufzählung dieser in § 5 Nr. 1–3 LSF geregelten Fälle des Verlusts der Schiedseinrede stellt keine abschließende Aufzählung dar.[397]

Die Schiedseinrede ist präkludiert, wenn sie von Beklagtenseite nicht (spätestens) in der ersten mündlichen Verhandlung zur Hauptsache erhoben wird (§ 4 Abs. 2 S. 1). Umgekehrt muß der Kläger die Schiedseinrede erheben, wenn der Beklagte mit einer unter die Schiedsvereinbarung fallenden Forderung aufrechnet und der Kläger das

---

392 Prop. 1998/99:35, S. 67 f.; SOU 1994:81, S. 95.

393 Vgl. Franke, in: Swedish Law, S. 532 (534); Hassler/Cars, S. 33; Edlund/Söderlund, Swedish and International Arbitration 1996, S. 8 (9). Nach Nerep spricht dies jedoch – ebenso wie das Schriftlichkeitserfordernis bei Prorogationsvereinbarungen – für die Einführung eines Schriftlichformerfordernisses, das auch international anerkannt sei, zumal insbesondere unter Vollstreckungsgesichtspunkten (UNÜ) eine Rechtsvereinheitlichung anzustreben sei; Nerep, in: Festskrift till Sveriges Advokatssamfund 1887-1987, S. 389 (444 f.).

394 Wird eine Streitigkeit nur zum Teil von einer Schiedsvereinbarung erfaßt, kann auch nur insoweit ein Schiedsverfahren durchgeführt werden; vgl. HD NJA 1982, 738 (741 f.) und 1984, 229 (235).

395 Vgl. 34. Kap. § 2 RB (schwed. Zivilprozeßgesetz). Dagegen hat das Gericht in den Fällen gesetzlicher bzw. durch die Verfassung angeordneter Schiedsverfahren amtswegig seine Zuständigkeit auf eine mögliche Einschränkung zu überprüfen (10. Kap. § 17 RB); SOU 1994:81, S. 96; Prop. 1998/99:35, S. 68; Heuman, Specialprocess S. 30 in Fn. 11; Ekelöf, Rättegång, Band 2, S. 14.

396 Die gesetzliche Regelung dieses Falles ist – soweit ersichtlich – international ungewöhnlich. Es ist jedoch in internationalen Schiedsverfahren ohne Anbindung an Schweden – aber mit schwedischem Schiedsverfahrensort – zweifelhaft, ob die nach § 46 LSF anwendbaren weitgehenden Konsequenzen aus § 5 Nr. 3 angemessen sind. Für ausländische Parteien kann dies überraschend sein, falls sie im Konflikt mit dem – eventuell als Schiedsvereinbarungsstatut vereinbarten – Heimatrecht einer der Parteien steht.

397 Vgl. Ramberg, Stockholm Arb. Rep. 1999:1, S. 23 (30); Heuman, Skiljamannarätt, S. 144 f.

erste Mal hierzu Stellung zu nehmen hat.[398] War der Beklagte zunächst an ihrer Geltendmachung durch triftigen Grund verhindert, muß er dies sofort nach deren Wegfall nachholen (§ 4 Abs. 2 S. 2 LSF).

Der Wirkung der Schiedseinrede steht es grundsätzlich nicht entgegen, wenn der Streitgegenstand bereits in einem summarischen Verfahren vor einer Behörde behandelt oder dort nicht erhoben wurde (§ 4 Abs. 2 S. 3 LSF). Dies gilt unabhängig davon, welche der Parteien das summarische Verfahren eingeleitet hatte. Die Parteien brauchen daher in diesem Stadium noch keine Wahl zwischen Schieds- und ordentlichem Gerichtsverfahren zu treffen. Wird etwa ein (gerichtlicher) Mahnbescheid über eine Geldforderung bei der Gerichtsvollzieherbehörde beantragt[399], so ist die Erhebung der Schiedseinrede in der ersten mündlichen Verhandlung vor dem ordentlichen Gericht ausreichend. Der Antragsteller verliert die Schiedseinrede erst dann, wenn er nach einem Widerspruch des Antragsgegners die Überleitung des Verfahrens vor das Bezirksgericht beantragt.[400] Erhebt der Antragsgegner Widerspruch gegen einen Mahnbescheid, kann er die Schiedseinrede ebenfalls erst im gerichtlichen Verfahren erheben.[401] Diese Regeln dienen der einfachen und kostengünstigen Titulierung insbesondere unstreitiger Ansprüche im summarischen Verfahren und können von den Parteien auch individualvertraglich für unstreitige Ansprüche in der Schiedsvereinbarung vereinbart werden.[402] In Fällen der Besitzstörung oder der Eigentumsbeeinträchtigung kann eine Partei auch bei der Gerichtsvollzieherbehörde jederzeit und ohne Präklusion der Schiedseinrede vorläufigen Rechtsschutz beantragen.[403]

Das ordentliche Gericht kann ferner auf Antrag einer Schiedsvertragspartei nach § 4 Abs. 3 LSF vor oder während eines Schiedsverfahrens durch Beschluß (vorläufige) Sicherungsmaßnahmen nach den allgemeinen gesetzlichen Regeln anordnen, insbe-

---

398 Prop. 1998/99:35, S. 68 u. 216; SOU 1994:81, S. 262. Aus den Gesetzesmotiven geht hervor, daß damit bewußt von der älteren Entscheidung des Obersten Gerichtshofs in HD NJA 1945, 425 ff. abgewichen werden soll, wonach dem Kläger noch in der dritten mündlichen Verhandlung nach der erklärten Aufrechnung des Beklagten die Schiedseinrede gewährt wurde; vgl. Prop. 1998/99:35, S. 68; SOU 1994:81, S. 96 f. Wird die Aufrechnung vom Beklagten erstmals in einem mündlichen Vorbereitungstermin erhoben und der Kläger zur Stellungnahme aufgefordert, muß es dem Kläger nach Heuman über den Gesetzeswortlaut hinaus aufgrund des Gleichbehandlungsgrundsatzes erlaubt sein, noch bei nächster Gelegenheit zum Vortrag die Schiedseinrede zu erheben, selbst wenn er im Vorbereitungstermin den Anspruch lediglich bestritten habe; Skiljemannarätt, S. 194 f.

399 Der Mahnbescheid ist unmittelbar bei der Vollstreckungsbehörde („Kronofogdemyndighet") zu beantragen, gemäß dem Gesetz über den gerichtlichen Mahnbescheid und Zahlungsbefehl (= „Lag [1990:746] om betalningsföreläggande och handräckning").

400 Vgl. Prop. 1998/99:35, S. 70 f.; SOU 1994:81, S. 98 f. m.w.N.

401 Die Wirkung der Erhebung der Schiedseinrede wird dem Bestreiten insoweit gleichgestellt, vgl. § 33 Abs. 3 des Gesetzes über den gerichtlichen Mahnbescheid und Zahlungsbefehl („Lag [1990:746] om betalningsföreläggande och handräckning").

402 Vgl. dazu SOU 1994:81, S. 98; Heuman, Skiljemannarätt, S. 196; ders., in Svensk och Internationell Skiljedom 1988, S. 7 f.

403 Vgl. die Voraussetzung der sog. "särskild handräckning" in §§ 4, 38 Abs. 3 Gesetz über den gerichtlichen Mahnbescheid und Zahlungsbefehl („Lag [1990:746] om betalningsföreläggande och handräckning"). Der Antragsteller kann die zugrundeliegende Rechtsfrage hierdurch nicht rechtskräftig entscheiden lassen (§ 65 ebenda); vgl. Prop. 1998/99:35, S. 70 f. u. 253 f.; SOU 1994:81, S. 99 u. 320.

sondere in Arrest- oder anderen vorläufigen Sicherungsverfahren.[404] Die Antragstellerin verliert hierdurch nicht die Schiedseinrede in einem späteren Klageverfahren vor dem ordentlichen Gericht.[405]

bb) Materiell

Die materielle Wirkung der Schiedsvereinbarung besteht auch nach schwedischem Recht darin, daß sich die Parteien durch den Vertrag verpflichtet haben, das Schiedsverfahren zu fördern und dessen Durchführung zu ermöglichen. Aus der Schiedsvereinbarung folgt etwa die Verpflichtung zur Bezahlung der Schiedsrichter.[406]

cc) Wirkung gegenüber Dritten

Eine Schiedsvereinbarung und die aus ihr folgenden Rechte und Verpflichtungen wirken entsprechend allgemeinem schwedischen Vertragsrecht grundsätzlich nur zwischen den vertragschließenden Parteien.[407] Drittwirkung kommt ihr – wie im deutschen Recht – nur ausnahmsweise zu, da Dritte vor möglichen nachteiligen Wirkungen geschützt werden sollen.[408] Die Frage der Wirkungserstreckung ist nicht gesetzlich geregelt, doch ist auch nach schwedischem Recht zwischen Universal- und Singularsukzession zu unterscheiden.

Im Fall einer Gesamtrechtsnachfolge (Universalsukzession) wird die Schiedsvereinbarung nach höchstrichterlicher Rechtsprechung und dem einhelligen Schrifttum auch zwischen den neuen Parteien wirksam.[409] Hierher gehört die Rechtsnachfolge etwa

---

404 Dies umfaßt Maßnahmen nach Kap. 15 RB (= schwed. Zivilverfahrensgesetz) sowie andere Sicherungsmaßnahmen; vgl. dazu Prop. 1998/99:35, S. 73 f. u. 216; SOU 1994:81, S. 99 u. 262.

405 Prop. 1998/99:35, S. 70 u. 216; SOU 1994:81, S. 101 f.

406 SOU 1994:81, S. 93. Einem vom Obersten Schwedischen Gerichtshof (HD) am 29.12.2000 entschiedenen Fall (3S Swedish Special Supplier AB ./. Sky Park AB) – Az. T 5119-99) lag folgender Sachverhalt zugrunde: In einem Schiedsverfahren hatte lediglich eine Partei den vom Schiedsgericht verlangten Vorschuß gezahlt, und zwar nach Weigerung der anderen Partei in voller Höhe. Parallel zum Schiedsverfahren verlangte die zahlende Partei bei dem ordentlichen Gericht anteiligen Regreß von der nichtzahlenden Partei (temporärer Regreß). Die Klage wurde vom Obersten Gerichtshof im Gleichklang mit den Vorinstanzen abgewiesen. Aus den Urteilsgründen folgt, daß ein solches Regreßrecht der zahlenden Schiedspartei weder aus dem Gesetz noch grundsätzlich aus einer Schiedsvereinbarung folge, wenn die Parteien dazu nichts ergänzend vereinbart haben. Das Gericht stützt sich unter anderem auch darauf, daß bereits in den Motiven diskutiert wurde, ob die Möglichkeit der Durchsetzbarkeit eines solchen Regreßanspruches eingeführt werden sollte (z.B. durch Schiedsspruch), doch wurde dies bewußt – auch aufgrund der Komplexität der Fragestellung – nicht umgesetzt; vgl. Prop. 1998/99:35, S. 164 f.; SOU 1994:181, S. 198.

407 Vgl. bereits ausführlich Dillén, S. 245; Heuman, in: Festskrift till Sveriges Advokatsamfund 1887-1987, S. 229 (229); Hassler/Cars, S. 45; Arbitration in Sweden, S. 36.

408 SOU 1994:81, S. 92 f.

409 HD NJA 1997, 866 (871 f.). Vgl. für den Fall des Nachlasses bereits HD NJA 1886, 398 ff.; Cars, S. 42 m.w.N.; SOU 1994:81, S. 91; sinngemäß auch Prop. 1998/99:35, S. 65 f.

durch Tod, Konkurs sowie durch die Auflösung und Fusion einer juristischen Person mit einer anderen juristischen Person.[410]

Die Wirkungserstreckung der Schiedsvereinbarung im Fall der Einzelrechtsnachfolge (Singularzession) war dagegen nach schwedischem Recht bis in die jüngste Vergangenheit unklar. Im schwedischen Schrifttum wird teilweise eine regelmäßige Bindung des Einzelrechtsnachfolgers an die Schiedsvereinbarung angenommen[411], teilweise jedenfalls dann, wenn der Abtretungsempfänger die Schiedsvereinbarung kannte oder hätte kennen müssen.[412] Teilweise wird für eine Bindung eine Einigung zwischen dem Rechtsnachfolger und der verbleibenden Schiedsvertragspartei vorausgesetzt. Letzteres wird damit begründet, daß die Schiedsvereinbarung anderenfalls unter Verstoß gegen vertragsrechtliche Grundsätze einseitig durch den Willen des Rechtsnachfolgers zustande käme.[413] Auch im Zwischenbericht der schwedischen Reformkommission wird für eine Wirkungserstreckung zumindest eine konkludente Vereinbarung zwischen der verbleibenden Schiedsvertragspartei und dem Abtretungsempfänger vorausgesetzt, wenn auch eine Wirkungserstreckung von den Parteien häufig vorausgesetzt bzw. stillschweigend vereinbart würde.[414]

Die unklare Rechtslage dürfte sich aufgrund einer Entscheidung des Obersten Gerichtshofs in Stockholm vom 15. Oktober 1997 im sog. „Emja-Fall" weitestgehend geklärt haben. Danach ist eine Wirkungserstreckung im Fall einer Einzelrechtsnachfolge regelmäßig anzunehmen.[415] Der Oberste Gerichtshof hat im zu entscheidenden Fall in Übereinstimmung mit den Vorinstanzen entschieden, daß im Einzelfall keine Umstände vorliegen würden, die eine andere Beurteilung erforderlich machten. In dem zugrundeliegenden Verfahren hatte die verbleibende Schiedsvertragspartei

---

[410] Vgl. Hobér, Swedish and International Arbitration 1983, S. 43 (44); Heuman, Skiljemannarätt, S. 101; Jarvin, Stockholm Arb. Rep. 1999:2, 34 (24) m.w.N. (Konkurs). Einschränkend für den Fall des Konkurses der Oberste Gerichtshof – HD NJA 1993, 641 (644 f.) –, wonach die Konkursmasse (-verwalter) bezüglich (sachenrechtlicher) Streitgegenstände außerhalb der Parteidisposition nicht an die Schiedsvereinbarung gebunden ist; vgl. dazu Heuman, Skiljemannarätt, S. 102, Cars, S. 43.

[411] Vgl. Håstad, Vänbok till R. Boman, S. 177 (182) m.w.N.

[412] Vgl. Arbitration in Sweden, S. 38 f.; Dillén, S. 246 f.; Hobér, Swedish and International Arbitration 1983, 43 (47) m.w.N.; ebenso RH 1985:137, S. 315 für einen Garantiegeber (unter Gleichstellung mit einem Bürgen).

[413] Vgl. Heuman, in: Festskrift till Sveriges Advokatssamfund 1887-1987, S. 229 (237 u. 248) m.w.N.

[414] Vgl. SOU 1994:81, S. 91. Der Wortlaut des § 3 Abs. 2 S. 1 SML idF des Zwischenberichts lautete in englischer Übersetzung (Presentation, Arb.Int. 1994, Vol. 10 No. 4, S. 407 (429): „If a party to an agreement assigns rights or obligations which are subject to the arbitration agreement, the arbitration agreement shall apply between the remaining party and the new party only in the event that they can be considered to have so agreed." Ausreichend für die geforderte Einigung sollte sein, daß der Abtretungsempfänger die Schiedsvereinbarung und das Verlangen nach Einvernehmen seitens der verbleibenden Schiedsvertragspartei kannte und letztere der Abtretung zustimmte, ohne daß dies ausdrücklich geschehen müßte; vgl. SOU 1994:81, S. 91-93 u. 260.

[415] HD NJA 1997, 866 (Beschluß vom 15.10.1997 – Ö 3174/95 – „Emja-Fall"), vgl. dazu Jarvin, Swedish and International Arbitration 1997, S. 65 ff.; ders./Günther, BB 1998, 12 ff.; Weinacht, Mealey's International Arbitration Report, Sept. 1999, S. 55 ff.; kritisch zur „rechtspolitischen" Begründung der Wirkungsertreckung Heuman, doch im Ergebnis offenbar zustimmend, JT 1997/98, 533 (537 u. 556-559); ders., Skiljemannarätt, S. 110-112.

(= Beklagte) u. a. vorgetragen, daß die getroffene Schiedsvereinbarung für sie von wesentlicher Bedeutung und nur so im Streitfall gewährleistet sei, daß Schiedsrichter mit ausreichenden technischen Kenntnissen bestimmt werden könnten und sensible Unternehmensdaten vertraulich behandelt würden. Es sei für sie daher nachteilig, wenn die frühere Vertragspartei sich durch Abtretung der vertraglichen Rechte und Pflichten einseitig von ihrer Bindung an die Schiedsvereinbarung lösen könnte mit der Folge, daß auch der Abtretungsempfänger nicht an sie gebunden wäre. Die Abtretungsempfängerin (= Klägerin) hob dagegen hervor, daß – unterstellt, die Schiedsvereinbarung stelle ein Prozeßhindernis dar – dann die Gefahr bestünde, daß die Beklagte in einem einzuleitenden Schiedsverfahren vortragen werde, daß die Schiedsvereinbarung lediglich zwischen ihr und der früheren Schiedsvertragspartei bestehe. Dies würde zu einer „déni de justice“ – Situation führen. Das Gericht stellte zunächst fest, daß von einem berechtigten Interesse am Fortbestand der Schiedsvereinbarung aus Sicht der Beklagten auszugehen sei. Ferner gelte nach schwedischem Zivilrecht der hier analog heranzuziehende Grundsatz, daß ein Abtretungsempfänger kein besseres Recht erhalten könne, als es der Abtretende innehatte. Umstände, die gegen eine Wirkungserstreckung sprechen könnten, etwa, daß die Schiedsvereinbarung lediglich auf besonderer persönlicher Nähe zwischen den bisherigen Schiedsvertragsparteien beruhe, seien nicht erkennbar. Insbesondere bestehe auch kein Risiko, daß der Abtretungsempfänger die Kosten eines Schiedsverfahrens möglicherweise nicht tragen könne, während die frühere Schiedsvertragspartei sich gleichzeitig einseitig dieser Kostenverantwortung entziehe. In Ermangelung solcher besonderer Umstände im zu entscheidenden Fall sei daher von einer Wirkungserstreckung auszugehen.[416]

Für das schwedische Recht ist die „Emja“ – Entscheidung von erheblicher Bedeutung und stellt eine schiedsfreundliche Grundsatzentscheidung dar. Sie geht grundsätzlich von einer automatischen Wirkungserstreckung der Schiedsvereinbarung im Fall der Einzelrechtsnachfolge aus. Andererseits läßt die Entscheidung auch Fragen offen. Unklar ist beispielsweise, welche Voraussetzungen an eine persönliche Nähebeziehung zwischen den ursprünglichen Schiedsvertragsparteien gestellt werden, damit eine Wirkungserstreckung ausscheidet. Auch ist unsicher, ob die fehlende Zahlungsfähigkeit des Abtretungsempfängers einer Wirkungserstreckung im Ergebnis entgegensteht. Das Gericht hat deutlich erklärt, daß auch vor dem Hintergrund dieses Risikos die verbleibende Schiedsvertragspartei grundsätzlich an die Vereinbarung gebunden bleibe. Allerdings sei ein anderes Ergebnis bei Vorliegen besonderer Gründe denkbar, doch hat das Gericht die Art bzw. Erheblichkeit solcher „besonderen Gründe“ nicht qualifiziert. Aus dem Vorgesagten folgt, daß die Grundsatzentscheidung trotz Befürwortung einer Wirkungserstreckung im Regelfall beachtlichen Spielraum für Streitigkeiten und Auslegungsdifferenzen im Einzelfall gelassen hat.

Die Frage, ob ein Bürge oder Garant ebenfalls der Schiedsvereinbarung im Vertrag zwischen dem Gläubiger und Schuldner unterfällt, hat der Gesetzgeber in den Motiven – und in Übereinstimmung mit der älteren höchstrichterlichen Rechtsprechung –

416 Vgl. HD NJA 1997, 866 (873).

tendenziell bejaht.[417] Im Sinne einer Wirkungserstreckung wird auch vertreten, daß der Bürge regelmäßig von der Schiedsvereinbarung Kenntnis habe und mit ihrer Anwendung rechnen müsse.[418] Gleichzeitig wurde die von der Reformkommission vorgeschlagene Regelung abgelehnt[419], wonach im Fall einer Singularsukzession, der Bürgschaft sowie ähnlicher Fälle eine Schiedsvereinbarung mit dem Bürgen neu vereinbart werden müsse. Der Gesetzgeber hält dieses Erfordernis für zweifelhaft, zumal dem Bürgen kein Wahlrecht zwischen Schiedsgericht und ordentlichem Gericht zukommen solle. Die Problemlösung hat der Gesetzgeber angesichts ihrer Vielschichtigkeit der Praxis überlassen.[420]

i) Kompetenz-Kompetenz

Einem Schiedsgericht kommt anerkanntermaßen auch nach schwedischem Recht die Befugnis zu, über seine eigene Zuständigkeit zu entscheiden (sog. Kompetenz-Kompetenz).[421] Dies ist nunmehr in § 2 Abs. 1 S. 1 LSF auch gesetzlich geregelt. Ein Schiedsgericht prüft seine Zuständigkeit lediglich auf Rüge hin.[422] Verneint das Schiedsgericht während des Verfahrens seine Zuständigkeit, geschieht dies durch Schiedsspruch (§ 27 Abs. 1 LSF). Bejaht es seine Zuständigkeit, erfolgt dies regelmäßig durch nicht rechtskräftigen Beschluß. Die Überprüfung dieser Entscheidung kann jederzeit beim zuständigen ordentlichen Gericht erster Instanz beantragt werden, ohne daß jedoch dies einen Suspensiveffekt hinsichtlich des Schiedsverfahrens bewirkt (§ 2 Abs. 1 S. 3 LSF). Nach schwedischem Prozessrecht stellt sich der Instanzenzug – ähnlich wie in Deutschland – so dar, daß gegen ein erstintanzliches Urteil eines Bezirksgerichts unter bestimmten Voraussetzungen Rechtsmittel beim zuständigen Hofgericht („Hovrätt") und gegebenenfalls beim Obersten Gerichtshof (HD) eingelegt werden können. Der Rechtsstreit über die Zuständigkeit des Schiedsgerichts kann somit in bis zu drei Instanzen geführt werden. Auch wenn in Schweden kein Anwaltszwang besteht (11:1 RB) werden etwa in wirtschaftsrechtlichen Streitigkeiten regelmäßig anwaltliche Prozessbevollmächtigte eingeschaltet.[423]

---

417 Vgl. Prop. 1998/99:35, S. 66 f. sowie Entscheidungen des HD in NJA 1922:135, 1916:100; 1896:136, in denen ohne nähere Begründung eine generelle Bindung des Bürgen angenommen wurde, der sich auch auf diese berufen durfte.

418 Cars, S. 45 m.w.N.; Hobér, Svensk och Internationell Skiljedom, 1986, S. 25 f.; ähnlich Heuman, Skiljemannarätt, S. 118 f.; Arbitration in Sweden, S. 39 f. (Bindung des Bürgen nur bei Kenntnis von der Schiedsvereinbarung).

419 Vgl. SOU 1994:81, S. 94 u. 260 f. (zu § 3 Abs. 2 LSF – Entwurf).

420 Vgl. Prop. 1998/99:35, S. 66.

421 In Arbitration in Sweden, S. 25, heißt es: „It is inherent in the arbitral (and judicial) process that a tribunal is the judge of its own jurisdiction, that it has compétence de la compétence". Vgl. bereits Dillén, SvJT 1937, 674 (685); Nordenson, Advokaten 1985, 49 f.; Hassler/Cars, S. 44; Cars, S. 52; Edlund/Söderlund, Swedish and International Arbitration 1996, 8 (9); Heuman, Skiljemannarätt, S. 364 ff.; a.A. wohl Hjerner, wonach dem Schiedsgericht in dubio keine Kompetenz-Kompetenz zukommt; Swedish and International Arbitration 1984, 31 (32 f.).

422 Vgl. Cars, S. 52.

423 Prozessbevollmächtigte müssen keine Rechtsanwälte oder Juristen sein. Ausreichend ist, daß das Gericht sie für geeignete Parteivertreter hält (12:1 u. 2 RB); vgl. Ekelöf, Rättegång 2, § 13, S. 82 ff.; Fischler/Vogel, S. 199-200 u. 203.

3. Stellungnahme

Das deutsche und schwedische Recht zur Schiedsvereinbarung gehen in ihrer jeweiligen Regelungsdichte über die Bestimmungen des UNC-MG hinaus und regeln zahlreiche Fragen zu dem Komplex Schiedsvereinbarung gleich oder zumindest ähnlich. Die Untersuchung hat jedoch gezeigt, daß der deutsche Gesetzgeber die Bestimmungen des UNC-MG in weiterem Ausmaß übernommen hat, als es der schwedische getan hat mit zum Teil gewichtigen Konsequenzen.

Anders als das UNC-MG und § 1031 ZPO hat Schweden von der Einführung eines Formerfordernisses für Schiedsvereinbarungen abgesehen. Die im deutschen Recht neu kodifizierten Erfordernisse der Schriftform und der Unterschrift entsprechen internationalem Standard. Die Formvorschrift in § 1031 ZPO erstreckt sich über sechs Absätze und gilt nun verschärfend auch für Kaufleute. Schweden hat dagegen bewußt an der Formfreiheit von Schiedsvereinbarungen festgehalten und nimmt damit im internationalen Vergleich eine Sonderrolle ein. Der schwedische Gesetzgeber begründet den Verzicht auf ein Formerfordernis damit, daß für dessen Einführung kein Bedarf bestehe, da in der Praxis Schiedsvereinbarungen ohnehin fast ausnahmslos schriftlich vereinbart würden. Dies spricht jedoch für ein Bedürfnis nach schriftlichen Schiedsvereinbarungen und ein solches Bedürfnis wird von schwedischer Seite zu Beweiszwecken auch anerkannt. Von schwedischer Seite wird ferner gegen ein Schriftformerfordernis angeführt, daß dieses international durch die Zulässigkeit von Vereinbarungen durch Telefax- und Briefwechsel aufgeweicht sei. Dabei ist jedoch zu berücksichtigen, daß der Hauptzweck des Formerfordernisses, d.h. die Nachweisbarkeit der Schiedsvereinbarung, auch dadurch gewährleistet wird. Neben diesen herkömmlichen Kommunikationsmitteln genügen nach richtiger Ansicht alle Formen der Kommunikationsmittel, solange die Schiedsvereinbarung in Schriftform nachgewiesen werden kann. Eine solche „verkörperte" Speicherung ihres Inhaltes liegt etwa auch bei einem – möglichen – Ausdruck elektronischer Dateien vor. Die für den Verzicht auf ein Formerfordernis angeführten Gründe überzeugen daher nicht. Die Formfreiheit von Schiedsvereinbarungen im schwedischen Recht erscheint daher eher überraschend. Dies ist dem Wunsch Schwedens nicht förderlich, ein international auch „wiedererkennbares" Schiedsrecht zu schaffen, daß internationalen Standards entspricht. Die Formfreiheit von Schiedsvereinbarungen nach dem LSF ist andererseits angesichts der gegenteiligen schwedischen Praxis nicht überzubewerten. Allerdings ist aus vollstreckungsrechtlicher Sicht festzustellen, daß die internationale Anerkennung und Vollstreckung von Schiedssprüchen regelmäßig anhand des UNÜ erfolgt, das in Art. 2 ein Schriftlichkeitserfordernis enthält. Ein auf einer formlosen – etwa mündlichen – Schiedsvereinbarung beruhender Schiedsspruch kann nach Art. 4 Abs. 1 b) iVm. Art. 5 Abs. 1 a UNÜ nicht nach dem Übereinkommen vollstreckt werden. Der Einwand des Formfehlers wird in der Praxis regelmäßig erhoben werden. Allein schon aus diesem Grunde ist von mündlichen Schiedsvereinbarungen abzuraten. In Anbetracht der damit verbundenen Risiken und da nicht zu erkennen ist, welche Vorteile mit einem Verzicht auf ein international anerkanntes Formerfordernis verbunden sind, ist dessen klare Regelung im UNC-MG bzw. § 1031 Abs. 1 ZPO der schwedischen Lösung vorzuziehen. Dies gilt insbesondere in internationalen Vertragsverhältnissen.

Das UNC-MG regelt nicht das auf die Schiedsvereinbarung anwendbare Recht. Das deutsche und schwedische Recht gehen übereinstimmend davon aus, daß auf die Schiedsvereinbarung nationales Recht Anwendung findet, wenn die Schiedsvereinbarung keinen internationalen Bezug aufweist. Liegt eine internationale Schiedsvereinbarung vor, gilt primär der Grundsatz der Privatautonomie. Haben die Parteien jedoch keine Rechtswahl getroffen, ist zu unterscheiden. Nach deutschem Recht ist im Zweifel das Recht der Hauptsache anwendbar, während nach schwedischem Recht subsidiär das Recht des Verfahrensortes Anwendung findet. Dies führt leicht zu unterschiedlichen Ergebnissen, da ein Schiedsort häufig zufällig bestimmt wird, unabhängig vom dem Recht des auf das streitgegenständliche Rechtsverhältnis anwendbaren Rechts. Läßt sich ferner das anwendbare Recht noch nicht bestimmen, ist also aus deutscher Sicht auch keine Rechtswahl zur Hauptsache gegeben, bzw. steht aus schwedischer Sicht der Verfahrensort noch nicht fest, findet das jeweilige IPR Anwendung. In diesem Fall ist nach deutschem Recht auf das (Wohn-) Sitzrecht der Partei abzustellen, die die vertragscharakteristische Leistung zu erbringen hat (Art. 28 EGBGB). Hierbei ist regelmäßig auf den Hauptvertrag abzustellen. Nach dem insoweit ungeschriebenen schwedischen IPR[424] ist anhand der Schwerpunktmethode das Recht zu bestimmen, das die engsten Verbindung zu dem (Haupt-) Vertrag aufweist. Die Ansätze der „vertragscharakteristischen Leistung“ (Art. 28 EGBGB) und der „engsten Verbindung“ (schwedisches IPR) führen in der Praxis jedoch regelmäßig zu identischen Ergebnissen, da die Auslegungsgrundsätze des EVÜ auch in der schwedischen Praxis Eingang gefunden haben.

Die in der Praxis bedeutsame Frage nach der Schiedsfähigkeit des Streitgegenstandes ist vom UNC-Modellgesetzgeber bewußt nicht geregelt und stattdessen dem nationalen Gesetzgeber überlassen worden. Sowohl in Deutschland als auch in Schweden wird traditionell von einer weiten Schiedsfähigkeit ausgegangen. Eine Berechtigung ausschließlich staatlicher Rechtsprechung wird nur noch im Interesse besonders schutzwürdiger Rechtsgüter anerkannt, was sich praktisch nur bei wenigen nichtvermögensrechtlichen und indispositiven Streitgegenständen auswirken kann. Das zur Bestimmung der objektiven Schiedsfähigkeit in der ZPO neu eingeführte Kriterium des „vermögensrechtlichen Anspruchs“ (§ 1030 Abs. 1 ZPO) stellt eine Erweiterung der objektiven Schiedsfähigkeit gegenüber dem früheren Kriterium der „Vergleichbarkeit“ dar. Letzteres Kriterium jedoch galt und gilt auch zukünftig im schwedischen Recht weiter. Dem Kriterium des vermögensrechtlichen Anspruchs kommt in Zweifelsfragen – die im schwedischen Schrifttum und Praxis weit weniger als in Deutschland diskutiert werden – klarstellende Funktion zu. Die deutsche Regelung erscheint von daher vorteilhafter, da sie bereits begrifflich nicht nur allein auf die Dispositionsfreiheit der Parteien abstellt. Ein interessanter Bereich stellt etwa die Schiedsfähigkeit gesellschaftsrechtlicher Beschlussmängelstreitigkeiten dar. Letztere sind nach beiden Rechtsordnungen schiedsfähig. Diese in Deutschland fälschlicherweise zum Teil unter dem Begriff der „Schiedsfähigkeit“ diskutierte schiedsrichterliche Kompetenz zur Entscheidung über gesellschaftsrechtliche Beschlussmängelstreitigkeiten ist in Schweden kein praktisches Problem, da die hier erforderliche Wirkungserstreckung des Schiedsspruches unter den Gesellschaftern bzw. Aktionären (erga omnes) dank ausdrücklicher Bestimmungen im schwedischen

---

424 Siehe dazu näher unter F. V. 2. a).

Aktiengesellschaftsgesetz ohne Einschränkung gilt. Nach deutschem Recht ist dagegen dafür eine aufwendige Vertragsgestaltung in Bezug auf eine Mehrparteienschiedsvereinbarung erforderlich, die jedoch bei Vorhandensein einer größeren Anzahl von Parteien erhebliche Schwierigkeiten bereitet, da die denkbaren Interessenkonstellationen der Beteiligten häufig nicht abschließend vorhersehbar sind. Die schwedische Lösung der Regelung der Rechtskrafterstreckung einschlägiger Entscheidungen außerhalb des Schiedsverfahrensrechts erscheint daher als nachahmenswert.

Sowohl nach deutschem wie nach schwedischem Recht können die Parteien aufgrund Vertragsfreiheit und mangels entgegenstehender öffentlicher Interessen die Schiedsrichter dazu ermächtigen, Entscheidungen außerhalb reiner materieller Rechtsprechungstätigkeit zu treffen. Dies schließt etwa Schiedssprüche zum Vorliegen oder Nichtvorliegen von Tatsachen oder Umständen sowie zur Feststellung oder Bestimmung völlig freistehender Rechts- oder Beweistatsachen oder anderer Umstände ein, wodurch eine klare Trennung zwischen Rechtsprechungstätigkeit und Rechtsgestaltung nach herkömmlichem Muster erschwert wird. Diese Befugnis geht über die Befugnisse staatlicher Gerichte hinaus. Anders als das UNC-MG oder die ZPO schreibt § 1 Abs. 1 S. 3 LSF diese Kompetenz des Schiedsgerichts ausdrücklich fest. Das ist aus Gründen der Klarstellung begrüßenswert. Gemeinsam ist beiden Rechtsordnungen ferner, daß ein Schiedsgericht von den Parteien zur Vertragsergänzung oder –anpassung bevollmächtigt werden kann, ohne daß es an die Grenzen einer Auslegung gebunden ist. Diese in § 1 Abs. 2 LSF geregelte Kompetenz geht ebenfalls über die eines ordentlichen Gerichts hinaus und ermöglicht den Parteien in weitem Umfang dem Schiedsgericht vertragsestaltende Befugnisse zu übertragen, was beispielsweise in Fällen notwendiger Anpassung langfristiger Verträge hilfreich sein kann. Letztlich ist ein Schiedsgericht aber immer an den gemeinsamen Parteiwillen gebunden, d.h. die vertragliche Ergänzungskompetenz in § 1 Abs. 2 LSF geht inhaltlich nicht über den Wortlaut standardisierter Schiedsvereinbarungen hinaus, sondern setzt zusätzlich eine zumindest indirekte Ermächtigung durch die Parteien voraus. Der Regelung kommt soweit lediglich ein klarstellender Charakter zu. Eine gesetzliche Regelung dieser Frage erscheint daher grundsätzlich verzichtbar, macht jedoch insbesondere für ausländische Parteien die Rechtslage transparenter und ist insofern begrüßenswert.

Nicht alle Rechtsordnungen kennen derart erweiterte Befugnisse des Schiedsgerichts. Dennoch dürfte die Vollstreckung von inhaltlich (frei) vertragsgestaltenden „Schiedssprüchen" – einen vollstreckungsfähigen Inhalt vorausgesetzt – keine Schwierigkeiten bereiten. Die Frage nach dem Vorliegen eines Schiedsspruches richtet sich aufgrund des Prinzips von der einheitlichen Anwendung des Rechts auf Schiedsverfahren und daraus resultierendem Schiedsspruch nicht nach der lex fori des Vollstreckungsgerichts, sondern nach dem Schiedsverfahrensstatut.[425] Allerdings ist hier zu beachten, daß eine Vollstreckung etwa einer Preisanpassungsentscheidung gerade bei langfristigen Vertragsverhältnissen angesichts der angestrebten weiteren Kooperation der Parteien kaum gewollt sein wird. Es wird sich weisen müssen, ob Parteien einem Schiedsgericht aufgrund gesetzlicher Regelung entsprechender Kompetenznormen

---

425 Vgl. dazu Schlosser, RipS, Rn. 783 m.w.N.

vermehrt solche Befugnisse einräumen werden. Bislang wird dies aus der Praxis durchaus auch kritisch gesehen: „The more complex a contract is and the more the future cooperation of parties is in question, the less a court decision or an arbitral award appears to be an adequate answer".[426] Erfolgreiche schiedsrichterliche Gestaltung und Anpassung komplexer Vertragsgebilde in angemessener Zeit setzt entsprechende Sachkenntnis des Schiedsgerichts voraus. In manchen Fällen dürfte es ferner für das Schiedsgericht und die Parteien schwierig vorauszusehen sein, welche Auswirkungen die Rechtskraft der nach § 1 Abs. 2 LSF getroffenen Entscheidung für die weitere Vertragsdurchführung haben kann.[427]

Auch kartellrechtliche Fragen sind nach dem Recht beider Länder schiedsfähig, soweit es um die zivilrechtlichen wettbewerbsrechtlichen Auswirkungen zwischen den Parteien geht (inter partes), wie § 1 Abs. 3 LSF ausdrücklich bestätigt. Eine weite Schiedsfähigkeit auch in Wettbewerbssachen ist bereits aus Gesichtspunkten der Effizienz der Schiedsgerichtsbarkeit zu begrüßen. Sonst könnte allein die Erhebung einer wettbewerbsrechtlichen Einrede die Zuständigkeit des Schiedsgerichts verhindern. Einem Schiedsgericht kommen andererseits sowohl nach deutschem Recht wie nach schwedischem Recht keine Eingriffsbefugnisse der nationalen Wettbewerbsbehörden zu.

Weiter ist zu beachten, daß hinsichtlich der Drittwirkung einer Schiedsvereinbarung in beiden Ländern – auch in Bezug auf Fälle der Einzelrechtsnachfolge – im wesentlichen gleiche Grundsätze gelten. In Schweden folgt dies aus der kürzlich ergangenen Grundsatzentscheidung („Emja-Fall") des Obersten Gerichtshofs[428]. Zwar läßt die vorgenannte Entscheidung Ausnahmen zu, sofern besondere Umstände vorliegen, doch ist davon auszugehen, daß trotz der damit verbundenen Unsicherheit beide Rechtsordnungen regelmäßig zu gleichen Ergebnissen kommen. Die nach bisherigem schwedischen Recht erforderliche (explizite) Vereinbarung über die Wirkungserstreckung ist international ungewöhnlich und hätte – wäre sie nach dem Willen der Reformkommission Gesetz geworden – nicht zu der angestrebten Rechtsvereinheitlichung beigetragen. Der ursprüngliche schwedische Lösungsvorschlag überzeugte auch deshalb nicht, da an das Vorliegen einer expliziten Vereinbarung sehr niedrige Anforderungen gestellt wurden. Auch überzeugt nicht das Argument, daß eine Schiedsvereinbarung häufig aufgrund eines besonderen unausgesprochenen Vertrauensverhältnisses geschlossen werde. Die Motive zum Abschluß von Schiedsvereinbarungen beruhen regelmäßig nicht auf persönlichen Nähe- oder gesteigerten Vertrauensgesichtspunkten, sondern auf der Überzeugung, daß es sich dabei um eine eininstanzliche, vertrauliche und kompetente Methode der Streiterledigung handelt.

---

426 Vgl. Horn, Adaptation and renegotiation, S. 173 (189), ähnlich Heuman, Skiljemannarätt, S. 169 f.

427 Auch nach schwedischem Recht kann ein Dritter mit der Entscheidung über das Vorliegen eines Fehlers einer Ware etc. beauftragt werden, mit der Wirkung, daß dessen Entscheidung als Vertrag zwischen den Parteien gilt. Die Entscheidung kann dann, wie ein Zwischenurteil, einem Schiedsverfahren zugundegelegt werden, selbst wenn die Entscheidung auch aufgrund vertragsrechtlicher Ungültigkeitsgründe beseitigt werden kann, Håstad, Besiktningsverkan, SvJT 1991, 595 f.

428 Vgl. oben F. I. 2. h) cc).

Die Frage der Kompetenz-Kompetenz des Schiedsgerichts ist in Deutschland und in Schweden vergleichbar geregelt und verhindert, daß eine Partei sich von ihrer Bindung an eine Schiedsvereinbarung dadurch einseitig lösen kann, daß sie die Unwirksamkeit der Hauptvereinbarung behauptet, deren Bestandteil die Schiedsvereinbarung ist. Die Abschaffung der früheren deutschen Rechtslage, wonach Schiedsgerichte mit bindender Wirkung gegenüber staatlichen Gerichten über ihre Zuständigkeit positiv entscheiden konnten, ist aus Gründen der Rechtsvereinheitlichung begrüßenswert.

Erhebt eine Partei eine Zuständigkeitsrüge, kann das Schiedsgericht hierüber nach deutschem und nach schwedischem Recht durch Beschluß während des Verfahrens oder im Schiedsspruch entscheiden (sog. Kompetenz-Kompetenz). Mißbräuchlichen Verfahrensverzögerungen wird dadurch vorgebeugt, daß ein Zuständigkeitsstreit vor dem ordentlichen Gericht nach keinem der Gesetze aufschiebende Wirkung hinsichtlich des Schiedsverfahrens entfaltet. Für den Fall, daß das Schiedsgericht seine Zuständigkeit erst im Schiedsspruch bejaht, schreiben die §§ 2 Abs. 2 S. 2, 34 Abs. 3 S. 1 LSF – ebenso wie § 1059 Abs. 3 ZPO – eine dreimonatige Anfechtungsfrist vor, sofern eine Partei einen Rechtsbehelf einlegen will. Bejaht ein Schiedsgericht seine Zuständigkeit im Beschlußwege bereits während des Verfahrens, kann die rügende Partei nach deutschem Recht dagegen nur innerhalb von einem Monat gerichtliche Überprüfung beantragen (§ 1040 Abs. 3 S. 2 ZPO). Auch Art. 16 Abs. 3 S. 2 UNC-MG schreibt insoweit eine Frist von dreißig Tagen vor. Das LSF enthält dagegen keine Frist zur Rechtsbehelfseinlegung gegen einen solchen Beschluß. Die rügende Partei kann daher auch abwarten und den späteren Schiedsspruch aufgrund Zuständigkeitsmangels des Schiedsgerichts anfechten. Dies setzt jedoch voraus, daß ihr Verhalten nach Entgegennahme des positiven Zuständigkeitsbeschlusses des Schiedsgerichts nicht als Rügeverzicht aufgrund der allgemeinen Präklusionsregel in § 34 Abs. 2 LSF gewertet werden kann. Diese schwedische Lösung überzeugt nicht. Hat der Beklagte während des Verfahrens erfolglos die Zuständigkeitsrüge vor dem Schiedsgericht erhoben und behält er sich danach lediglich dessen spätere Anfechtung vor, wird unter Umständen das Schiedsverfahren umsonst durchgeführt, wenn der spätere Schiedsspruch aufgrund Zuständigkeitsmangels wieder aufgehoben wird. Dies bietet der rügenden Partei zwar die Möglichkeit eines Taktierens, führt jedoch für den Kläger zu einer vermeidbaren Rechtsunsicherheit. Auch können unnötige Kosten entstehen und Zeitverluste eintreten. Vor dem Hintergrund einer angestrebten Verfahrensbeschleunigung und dem Wunsch der Praxis nach Rechtssicherheit erscheint es vorzugswürdig, wie in § 1040 Abs. 3 S. 2 ZPO und dem UNC-MG klare Anfechtungsfristen zu bestimmen. Mit Blick auf die Praxis bleibt abzuwarten, wie sich die schwedische Regelung auf die Verfahrensdauer auswirken wird. Ferner ist nach schwedischem Recht das ordentliche Gericht erster Instanz zur Entscheidung über den schiedsrichterlichen Beschluß zuständig und die Parteien können den vollen Instanzenzug ausschöpfen. Auch hier erscheint im Sinne einer Verfahrensstraffung der deutsche Weg vorzugswürdig, der die Zuständigkeit des Oberlandesgerichtes bereits als Eingangsinstanz vorsieht (§ 1062 Abs. 1 Nr. 2 ZPO).

II. Bildung des Schiedsgerichts

Das Schiedsgericht muß in der Schiedsvereinbarung eindeutig bestimmt oder zumindest bestimmbar sein.[429] Mit Blick auf einen ordnungsgemäßen Verfahrensablauf und dessen Ausgang kommt der Bildung des Schiedsgerichts größte Bedeutung zu. Bereits in diesem Anfangsstadium besteht die Gefahr, daß unwillige Parteien das Verfahren obstruieren und verzögern wollen, etwa durch die Weigerung, ihren Schiedsrichter zu ernennen, die Ablehnung eines Schiedsrichters, oder die Erhebung von Zuständigkeitsrügen. Solche Situationen können von den Parteien am besten durch die Ernennung geeigneter Schiedsrichter verbunden mit der Anwendung eines effizienten Verfahrensrechts überwunden werden. Dem Verfahrensrecht kommt die Schlüsselfunktion zum Ausgleich zwischen dem berechtigten Anliegen rechtzeitiger Beseitigung erkennbarer Ungleichgewichte innerhalb des Schiedsgerichts und dem ebenso legitimen Bemühen um die Verhinderung von Verzögerungstaktiken zu.[430]

Das deutsche und das schwedische Recht gewähren weitgehende Parteiautonomie bei der Bildung des Schiedsgerichts, ebenso bei der Abberufung bzw. Ersetzung der Schiedsrichter. Subsidiär stehen in beiden Ländern (§§ 1034-1039 ZPO bzw. §§ 7-18 LSF) inhaltlich auf Art. 10-15 UNC-MG aufbauende detaillierte Regelungen zur Verfügung.

1. Deutsches Recht

a) Voraussetzungen für das Schiedsrichteramt

Die persönlichen und fachlichen Qualifikationen oder sonstigen Eigenschaften von Schiedsrichtern werden in der ZPO nicht geregelt.[431] Zum Teil wird zwar ein „Mindestmaß an Qualifikation" gefordert[432], doch gelten im Ergebnis allein die hierzu von der Rechtsprechung und dem Schrifttum bereits zur ZPO a.F. entwickelten Kriterien.[433] Jede (schieds-) richterliche Tätigkeit unterliegt danach dem Gebot der Distanz und Neutralität, da es sich um Rechtsprechung im materiellen Sinne handelt. Niemand dürfe Richter in eigener Sache sein, so daß die Ausübung der Schiedsgerichtsbarkeit durch nichtbeteiligte Dritte ihr wesens- und begriffsimmanent sei.[434] Nur natürliche Personen können Schiedsrichter sein, nicht jedoch die Parteien selbst, ihre gesetzlichen Vertreter oder ein Organ einer juristischen Person (für diese). Juristische Personen bzw. sonstige Personenmehrheiten können Schiedsrichter nur unter der Maßgabe sein, daß in der Regel durch Auslegung bzw. Umdeutung ihre gesetzlichen

---

429 Vgl. Baumbach/Lauterbach/Albers, § 1029 Rn. 13 f.; Thomas/Putzo, § 1029 Rn. 4.

430 Vgl. Berger, S. 137 f. m.w.N.

431 Anders für staatliche Richter, vgl. §§ 5-7 Deutsches Richtergesetz (DRiG).

432 Vgl. etwa Henn in BB-Beilage 17/1993 (Heft 27), S. 13 (14), jedoch ohne nähere Definition.

433 BGH NJW 1986, 3079 (3080); Schwab/Walter, S. 86 Rn. 1 ff.; Zöller/Geimer, § 1035 Rn. 5 f.; Schütze/Tscherning/Wais, Rn. 178, 180, 271 m.w.N.

434 Ständ. Rspr.: BGHZ 98, 70 (72) m.w.N.; vgl. auch Fenn, in: FS Henckel, S. 173 (188); Wieczorek/Schütze, § 1032 Rn. 3; MünchKommZPO – Maier, § 1025, Rn. 21 m.w.N.

Vertreter (z. B. Behördenleiter) als berufen anzusehen sind.[435] Ein Schiedsrichter muß ferner entsprechend seinem Personalstatut (Art. 7 EGBGB) geschäftsfähig sein (§§ 104 ff. BGB), auch, um den Schiedsrichtervertrag wirksam abschließen zu können.[436] Die Parteien können im Schiedsvertrag besondere Qualifikationen einzelner oder aller Schiedsrichter vorschreiben, etwa die Befähigung zum Richteramt.[437] Vereinbart werden kann auch, daß der Vorsitzende Schiedsrichter eine bestimmte Nationalität oder eine Zulassung als Sachverständiger für einen bestimmten Bereich haben muß.[438] Vielfach wird vertreten, daß zumindest der Vorsitzende des Schiedsgerichts ein auf dem Gebiet des Schiedsrechts erfahrener Jurist sein sollte[439], da diese „flexible“ Form der Streiterledigung („the arbitrators are the masters of the procedure“) eine große Gefahr von (Verfahrens-) Formfehlern in sich birgt, die zur Aufhebung des Schiedsspruchs durch das ordentliche Gericht führen können.[440]

---

435 Henn, BB-Beilage 17/1993 (Heft 27), S. 13 (14); Schütze/Tscherning/Wais, Rn. 178 f.; Schwab/Walter, S. 84 Rn. 1 m.w.N.; Stein/Jonas/Schlosser, § 1032 Rn. 2; Zöller-Geimer, § 1035 Rn. 7.

436 Der Schiedsrichtervertrag regelt das Verhältnis der Parteien zu den Schiedsrichtern. Er kommt regelmäßig zustande, wenn der Schiedsrichter seine Ernennung angenommen hat und die Anzeige an die andere Partei erfolgt ist; vgl. Schwab/Walter, S. 107 ff.; Lachmann, Rn. 751 ff. sowie rechtsvergleichend (GB, D, S, CH) Schöldström, S. 42 ff.

437 Vgl. Schütze/Tscherning/Wais, Rn. 271; a.A. BGH NJW 1992, 575 (577) für den Fall, daß der Verwender von Allgemeinen Geschäftsbedingungen (AGB) darin sein Recht festlegt, die Zusammensetzung des Schiedsgerichts allein zu bestimmen und dies besorgen läßt, daß ein aus Nichtjuristen bestehendes Schiedsgericht die Unwirksamkeit von AGB-Klauseln anhand des AGB-Gesetzes nicht erkennen wird; kritisch Schumann, NJW 1992, 2065.

438 Amtsträger wie Richter, Beamte und Notare bedürfen zur Amtsübernahme einer dienstrechtlichen Nebenbeschäftigungsgenehmigung (§§ 40, 46 DRiG, § 65 Abs. 1 BBG, § 8 Abs. 2 Nr.1 BNotO). Ihr Fehlen macht den Schiedsspruch nicht unwirksam; Zöller/Geimer, § 1035 Rn. 33, offen gelassen in BGHZ 55, 313 (319 f.); a.A. Schwab/Walter, S. 85 Rn. 3. In nationalen Verfahren bekommen staatliche Richter die Genehmigung nach § 40 Abs. 1 S. 1 1. Alt. DRiG nur, wenn sie als Obmann des Schiedsgerichts bestellt werden, nicht aber als „Partei“-Schiedsrichter, der seine Kenntnisse und Autorität einer Interessenvertretung zur Verfügung stellen würde. Dagegen wird in einem internationalen Schiedsverfahren die Mitwirkung eines deutschen Richters als „Partei“-Schiedsrichter für zulässig gehalten; vgl. Raeschke-Kessler, in: FS Nirk, S. 915 (921 ff.) m.w.N. Je nach Bundesland gelten für Richter zusätzliche Zulässigkeitsbeschränkungen für die Ausübung von Nebentätigkeiten. Beispielsweise darf ein Richter nach § 7 i) Hess. Richtergesetz durch Nebentätigkeiten kalenderjährlich maximal als 30 % eines R2-Richtergrundgehaltes hinzuverdienen. In anderen Bundesländern gelten mengenmäßige Beschränkungen, d. h. daß ein Richter immer nur ein Schiedsrichtermandat zur Zeit ausüben darf (vgl. z. B. Nordrhein-Westfalen); krit. Felix, BB 1994, 2012 (2012 f.); Raeschke-Kessler, Rn. 82.

439 Nach Angaben z. B. des LG Frankfurt bestehen Ad-hoc-Schiedsgerichte zu fast 50 % aus Rechtsanwälten, 30 % Richtern und 20 % sonstigen Berufen; vgl. dazu MünchKommZPO – Maier, § 1028, Rn. 28.

440 Die Meinungsbildung innerhalb des Schiedsgerichts zwischen Juristen und Technikern als Beisitzern kann dadurch erschwert sein, daß sie nicht eine „gemeinsame Sprache“ sprechen und daß entscheidungserhebliche technische Fragen eher durch externe Sachverständige beurteilt werden, als daß die Juristen im Gremium sich allein auf die Bewertung des Techniker-Schiedsrichters verlassen würden; vgl. Böckstiegel, DIS-Bd. 4, S. 311 (317, 321 f., 330).

b) Zusammensetzung und Bestellung des Schiedsgerichts

Das Recht einer Partei auf Ernennung des Schiedsrichters gilt in der Schiedsgerichtsbarkeit – auch international – als ein Grundrecht der Partei (ordre-public).[441] Haben die Parteien keine anderweitigen Abreden getroffen, richtet sich die Zusammensetzung und Bestellung des Schiedsgerichts nach dem Gesetz. Die Anzahl der Schiedsrichter beträgt im Regelfall drei (§ 1034 Abs. 1 ZPO). Hierdurch ist das Zweierschiedsgericht in § 1028 ZPO a.F. als gesetzlicher Regelfall abgelöst worden.

Falls nichts anderes vereinbart wurde, ist eine Partei an die durch sie erfolgte Bestellung gebunden, sobald die Mitteilung hierüber durch die andere Partei empfangen wurde (§ 1035 Abs. 2 ZPO). Diese Regelung bezweckt die Vermeidung von Zeitverzögerungen und konkretisiert den Zeitpunkt der endgültigen Bestellung des Schiedsrichters, falls keine Ablehnung seitens der anderen Partei erfolgt.[442]

Haben die Parteien die Ernennung eines Einzelschiedsrichters vereinbart, ohne sich jedoch auf dessen Person einigen zu können, wird er vom zuständigen Oberlandesgericht (OLG) ernannt (§§ 1035 Abs. 3 , 1062 Abs. 1 Nr. 1 ZPO).[443] Beim Regelfall des Dreierschiedsgerichts bestellen die Parteien innerhalb eines Monats nach Aufforderung durch die andere Partei je einen Schiedsrichter, und diese beiden dann gemeinsam den Obmann. Hält eine Partei die Frist nicht ein[444] oder kommt keine Einigung über den Vorsitzenden Schiedsrichter zustande, wird dieser auf Antrag einer Partei durch das zuständige OLG bestimmt.[445]

---

441 Vgl. insbesondere den Leitsatz der Entscheidung des französischen Kassationshofs (Cours de Cassation) vom 07.01.1992 in der Sache BKMI et Siemens ./. Dutco, der übersetzt lautet: „Der Grundsatz der Gleichheit der Parteien bei der Benennung der Schiedsrichter gehört zum „ordre-public", auf den erst nach dem Entstehen des Streitfalles verzichtet werden kann", abgedr. in BB-Beilage 15/1992, S. 27. Hintergrund der Entscheidung war der Fall, daß ein Konsorte seine zwei Mitkonsorten auf der Grundlage einer ICC-Standardschiedsklausel ohne Regelungen zur Mehrparteienschiedsgerichtsbarkeit in einem Schiedsverfahren verklagte und die Beklagten darauf bestanden, je einen eigenen Schiedsrichter zu ernennen. Schließlich ernannten die Beklagten lediglich unter Protest und Vorbehalt ihrer Rechte einen gemeinsamen Schiedsrichter. Das Schiedsgericht stellte zunächst in einem Zwischenschiedsspruch seine ordnungsgemäße Konstitution und Zuständigkeit fest. Gegen diese Entscheidung erhoben die Beklagten Aufhebungsklage, die vom Cour d'Appel jedoch abgewiesen wurde. Diese Entscheidung wurde anschließend vom Kassationsgericht mit oben genanntem Leitsatz aufgehoben und annulliert. Im Schrifttum hat diese Entscheidung große Zustimmung gefunden, vgl. Schwab, ZZP 1992 (105), S. 352 (353), ders. in BB-Beilage 15/1992, S. 17 (18); Schwab/Walter, S. 97, im Ergebnis wohl auch Berger, RIW 1993, 702 (708), alle m.w.N.

442 Vgl. BT-Drs. 13/5274, S. 40; Ref.-E., S. 126.

443 Soweit noch kein Schiedsverfahrensort bestimmt ist, ist für Fragen der Konstitution des Schiedsgerichts, der Untätigkeit eines Schiedsrichters oder der Unmöglichkeit seiner Aufgabenerfüllung das OLG am Sitz oder gewöhnlichen Aufenthaltsort einer der Parteien zuständig (§ 1062 Abs. 3, 1025 Abs. 3 ZPO).

444 Das Ernennungsrecht der Beklagten endet erst mit Antragstellung auf Ersatzrichterbestellung durch die andere Partei; BT-Drs. 13/5274, S. 40; Ref.-E., S. 127.

445 Die Einmonatsfrist – vgl. die Tagesfristenregelung im UNC-MG – erscheint nach Ansicht des Gesetzgebers für nationale Verfahren lang, aber im Sinne einer Vereinheitlichung geboten; BT-Drs. 13/5274, S. 40; Ref.-E., S. 127 f.

Läuft ein von den Parteien vereinbartes Bestellungsverfahren nicht reibungslos ab, kann jede Partei in Ermangelung anderer Absprachen die erforderlichen Maßnahmen beim OLG beantragen, das bei seiner Entscheidung Vorgaben aus Parteivereinbarungen Rechnung zu tragen hat (§ 1035 Abs. 4-5 ZPO). Bei der Besetzung des Schiedsgerichts darf es schließlich nicht zu einem die andere Partei „benachteiligenden Übergewicht" kommen. Die benachteiligte Partei kann anderenfalls innerhalb von zwei Wochen nach Kenntniserlangung von der Zusammensetzung des Schiedsgerichts eine abweichende Bestellung beim staatlichen Gericht beantragen (§ 1034 Abs. 2 S. 1-2 ZPO). Dem Verbot eines „benachteiligenden Übergewichts" kommt hinsichtlich der Garantie und Wahrung der schiedsgerichtlichen Integrität und der Überparteilichkeit des ganzen Schiedsgerichts zentrale Bedeutung zu. Hierzu sind von der Rechtsprechung strenge Maßstäbe entwickelt worden.[446]

c) Ablehnung eines Schiedsrichters

Die Ablehnung eines Schiedsrichters ist in §§ 1036 f. ZPO geregelt und stellt die entscheidende Möglichkeit einer Partei zur Einflußnahme auf die Zusammensetzung des Schiedsgerichts und auf dessen Neutralität dar. Ablehnungsverfahren werden in der Praxis häufiger auch zu Obstruktionszwecken eingesetzt, wobei insbesondere drei Fallgruppen von Bedeutung sind[447]: Eine Partei erhofft sich durch einen Ablehnungsantrag einen Zeitgewinn, um angesichts des unsicheren Verfahrensausganges möglichst lange von dem status quo – z. B. einer (noch) bestehenden vertraglichen Regelung – profitieren zu können. Eine Ablehnung kann auch einen endgültigen Abbruch des Schiedsverfahrens bezwecken, wenn die Verfahrensregeln nach einer Ablehnung keinen Fortgang des Verfahrens mehr erlauben. Schließlich kann eine Ablehnung auch die einschüchternde oder warnende (unlautere) Einflußnahme auf den betroffenen Schiedsrichter oder das Schiedsgericht bezwecken, wenn die ablehnende Partei sich dadurch einen für sie vorteilhafteren Verfahrensausgang erhofft.

aa) Ablehnungsgründe

Nach § 1036 Abs. 1 ZPO ist – entsprechend § 12 UMC-MG – ein Schiedsrichter ab dem Zeitpunkt, in dem ihm ein Amt angetragen wird, bis zum Verfahrensende verpflichtet, seine Unparteilichkeit und Unabhängigkeit möglicherweise in Zweifel ziehende Umstände offenzulegen.[448] „Berechtigte Zweifel" können zur Ablehnung des Schiedsrichters führen, ebenso, falls er in der Parteivereinbarung aufgestellte Quali-

---

[446] Vgl. z. B. BGHZ 54, 392 (396 f.); BGHZ 51, 255 (258 f.).

[447] Vgl. dazu Böckstiegel, ICCA Congress Series no. 5 (Stockholm 1990), S. 132 ff. (I. Topic 3).

[448] Schlosser hält die vielerorts vertretene Ansicht, daß die parteiernannten Schiedsrichter ebenso unabhängig seien wie der Vorsitzende für die „Lebenslüge der Schiedsgerichtsbarkeit". Wirtschaftliche Interessenverflechtungen zwischen den Parteien und den von ihnen bestimmten Beisitzern, die angesichts der Lukrativität des Schiedsrichteramtes auf spätere Wiederernennungen hofften, lasse die „doktrinäre Fassade" leicht erkennbar werden; ZIP 1987, 492 (493) mit Verweis auf die Entscheidung des BGH in NJW 1972, 827, in der es heißt: „Es ist eine allgemeine Erfahrung (...) daß sich die von den Parteien ernannten Schiedsrichter vielfach als deren Interessenvertreter betrachten und demgemäß ihr Amt mehr oder weniger einseitig ausüben (...)"; ähnlich Kornblum, NJW 1987, 1105 (1108); Beispiele bei Jagenburg, in: FS Oppenhoff, S. 147 (158 f.).

fikationen nicht erfüllt (Abs. 2).[449] Einzelheiten zur Ausfüllung der Generalklausel sind bewußt nicht gesetzlich geregelt, sondern der Regelung durch die Praxis überlassen worden.[450] Einschränkend gilt, daß eine Partei als Ausdruck des Verbotes widersprüchlichen Verhaltens einen von ihr (mit-) bestellten Schiedsrichter nur aus Gründen ablehnen kann, die ihr nach der Bestellung bekannt werden (Abs. 2 S. 2).

bb) Ablehnungsverfahren

Die ablehnende Partei hat innerhalb von zwei Wochen nach Kenntniserlangung von der Zusammensetzung des Schiedsgerichts bzw. der „berechtigten Zweifel" dem Schiedsgericht die Ablehnungsgründe darzulegen, soweit die Parteien keine anderen Vereinbarungen getroffen haben (§ 1037 Abs. 1 u. 2 ZPO). Tritt der abgelehnte Schiedsrichter nicht zurück oder stimmt die Gegenseite dem Antrag nicht zu, entscheidet hierüber zunächst das Schiedsgericht. Entgegen dem Vorschlag der Reformkommission und dem Gesetzesvorschlag der Bundesregierung[451] wurde auf Initiative des Rechtsausschusses des Deutschen Bundestages in der Schlußphase des Gesetzgebungsverfahrens der vorgesehene Ausschluß des betroffenen Schiedsrichters von der Teilnahme an der Abstimmung über seine eigene Befangenheit aus dem Gesetzesentwurf wieder gestrichen.[452] Begründet wird dies damit, daß der für gerichtliche Verfahren geltende Grundsatz, daß niemand Richter in eigener Sache sein kann, nicht ohne weiteres auf die Schiedsgerichtsbarkeit übertragbar sei. Im Fall des Dreierschiedsgerichts benenne jede Partei in der Regel ihren Schiedsrichter, so daß bei Ausschluß des abgelehnten Schiedsrichters von der Abstimmung ein Gremium entscheiden würde, in dem die antragstellende Partei überrepräsentiert sei. Im Fall des Zweierschiedsgerichtes sei ohnehin eine sofortige Entscheidung des staatlichen Gerichtes naheliegend. Aus diesem Grunde sei die Übernahme der Regelung in Art. 13

---

449 Diese § 12 UNC-MG entsprechende Generalklausel wurde im Sinne der Benutzerfreundlichkeit des Gesetzes für ausländische Parteien aufgenommen und ersetzt die Verweisung auf §§ 41, 42 ZPO in § 1032 ZPO a.F., jedoch ohne eine sachliche Änderung zu bezwecken; Ref.-E., S. 129; BT-Drs. 13/5274, S. 40.

450 In den Motiven wird der Rückgriff auf die Lösungen aus Praxis und Schrifttum empfohlen, da dieser Bereich für eine gesetzliche Regelung ungeeignet sei; vgl. BT-Drs. 13/5274, S. 40 f.; Ref-E., S. 129. In der Praxis haben sich als internationale Standesregeln sog. „Codes of ethics" herausgebildet, deren Vereinbarung jedoch eher unüblich ist, weil man u. a. durch jede Auslegung der schiedsrichterlichen Unparteilichkeit und Unabhängigkeit eine Zunahme von unbegründeten Ablehnungen befürchtet. Einschlägig sind z. B. die „Rules of Ethics for International Arbitrators" von 1986, erarbeitet von der International Bar Association (IBA), abgedr. in YCA XII (1987), S. 199 ff. sowie in JPS, Bd.1, 1987, S. 192 ff. (deutsche Übersetzung von Glossner), und der „Code of Ethics for Arbitrators" von 1977, gemeinsam erarbeitet von der American Bar Association (ABA) und der American Arbitration Association (AAA), dargestellt von Holtzmann in YCA, Band X (1985), S. 131 ff.), vgl. auch Lionnet, S. 112 m.w.N.; vgl. aus schwedischer Sicht z. B. Lundblad, Svensk och Internationell Skiljedom 1991, S. 44 (48 f.), der die „Codes of ethics" der AAA und ABA für schwedische Verhältnisse u. a. aufgrund unterschiedlicher Neutralitätsmaßstäbe für parteiernannte und nicht parteiernannte Schiedsrichter ablehnt, jedoch die IBA Regeln für geeignet hält.

451 Vgl. BT-Drs. 13/5274, S. 6 f. u. 41; Disk-E, S. 40 u. 122.

452 Vgl. BT-Drs. 13/9124, S. 46. Bei den Beratungen zum UNC-MG war von deutscher Seite bereits vergeblich versucht worden, die Beteiligung des abgelehnten Schiedsrichters auszuschließen; vgl. Nachweise bei Holtzmann/Neuhaus, S. 422 (A/CN.9/263 infra 2., Art. 13 (2)); S. 429 (A/CN.9/SR.313, infra 55) und S. 434 (A/CN.9/SR.314, para. 44 f.).

Abs. 2 UNC-MG vorzugswürdig, wonach der abgelehnte Schiedsrichter an der Entscheidung mitwirkt.

Bleibt der Antrag erfolglos, kann die ablehnende Partei nach §§ 1037 Abs. 3, 1062 Abs. 1 Nr. 1 ZPO innerhalb einer dispositiven Frist von einem Monat nach Kenntnis hiervon gerichtliche Entscheidung beim zuständigen Oberlandesgericht beantragen. Die abschließende Entscheidung liegt daher in Übereinstimmung mit dem fast wortgleichen Art. 13 Abs. 3 UNC-MG stets beim staatlichen Gericht. Auch hindert die Anhängigkeit des Antrages beim Oberlandesgericht nicht die Fortführung des Schiedsverfahrens unter Einschluß des abgelehnten Schiedsrichters (§ 1037 Abs. 3 S. 2 ZPO).[453] Tritt ein abgelehnter Einzelschiedsrichter nicht zurück, so kann über den Antrag nur das staatliche Gericht entscheiden, d. h. es kommt zuvor nicht zu einer Entscheidung des „Schiedsgerichts".[454]

Das Gericht kann über den Antrag im vereinfachten Beschlussverfahren entscheiden, d.h. ohne mündliche Verhandlung, doch ist der Gegner vor der Entscheidung zu hören (§ 1063 Abs. 1 S. 1-2 ZPO). Die Entscheidung ist nicht rechtsmittelfähig.[455]

Werden Ablehnungsgründe nicht nach § 1037 Abs. 3 ZPO fristgerecht geltend gemacht, sind sie trotz der Formulierung „kann" in Bezug auf das Aufhebungs- und Vollstreckbarerklärungsverfahrens präkludiert.[456] Das gilt ebenso bezüglich erfolglos geltend gemachter Ablehnungsgründe, da das Oberlandesgericht durch rechtskräftigen und unanfechtbaren Beschluß entscheidet (§ 1065 Abs. 1 S. 2 iVm.§ 1062 Abs.1 Nr. 1 ZPO).

d) Untätigkeit oder Unmöglichkeit der Aufgabenerfüllung

Ist ein Schiedsrichter rechtlich oder tatsächlich zur Aufgabenerfüllung außerstande oder erfüllt er sonst seine Aufgaben in angemessener Frist nicht, regelt § 1038 ZPO in weitgehender Übereinstimmung mit Art. 14 UNC-MG die Folgen. Der Regelung ist im Wege eines Umkehrschlusses zu entnehmen, daß ein Schiedsrichter seiner Arbeit „in angemessener Frist" nachkommen muß. Anderenfalls endet sein Amt, wenn er zurücktritt, die Parteien die Beendigung vereinbaren (Abs. 1 S. 1), oder wenn das Gericht dies auf Antrag einer Partei entscheidet (S. 2). Die nähere Bestimmung einer „angemessenen Frist" richtet sich nach den Umständen des Einzelfalles. Die Motive weisen zu Recht darauf hin, daß dabei der Schiedsrichtervertrag, die vereinbarten Schiedsrichterqualifikationen sowie die Komplexität des Streitgegenstandes eine

---

[453] Der Schiedsspruch wird regelmäßig nicht vor der Entscheidung über die Ablehnung erlassen werden, um den Streit über die Ablehnung nicht in das Aufhebungs- oder Vollstreckungsverfahren zu verlagern; BT-Drs. 13/5274, S. 42; Ref.-E., S. 132; vgl. auch Holtzmann/Neuhaus, S. 407 f. zu den Beratungen der Parallelregelung in Art. 13 Abs. 3 S. 2 UNC-MG.

[454] Vgl. BT-Drs. 13/5274, S. 41; Ref.-E., S. 132.

[455] Vgl. § 1065 Abs. 1 ZPO, wonach lediglich Entscheidungen nach § 1062 Abs. 1 Nr. 2 und 4 ZPO anfechtbar sind.

[456] Die Partei kann die ablehnende Entscheidung des Schiedsgerichts ausnahmsweise erst im Aufhebungs- und Vollstreckbarerklärungsverfahren überprüfen lassen, falls absolute Aufhebungsgründe vorliegen; BT-Drs. 13/5274, S. 42; Ref.-E., S. 133.

wesentliche Rolle spielen.[457] Zu beachten ist, daß nach § 1038 Abs. 2 ZPO allein aus der Abberufung eines Schiedsrichters durch die Parteien oder aus dessen Amtsniederlegung nicht folgt, daß ein Grund zur Amtsbeendigung vorgelegen hat. Durch den Ausschluß einer solchen Anerkennungswirkung zu Lasten des betroffenen Schiedsrichters soll ein Vorgehen nach Absatz 1 für die Beteiligten erleichtert werden.[458]

e) Bestellung eines Ersatzschiedsrichters

Vorbehaltlich anderer Vereinbarungen ist nach jeder Beendigung eines Schiedsrichteramtes ein Ersatzschiedsrichter nach den Regeln zu bestellen, die auf die Bestellung des zu ersetzenden Schiedsrichters anwendbar waren (§ 1039 ZPO Abs. 1 u. 2 ZPO).[459] Hierdurch werden die in §§ 1036-1038 ZPO genannten Fälle der Amtsbeendigung um den Rücktritt des Schiedsrichters aus einem anderen Grund und um die Aufhebung des Schiedsrichteramtes durch Parteivereinbarung erweitert. Der Schiedsrichter kann demnach auch ohne jeden sachlichen Grund aus bloßer Unwilligkeit zurücktreten, beziehungsweise können die Parteien dessen Amtsbeendigung auch ohne Vorliegen eines gesetzlichen Grundes aufgrund der Parteimaxime frei vereinbaren.[460]

f) Mehrparteienschiedsgerichtsbarkeit

Von einem Mehrparteienschiedsverfahren spricht man, wenn auf einer oder auf beiden Seiten des Verfahrens mindestens zwei Parteien beteiligt sind. Dieser Verfahrenskonstellation kommt national wie international aufgrund der zunehmenden Komplexität des Wirtschaftslebens sowie der Arbeits- und Risikoverteilung eine gestiegene Bedeutung zu.[461] Sind an einem (Schieds-) Vertrag mehrere Parteien beteiligt, ist insbesondere zu klären, wer zusammen mit wem die Schiedsrichter zu ernennen hat, da regelmäßig jede „Partei" nur einen Schiedsrichter ernennt und die beiden so ernannten Schiedsrichter dann den Obmann zu bestimmen haben.[462] Der deutsche Gesetzgeber hat von der Regelung der Mehrparteienschiedsgerichtsbarkeit unter Bedauern abgesehen, da dies angesichts der für eine gesetzliche Bestimmung ungeeigneten Komplexität der Problematik eine umfang- wie wortreiche Regelung erfordert hätte.[463] Nach überwiegender Ansicht wird jedoch vertreten, daß die Generalklausel in § 1034 Abs. 2 ZPO zur Lösung des Problems herangezogen werden kann.[464] Danach darf eine Schiedsvereinbarung keiner Partei bei der Zusammensetzung des Schiedsgerichts ein

---

457 Vgl. dazu BT-Drs. 13/5274, S. 42; Ref.-E., S. 135.

458 BT-Drs. 13/5274, S. 43; Ref.-E., S. 135.

459 Nach § 1031 ZPO a.F. verlor dagegen eine Schiedsvereinbarung mit Wegfall eines in ihr genannten Schiedsrichters ihre Gültigkeit (§ 1033 Nr. 1 ZPO a.F.).

460 Der darüber hinaus in Art 15 UNC-MG genannte „andere Fall der Beendigung des Schiedsrichteramtes" wird von § 1039 ZPO mit erfaßt; Ref.-E., S. 136; BT-Drs. 13/5274, S. 43.

461 Vgl. etwa Labes, S. 28 f.

462 Vgl. dazu Lionnet, S. 205 ff.; Nicklisch, in: FS Glossner, S. 221 ff.; Koussoulis, ZZP 1994, 195 (199 ff.); Schwab/Walter, S. 97 Rn. 14 m.w.N.; rechtsvergleichend: Diesselhorst, S. 27 ff. (CH, D, F, GB, Hong Kong, Ndl, USA).

463 Vgl. Schlosser, RIW 1994, 723 (724); BT-Drs. 13/5274, S. 26; Disk.-E., S. 14.

464 Vgl. Schlosser, RIW 1994, 723 (724); Berger, DZWir 1998, 45 (50) m.w.N. In der Rechtsprechung ist bislang nicht die Frage behandelt worden, ob und wann § 1034 Abs. 2 ZPO diese Funktion erfüllen kann.

die andere Partei offensichtlich benachteiligendes Übergewicht geben. Die benachteiligte Partei kann anderenfalls bei Gericht beantragen, „den oder die Schiedsrichter abweichend von der erfolgten Ernennung oder der vereinbarten Ernennungsregelung zu bestellen“ (S. 2) und gegebenenfalls ein Gleichgewicht bei der Bestellung des Schiedsgerichts mit Hilfe des Gerichts erreichen.[465]

2. Schwedisches Recht

a) Voraussetzungen für das Schiedsrichteramt

Schiedsrichter müssen auch nach schwedischem Recht unparteiisch sein (§ 8 Abs. 1 S. 1 LSF).[466] Sie müssen ferner als persönliche Mindestvoraussetzung über sich selbst frei bestimmen können, also volljährig und unbeschränkt rechtsfähig sein und dürfen in der Verfügungsbefugnis über ihr Eigentum nicht beschränkt sein (§ 7 LSF). Diese zwingende Bestimmung beruht auf der gesetzgeberischen Annahme, daß eine zahlungsunfähige Person vergleichsweise leichter beeinflußbar und daher weniger unabhängig sei.[467] Aus den Motiven folgt zwar, daß allein das Bestehen von Zahlungsschwierigkeiten oder –unfähigkeit für den Schiedsrichter noch keinen Hinderungsgrund darstellt.[468] Eine bereits formell in (Privat-) Konkurs befindliche Person kann jedoch nicht Schiedsrichter sein.[469]

Die Parteien können weitere Voraussetzungen für das Schiedsrichteramt vereinbaren. Auch nach schwedischer Ansicht sollte etwa der Obmann des Schiedsgerichts Jurist sein, um die notwendige Beachtung schwedischen Verfahrensrechts und ein rechtlich fehlerfreies Verfahren sicherzustellen.[470]

---

465 In der Praxis wird in der DIS – SchO vom 01.07.1998 in Ziffer 13.2 folgende – auszugsweise wiedergegebene – Ernennungsregelung angeboten: „Sind in der Schiedsklage zwei oder mehr Beteiligte aufgeführt, so haben diese, soweit die Parteien nichts anderes vereinbart haben, gemeinsam einen Schiedsrichter innerhalb einer Frist von 30 Tagen nach Empfang der Klage durch die Beklagten zu benennen. *[...]* Einigen sich die Beklagten nicht innerhalb der Frist, benennt der DIS-Ernennungsausschuss zwei Schiedsrichter, soweit die Parteien nichts anderes vorsehen. Eine von der Klägerseite vorgenommene Ernennung wird durch die Benennung durch den DIS-Ernennungsausschuss gegenstandslos. Die zwei von den Parteien oder vom DIS-Ernennungsausschuss benannten Schiedsrichter benennen den Vorsitzenden. *[...]*.“

466 Auch in Schweden gibt es einzelne Stimmen, die bedauern, daß es wohl recht üblich sei, daß parteiernannte Schiedsrichter sich eher als Parteivertreter statt als Unparteiische auffassen; vgl. Bolding, Skiljeförfarande, S. 168 m.w.N.

467 Vgl. Prop. 1998/99:35, S. 81 f.; SOU 1994:81, S. 13.

468 So zu Recht auch z. B. Heuman, Skiljemannarätt, S. 230 f.

469 Vgl. Prop. 1998/99:35, S. 81 f. u. 217; SOU 1994:81, S. 115 f. Das Fehlen einer in § 7 LSF genannten Mindestvoraussetzung führt nicht automatisch zur Unwirksamkeit eines Schiedsspruches, kann jedoch zu dessen Aufhebung führen, wenn der Schiedsspruch fristgerecht angefochten wird und der Einwand nicht nach § 34 Abs. 2 LSF präkludiert ist; Prop. 1998/99:35, S. 217; SOU 1994:81, S. 264.

470 Vgl. Bolding, der bei reinen Laiengerichten eine zu große Gefahr fehlerhafter formeller oder materieller Prozeßleitung sieht; Skiljeförfarande, S. 176; auch Heuman, Specialprocess, S. 32 u. 34 sowie Nordenson, der darauf hinweist, daß in Schweden zunehmend Einzelschiedsrichter vereinbart werden, Swedish and International Arbitration 1990, S. 19 (22 ff.).

b) Zusammensetzung und Bestellung des Schiedsgerichts

Die Konstituierung des Schiedsgerichts bestimmt sich nach §§ 12-16 LSF. Ebenso wie jetzt im neuen deutschen Recht besteht ein schwedisches Schiedsgericht traditionell aus drei Schiedsrichtern, von denen beide Parteien je einen wählen, die dann gemeinsam den dritten Schiedsrichter bestimmen (§ 13 S. 1 u. 2 LSF).[471] Die Parteien können vereinbaren, daß ein Dritter oder ein Schiedsgerichtsinstitut die Zahl der Schiedsrichter bestimmt.[472] Die Parteiautonomie wird insofern begrenzt, daß eine Schiedsvereinbarung, die eine Ernennung aller oder der Mehrheit der Schiedsrichter durch eine Partei vorsieht, regelmäßig unwirksam ist.[473]

Haben die Parteien jeweils einen Schiedsrichter zu bestimmen und hat etwa die Klägerin die Beklagte durch verfahrenseinleitendes Antragsschreiben von ihrer Wahl gemäß § 19 Abs. 2 LSF unterrichtet, hat die Beklagte innerhalb von dreißig Tagen nach dessen Empfang ebenfalls ihre Wahl eines Schiedsrichters schriftlich mitzuteilen (§ 14 Abs. 1 LSF). Die Schriftlichkeit wird z. B. durch Telefax gewahrt.[474] Nach einer solchen Mitteilung kann eine Partei ihre Benennung nur noch mit Zustimmung der Gegenpartei widerrufen (§ 14 Abs. 2 LSF). Handelt eine Partei nicht fristgerecht, kann

---

[471] Im schwedischen Schrifttum wird ganz überwiegend vertreten, daß Richter keine Mandate als „Partei-Schiedsrichter" annehmen dürfen. Nach Nordenson gibt es eine lange Tradition, wonach Richter von den Obersten schwedischen Gerichten in der Praxis nur Aufträge als Vorsitzende des Schiedsgerichts, nicht aber als „Parteischiedsrichter" annehmen würden; Swedish and International Arbitration 1990, S. 19 (23 f.). Auch nach Cars, S. 66, ist die Ausübung eines Schiedsrichteramtes durch staatliche Richter jedenfalls als Vorsitzender oder Einzelrichter erlaubt. Stets habe der Richter zu beachten, daß seine Unabhängigkeit in den Augen Dritter nicht eingeschränkt werde, was bei einer Parteiernennung problematisch sei. Unproblematisch sei jedoch eine Ernennung durch eine staatliche oder kommunale Partei. Die erforderliche Genehmigung zur Ausübung des Schiedsrichteramtes werde in der Praxis jedoch auffallend selten eingeholt (S. 67). So im Ergebnis auch Lind, SvJT 1999, 81 (81). Nach Heuman darf ein schwedischer Richter keinen Auftrag als Schiedsrichter von einer Partei annehmen, da dies als unerlaubte Nebentätigkeit gelte; ein Schiedsspruch sei aber wegen fehlender Erlaubnis kaum anfechtbar gemäß § 8 LSF; Skiljemannarätt, S. 233 m.w.N.

[472] Ein Bezirksgericht ist nach § 12 Abs. 3 LSF zu einer Ernennung lediglich verpflichtet, wenn die Parteien dies vereinbart haben. Es ist jedoch z. B. nicht zur Bestimmung der Anzahl der Schiedsrichter verpflichtet, so daß insoweit eine andere ernennende Stelle vereinbart werden sollte. Im Zweifel könne die gesetzliche Regelung über das Dreierschiedsgericht in § 13 LSF herangezogen werden; Prop. 1998/99:35, S. 221; SOU 1994:81, S. 269, Heuman, Skiljemannarätt, S. 228.

[473] Das kann auch bei einer „indirekten" Ernennung der Mehrheit der Schiedsrichter durch eine Partei gelten, z. B. durch eine ihr nahestehende Organisation; Heuman, Current Issues, S. 235-241 mit Nachweisen zur Rechtsprechung der schwedischen Hofgerichte und des Obersten Gerichtshofs (HD). Ausnahmsweise können nach schwedischem Recht Schiedsklauseln wirksam sein, die stark vom englischen Recht (vgl. Arbitration Act 1950 Sec. 7, ebenso Arbitration Act 1996 Section 17) beeinflußt sind und nach denen der klägerseits ernannte Schiedsrichter das Schiedsverfahren als Einzelschiedsrichter durchführen darf, wenn die Beklagte die Schiedsrichterwahl innerhalb der vorgegebenen Zeit unterläßt. Ein Verstoß gegen das Gebot der überparteilichen Rechtspflege wird nicht angenommen. Das gilt nach deutschem Recht nicht für inländische Schiedssprüche nach einer BGH-Entscheidung aus dem Jahre 1970; BGHZ 54, 392 (399 f.). In Bezug auf einen ausländischen Schiedsspruch hat der BGH andererseits 1986 das Gegenteil entschieden, da ein solcher Schiedsspruch regelmäßig nicht gegen Art. 5 Abs. 2 b) UNÜ verstoße und deshalb in Deutschland anerkannt werden könne. Der deutsche verfahrensrechtliche ordre-public international sei nur dann verletzt, wenn sich der Verstoß gegen das Gebot der überparteilichen Rechtspflege konkret ausgewirkt habe (BGH RIW 1986, 816 (817)).

[474] Vgl. Prop. 1998/99:35, S. 221; SOU 1994:81, S. 270.

die andere Partei die Bestimmung des Schiedsrichters durch das Bezirksgericht beantragen (Abs. 3), oder Klage vor dem ordentlichen Gericht erheben (§ 5 Nr. 2 LSF).

Ist ein Schiedsrichter innerhalb von dreißig Tagen durch andere Schiedsrichter zu ernennen, erfolgt dies jedoch nicht, nachdem der letzte Schiedsrichter gewählt wurde, kann jede Partei dessen Ernennung beim Bezirksgericht beantragen (§ 15 Abs. 1). Dieses Antragsrecht gilt auch, wenn ein Schiedsrichter von einem Dritten nach Aufforderung durch die antragstellende Partei von diesem nicht vereinbarungsgemäß innerhalb von dreißig Tagen bestimmt wurde (§ 15 Abs. 2 S. 1)[475] oder wenn ein von den Parteien gemeinsam zu benennender Schiedsrichter nicht fristgemäß ernannt wird.

c) Ablehnung eines Schiedsrichters

Die Ablehnung eines Schiedsrichters richtet sich nach §§ 8, 10-11 LSF.

aa) Ablehnungsgründe

Ein Schiedsrichter hat nach der weiten Generalklausel in § 8 Abs. 1 LSF unparteiisch zu sein (S. 1) und kann auf Antrag seines Amtes enthoben werden, wenn Umstände vorliegen, die geeignet sind, das Vertrauen in seine Unparteilichkeit zu erschüttern (S. 2).[476] Das gilt insbesondere, wenn einer der im Gesetz nicht abschließend aufgezählten Befangenheitsgründe vorliegt (Abs. 2). Ein Schiedsrichter gilt danach nicht als unparteiisch, wenn er selbst oder eine ihm nahestehende natürliche[477] Person Partei ist oder durch den Verfahrensausgang einen beachtlichen Vorteil erwarten oder Schaden erleiden kann (§ 8 Abs. 2 Nr. 1 LSF). Ferner gilt dies dann, wenn er (Vorstands-) Mitglied eines Unternehmens oder einer anderen Vereinigung ist, die Partei ist, oder wenn er sonst Stellvertreter einer Partei oder eines Dritten ist, der beachtlichen Vorteil oder Schaden durch den Verfahrensausgang erleiden kann (§ 8 Abs. 2 Nr. 2 LSF). Auch gilt der Schiedsrichter nicht als unparteiisch, wenn er als Sachverständiger oder in anderer Weise Stellung in der Streitigkeit bezogen[478] oder einer Partei bei der Vorbereitung bzw. Durchführung der Klage geholfen hat (§ 8 Abs. 2 Nr. 3 LSF) oder eine heimliche Vergütungsabrede mit einer Partei vorliegt, er also entgegen

---

475 Aus dem Gesetzeswortlaut „auffordern" („uppmana") wird nicht deutlich, ob die Frist mit dem Absenden der Erklärung oder mit deren Entgegennahme zu laufen beginnt. Die Gesetzesmotive deuten jedoch darauf hin, daß die 30-Tagesfrist mit Absendung zu laufen beginnt, da bereits ein ernsthafter Mitteilungsversuch ausreicht, Prop. 1998/99:35, S. 222.

476 Im LSF wird der im schwedischen Prozessgesetz (RB) verwandte Befangenheitsgebriff („jäv") zwecks Vermeidung von Analogien und in Abgrenzung zum RB bewußt nicht verwendet; Prop. 1998/99:35, S. 83; SOU 1994:81, S. 13. Andererseits enthalten die Befangenheitsregeln in RB 4:13 p 10 und in § 8 Abs. 2 LSF z. B. beide die Generalklausel: „Auf Antrag einer Partei ist ein Schiedsrichter seines Amtes zu entheben, falls Umstände vorliegen, die das Vertrauen in seine Unparteilichkeit erschüttern können". Dies zeigt, daß offensichtlich parallele Wertungen vorzunehmen sind. Vgl. zu Beispielen anhand des SML a.F. Lundblad, Svensk och Internationell Skiljedom 1991, S. 44 ff.

477 Prop. 1998/99:35, S. 218; SOU 1994:81, S. 265.

478 Hierunter fällt nicht der Fall, daß ein Schiedsrichter zu einer Frage, die Gegenstand des Verfahrens ist oder werden kann, früher publiziert hat; Prop. 1998/99:35, S. 84; Philip, Stockholm Arb. Rep. 1999:1, S. 33 (35).

§ 39 Abs. 2 LSF eine Vergütung entgegengenommen oder sich vorbehalten hat (§ 8 Abs. 2 Nr. 4 LSF).

Ein Schiedsrichter hat ferner, nachdem ihm ein Amt als Schiedsrichter angeboten worden ist, aber auch bei Kenntniserlangung von solchen Umständen erst im Laufe des Verfahrens, jeweils umgehend die Parteien und übrigen Schiedsrichter über alle ihn möglicherweise betreffenden Hinderungsgründe iSv. §§ 7, 8 LSF aufzuklären (§ 9 LSF). Nach dem Wortlaut von § 9 LSF besteht diese Pflicht erst, wenn das Schiedsgericht vollständig gebildet worden ist. Ein Schiedsrichter ist jedoch – wie auch z. B. nach Art. 12 Abs. 1 UNC-MG - gegenüber der ihn ernennenden Partei unverzüglich offenbarungspflichtig und für den Fall, daß seine Ernennung aufrecht erhalten bleibt, auch gegenüber den anderen Parteien und Schiedsrichtern.[479]

bb) Ablehnungsverfahren

Eine Partei kann innerhalb von fünfzehn Tagen nach Kenntnis von der Ernennung des Schiedsrichters und dem Vorliegen des Ablehnungsgrundes beim Schiedsgericht die Entbindung des Schiedsrichters von seinem Auftrag beantragen (§§ 10 Abs. 1 S. 2, 8 Abs. 1 S. 2 LSF). Vorbehaltlich anderer Parteivereinbarungen ist der abgelehnte Schiedsrichter nicht von der Abstimmung über seine Ablehnung ausgeschlossen.[480] Einzelschiedsrichter entscheiden somit zunächst in eigener Sache. Die Reformkommission begründet das Abstimmungsrecht des abgelehnten Schiedsrichters mit dem Fehlen eines „Ersatzmannes“ und dem Umstand, daß der Ablehnungsantrag auch sämtliche Schiedsrichter betreffen könnte.[481] Weiter wird die Parallelregelung in Art. 13 Abs. 2 S. 2 UNC-MG hervorgehoben und mögliche Bedenken gegen die Teilnahme des abgelehnten Schiedsrichters an der Abstimmung über seine Ablehnung nicht für so erheblich gehalten, daß eine Abweichung vom Modellgesetz in Betracht komme.[482]

Die Parteien können jederzeit die abschließende Prüfung des Ablehnungsbegehrens durch einen Dritten, etwa ein Schiedsverfahrensinstitut, vereinbaren (§§ 11; 10 Abs. 1 S. 2 LSF). Ist die Vereinbarung nicht eindeutig, ist der Ausschluß des ordentlichen Rechtsweges im Zweifelsfall abzulehnen.[483] Der Ausschluß der gerichtlichen Überprüfung des Ablehnungsbegehrens erfaßt auch möglicherweise noch unbekannte Ablehnungsgründe und gewährleistet eine vertrauliche Regelung der

---

479 Vgl. Heuman, Skiljemannarätt, S. 248 m.w.N. sowie die inhaltsgleiche Regelung in § 17 Abs. 2-3 der SCC-SchO vom 01.04.1999.

480 Vgl. Prop. 1998/99:35, S. 219; SOU 1994:81, S. 267.

481 Vgl. SOU 1994:81, S. 119.

482 Vgl. Prop. 1998/99:35, S. 86 f. u. S. 219.

483 Vgl. Prop. 1998/99:35, S. 220; SOU 1994:81, S. 268. Es ist unklar, ob die Parteien die Befangenheitsprüfung unmittelbar dem ordentlichen Gericht übertragen können, da eine ausdrückliche gesetzliche Ermächtigung – auch in § 10 LSF – dafür fehlt; vgl. Heuman. Skiljemannarätt, S. 251 f.

Befangenheitsfrage.[484] Der Begriff Schiedsverfahrensinstitut ist gesetzlich nicht definiert, setzt jedoch ein Institut voraus, das nach festen Statuten arbeitet.[485]

Das Schiedsgericht trifft eine stattgebende Entscheidung durch unanfechtbaren Beschluß (§ 10 Abs. 2 LSF). In diesem Fall hat die antragstellende Partei das Recht, die Ernennung eines Ersatzschiedsrichters über das Bezirksgericht zu bewirken, d. h. die andere Partei kann einen neuen Schiedsrichter nicht selbst ernennen (§ 16 Abs. 1 S. 1 LSF). Weist das Schiedsgericht den Antrag jedoch ab oder als verspätet zurück, kann der Beschluß innerhalb von dreißig Tagen nach dessen Erhalt vom Antragsteller beim Bezirksgericht angefochten werden (Abs. 3 S. 1-2).[486] Die Gegenpartei ist möglichst vor einer stattgebenden Entscheidung zu hören, in letzterem Fall auch der Schiedsrichter selbst (§ 44 Abs. 1 S. 3-4 LSF).[487] Im Fall der Antragsabweisung oder Verfahrenseinstellung ist eine Anhörung dagegen entbehrlich. Ferner ist die Anhörung eines Schiedsrichters entbehrlich, wenn dieser innerhalb angemessener Frist nur schwer zu erreichen ist.[488]

Mangels eines Suspensiveffektes der Anfechtungsklage kann das Schiedsgericht das Verfahren derweil fortsetzen (§ 16 Abs. 1 S. 3 LSF) und gegebenenfalls einen Schiedsspruch erlassen.[489] Die stattgebende Entscheidung des Bezirksgerichts über einen Antrag auf Bestimmung eines Schiedsrichters oder auf dessen Amtsenthebung ist unanfechtbar (§ 44 Abs. 3 LSF).

Das LSF regelt nicht die Ablehnung eines Schiedsrichters, der die von den Parteien vereinbarten Qualifikationen in seiner Person nicht erfüllt. Weigert sich ein Schiedsdrichter in solch einem Fall zurückzutreten und lehnt das Schiedsgericht das Ablehnungsgesuch ab, kann die antragstellende Partei die Abberufung während des Schiedsverfahrens auch nicht mit Hilfe des Bezirksgerichts erreichen. Die Anfechtungsmöglichkeit vor dem Bezirksgericht nach § 10 Abs. 3 S. 1 LSF ist auf die Überprüfung der schiedsrichterlichen Entscheidungen nach § 10 Abs. 1 LSF beschränkt, d. h. auf die Entscheidung über die Befangenheitsgründe nach § 8 LSF. Es würde jedoch dem Wortlaut und Sinn der Regelung widersprechen, die gerichtliche Nachprüfungskompetenz auch auf den Fall fehlender Qualifikation eines Schiedsrichters zu erstrecken.[490] Soweit die Parteien nicht eine einvernehmliche Amtsaufhe-

---

484 Nach Paulsson wird daher in internationalen Schiedsverfahren überwiegend vereinbart, daß diese Frage abschließend von Schiedsgerichtsinstitutionen oder anderen ernennenden Stellen – ohne Begründung – entschieden wird; in: Swedish and International Arbitration 1993, S. 91 (95 u. 97).

485 Vgl.Prop. 1998/99:35, S. 90 u. 220 f.; SOU 1994:81, S. 122 u. 268.

486 Klagen im Zusammenhang mit der Auswahl eines Schiedsrichters oder dessen Amtsenthebung können alternativ beim Bezirksgericht am Wohnsitz einer Partei, am Schiedsverfahrensort oder beim Bezirksgericht Stockholm erhoben werden (§ 44 Abs. 1 LSF).

487 Eine Anhörung erfolgt regelmäßig durch Zustellung des Antrages an die Gegenseite. Das Verfahren richtet sich nach den Regeln des schwedischen Gesetzes über Gerichtsangelegenheiten (Lag (1996:242) om domstolsärenden).

488 Vgl. Prop. 1998/99:35, S. 243.

489 Vgl. Prop. 1998/99:35, S. 88.

490 Bolding hat diese Frage in Bezug auf das SML a.F. offengelassen, geht jedoch ebenfalls lediglich von einem Aufhebungsgrund aus, vorausgesetzt, die Qualifikation des Schiedsrichters sei ein-

bung des betroffenen Schiedsrichters feststellen, kann der Antragsteller lediglich den späteren Schiedsspruch anfechten. Der einschlägige Anfechtungsgrund ist in § 34 Abs. 1 Nr. 4 LSF enthalten, wonach der Schiedsspruch anfechtbar ist, wenn die Ernennung eines Schiedsrichters im Widerstreit mit einer Parteivereinbarung steht.[491]

d) Untätigkeit oder Unmöglichkeit der Aufgabenerfüllung

Die Voraussetzungen und Folgen für den Fall, daß ein Schiedsrichter die aus dem Schiedsrichtervertrag folgenden Aufgaben nicht erfüllt, richten sich in Anlehnung an das UNC-MG nach § 16 LSF.[492] Verletzt ein Schiedsrichter seine Pflichten, z. B. durch eine Verfahrensverzögerung aufgrund von Untätigkeit (§ 17 S. 1 LSF), und gibt er sein Amt daraufhin nicht freiwillig auf, kann er dessen enthoben werden. Das Vorliegen einer Verzögerung beurteilt sich objektiv und nach den Parteivereinbarungen im Einzelfall.[493] Ist eine solche anzunehmen, kann das Bezirksgericht den Schiedsrichter auf Antrag einer Partei seines Amtes entheben und einen neuen Schiedsrichter bestimmen.[494] Die Parteien können die abschließende Prüfung der Amtsenthebung und Ersetzung eines Schiedsrichters auch durch ein Schiedsverfahrensinstitut und nach dessen Verfahrensordnung vereinbaren (S. 2).[495]

e) Bestellung eines Ersatzschiedsrichters

Ist ein Schiedsrichter gestorben, aus sonstigem Grund aus dem Verfahren ausgeschieden, oder seines Auftrages enthoben worden, hat sein Wegfall keine Auswirkung auf die Gültigkeit der Schiedsvereinbarung. Das gilt auch, wenn er in ihr namentlich bestimmt war, es sei denn, die Parteien haben anderes vereinbart.[496] Die den weggefallenen Schiedsrichter ursprünglich ernennende Partei hat einen Ersatzschiedsrichter nach den ursprünglich anwendbaren Regeln zu bestimmen, wenn der Grund für die Amtsbeendigung nach seiner Ernennung entstanden ist, anderenfalls das Bezirksgericht auf Antrag (§ 16 S. 1-3 LSF).[497] Hat ein Schiedsrichter das Verfahren verzögert, ist er auf Antrag vom Bezirksgericht seines Amtes zu entheben, das auch einen Nachfolger zu bestimmen hat, es sei denn, die Parteien haben diese Aufgaben einem Schiedsgerichtsinstitut übertragen (§ 17 LSF).

---

deutig nicht mit der Parteivereinbarung in Einklang zu bringen („flagranter Fall"), vgl. S. 130 f. m.w.N.

491 So bereits Bolding, S. 130 f.; ebenso Prop. 1998/99:35, S. 146; SOU 1994:81, S. 175 u. 264 sowie Heuman, Skiljemannarätt, S. 225.

492 Vgl. Art. 16 UNC-MG. Zum Schiedsrichtervertrag siehe rechtsvergleichend (GB, D, S, CH) Schöldström, S. 42 ff.

493 SOU 1994:81, S. 272.

494 Ein Fehlverhalten eines Schiedsrichters kann eine zivilrechtlichen Haftung gegenüber den Parteien begründen, jedoch obliegt den Parteien insoweit die Beweislast, und einschlägige Verfahren sind aus der Praxis nicht bekannt; Holmbäck/Mangård YCA III (1978), 161 (168).

495 Stellt eine Partei den Antrag abredewidrig beim Gericht, muß die Gegenpartei dessen Zuständigkeit in der ersten Verhandlung rügen; vgl. SOU 1994:81, S. 273.

496 Anders SML a.F.; vgl. Prop. 1998/99:35, S. 95 u. 222; SOU 1994:81, S. 272.

497 Vgl. Verweis in § 16 S. 2 LSF auf §§ 14, 15 LSF. Die 30-Tagesfrist läuft in diesem Fall ab Kenntnis von der Aufgabe, eine Neuernennung vorzunehmen (§ 16 S. 3 LSF).

Ein Bezirksgericht kann in Fällen der Schiedsrichterernennung (§§ 12 Abs. 3, 14, 15 oder § 17 LSF) den Parteiantrag mit der Begründung fehlender gesetzlicher Voraussetzungen für ein Schiedsverfahren nur ablehnen, wenn diese offensichtlich fehlen (§ 18 LSF). Es findet insoweit lediglich eine summarische Prüfung statt. Nicht ausreichend ist eine schlichte Annahme oder Wahrscheinlichkeit, daß die Schiedsvereinbarung ungültig oder keine Schiedsfähigkeit gegeben ist.[498]

Zuständiges Gericht für Klagen im Zusammenhang mit der Auswahl oder Amtsenthebung eines Schiedsrichters ist nach § 44 Abs. 1 LSF alternativ das Bezirksgericht am Wohnsitz einer Partei, am Schiedsverfahrensort oder das Bezirksgericht Stockholm.

f) Mehrparteienschiedsgerichtsbarkeit

Der schwedische Gesetzgeber hat ebenfalls auf spezifische Regelungen zur Bestellung von Schiedsrichtern in Mehrparteienschiedsverfahren verzichtet. Auch aus schwedischer Sicht erscheint eine generelle (gesetzliche) Formulierung einer Schiedsvereinbarung für Mehrparteienverfahren aufgrund der vielfältigen damit verbundenen vertraglichen Konstellationen nicht möglich.[499] Insbesondere die Bestimmungen zur Auswahl der Schiedsrichter und der Klageverbindung seien aufgrund ihres Umfangs und ihrer Komplexität für eine gesetzliche Regelung ungeeignet.[500] Gestützt auf die Parteiautonomie als Grundlage der Schiedsgerichtsbarkeit hat der Gesetzgeber es vorgezogen, die Regelung dieser Fragen den Parteien zu überlassen. Das Fehlen solcher Regelungen wird andererseits als Schwäche des Schiedsrechts empfunden. Eine begrenzte Hilfestellung erhofft sich der Gesetzgeber von der Vorschrift in § 12 Abs. 3 LSF, wonach die Parteien vereinbaren können, daß auch in nicht gesetzlich geregelten Fällen die Ernennung einzelner oder sämtlicher Schiedsrichter durch das Bezirksgericht erfolgen soll.[501]

3. Stellungnahme

Die Regeln über die Bildung des Schiedsgerichts sind im deutschen und schwedischen Recht im wesentlichen vergleichbar geregelt und sind mit Art. 10-15 UNC-MG weit-

---

498 Vgl. Prop. 1998/99:35, S. 97 u. 224; SOU 1994:81, S. 273.

499 Vgl. Prop. 1998/99:35, S. 98 u. 221; SOU 1994:81, S. 129 f. Zustimmend das Schrifttum, z. B. Hjerner, Svensk och Internationell Skiljedom 1989, S. 45 ff. (49), ebenso Heuman, Skiljemannarätt, S. 199, jeweils m.w.N.; vgl. auch Herrlin, Svensk och Internationell Skiljedom 1981, S. 31 (33).

500 Vgl. Heuman, Svensk och Internationell Skiljedom 1986, 6 (9); ders., Advokatssamfundet, S. 27, ders., Skiljemannarätt, S. 199 ff. m.w.N. Zur schwierigen Bestimmung der Reichweite der Rechtskraft von Schiedssprüchen in Mehrparteienschiedsverfahren vgl. Hobér, Svensk och Internationell Skiljedom 1986, S. 21 (26).

501 Vgl. Prop. 1998/99:35, S. 98 u. 221; SOU 1994:81, S. 269; vgl. bereits Wetter, Arb.Int. 1987, Vol. 3 No. 1, S. 2 (5). Interessant ist auch hier die Lösung aus der Praxis durch § 16 Abs. 3 der SCC-SchO vom 01.04.1999: „Treten auf einer Seite zwei oder mehrere Parteien auf und wird der Streitfall von mehr als einem Schiedsrichter entschieden, ernennen die Klägerseite und die Beklagtenseite eine gleiche Anzahl von Schiedsrichtern. Wird von einer Seite keine Ernennung vorgenommen, so erfolgt die Ernennung für diese Seite durch das Institut. Bei Vorliegen triftiger Umstände kann das Institut das ganze Schiedsgericht ernennen, sofern die Parteien keine abweichende Vereinbarung getroffen haben."

gehend identisch. Insbesondere enthalten beide Gesetze keine ausdrücklichen Bestimmungen zur Mehrparteienschiedsgerichtsbarkeit.

Beide Rechtsordnungen verlangen hinsichtlich der persönlichen Voraussetzungen der Schiedsrichter, daß diese unparteiisch und unabhängig sind. Die Regelung in § 7 LSF, wonach ein Schiedsrichter unbeschränkt verfügungsbefugt über sein Eigentum sein muß, ist dem deutschen Recht fremd und – soweit ersichtlich - auch international ungewöhnlich. Die Regelung erscheint wenig praxisrelevant und überzeugt nicht. Bereits der von der Reformkommission vorgelegte Zwischenbericht stellt insoweit fest, daß keine starken Gründe für diese Regelung sprächen.[502] Selbst in den Gesetzesmotiven wird – abschwächend – eingeräumt, daß eine Disqualifikation als Schiedsrichter aus diesem Grund fraglich sein könnte.[503] Ferner wird angeführt, daß für die Bestimmung in § 7 LSF der Vorteil einer generellen Regelung spräche – ohne daß dieser Vorteil jedoch erläutert wird – und für eine Ausnahmeregelung kein Bedarf bestehe.[504] Diese Motivierung erscheint nicht nachvollziehbar. Vor dem Hintergrund der auch von schwedischer Seite angestrebten Rechtsvereinheitlichung dürfte diese Vorschrift auch nachteilig sein, da sie insbesondere für ausländische Betrachter überraschend ist. Auch das darin weiter aufgestellte Erfordernis der Geschäfts-/Rechtsfähigkeit von Schiedsrichtern dürfte international selbstverständlich sein. Die Vorschrift des § 7 LSF erscheint daher insgesamt verzichtbar.

Die Regeln über die Bildung des Schiedsgerichts unterliegen in der ZPO und dem LSF weitgehend der Parteiautonomie und weisen im übrigen wesentliche Parallelen auf. In Ermangelung abweichender Parteivereinbarungen gilt danach ein Dreierschiedsgericht als gesetzlicher Regelfall. Im deutschen Recht (§ 1034 Abs. 1 ZPO) ist damit das frühere in § 1028 ZPO a.F. vorgesehene - wenn auch häufig abbedungene – Zweierschiedsgericht ersetzt worden. Letzteres hatte u. a. den Nachteil, daß bei Stimmengleichheit der Schiedsvertrag außer Kraft trat und dann Zeit und Geld nutzlos vertan waren.[505] Die Einführung des Dreierschiedsgerichts im Deutschen Recht ist zu begrüßen, zumal die frühere Regelung zum Zweierschiedsgericht international unbekannt und der Popularität Deutschlands als internationaler Schiedsverfahrensort nicht zuträglich war.

Weigert sich eine Partei bei der Bildung des Schiedsgerichts mitzuwirken, ist zu beachten, daß sie nach § 5 Ziffer 2 LSF die Schiedseinrede verliert. Die andere Partei kann daher anstelle einer Ersatzschiedsrichterbestellung auch ein ordentliches Gerichtsverfahren anhängig machen. Nach deutschem Recht besteht hier nur die Möglichkeit der Ersatzbestellung. Hintergrund dürfte das Bestreben sein, der Schiedsvereinbarung möglichst Geltung zu verschaffen (in favorem validitatis). Eine identische Rechtslage besteht nach beiden Rechtsordnungen jedoch, wenn eine Partei sich trotz

---

502 Vgl. SOU 1994:81, S. 115 f.

503 Vgl. Prop. 1998/99:35, S. 81 f.

504 Ebenda.

505 Vgl. § 1033 Nr. 2 ZPO a.F. Zudem bestand die latente Gefahr, daß sich die Schiedsrichter tendenziell eher als Vertreter der sie ernennenden Partei fühlen könnten.

Aufforderung des Schiedsgerichts weigert, ihren Anteil am Vorschuß zu leisten. In diesem Fall wird eine Partei nicht an der Schiedsvereinbarung festgehalten.[506]

Eine schiedsfreundliche gemeinsame Regelung hat jedoch das Schicksal einer Schiedsvereinbarung nach Wegfall eines in ihr benannten Schiedsrichters gefunden. Nachdem beide Rechtsordnungen nach dem jeweils früheren Recht, als Folge des Wegfalls von der Unwirksamkeit der Schiedsvereinbarung ausgingen[507], gehen nun sowohl das deutsche und das schwedische Recht vorbehaltlich anderer Parteivereinbarungen von der Fortgeltung der Schiedsvereinbarung aus.

Beide Gesetze ermöglichen im Sinne der Prozeßökonomie grundsätzlich eine frühzeitige Klärung von behaupteten Bestellungs- und Zuständigkeitsmängeln. Eine Ausnahme betrifft jedoch den Fall, daß ein Schiedsrichter eine vereinbarte Qualifikation nicht aufweist. Einigen sich die Parteien in diesem Fall nicht auf eine Amtsbeendigung des Schiedsrichters, bleibt nach schwedischem Recht lediglich die Möglichkeit einer späteren Anfechtung des Schiedsspruchs, da die Kompetenzzuweisung an das ordentliche Gericht in § 10 Abs. 3 S. 1 LSF sich lediglich auf die Befangenheitsgründe nach § 8 LSF bezieht. Auch wenn die zukünftige schwedische Rechtspraxis nicht vorhersehbar ist, dürfte eine analoge Anwendung der Regelung in § 10 Abs. 3 S. 1 LSF angesichts deren klaren Wortlautes ausscheiden. Nach deutschem Recht besteht dagegen die frühzeitige Möglichkeit der Einholung einer gerichtlichen Entscheidung hierüber nach § 1035 Abs. 3 und 4.[508] Diese Lösung ist für die Parteien vorteilhaft, da sie eine vorgeschaltete Durchführung eines zeit- und kostenintensiven Schiedsverfahrens vermeiden kann, zumal nach der schwedischen Lösung im Falle der späteren Anfechtung des Schiedsspruches ein neues Verfahren einzuleiten wäre.

Abgesehen von vorgenannter Frage bestehen jedoch viele Parallelen. Beide Gesetze verpflichten die Schiedsrichter frühzeitig zur Offenbarung möglicher Gründe für eine Befangenheit oder Amtsenthebung (§ 1036 Abs. 1 ZPO; § 9 LSF). Aus § 1036 Abs. 1 ZPO folgt, daß der Schiedsrichter gegenüber den Parteien auch bereits vor seiner Ernennung zur Offenbarung solcher Umständen verpflichtet ist. Dies gilt im Ergebnis – obwohl der Wortlaut von § 9 LSF ein konstituiertes Schiedsgericht voraussetzt – auch nach schwedischem Recht. Für die Fälle, in denen ein Schiedsrichter als befangen angesehen werden könnte, ohne daß jedoch die Parteien dies so beurteilen, kann in der Praxis der ausdrückliche Wille der Parteien zur Beibehaltung des betreffenden Schiedsrichters protokolliert werden mit der Folge, daß auf den konkreten Befangenheitsgrund später kein Anfechtungsverfahren gestützt werden kann.[509] Will eine Partei jedoch einen Schiedsrichter aufgrund Befangenheit ablehnen, so hat sie das Ablehnungsgesuch nach entsprechender Kenntnisnahme der Umstände innerhalb von

506 Vgl. § 5 Ziffer 3 LSF bzw. BGH NJW 1985, 1903 (1904).

507 Vgl. § 1033 Nr. 1 ZPO a.F.; Prop. 1998/99:35, S. 95 u. 222.

508 Vgl. Schwab/Walter, S. 104 Rn. 28 m.w.N.

509 Beide Länder haben in Anlehnung an Art. 12 Abs. 2 UNC-MG neue Generalklauseln zur Definition der Befangenheit eingeführt (§ 1036 Abs. 2 ZPO; § 8 LSF) und bewußt frühere Verweise ins nationale Zivilprozeßrecht vermieden (vgl. § 1032 Abs. 1 ZPO a.F.; § 21 Abs. 1 Nr. 3 SML a.F.). Damit wird Ausländern der Zugang zum Recht erleichtert (BT-Drs. 13/5274, S. 40; Ref.-E., S. 121; Disk.-E., S. 118), andererseits eine etwaige abweichende schiedsautonome Definition von „Befangenheit“ ermöglicht (Prop. 1998/99:35, S. 83; SOU 1994:81, S. 114 f.).

zwei Wochen (§ 1037 Abs. 2 ZPO) bzw. fünfzehn Tagen (§ 10 Abs. 1 LSF) an das Schiedsgericht zu richten. Das verspätete Geltendmachen der Befangenheit führt zur Präklusion, auch mit Wirkung für ein späteres Anfechtungsverfahren (§ 1037 Abs. 3 ZPO[510]; § 34 Abs. 2 LSF). Ein Beklagter muß somit unter Umständen eine Befangenheit zeitlich vor der eigenen Schiedsrichterernennung geltend machen, wofür ihm ein Monat (§ 1035 Abs. 3 S. 3 ZPO) bzw. dreißig Tage (§ 14 Abs. 1 LSF) zur Verfügung stehen. Lehnt das Schiedsgericht nach seiner Konstituierung die Amtsenthebung des betroffenen Schiedsrichters ab, kann die antragstellende Partei gegen die Entscheidung innerhalb von einem Monat (§ 1037 Abs. 3 ZPO) bzw. dreißig Tagen (§ 10 Abs. 3 LSF) einen Rechtsbehelf beim ordentlichen Gericht einlegen. Das Gerichtsverfahren entfaltet nach beiden Gesetzen keinen Suspensiveffekt (§ 10 Abs. 3 S.3 LSF) und die gerichtliche Entscheidung ist unanfechtbar (§ 1065 Abs. 1 ZPO; § 44 Abs. 3 S. 2 LSF). Nur wenn der Befangenheitsgrund erst nach Mitteilung des Schiedsspruchs bekannt wird, kann letzterer noch angefochten werden, jedoch nicht mehr nach Ablauf der Anfechtungsfrist.[511]

Nach beiden Gesetzen wird ein Ablehnungsantrag zunächst vom Schiedsgericht geprüft. Bisher waren diese Anträge nach dem Recht beider Länder direkt an das staatliche Gericht zu richten. Letzteres dürfte zwar immer dann die schnellere Lösung bieten, wenn das Schiedsgericht den Antrag ablehnt, da sich die ablehnende Partei dann ohnehin an das ordentliche Gericht wenden muß. Andererseits wird sich ein Gang zum staatlichen Gericht stets dann erübrigen, wenn der Streit über die Ablehnung bereits vor dem Schiedsgericht erledigt werden kann. In diesem Fall kann der Weg über das Schiedsgericht zeitsparend sein. In der Praxis ist von Bedeutung, daß die abschließende Prüfung der Befangenheit eines Schiedsrichters nach § 11 LSF einem Schiedsverfahrensinstitut übertragen werden kann. Dagegen ist nach § 1037 Abs. 1 u. 3 ZPO die gerichtliche Überprüfung insoweit zwingend.[512] Vorteilhafter für die Parteien erscheint hier jedoch die schwedische Lösung. Für eine staatliche Gerichtsentscheidung über die Ablehnung eines Schiedsrichters könnte angeführt werden, daß dies möglicherweise nach außen eine größere Neutralität und Gewähr für eine rechtstaatliche Entscheidung biete. Andererseits stehen zahlreiche anerkannte und professionell geführte Schiedsgerichtsinstitutionen weltweit zur Verfügung und auch das LSF setzt voraus, daß lediglich solche Schiedsgerichtsinstitutionen eine Funktion nach § 11 LSF übernehmen können, die nach festen Statuten arbeiten. Die Entscheidung, ob eine Schiedsgerichtsinstitution über Befangenheitsanträge entscheiden darf, sollte daher den Parteien überlassen bleiben. Dies kann in den Augen einer Partei bereits deshalb wünschenswert erscheinen, da sie die nationale Gerichtsbarkeit am Sitz des Schiedsgerichts nicht für neutral hält.

---

510 Aus den Gesetzesmotiven folgt, daß die Nichtbeantragung einer gerichtlichen Entscheidung nach § 1037 Abs. 3 ZPO durch die antragstellende Partei die Geltendmachung von Ablehnungsgründen im Aufhebungs- und Vollstreckbarerklärungsverfahren präkludiert; BT-Drs. 13/5274, S. 42; Ref.-E., S. 125.

511 Vgl. § 1059 Abs. 3 ZPO u. § 34 Abs. 1 Nr. 5 LSF; auch BT-Drs. 13/5274, S. 60; Ref.-E., S. 179; zum LSF vgl. Heuman, Skiljemannarätt, S. 253.

512 So auch BT-Drs. 13/5274, S. 41 f.; Ref.-E., S. 124.

Nach beiden Gesetzen kann der abgelehnte Schiedsrichter in Übereinstimmung mit Art. 13 Abs. 2 S. 2 UNC-MG an der Abstimmung über seine Ablehnung teilnehmen (§ 1037 Abs. 2 S. 2 ZPO; § 10 Abs. 1 S. 2 LSF). Das Motiv hierfür ist, daß im Fall einer Entscheidung unter Ausschluß des abgelehnten Schiedsrichters die Entscheidung durch ein Gremium erfolgen würde, in dem die Interessen der ablehnenden Partei überrepräsentiert seien. Diese Begründung überzeugt im Ergebnis nicht. Vieles spricht für die gegenteilige Lösung, d. h. für einen Ausschluß des betroffenen Schiedsrichters bei dieser Abstimmung. Zu Recht heben die deutsche Reformkommission und der Gesetzesvorschlag der Bundesregierung die Bedeutung des Grundsatzes hervor, daß niemand Richter in eigener Sache sein könne.[513] Der Obmann eines Schiedsgerichts wird sich aus unter Umständen nachvollziehbaren Gründen bei Uneinigkeit der Beisitzer kaum selbst ablehnen, zumal wenn er – wie im schwedischen Recht – ein Recht zum Stichentscheid hat.[514] Zweifelhaft ist auch, ob die nicht abgelehnten Schiedsrichter im Beisein des betroffenen „Kollegen" tatsächlich unbefangen entscheiden werden. Das Gegenargument, wonach im Fall einer Entscheidung unter Ausschluß des abgelehnten Schiedsrichters die Entscheidung durch ein Gremium erfolgen würde, in dem die Interessen der ablehnenden Partei überrepräsentiert sind, besteht so in der Praxis nicht. Die Schiedsrichter sind neutral und unabhängig, von eventuellen Ausnahmen abgesehen. Auf diesem Grundsatz baut die Akzeptanz und Legitimation der Schiedsgerichtsbarkeit wesentlich auf. Es erscheint daher nicht richtig, bei einem Ausschluß des betroffenen Schiedsrichters die theoretische Annahme einer überproportionalen Repräsentanz der Interessen der ablehnenden Partei anzunehmen. Im schwedischem Recht ist diese Gefahr auch dadurch begrenzt, daß dem Vorsitzenden bei Stimmengleichheit der Stichentscheid zusteht. Nach deutschem Recht hätte in einem solchen Fall ohnehin das staatliche Gericht zu entscheiden. Zusammenfassend erscheint es rechtsstaatlich richtiger, den abgelehnten Schiedsrichter von der Abstimmung über seine Ablehnung auszuschließen, da er anderenfalls (Schieds-) Richter in eigener Sache wird. Es ist bedauerlich, daß beide Länder eine gegenteilige Regelung eingeführt haben und daß nach deutschem Recht die Entscheidungskompetenz nicht auf eine Schiedsgerichtsinstitution verlagert werden könnte. Im Fall des Einzelschiedsrichters sollte jedoch stets das staatliche Gericht – oder ein Schiedsgerichtsinstitut nach § 11 LSF – über einen Ablehnungsantrag entscheiden, da er sich kaum jemals selbst ablehnen wird. Die abweichende schwedische Regel, wonach er zunächst selbst über seine Ablehnung entscheidet, überzeugt daher nicht.

Beide Gesetze enthalten ferner Regelungen zur Bestellung von Schiedsrichtern, falls eine Partei, Schiedsrichter oder ein Dritter – die jeweils zur Aufgabenerfüllung nicht gezwungen werden können – ihren Verpflichtungen zur Mitwirkung bei der Bildung des Schiedsgerichts nicht nachkommen (§ 1035 ZPO, §§ 13-15 LSF). Jede Partei kann in diesen Fällen gerichtliche Hilfe in Anspruch nehmen, wenn der/die jeweilige(n) Ernennungsverpflichtete(n) nach Aufforderung nicht innerhalb von einem Monat (ZPO) oder dreißig Tagen (LSF) die Ernennung durchführen. Ferner gewährleisten beide Gesetze eine Ersatzrichterbestellung in den verschiedenen Fällen der Beendigung des Schiedsrichteramtes (§ 1039 ZPO; §§ 16-17 LSF). Diese Regeln können wesentlich zur Verhinderung von Verfahrensverzögerungen beitragen.

---

513 Vgl. BT-Drs. 13/5274, S. 41; Ref.-E., S. 123 f.; anders aber 1037 Abs. 2 S. 2 ZPO.

514 Siehe unter F. V. 2. b).

Tritt ein Schiedsrichter zurück oder wird er seines Amtes enthoben, wird der Ersatzschiedsrichter im Unterschied zum deutschen Recht (§ 1039 Abs. 2 S. 2) und dem UNC-MG (Art. 15) nach schwedischem Recht regelmäßig nicht von der ursprünglich ernennungsverpflichteten Partei, sondern vom Bezirksgericht ernannt. Diese Regelung soll wiederholte Obstruktionsversuche durch die Ernennung disqualifizierter Schiedsrichter verhindern.[515] Sie gilt nicht, wenn der Schiedsrichter sein Amt aufgrund von Umständen nicht mehr ausüben kann, die erst nach seiner Ernennung entstanden sind (§ 16 Abs. 1 LSF). Von schwedischer Seite ist an dieser auch nach früherem Recht geltenden Regelung bewußt festgehalten worden, um die Parteien bereits bei der ersten Schiedsrichterwahl zur Sorgfalt anzuspornen, im Wissen, daß nur der erste Schiedsrichter selbst bestimmt werden kann.[516] Ferner wird darauf verwiesen, daß das geringe Vorkommen dieser Situation in der Praxis auch darauf zurückzuführen sein dürfte, daß diese Rechtslage bereits bisher bestand. Ein Abändern dieser international vermutlich als „national peculiarity" angesehenen Rechtslage um der Rechtsvereinheitlichung willen sei daher abzulehnen. Zusammenfassend ist festzustellen, daß sich die dispositive schwedische Regelung in seltenen theoretischen Fällen bewähren kann, daß aber aus Gründen der Rechtsvereinheitlichung insoweit eine Anpassung an das UNC-MG zu begrüßen gewesen wäre. Andererseits dürften diese Fälle in der Praxis nur höchst selten vorkommen und den Parteien steht es frei, insoweit andere Regelungen zu vereinbaren.

Es kann daher festgehalten werden, daß sowohl das deutsche wie das schwedische Recht hinsichtlich der dispositiven Verfahrensregeln dem modernen Standard wie im UNC-MG entsprechen.

---

515 Vgl. Prop. 1998/99:35, S. 94; SOU 1994:81, S. 126.

516 Vgl. zum Folgenden Prop. 1998/99:35, S. 95.

III. Schiedsrichterliches Verfahren

Das Verfahrensrecht enthält die für den Verfahrensablauf notwendigen Bestimmungen und damit im Grunde den Kernbereich der jeweiligen Gesetze. Die Parteien haben traditionell große Einwirkungsmöglichkeiten auf das Verfahrensrecht und können einen „maßgeschneiderten“ Verfahrensablauf vereinbaren. Aufgabe des Verfahrensrechts ist es dabei, unter Rechtsstaatlichkeitsgesichtspunkten ein angemessenes Gleichgewicht zwischen der Parteiautonomie und zwingenden Verfahrens(grund)rechten zu gewährleisten.

Moderne Schiedsverfahrensrechte bieten den Parteien regelmäßig ausreichend detaillierte Verfahrensregeln und auch das UNC-MG erfüllt diese Voraussetzung (Art. 18-27). Sowohl im deutschen als auch im schwedischen Recht sind nunmehr recht umfangreiche Regelungen zum Verfahren enthalten (§§ 1042-1050 ZPO, §§ 19-26 LSF).

Jedes Schiedsverfahrensrecht muß sich der Prüfung stellen, ob es den international anerkannten Standards gerecht wird. Für die Praxis von wesentlicher Bedeutung ist dabei die Frage, ob die jeweiligen Regeln eine effiziente Durchführung des Verfahrens in den typischerweise vorkommenden Situationen der verschiedenen Verfahrensstadien ermöglichen. Dazu gehört auch die Frage, ob den Schiedsrichtern ausreichend geeignete prozeßrechtliche Instrumente zur Verfügung stehen, wenn eine Partei bereits zu Anfang oder im Laufe des Verfahrens das Interesse an einer rechtskräftigen und möglichst effizienten Streiterledigung verloren hat.

1. Deutsches Recht

Das gesetzgeberische Ziel bei der Reform des deutschen Rechts war die Schaffung vorhersehbarer Regeln zur Ermöglichung eines effektiven Verfahrens in Anlehnung an das UNC-MG für den Fall, daß die Parteien diese Fragen nicht selbst geregelt haben.[517] Das Gesetz selbst enthält erstmalig einen eigenen Rahmen einer Verfahrensordnung. Verglichen mit dem früheren Recht enthalten die Bestimmungen in §§ 1042 ff. ZPO zugleich in vielen Fragen eine stärkere Konkretisierung des bislang den Schiedsrichtern eingeräumten freien Ermessens bei der Verfahrensgestaltung.[518] Nach neuem Recht kommt dem Schiedsgericht Ermessen dann zu, sofern keine Parteivereinbarung oder gesetzliche Regelung zu der jeweiligen Frage vorliegt (§ 1042 Abs. 3 u. 4 ZPO).

a) Anwendbares Verfahrensrecht

Das anwendbare Verfahrensrecht bestimmt sich nach dem im deutschen Recht neu eingeführten und international anerkannten sog. Territorialitätskriterium (§ 1025 Abs. 1 ZPO). Danach ist stets deutsches Verfahrensrecht anwendbar, wenn der Ort des Schiedsverfahrens in Deutschland liegt (lex fori). Die Anordnung des

---

[517] Vgl. BT-Drs. 13/5274, S. 24.

[518] Vgl. § 1034 Abs. 2 ZPO a.F.: „(...) wird das Verfahren, soweit nicht die Parteien eine Vereinbarung getroffen haben, von den Schiedsrichtern nach freiem Ermessen bestimmt".

Territorialitätsprinzips ist ebenso wie in Art. 1 Abs. 2 UNC-MG als unabdingbare Bestimmung zu verstehen.[519] Diese Sitztheorie führt unabhängig von den sachlichen oder rechtlichen Beziehungen der Schiedsrichter und Parteien zum Sitzland stets zur Anbindung des Verfahrens an dessen nationale Rechtsordnung.

Liegt der Ort des Schiedsverfahrens in Deutschland, bestimmt sich das anwendbare Verfahrensrecht nach § 1042 ZPO systematisch in einer vierstufigen Rangfolge: Vorrangig finden zwingende gesetzliche und ordre-public Regeln Anwendung (§ 1025 Abs. 3 ZPO). Darunter fallen auch solche Bestimmungen, die ihrem Sinn und Zweck nach keiner Parteidisposition unterliegen.[520] Subsidiär richtet sich das Verfahrensrecht nach der Parteimaxime, hilfsweise nach den dispositiven gesetzlichen Bestimmungen im 10. Buch der ZPO und im übrigen nach schiedsrichterlichem Ermessen (vgl. § 1025 Abs. 3-4 ZPO).

Die Parteien können im Rahmen ihrer Parteiautonomie auch ein ausländisches Verfahrensrecht oder eine Schiedsordnung im Ganzen vereinbaren, sofern dies keine Umgehung zwingender deutscher Verfahrensregeln (Territorialitätprinzip) darstellt.[521]

b) Ort des Schiedsverfahrens

Die Parteien können den Ort des Schiedsverfahrens nach § 1043 Abs. 1 ZPO bestimmen, anderenfalls legt ihn das Schiedsgericht fest.[522] Diese Entscheidung unterliegt als wesentliche Regelung nicht dem Alleinentscheidungsrecht des Obmanns über „einzelne Verfahrensfragen" gemäß § 1052 Abs. 3 ZPO.[523]

Das Schiedsgericht trifft seine Entscheidung unter Berücksichtigung der Eignung des Ortes für die Parteien, der Belange der Schiedsrichter und Zeugen und der Frage, ob die Anerkennung und Vollstreckung eines nach dem Recht des Verfahrensortes ergangenen Schiedsspruches im potentiellen Vollstreckungsstaat gewährleistet ist.[524] Es handelt sich beim Ort des Schiedsverfahrens um einen vergeistigten Ortsbegriff. Das Schiedsgericht kann somit unabhängig davon und ohne daß dies die Bestimmung des Schiedsortes beeinflußt, an jedem geeigneten Ort zur Vornahme von Verfahrenshandlungen wie etwa zu einer mündlichen Verhandlung oder einer Beratung zusammentreten (§ 1043 Abs. 2 ZPO).

---

519 Vgl. dazu Szász, in Sanders, Uncitral's Project, S. 31 (45). Nach dem Recht der ZPO a.F. galt dagegen die sog. prozessuale Theorie, vgl. dazu unter F. VII. 1. a).

520 Vgl. BT-Drs. 13/5274, S. 46 f.; Ref.-E., S. 139.

521 Vgl. BT-Drs. 13/5274, S. 47; Ref.-E., S. 147; Raeschke-Kessler/Berger, Rn. 622.

522 Dies entspricht Art. 20 Abs. 1 UNC-MG. Die Parteiautonomie kann durch Staatsverträge und Konventionen begrenzt sein, die z. B. dem Kläger ein Wahlrecht zwischen mehreren Verfahrensorten geben (z. B. Art. 22 United Nations Convention on Carriage of Goods by Sea von 1978); vgl. dazu Holtzmann/Neuhaus, S. 595.

523 Vgl. BT-Drs. 13/5274, S. 47; Ref.-E., S. 149.

524 Vgl. BT-Drs. 13/5274, S. 47; Ref.-E., S. 148 f.

c) Allgemeine und besondere Verfahrensfragen

Die Parteien können die allgemeinen Verfahrensfragen in den Grenzen des zwingenden Rechts einvernehmlich festlegen und nur subsidiär kommt die schiedsrichterliche Bestimmungsbefugnis ins Spiel. Der Vorsitzende kann ferner – wie erwähnt – von den Parteien oder den Schiedsrichtern zur alleinigen Beschlußfassung über einzelne Verfahrensfragen ermächtigt werden (§ 1052 Abs. 3 ZPO).

Die Parteiautonomie wird etwa deutlich bei der wichtigen Frage nach der frühzeitigen Bestimmung der Verfahrenssprache bei ausländischen Beteiligten.[525] Da diese Frage nicht gesetzlich geregelt ist, ist sie vom Schiedsgericht zu bestimmen, sofern hierüber keine Parteivereinbarung vorliegt (§ 1045 Abs. 1 ZPO). Es hat dabei in erster Linie auf die Vertragssprache, nicht aber auf die Amtssprache am Verfahrensort abzustellen.[526] Die Bestimmung der Verfahrenssprache gilt regelmäßig für das gesamte schriftliche und mündliche Verfahren einschließlich für den Schiedsspruch, so daß gegebenenfalls auch die Übersetzung schriftlicher Beweismittel in die Verfahrenssprache vom Schiedsgericht angeordnet werden kann (§ 1045 Abs. 2 ZPO).[527]

aa) Verfahrensbeginn

Das Verfahren beginnt mit dem Tag, an dem der Beklagte den Schiedsantrag empfangen hat, d. h. den Antrag, die Streitigkeit einem Schiedsgericht vorzulegen (§ 1044 S. 1 ZPO).[528] Das Gesetz unterscheidet zwischen Schiedsantrag und Schiedsklage (§ 1046 ZPO). Die nach § 1044 ZPO begründete Schiedshängigkeit dient allein zur Bestimmung des Zeitpunktes des Verfahrensbeginns. Die Schlüssigkeit des Schiedsantrags setzt voraus, daß er die Parteibezeichnung, die Angabe des Streitgegenstandes sowie einen Hinweis auf die Schiedsvereinbarung enthält (§ 1044 S. 2 ZPO). Anspruchsstützende Tatsachen müssen erst in der späteren Schiedsklage angegeben werden (§ 1046 Abs. 1 ZPO). In der Praxis und in den Gesetzesmotiven wird allerdings davon ausgegangen, daß Schiedsantrag und Schiedsklage häufig zusammenfallen.[529]

Die Schiedshängigkeit nach § 1044 ZPO ist von der zivilprozessualen Rechtshängigkeit zu unterscheiden.[530] Ein isolierter Schiedsantrag läßt beispielsweise die materiell-

525 Musterschiedsvereinbarungen von Schiedsgerichtsinstitutionen empfehlen häufig ergänzend auch die Vereinbarung der Verfahrenssprache, vgl. z. B. ICC, DIS, SCC.

526 Vgl. BT-Drs. 13/5274, S. 48; Ref.-E., S. 151.

527 Vom Schiedsgericht veranlaßte Übersetungskosten fallen regelmäßig unter die „notwendigen Kosten" des Verfahrens gemäß § 1057 Abs. 1 ZPO; vgl. BT-Drs. 13/5274, S. 48; Ref.-E., S. 152.

528 Vgl. so auch z. B. Art. 21 UNC-MG und Art. 3 Abs. 2 UAR.

529 BT-Drs. 13/5274, S. 48; Ref.-E., S. 150 f. Insbesondere in der ad-hoc Schiedsgerichtsbarkeit werden verfahrenseinleitender Schiedsantrag und Schiedsklage meist verbunden. Ferner verlangen die meisten institutionellen Schiedsordnungen bereits die Schiedsrichterernennung in der Schiedsklage; Raesche-Kessler/Berger, Rn. 573 u. 579.

530 Mangels Sperrwirkung des Schiedsantrages/-klage tritt keine vom ordentlichen Gericht amtswegig zu beachtende Rechtshängigkeit ein; vgl. Stein/Jonas/Schlosser, § 1034 Rn. 22; Schwab/Walter, S. 163 Rn. 4; a.A. Bosch, wonach eine Sperrwirkung durch eine analoge Anwendung von § 261 Abs. 3 Nr. 1 ZPO erreicht werde, S. 182 ff.

rechtlichen Voraussetzung einer Verjährungsunterbrechung nach § 220 BGB unberührt, wie in den Motiven ausdrücklich festgestellt wird. Ist das Schiedsgericht noch nicht konstituiert, reicht es zur Verjährungsunterbrechung somit nach § 220 Abs. 2 BGB aus, wenn der Kläger „das zur Erledigung der Sache seinerseits Erforderliche vornimmt" (Abs. 2). Dies setzt regelmäßig voraus, daß der Schiedskläger gegenüber der anderen Partei seinen Schiedsrichter benannt hat.[531] Es kann somit bereits vor Bildung des Schiedsgerichts und Klageerhebung (§ 1046 ZPO) zur Verjährungsunterbrechung kommen. Hinsichtlich anderer materiellrechtlicher Nebenfolgen der Erhebung der Schiedsklage wird überwiegend vorausgesetzt, daß der Beklagte die „Klage" empfangen habe.[532] Danach müssen die Voraussetzungen des § 1046 ZPO erfüllt sein. Es wird angenommen, daß die Erhebung der Schiedsklage dieselben oder ähnliche materiellrechtliche Wirkungen habe wie die Klageerhebung vor einem staatlichen Gericht.[533]

bb) Klageerhebung und Klageerwiderung

Die gesetzlichen Voraussetzungen einer Schiedsklage stehen nicht zur Disposition der Parteien. Der Kläger bzw. sein Prozeßbevollmächtigter[534] haben nach § 1046 Abs. 1 S. 1 ZPO zur Bestimmung des Streitgegenstandes den gestellten Anspruch und die ihn stützenden Tatsachen innerhalb der vereinbarten oder der vom Schiedsgericht bestimmten Frist darzulegen und der Beklagte hat dazu Stellung zu nehmen.[535] Dabei „können" die Parteien – wie auch nach Art. 23 Abs. 1 S. 2 UNC-MG – die ihnen erheblich erscheinenden anspruchsbegründenden Tatsachen oder Beweismittel vorlegen oder bezeichnen (S. 2).[536] Eine fehlende Bezeichnung führt nicht stets zur Unbeachtlichkeit, aber möglicherweise zur Präklusion aufgrund der Verspätungsregel in § 1046 Abs. 2 ZPO.[537]

---

531 Vgl. Stein/Jonas/Schlosser, § 1034 Rn. 22; Schwab/Walter, S. 163; Palandt-Heinrichs, § 220 Rn. 2; Raeschke-Kessler/Berger, Rn. 578-580 m.w.N.; a.A. Geimer, wonach allein der Zugang des Vorlegungsantrages nach § 1044 ZPO zur Verjährungsunterbrechung ausreicht; in Zöller-Geimer § 1044 Rn. 4.

532 Nach Schwab/Walter, S. 163 Rn. 6 a.E., ist § 220 BGB auch hinsichtlich der dort nicht genannten Folgen der Rechtshängigkeit entsprechend anzuwenden.

533 Hierauf weist Lachmann zu Recht hin, S. 164 Rn. 374 m.w.N.; vgl. auch Schwab/Walter, S. 163 Rn. 5.

534 Die zwingende Regel in § 1042 Abs. 2 ZPO stellt lediglich klar, daß in- und ausländische Rechtsanwälte als Prozeßbevollmächtigte in Schiedsverfahren nicht ausgeschlossen werden dürfen; BT-Drs. 13/5274, S. 46; Ref.-E., S. 146. Dies folgt bereits aus dem Grundsatz des freien Dienstleistungsverkehrs der Rechtsanwälte in Europa; vgl. EuGH in NJW 1988, 887.

535 Eine zusätzliche Angabe der streitigen Punkte („points at issue") wie nach Art. 23 Abs. 1 UNC-MG bedarf es nicht; BT-Drs. 13/5274, S. 48; Ref.-E., S. 152.

536 Dagegen hatte der Regierungsentwurf eine Verschärfung vorgesehen („sollen") um eine Verfahrensbeschleunigung und Erhöhung der Attraktivität Deutschlands als internationaler Schiedsort im Vergleich zu ausländischen (angelsächsischen) Rechtsordnungen zu erreichen, die insoweit den Parteien größere Dispositionsfreiheit einräumten; vgl. BT-Drs. 13/5274, S. 48; Ref.-E., S. 153. In Übereinstimmung mit dem Vorschlag der Reformkommission (Disk-E., S. 49) wurde die sanktionslose Verschärfung vom Rechtssausschuß des Bundestages wieder zurückgenommen und dem UNC-MG angepaßt, vgl. BT-Drs. 13/9124, S. 46.

537 Vgl. Lachmann, Rn. 379, Zöller-Geimer § 1046 Rn. 1.

cc) Gleichbehandlungsgrundsatz

Eines der bedeutsamsten Verfahrensprinzipien stellt der auch in Art. 18 S. 1 UNC-MG enthaltene Gleichbehandlungsgrundsatz der Parteien dar (§ 1042 Abs. 1 ZPO). Dieser ist in jedem Verfahrensstadium zwingend zu beachten. Seine Verletzung stellt hinsichtlich des Schiedsspruchs einen Aufhebungsgrund[538] bzw. einen Versagungsgrund für dessen Anerkennung und Vollstreckung (ordre-public) dar.[539]

dd) Rechtliches Gehör

Der Anspruch der Parteien auf rechtliches Gehör ist aus Art. 18 S. 2 UNC-MG übernommen und besteht im Schiedsverfahren in „wesentlich gleichem" Umfang wie vor den staatlichen Gerichten (§ 1042 Abs. 1 ZPO).[540] Die Parteien müssen die rechtzeitige Möglichkeit haben, solange noch eine Einflußnahme auf die Entscheidung möglich ist, alles was ihnen für die Entscheidung wichtig erscheint, schriftlich oder mündlich vorzubringen. Das Schiedsgericht muß dieses Vorbringen zur Kenntnis nehmen, abwägen und im Schiedsspruch zu den wesentlichen Angriffs- u. Verteidigungsmitteln Stellung nehmen.[541]

Die Parteien können bestimmen, ob sie mündlich und/oder schriftlich verhandeln wollen, anderenfalls entscheidet hierüber das Schiedsgericht (§ 1047 Abs. 1 S. 1 ZPO). Eine mündliche Verhandlung hat jedoch stattzufinden, wenn eine Partei dies beantragt und die Parteien eine solche nicht abbedungen haben (S. 2).[542]

Nach deutschem Prozessrecht und auch für ein Schiedsgericht gilt der Grundsatz „iura novit curia", d. h. daß das Schiedsgericht die anwendbaren Rechtssätze kennen muß.[543] Im Unterschied zum staatlichen Prozeßrecht braucht ein Schiedsgericht die sonst vorgeschriebenen Aufklärungs- und Hinweispflichten gegenüber den Parteien nicht gleichermaßen zu beachten, da sie nicht Teil des Anspruchs auf rechtliches Gehör sind.[544] Ein verantwortungsvolles Schiedsgericht wird den Parteien allerdings notwendige Hinweise geben, um zu vermeiden, daß die Parteien nach Ansicht der Schiedsrichter in ihren rechtlichen Ausführungen nur unmaßgebliche Rechtsfragen behandeln und die später in der Entscheidung geäußerte Rechtsauffassung folglich für die Parteien überraschend ist.[545] Vorbehaltlich anderer Parteivereinbarungen erstreckt sich

---

538 Vgl. § 1059 Abs. 2 Nr. 1 b), d) sowie Nr. 2 b) ZPO (ordre-public).

539 Vgl. §§ 1059 Abs. 2 Nr. 2 a), 1060 Abs. 2 ZPO.

540 Vgl. BGH NJW 1992, 2299; auch BGHZ 96, 40 (49); 85, 288 (291), jeweils m.w.N. Dem Anspruch auf rechtliches Gehör kommt Verfassungsrang zu (Art. 103 GG) und steht nicht zur Disposition der Schiedsgerichte („prozessuales Urrecht des Menschen" bzw. „zentrales verfassungsrechtliche Prinzip"); vgl. Zöller/Geimer, § 1042 Rn. 3 m.w.N.

541 Vgl. Baumbach/Lauterbach/Albers, § 1042 Rn. 5 f. und Schwab/Walter, S. 143 f. Rn. 2.

542 Ein vereinbarter Ausschluß kann ausnahmsweise unter dem Gesichtspunkt des rechtlichen Gehörs unwirksam sein; vgl. BT-Drs. 13/5274, S. 49; Ref.-E., S. 147.

543 Vgl. Schütze/Tscherning/Wais, S. 604; Zöller-Greger, § 293 Rn. 30 m.w.N.

544 Das gilt insbesondere für die Aufklärungs- und Hinweispflichten in §§ 139, 278 Abs. 3 ZPO; vgl. BGHZ 85, 288 (292), BGH NJW 1980, 1093.

545 Vgl. Raeschke-Kessler/Berger, Rn. 379 f.

die Hinweispflicht des Schiedsgerichts daher auch in Bezug auf die dem Schiedsspruch zugrundezulegenden Rechtssätze.

Schwierigkeiten können beispielsweise bei der Anwendung zwingenden Gemeinschaftsrechts durch ein Schiedsgericht auftauchen. In den Motiven wird ausdrücklich bestimmt, daß ein Schiedsgericht kartellrechtliche Vorschriften zu beachten habe. Hier stellt sich die Frage, ob ein Schiedsgericht unabhängig von den Parteianträgen von Amts wegen (ex officio) zwingendes Gemeinschaftsrecht zu beachten hat oder nicht. Die Rechtslage ist unklar. Die Frage hat neuerdings im Zusammenhang mit zwingenden gemeinschaftsrechtlichen Kartellvorschriften wieder Aktualität bekommen durch die Entscheidung des Europäischen Gerichtshofs in Sachen „Eco Swiss China Time Ltd. ./. Benetton International NV".[546] Der erste Leitsatz der Entscheidung lautet: „Ein nationales Gericht, das mit einer Klage auf Aufhebung eines Schiedsspruches befaßt ist, muß dieser Klage stattgeben, wenn es der Auffassung ist, daß der Schiedsspruch Art. 81 EGV (früher Art. 85) widerspricht, sofern es nach seinem nationalen Verfahrensrecht im Fall der Verletzung nationaler Verfahrensvorschriften, die der öffentlichen Ordnung zuzurechnen sind, einer Aufhebungsklage stattzugeben wäre."[547] Hieraus folgt die Frage, ob ein Schiedsgericht – über das Parteivorbringen hinaus – ex officio auf eine mögliche Unwirksamkeit eines streitgegenständlichen Vertrages nach z. B. Art. 81 EGV hinzuweisen hat. Ausgehend von dem Primat der Privatautonomie als Grundlage der Schiedsgerichtsbarkeit spricht viel dafür, daß es allein darauf ankommt, welchen Auftrag die Parteien einem Schiedsgericht erteilen. Eine rechtliche Pflicht von Schiedsgerichten zur Berücksichtigung zwingenden Gemeinschaftsrechtes ist daher abzulehnen. Andererseits sollte es den Schiedsrichtern freistehen, in einem solchen Fall die Frage über eine geschickte materielle Prozeßleitung in den Prozeß einzuführen, hilfsweise das Mandant niederzulegen, wenn es den Erlaß eines wissentlich aufhebbaren Schiedsspruchs nicht verantworten möchte. Im Aufhebungsbzw. im Vollstreckbarkeitsverfahren erfüllt ein Verstoß gegen Art. 81 EGV zugleich einen ordre-public Verstoß.

Weitere Mitteilungspflichten des Schiedsgerichts bestehen darin, die Parteien von seinen Zusammentreffen zu Zwecken der Beweisaufnahme rechtzeitig in Kenntnis zu setzen (§ 1047 Abs. 2 ZPO), um eine Teilnahme im Termin zu ermöglichen. Ferner sind alle einem Schiedsgericht von einer Partei vorgelegten relevanten Schriftstücke der anderen Partei sowie Gutachten und andere schriftliche Beweismittel, auf die sich das Schiedsgericht bei seiner Entscheidung stützen kann, beiden Parteien zu über-

---

[546] EuGH, Urt. v. 01.06.99 – Rs. C-126/97 (Eco Swiss China Time Ltd. ./. Benetton International NV), abgedr. in EuZW 1999 (Heft 18), S. 565 ff. mit Anm. Spiegel.

[547] EuGH, Urt. v. 01.06.99 – Rs. C-126/97 (Eco Swiss China Time Ltd. ./. Benetton International NV), abgedr. in EuZW 1999 (Heft 18), S. 565 ff. Der Entscheidung lag folgender Sachverhalt zugrunde: Die Antragstellerin des niederländischen Ausgangsverfahrens (Benetton) beantragte die Aufhebung zweier Schiedssprüche sowie die Aussetzung der Vollstreckung. Mit dem ersten feststellenden Schiedsspruch war sie dem Grunde nach zur Zahlung von Schadensersatz verurteilt worden. Mit dem zweiten Schiedsspruch wurde die Höhe beziffert. Die Antragstellerin wendete erstmals während des Aufhebungsverfahrens die Nichtigkeit des zugrundeliegenden Vertrages nach Art. 81 EGV ein. Das befaßte Gericht, der Hoge Raad, ersuchte den EuGH um Vorabentscheidung, da es bezweifelte, daß ein Verstoß gegen das Kartellverbot in Art. 81 EGV dem (nationalen) ordre-public unterliege und weil die Antragstellerin nicht innerhalb der in den nationalen Vorschriften vorgesehenen Fristen den ersten Schiedsspruch angefochten habe.

mitteln (§ 1047 Abs. 3 ZPO). Diese Vorschriften stellen somit eine Konkretisierung des Anspruches auf rechtliches Gehör dar[548], sind dem Art. 24 UNC-MG entnommen und haben klarstellende Funktion. Sie ergeben sich i. ü. bereits aus dem Anspruch auf rechtliches Gehör – § 1042 Abs. 1 ZPO.

ee) Beweiserhebung

Die Art der schiedsrichterlichen Beweiserhebung richtet sich vorbehaltlich zwingenden Rechts nach den Parteivereinbarungen, im übrigen nach schiedsrichterlichem Ermessen (§ 1042 Abs. 3 u. 4 S. 1 ZPO). Das Schiedsgericht ist in der Beurteilung der Zulässigkeit, der Durchführung und in der Würdigung der Beweisaufnahme frei (Abs. 4 S. 2 ZPO). Es ist nicht an das Beweisverfahren der ZPO gebunden und kann demnach auch nicht angetretene Beweise erheben, obwohl die Beibringung von Beweisen grundsätzlich den Parteien obliegt.[549] Diese Regelungen entsprechen Art. 19 UNC-MG. Die Freiheit der Sachverhaltsermittlung durch ein Schiedsgericht ist durch fundamentale Prinzipien eines rechtsstaatlichen Beweisverfahrens (ordre-public) begrenzt, z. B. durch den Anspruch auf rechtliches Gehör.[550]

ff) Sachverständigenbeweis

Das Schiedsgerichts kann nach § 1049 Abs. 1 ZPO – wie auch nach der gleichlautenden Bestimmung des Art. 26 Abs. 1 UNC-MG – von sich aus Sachverständigengutachten zu den vom Schiedsgericht bestimmten Fragen einholen. Die Parteien sind in diesem Fall gegenüber dem Sachverständigen umfangreich auskunfts- und kooperationspflichtig. Der Sachverständige hat auf Antrag einer Partei oder nach Dafürhalten des Schiedsgerichts an einer mündlichen Verhandlung teilzunehmen und kann von jeder Partei zu seinem Gutachten befragt werden. Die Parteien können ferner eigene Sachverständige zu den Streitfragen aussagen lassen (§ 1049 Abs. 2 ZPO). Von dem gerichtlich bestellten Gutachter ist der Parteisachverständige zu unterscheiden. Anders als in Deutschland werden beispielsweise im anglo-amerikanischem Raum parteibestellte Gutachter („expert witness") bevorzugt, was zu einem kostspieligen „battle of experts" mit mehreren partei- und u.U. gerichtsbestellten Gutachtern führen kann.[551] Der Vorrang der Parteimaxime in § 1046 Abs. 1 S. 1 ZPO ermöglicht die Berücksichtigung solcher Verfahrenstraditionen. Dem Gutachten eines Parteisachverständigen kommt aber regelmäßig aufgrund seiner Parteinähe ein geringerer und erst durch dessen Befragung zu ermittelnder Beweiswert zu.[552]

---

548 BT-Drs. 13/5274, S. 49; Ref.-E., S. 154.

549 Vgl. Schwab/Walter, S. 146 f. Rn. 8. Im Unterschied hierzu bringen die Parteien in der Praxis in den common-law Staaten Zeugen und Sachverständige zur Verhandlung mit und befragen diese selbst, ohne daß das Schiedsgericht vorher die Schlüssigkeit des Beweisthemas prüft; BT-Drs. 13/5274, S. 46; Ref.-E., S. 161.

550 Vgl. Stein/Jonas/Schlosser, § 1034 Rn. 13.

551 Dies beruht nach Lionnet darauf, daß die Parteien häufig zu einem vom Schiedsgericht ausgesuchten „neutralen" Gutachter nur eingeschränktes Vertrauen haben; in: FS Glossner, S. 209 (218 f.); auch Berger, S. 299 f.

552 Vgl. Lionnet, in: FS Glossner, S. 209 (219). Die hervorgehobene Stellung des gerichtlich bestellten Sachverständigen wird daran deutlich, daß dessen Befangenheit nach einer erfolglosen Ablehnung nur im Aufhebungs- oder Vollstreckbarerklärungsverfahren geltend gemacht werden

gg) Klageänderung / Klagerücknahme

Nach § 1046 Abs. 2 ZPO können die Parteien vorbehaltlich anderer Vereinbarungen ihre Klage jederzeit während des Schiedsverfahrens und im Rahmen der Schiedsvereinbarung ändern oder ergänzen, es sei denn, das Schiedsgericht läßt dies wegen nicht genügend entschuldigter Verspätung nicht zu. Die Berücksichtigung einer genügenden Entschuldigung der Verspätung geht über den Wortlaut des Art. 23 Abs. 2 UNC-MG hinaus. Auch nach dem UNC-MG hat ein Schiedsgericht bei seiner Ermessensentscheidung jedoch die Auswirkung auf den bisherigen Verhandlungsverlauf zu berücksichtigen, was auch eine Berücksichtigung einer (un)genügend entschuldigten Verspätung erlaubt.[553] Ein Schiedsgericht wird aber keine Verspätung annehmen, wenn die Beklagte in die Klageänderung oder –ergänzung einwilligt.[554]

Aus § 1056 Abs. 2 Nr. 1 b) ZPO folgt ferner, daß eine Klagerücknahme – wie auch nach Art. 32 Abs. 2 a) UNC-MG – jederzeit zulässig ist, sofern der Beklagte zustimmt. Das Schiedsgericht beendet das Verfahren dann durch Beschluß. Anderenfalls hat das Schiedsgericht den Rechtsstreit zu entscheiden, sofern es insoweit ein berechtigtes Interesse des Beklagten anerkennt.

hh) Angriffs- und Verteidigungsmittel

Auch die Widerklage und die Aufrechnung als Angriffs- und Verteidigungsmittel sind zulässig. Für die Widerklage gelten nach § 1046 Abs. 3 ZPO die Vorschriften über die Klage und -beantwortung entsprechend (ebenso Art. 2 f UNC-MG). Die Zulässigkeit der Aufrechnung ist gesetzlich nicht geregelt. Sie ist ebenso wie die Widerklage zulässig, wenn ihr Gegenstand von der Schiedsvereinbarung umfaßt wird.[555] Daneben kann die Aufrechnung nur vor dem Schiedsgericht geltend gemacht werden, wenn der Kläger die Zuständigkeit des Schiedsgerichts nicht rügt und es so aufgrund der Parteiautonomie zu einer erweiterten Schiedsvereinbarung kommt (§ 1031 Abs. 6 ZPO).

ii) Unterbrechung und Aussetzung

Eine Unterbrechung oder Aussetzung des Schiedsverfahrens im Sinne der allgemeinen zivilprozessualen Regeln (§ 246 ZPO) gibt es nicht, auch nicht bei Tod der Partei oder

---

kann (§ 1049 Abs. 3 iVm. §§ 1036, 1037 Abs. 1 u. 2 ZPO); vgl. auch BT-Drs 13/5274, S. 50 f.; Ref.-E., S. 159.

553 Vgl. Calavros, S. 113 f., Hußlein-Stich, S. 122 sowie den Wortlaut von Art. 23 Abs. 2 UNC-MG: „(...) unless the arbitral tribunal considers it inappropriate to allow such amendment having regard to the delay in making it." Dies setzt nach Calavros eine ausgewogene Berücksichtigung der Verfahrens(grund)rechte der Parteien voraus und schließt eine schematische Zurückweisung wegen Verspätung aus (S. 114). Dagegen geht der deutsche Regierungsentwurf davon aus, daß „im Gegensatz zum Modellgesetz" die Zurückweisung wegen Verspätung ausdrücklich an das Fehlen einer (un)genügenden Entschuldigung (§ 296 Abs. 3 ZPO) geknüpft wird; vgl. BT-Drs. 13/5274, S. 49.

554 Die Motive verweisen auf die analoge Anwendbarkeit der zivilprozessualen Regeln zur Klageänderung nach § 263 ZPO; BT-Drs. 13/5274, S. 49; Ref.-E., S. 153.

555 Str., so BT-Drs 13/5274, S. 49; Ref.-E., S. 154; Stein/Jonas/Schlosser, § 1025 Rn. 37; Zöller-Geimer, § 1029 Rn. 73 m.w.N.; a.A. etwa Schwab/Walter, S. 27 Rn. 12 m.w.N.

des Prozeßbevollmächtigten. In der Praxis kann ein Schiedsgericht jedoch bei Zustimmung der Parteien, oder wenn dem Schiedsgericht entzogene Fragen zu klären sind, das Verfahren gegebenenfalls auf unbestimmte Zeit vertagen, anstatt es im gesetzlichen Sinne „auszusetzen".[556]

jj) Säumnis

Die rechtlichen Folgen der Säumnis werden in § 1048 ZPO geregelt und entsprechen inhaltlich den Bestimmungen in Art. 25 UNC-MG. Grundsätzlich unterliegen die Säumnisfolgen der Parteimaxime (§ 1048 Abs. 4 S. 2 ZPO), subsidiär gelten die gesetzlichen Regelungen (Abs. 1-3).[557] Ist der Kläger säumig, beispielsweise aufgrund verspäteter Klageeinreichung, beendet das Schiedsgericht das Verfahren durch Beschluß.[558] Ist umgekehrt der Beklagte säumig, da er nicht fristgemäß auf die Klage erwidert, kann das Schiedsgericht das Verfahren fortsetzen, jedoch – anders als bei einem Versäumnisurteil nach § 331 Abs. 1 S. 1 ZPO – ohne seinem Verhalten als solchem eine Zugeständnisfiktion hinsichtlich der klägerischen Behauptungen beizumessen (§ 1048 Abs. 2 ZPO). Es steht jedoch im Ermessen des Schiedsgerichts, ob es im Einzelfall doch ein Zugeständnis annimmt oder ob es über den Klägervortrag verhandelt oder sogar Beweis erhebt.[559] Dabei hat es auch zu prüfen, ob die Säumnis genügend entschuldigt worden ist (§ 1048 Abs. 4 S. 1 ZPO).

Steht der Streitgegenstand durch Klage und -beantwortung fest und erscheint eine Partei nicht zur mündlichen Verhandlung oder hält sie festgelegte Fristen zur Vorlage schriftlicher Beweismittel nicht ein, kann das Schiedsgericht ebenfalls das Verfahren fortsetzen und auf der Grundlage der vorliegenden Erkenntnisse einen Schiedsspruch erlassen (§ 1048 Abs. 3 ZPO).[560]

d) (Hilfs-) Aufgaben der staatlichen Gerichte

Nach dem im deutschen Recht geltenden Grundsatz der Autonomie des Schiedsverfahrens ist die Tätigkeit staatlicher Gerichte ausdrücklich auf die im Gesetz bestimmten Fälle beschränkt (§ 1026 ZPO). Schiedsgerichte sind zum Teil auf die Hilfestellung der staatlichen Gerichte angewiesen. Nach § 1050 S. 1 ZPO kann ein Schiedsgericht oder eine Partei mit dessen Zustimmung beim zuständigen Amtsgericht[561] Unterstützung bei der Beweisaufnahme oder der Vornahme sonstiger richterlicher

---

556 Vgl. Schwab/Walter, S. 180 Rn. 48 u. 50.

557 Nach altem Recht (ZPO a.F.) richteten sich die Säumnisfolgen nach schiedsrichterlichem Ermessen; vgl. Schwab/Walter, S. 183 Rn. 53 m.w.N.

558 Vgl. § 1056 Abs. 2 Nr. 1a ZPO.

559 So BT-Drs. 13/5274, S. 50; Ref.-E., S. 156.

560 Voraussetzung ist unter dem Gesichtspunkt der Gewährung rechtlichen Gehörs (§ 1042 Abs. 1 ZPO) stets eine rechtzeitige Ladung zu einer mündlichen Verhandlung (§ 1047 Abs. 2 ZPO) oder eine angemessene Fristsetzung zur Vorlage des Schriftstückes; vgl. BT-Drs. 13/5274, S. 50; Ref.-E., S. 157.

561 Zuständig ist das Amtsgericht, in dessen Bezirk die richterliche Handlung vorgenommen werden soll – § 1062 Abs. 4 ZPO.

Handlungen beantragen.[562] Diese Regelung geht über Art. 27 UNC-MG hinaus, der sich auf die Unterstützung bei der gerichtlichen Beweisaufnahme beschränkt. Letzteres ist auch der Hauptanwendungsfall des § 1051 ZPO, doch kann nach dieser Bestimmung gerichtliche Unterstützung darüberhinaus im Fall „sonstiger richterlicher Handlungen“ beantragt werden. Dies gilt auch im Zusammenhang mit ausländischen Schiedsverfahren (§§ 1050, 1025 Abs. 2 ZPO). Das Gesetz macht die Mitwirkung des Gerichts ausdrücklich davon abhängig, daß es den jeweiligen Antrag für zulässig hält (§ 1050 S. 2 ZPO).[563]

Als gerichtliche Unterstützungsmaßnahmen bei der Durchführung der Beweisaufnahme kommen alle Handlungen in Betracht, zu denen ein Schiedsgericht aufgrund seiner privatrechtlichen Natur nicht befugt ist. Ihm fehlt beispielsweise jede Zwangsgewalt gegenüber Parteien oder Dritten. Es kann Zeugen und Sachverständige nicht eidlich vernehmen, und es fehlt ihm die Befugnis, sie zur Aussage oder zum Erscheinen vor dem Schiedsgericht zu zwingen.[564] Letzteres ist in der Praxis regelmäßig nicht erforderlich, da diese Personen häufig freiwillig erscheinen.

In § 1050 S. 1 ZPO wird klargestellt, daß es neben Fällen der Beweisaufnahme weitere Fälle notwendiger gerichtlicher Unterstützung zur Ermöglichung eines reibungslosen Ablaufs des Schiedsverfahrens gibt. Gemeint sind damit – über Art. 27 UNC-MG hinaus – die Fälle sonstiger richterlicher Handlungen. Dies betrifft beispielsweise Ersuchen an eine Behörde um Vorlage einer sich in deren Besitz befindlichen Urkunde (§ 432 ZPO), Zustellungsersuchen (§§ 199-204 ZPO) oder die Einholung einer Aussagegenehmigung zur Vernehmung von Beamten und Richtern (§ 376 ZPO).[565] Weiter kann gerichtliche Hilfe erforderlich sein zur Erzwingung der Herausgabe von beweiserheblichen Urkunden durch die Gegenseite oder eines Dritten. Befindet sich eine beweiserhebliche Urkunde etwa im Besitz des Beklagten, kann das Schiedsgericht oder der Schiedskläger mit dessen Genehmigung bei Gericht beantragen, daß der Beklagte die Urkunde vorzulegen habe, sofern der antragstellenden Partei ein zivilrechtlicher Herausgabeanspruch zusteht (§§ 421 ff. ZPO).

Zu beachten ist, daß ein sog. selbständiges Beweisverfahren vor dem ordentlichen Gericht (§§ 485 ff. ZPO) nur bis zu dem Zeitpunkt zulässig ist, wenn das Schiedsgericht bestellt ist oder schnell bestellt werden kann.[566] Danach haben die Parteien ihre Beweisführung nach den Regeln der §§ 1025 ff. ZPO zu gestalten.

---

562 Der Gesetzgeber hat bewußt die (Kompromiß-) Regelung in Art. 27 UNC-MG und Art. 184 Abs. 2 schweiz. IPRG übernommen, nach der sowohl das Schiedsgericht als auch die Parteien gerichtliche Unterstützung beantragen können; vgl. BT-Drs. 13/5274, S. 51; Ref.-E., S. 153.

563 Diese Einschränkung soll dem Gericht z. B. die Ablehnung unzulässiger Beweismethoden – wie z. B. des US-amerikanischen Urkundenbeweises in Form der „pre-trial-discovery" – ermöglichen; vgl. BT-Drs. 13/5274, S. 51; Ref.-E., S. 162; a.A. Weigand RIW 1992, 361 (365), wonach die Anordnung von „discovery" in Deutschland zwar praxisfern, aber (nach § 1034 Abs. 1 ZPO a.F.) nicht grundsätzlich ausgeschlossen sei. Zur „discovery" bzw. „disclosure" vgl. Wetter, Arb.Int. 1985, Vol. 2 No. 2, S. 7 (14 ff.); Schlosser, RipS, Rn. 639 ff.

564 Ganz h.M., vgl. nur Schwab/Walter, S. 180. Rn. 47.

565 Vgl. BT-Drs. 13/5274, S. 51; Ref.-E., S. 153.

566 Vgl. Schwab/Walter, S. 153 Rn. 27.

2. Schwedisches Recht

Die Verfahrensregeln sind in den §§ 19-26 LSF enthalten. Das Schiedsgericht hat nach der Generalklausel in § 21 LSF das Verfahren unparteiisch, zweckmäßig, schnell und entsprechend den Parteivereinbarungen durchzuführen. Genauere Anweisungen etwa zur Frage der sachlichen Prozessleitung wollte der Gesetzgeber nicht einführen.[567] Der Verfahrensablauf kann von den Parteien weitgehend bestimmt werden und ist im Einzelfall abhängig von den beteiligten Parteien, dem Streitgegenstand und dem anwendbaren Verfahrensrecht. Die Parteiautonomie wird lediglich begrenzt durch nicht näher im Gesetz definierte Hinderungsgründe (§ 21 S. 2 LSF). Hierunter fallen neben zwingenden Vorschriften auch rein tatsächlich nicht durchführbare Parteiabreden.[568] In der Praxis bestimmen die Parteien nur selten detaillierte Verfahrensregeln im voraus, weshalb die Schiedsrichter diese üblicherweise den Parteien zu Beginn des Verfahrens vorschlagen.[569]

a) Anwendbares Verfahrensrecht

In Schweden stattfindende nationale oder internationale Schiedsverfahren richten sich aufgrund des traditionell in Schweden geltenden Territorialitätsprinzips in verfahrensrechtlicher Hinsicht nach nationalem Recht (lex fori).[570] Dies entspricht der Rechtslage nach deutschem Recht und dem UNC-MG. Liegt der Schiedsverfahrensort in Schweden, ist daher prozessual das LSF anwendbar, soweit es nicht abbedungen wurde. Soweit das LSF einzelne Fragen nicht regelt, kommt dem Schiedsgericht ein weites Ermessen zu. Es kann sich zwar bei seinen Erwägungen durch das allgemeine Zivilprozessrecht leiten lassen, muß dessen Regeln jedoch nicht zwingend analog anwenden.[571]

b) Ort des Schiedsverfahrens

Die Bestimmung des Schiedsverfahrensortes obliegt – ebenso wie nach Art. 20 Abs. 1 UNC-MG – den Parteien, anderenfalls wird er durch das Schiedsgericht bestimmt (§ 22 Abs. 1 LSF). Das Schiedsgericht hat dabei zu berücksichtigen, daß das Verfahren in irgendeiner Form eine Verbindung zum Schiedsverfahrensort aufweisen muß, etwa durch die örtliche Nähe der Parteien zu einem gemeinsamen Ort.[572] Der Schiedsverfahrensort ist von besonderer Bedeutung in internationalen Schiedsverfah-

---

567 Prop. 1998/99:35, S. 122; SOU 1994:81, S. 152.

568 Prop. 1998/99:35, S. 110; auch Cars, S. 101.

569 Das hat sich nach Hagberg gerade in wirtschaftsrechtlichen Streitigkeiten als flexibel und vorteilhaft erwiesen, Swedish and International Arbitration 1982, S. 29 (31).

570 Vgl. Arbitration in Sweden, S. 45 m.w.N.

571 Das LSF allein soll nach Heuman für die Verfahrensdurchführung ausreichend sein, d. h. eine Orientierung anhand allgemeinem Zivilprozeßrechts (RB) komme nur ausnahmsweise in Betracht; Skiljemannarätt, S. S. 265 u. 306 f.

572 In einem schriftlichen Verfahren genügt etwa bereits eine Anknüpfung des Vorsitzenden zu diesem Ort (z. B. Wohnort); Prop. 1998/99:35, S. 225; SOU 1994:81, S. 145 u. 275.

ren, da er regelmäßig die Nationalität des Schiedsspruchs bestimmt (§ 52 LSF).[573] Das Schiedsgericht hat unabhängig vom Schiedsort und in den Grenzen der Parteiautonomie die Freiheit, an jedem beliebigen Ort der Welt z. B. zur Beratung oder Beweisaufnahme zusammen zu kommen (§ 22 Abs. 2 LSF). Die Bestimmung des jeweiligen Tagungsortes wird regelmäßig nach praktischen Gesichtspunkten getroffen.

c) Allgemeine und besondere Verfahrensfragen

Die anwendbaren Verfahrensregeln in nationalen und internationalen Schiedsverfahren unterliegen primär dem Parteivorbehalt. Soweit keine Parteivereinbarungen vorliegen, haben die Schiedsrichter eine Entscheidung zu treffen. Haben die Parteien beispielsweise die Verfahrenssprache nicht festgelegt, ist diese möglichst frühzeitig durch die Schiedsrichter zu bestimmen.[574] Die Planung des Verfahrensablaufes, die Einberufung der mündlichen Verhandlung und die Leitung des Schiedsverfahrens obliegt – wie im deutschen Recht – regelmäßig dem Vorsitzenden des Schiedsgerichts.[575]

aa) Verfahrensbeginn

Das Schiedsverfahren wird dadurch eingeleitet, daß eine Partei oder deren Prozessbevollmächtigter[576] den klägerischen Eröffnungsschriftsatz entgegennimmt. Dieser Schriftsatz muß das Schriftlichkeitserfordernis erfüllen (§ 19 Abs. 2 Nr. 1 LSF), wozu auch etwa eine Übersendung per Telefax ausreichend ist.[577] Ein Verfahren kann jedoch auch aufgrund der Abdingbarkeit des Formerfordernisses durch Vereinbarung der Parteien vor dem Schiedsgericht eingeleitet werden.[578] Inhaltlich muß der einleitende Schriftsatz nach § 19 Abs. 2 LSF das ausdrückliche und unbedingte Verlangen enthalten, ein Schiedsverfahren durchzuführen[579] und die von der Schiedsvereinbarung umfaßte und zu prüfende Streitfrage sowie den gewählten Schiedsrichter angeben, sofern die antragstellende Partei ihn zu ernennen hat. Sie hat einen Schiedsrichter auch dann zu bestimmen, wenn sie eine Entscheidung durch einen Einzelschiedsrichter wünscht, es sei denn, die Parteien haben bereits die gemeinsame Er-

---

573 Der Schiedsverfahrensort ist gemäß § 31 Abs. 2 LSF im Schiedsspruch anzugeben.

574 Vgl. Arbitration in Sweden, S. 109; Hagberg, Svensk och Internationell Skiljedom 1990, S. 34 (36); Cars, S. 111; Heuman, Skiljemannarätt, S. 332.

575 Vgl. Prop. 1998/99:35, S. 111; SOU 1994:81, S. 143; Cars, S. 96 f. Der Vorsitzende wird in umfangreicheren schwedischen Verfahren häufiger durch einen weiteren Juristen als Sekretär des Schiedsgerichts unterstützt.

576 Prozeßbevollmächtige brauchen weder Juristen zu sein, noch die schwedische Staatsangehörigkeit zu besitzen; vgl. Arbitration in Sweden, S. 112; Hagberg, Svensk och Internationell Skiljedom 1990, S. 34 (36); Cars, S. 111.

577 Vgl. Heuman, Skiljemannarätt, S. 323.

578 Ausreichend ist ferner ausnahmsweise, daß eine entstandene Streitfrage in einer schriftlichen Schiedsvereinbarung deutlich angegeben wird, da der Gegner dann keiner weiteren Information bedarf; vgl. Prop. 1998/99:35, S. 101; SOU 1994:81, S. 133.

579 Der Wirksamkeitsmangel aufgrund einer bedingten Verfahrenseinleitung wird geheilt, wenn der Antragsgegner sich darauf einläßt und dies akzeptiert; so Heuman, Skiljemannarätt, S. 320.

nennung eines Schiedsrichters vereinbart.[580] Das Erfordernis der Angabe des Schiedsrichters bereits im einleitenden Schriftsatz geht über Art. 21 UNC-MG hinaus.

Ist nach Gesetz oder Vereinbarung eine fristwahrende Erhebung einer Schiedsklage erforderlich, setzt dies nach § 45 Abs. 1 LSF die Erfüllung der Voraussetzungen nach § 19 LSF voraus. Das gilt auch zur Bewirkung der Verjährungsunterbrechung, die anderenfalls erst mit der ergänzenden Angabe des Schiedsrichters eintritt.[581] Eine Verjährungsunterbrechung tritt andererseits nach schwedischem Recht bereits durch ein schriftliches Forderungsverlangen ein und als solches ist etwa auch ein Eröffnungsschriftsatz ohne Schiedsrichterangabe ausreichend.[582] Ein Verstoß gegen § 19 LSF dürfte daher in der Praxis und in verjährungsrechtlicher Hinsicht kaum zu einem Rechtsverlust führen. Wird das Schiedsverfahren ohne rechtskräftige Entscheidung und ohne Parteiverschulden in der Sache beendet, kann die Partei fristwahrend innerhalb von dreißig Tagen nach Empfang des Schiedsspruchs oder nach Eintritt der Rechtskraft des Urteils, in dem der Schiedsspruch aufgehoben oder für ungültig erklärt wurde, erneut Klage erheben (§ 45 Abs. 2 LSF).

bb) Klageerhebung und Klageerwiderung

Die Voraussetzungen an die Klageerhebung und -erwiderung entsprechen Art. 23 Abs. 1 UNC-MG und unterliegen der Parteidisposition (§ 23 Abs. 3 LSF). Mangels abweichender Vereinbarungen hat der Kläger innerhalb einer vom Schiedsgericht bestimmten Frist seine Klageanträge und die sie stützenden Tatsachen bezüglich der im Eröffnungsschriftsatz genannten Streitfrage anzugeben (§ 23 Abs. 1 S. 1 LSF). Dies kann z. B. aus Gründen der Verfahrensbeschleunigung auch bereits im einleitenden Schriftsatz erfolgen.[583] Der Beklagte hat darauf innerhalb einer vom Schiedsgericht bestimmten Frist zu erwidern und ihre Anträge und die sie stützenden Umstände anzugeben (S. 2)

---

580 Prop. 1998/99:35, S. 224; SOU 1994:81, S. 136 u. 274; ebenso Cars, S. 94 f. Nach den Gesetzesmotiven wird vorausgesetzt, daß der ernannte Schiedsrichter seine Bestimmung akzeptiert hat (ebenda). Das Fehlen seiner Zustimmung macht die Verfahrenseinleitung jedoch nach Heuman nicht wirkungslos, Skiljemannarätt, S. 322.

581 Vgl. Prop. 1998/99:35, S. 102 f.; SOU 1994:81, S. 135 f.; jeweils m.w.N. und Verweis auf § 5 Nr. 3 schwedisches Verjährungsgesetz („preskriptionslagen" – 1981:130).

582 Vgl. dazu § 5 Nr. 2 schwedisches Verjährungsgesetz („preskriptionslagen" – 1981:130) sowie Prop. 1998/99:35, S. 103 m.w.N.; SOU 1994:81, S. 135.

583 Vgl. Prop. 1998/99:35, S. 101 f., Heuman, Skiljemannarätt, S. 321. Der Aufbau der Klage (-erwiderung) nach schwedischem Recht zeichnet sich u. a. dadurch aus, daß die Anträge nicht zwingend am Anfang stehen müssen, obwohl dies häufig vorkommt. Nach einer (chronologischen) Sachverhaltsschilderung folgen die Anträge und die Gründe. Die Gründe enthalten eine Zusammenfassung des für den Klageanspruch wesentlichen Sachverhalts und eine Subsumtion unter die einschlägigen Rechtsnormen. Danach sollen Beweisangebote folgen. Diese werden in der Praxis aus taktischen Gründen häufig erst zu einem späteren Zeitpunkt gemacht; vgl. Lundblad, in: Festskrift Sandström, S. 327 (328 ff.), ebenso Cars, S. 107.

cc) Gleichbehandlungsgrundsatz

Ein Schiedsgericht hat auch nach schwedischem Recht den Grundsatz der Gleichbehandlung der Parteien streng zu beachten (vgl. Art. 18 1. HS UNC-MG).[584] Bereits in den Motiven zum SML a.F. heißt es, daß keiner Partei Vorteile verweigert werden dürften (z. B. Fristverlängerungen etc.), die der anderen gewährt wurden.[585] Ein faires Verfahren setzt daher voraus, daß keine Partei einer prozessualen Ungerechtigkeit im Schiedsverfahren ausgesetzt wird.[586] Dies hat das Schiedsgericht bei der Prozeßleitung zu beachten, die sich nach den Gesetzesmotiven von der eines ordentlichen Gerichtsverfahrens nicht unterscheidet. Im Einzelfall sind dabei etwa der Streitgegenstand, die Vertretung und Zusammensetzung der Parteien sowie des Schiedsgerichts zu berücksichtigen.[587]

dd) Rechtliches Gehör

Nach schwedischem Recht gilt ebenfalls der auch in Art. 18 2. HS UNC-MG verankerte Grundsatz des Rechts auf rechtliches Gehörs, auf das eine Partei nicht im voraus verzichten kann.[588] Das Schiedsgericht ist nach § 24 Abs. 1 S. 1 LSF dafür verantwortlich, den Parteien im erforderlichen Umfang Gelegenheit zu geben, ihre Begehren schriftlich oder mündlich vorzubringen und auf das gegnerische Vorbringen zu erwidern. Das Kriterium der Erforderlichkeit erlaubt es dem Schiedsgericht andererseits Verfahrensverzögerungen durch Fristsetzungen z. B. für den Parteivortrag entgegenzuwirken.[589]

Die Motive weisen darauf hin, daß die im schwedischen Zivilprozeß geltenden Verfahrensprinzipien der Unmittelbarkeit, Konzentration und Mündlichkeit in der Schiedsgerichtsbarkeit nicht zwingend gelten und dem Schiedsgericht daher größere Flexibilität bei der Verfahrensdurchführung zukommt.[590] Eine Partei hat andererseits durch die Neuregelung in § 24 Abs. 1 S. 2 LSF auf Antrag ein unabdingbares Recht auf Durchführung (zumindest) einer mündlichen Verhandlung, sofern die Parteien nicht anderes vereinbart haben (ebenso Art. 24 Abs. 1 UNC-MG). Sie können auch

---

584 Vgl. Prop. 1998/99:35, S. 110; SOU 1994:81, S. 142. Hiermit ist kein rein formeller Gleichbehandlungsgrundsatz gemeint. Wurde z. B. einer Partei gestattet, eine Beweisaufnahme mit Hilfe des ordentlichen Gerichts durchzuführen, bedeutet dies nicht, daß die Beweisanträge der Gegenseite unabhängig von ihrer Bedeutung ebenfalls genehmigt werden müßten (vgl. dazu § 26 Abs. 1 LSF); Heuman, Svensk och Internationell Skiljedom, 1987, 29 (38 f.).

585 Vgl. NJA II 1929, 33.

586 Vgl. Ramberg, Svensk och Internationell Skiljedom 1988, 23 (30), Heuman, Skiljemannarätt, S. 277.

587 Vgl. zum folgenden Prop. 1998/99:35, S. 120; SOU 1994:81, S. 150; sowie Cars, S. 103 m.w.N.

588 Vgl. dazu Prop. 1998/99:35, S. 227; SOU 1994:81, S. 278; Hassler/Cars, S. 110 f.; Cars, S. 110; Heuman, Skiljemannarätt, S. 273.

589 Vgl. Prop. 1998/99:35, S. 227; SOU 1994:81 S. 278; Jarvin, Stockholm Arb. Rep. 1999:1, S. 43 (52).

590 Die wesentlichen Verfahrensgrundsätze im schwedischen Prozeß sind die Prinzipien der Mündlichkeit, Konzentration, Unmittelbarkeit, Öffentlichkeit, des rechtlichen Gehörs und der freien richterlichen Beweiswürdigung; vgl. Fischler/Vogel, S. 198 ff.; auch Gehlhoff, S. 7-14; vgl. zur Befreiung von deren zwingender Geltung Prop. 1998/99, S. 41; SOU 1994:81, S. 68; ebenso Cars, S. 114 m.w.N.

ohne daß dies ausdrücklich geregelt ist, ein rein schriftliches oder auch gemischt schriftlich-mündliches Verfahren vereinbaren.[591] Ausschließlich schriftliche Verfahren sind jedoch selten, insbesondere in der internationalen Schiedsgerichtsbarkeit.[592] Das gilt auch für Schweden, da dem Mündlichkeitsprinzip in der schwedischen Schiedspraxis große Bedeutung beigemessen wird. Schwedische Schiedsrichter verhalten sich in Übereinstimmung mit dem schwedischen Zivilprozeßrecht deutlich zurückhaltend und überlassen die Durchführung der Verhandlung weitgehend den Parteien.[593] In der Schiedspraxis haben die Prinzipien der Unmittelbarkeit, Konzentration und Mündlichkeit feste Ausprägungen gefunden. Es werden im Sinne einer Verfahrensverkürzung im Vergleich zu ordentlichen Gerichtsverfahren nur eingeschränkte Anforderungen an das mündliche Vorbringen gestellt. Beispielsweise müssen die Parteien in der Schlußverhandlung – anders als im ordentlichen Gerichtsverfahren – nicht den gesamten schriftlichen Vortrag wiederholen, sondern eine Bezugnahme auf die Unterlagen und die schriftlichen Beweise genügt.[594] Am Ende der Hauptverhandlung kommt dem freien Schlußplädoyer der Parteivertreter, das die Beweiswürdigung und die abschließende rechtliche Würdigung enthält, wesentliche Bedeutung zu. Eine Hauptverhandlung kann sich ähnlich wie im anglo-amerikanischen Rechtskreis über einen längeren Zeitraum hinziehen, da es es im Belieben der Parteien steht, in welchem Umfang sie ihren Standpunkt vortragen und beispielsweise Zeugen anhören wollen. Andererseits ist die Praxis um eine Verfahrenskonzentration bestrebt. Die Hauptverhandlung kann bei Bedarf auch (mehrfach) unterbrochen werden, was jedoch in der Praxis ebenfalls möglichst verhindert wird.[595]

Im Zusammenhang mit der Frage nach Gewährung rechtlichen Gehörs und damit zusammenhängender Prozeßleitung gilt vorbehaltlich anderer Parteivereinbarungen auch nach schwedischem Recht der Grundsatz, daß das Schiedsgericht die anwendbaren Rechtssätze kennen und herausfinden muß („iura novit curia“).[596] Es darf seine Entscheidung auf diese stützen, selbst wenn sie nicht von den Parteien vorgetragen wurden. Andererseits hat das Schiedsgericht zwecks Vermeidung überraschender Entscheidungen die Parteien auf solche Rechtssätze in geeigneter Weise rechtzeitig hinzuweisen. Zu diesem Zweck kann es etwa die Rechtsregel gegenüber den Parteien ansprechen und ihnen Gelegenheit zur Stellungnahme zu geben. Die Grenzen der zulässigen Prozeßleitung sind dabei in komplizierten oder internationalen Verfahren weiter als in inländischen Verfahren. Das Schiedsgericht wird jedenfalls als befugt angesehen, mit den Parteien die gestellten Anträge und die sie stützenden Umstände sowie Beweisthemen und – mittel zu klären und Fragen zur Beseitigung von Unklar-

---

591 Vgl. Prop. 1998/99:35, S. 112 u. 227; SOU 1994:81, S. 278; Cars, S. 112; Heuman, Svensk och Internationell Skiljedom 1986, 6 (7), ders., Skiljemannarätt, S. 274 f.

592 Vgl. Holtzmann/Neuhaus, S. 671.

593 So zu Recht auch Weigand, Int.Arb. 1995, Vol. 11 No. 4, S. 397 (408 f.).

594 Vgl. Cars, S. 113 m.w.N.; Nordenson, Swedish and International Arbitration 1984, S. 6 (11).

595 Vgl. Cars, S. 113; auch Heuman, Skiljemannarätt, S. 489 f.

596 So die h.M., vgl. nur Prop 1998/99:35, S. 145 f., mit dem Hinweis, daß ausländische Parteien auf die Geltung des Grundsatzes „iura novit curia“ in Verfahren in Schweden etwa bei der Formulierung des Schiedsauftrages hingewiesen werden sollten.

heiten und Unvollständigkeiten zu stellen.[597] Im Schrifttum wird zum Teil eine engere Grenzziehung gefordert. Aus Gründen der Unparteilichkeit des Schiedsgerichts wird danach bezweifelt, daß es in wirtschaftsrechtlichen Streitigkeiten eine von den Parteien nicht vorgetragene Rechtsregel überhaupt anwenden dürfe, da die Parteiautonomie den anwaltlich vertretenen Parteien eine größere Verantwortung für die eigene Prozeßleitung als im ordentlichen Verfahren auferlege.[598] Andererseits gilt eine starke Prozeßleitung im Gegensatz zu einer zu schwachen Prozeßleitung für sich allein nicht als Anfechtungsgrund.[599]

Das Problem wird etwa deutlich bei der Frage, ob und inwieweit zwingendes nationales oder Gemeinschaftsrecht von einem Schiedsgericht ex officio zu beachten ist. Die Reformkommission hat diese Frage in ihrem Bericht von Juni 1994 bezüglich der kartellrechtlichen Vorschriften in Art. 85 und 86 EWGV (heute Art. 81 u. 82 EWGV) bzw. den entsprechenden Vorschriften des schwedischen Wettbewerbsgesetzes[600] untersucht. Die Rechtslage wird als unklar bezeichnet, doch wird im Hinblick auf die wettbewerbsrechtliche Gesetzgebung, ihrer Motive und ausgehend vom schwedischem Prozeßrecht im Ergebnis eine Prüfungspflicht ex officio abgelehnt.[601] Trotz unmittelbarer Geltung der europäischen Wettbewerbsregeln in Schweden seien diese lediglich im Rahmen des nationalen Prozeßrechts anzuwenden. Schwedische (Schieds-) Gerichte seien an das Parteivorbringen gebunden und könnten ihrer Entscheidung nicht andere Umstände zugrundelegen, selbst wenn die Streitfrage in einem ordentlichen Gerichtsverfahren (teilweise) indispositiv wäre, oder der Schiedsspruch ausnahmsweise gegen das Wettbewerbsgesetz oder den ordre-public verstoßen sollte. Zwar bestehe mit Blick auf die Zuständigkeit von Wettbewerbsbehörden und staatlicher Gerichte die Gefahr widersprüchlicher Entscheidungen, doch müsse diese Gefahr als klein bezeichnet und durch die Praxis gelöst werden. Eine Schiedsverfahrenspartei könne während des Verfahrens – auch durch Vermittlung der Schiedsrichter – bei der schwedischen Wettbewerbsbehörde vorab Auskünfte einholen oder Nichteingriffs- (§ 20 KL) bzw. Ausnahmebescheide (§ 9 KL) beantragen.[602] In der Begründung zum Regierungsentwurf vom 12. November 1998 wird diese Argumentation im Ergebnis bestätigt, jedoch auf eine mögliche Änderung der Rechtslage aufgrund der damals noch bevorstehenden Entscheidung des Europäischen

---

597 Es gilt als Daumenregel („rule of the thumb"), daß die Schiedsrichter sich auf Verständnisfragen zu unklaren Erklärungen der Parteien beschränken, vgl. Lindell, in Int. Schiedsgerichtsbarkeit (Hrsg. Gottwald), S. 779 (790).

598 Vgl. Calissendorff, JT 1995/96, 141 (146 f.), einschränkend Heuman (iura novit curia) Skiljemannarätt, S. 394 f.

599 Vgl. Cars, S. 160 m.w.N. in Fn. 648. Die Frage, ob eine zu geringe Prozeßleitung die Aufhebung eines Schiedsspruches begründen kann, wurde vom Obersten Gerichtshof offengelassen, vgl. HD NJA 1973, 740 (746).

600 Vgl. Art. 6-8 und 19 Konkurrenslagen (1993:20).

601 Vgl. zum folgenden SOU 1994:81, S. 84.

602 Vgl. SOU 1994:81, S. 85 f.; auch Carlsson/Schuer/Söderlind, S. 211 f. u. Kvart/Olsson, S. 45. Die schwedische Wettbewerbsbehörde („Konkurrensverket") hat solche (informellen) Anfragen – auch von Schiedsgerichten – ausdrücklich begrüßt und erklärt, daß Abfragen in Zusammenhang mit laufenden Schiedsverfahren vordringlich bearbeitet würden (Konkurrens Nr. 5/94, S. 9); vgl. Dhunér, Swedish and International Arbitration 1997, S. 55 (62); auch Wetter/Ericsson/Karlsson/Rislund, S. 289.

Gerichtshofes in der Sache Eco Swiss China Time Ltd. ./. Bennetton International NV hingewiesen.[603] Eine Änderung der Auffassung des Gesetzgebers zu der Frage – die sich der Gesetzgeber vorbehalten hat –, ob ein Schiedsgericht „ex officio" einen möglichen Verstoß gegen Art. 81 EWGV prüfen muß, ist bislang nicht feststellbar.[604] Ein Präjudiz aus der Rechtsprechungspraxis liegt insoweit nicht vor. Überwiegend wird im Schrifttum – soweit ersichtlich – in Übereinstimmung mit den Motiven eine Verpflichtung eines Schiedsgerichts zur amtswegigen Beachtung inländischer oder gemeinschaftsrechtlicher Wettbewerbsregeln abgelehnt. Begründet wird dies mit der vorrangigen Bindung der Schiedsrichter an das nationale Prozeßrecht und damit an die Anträge und den Vortrag der Parteien.[605] Eine ex officio – Prüfungspflicht scheide daher aus.[606] Andererseits wird ein Schiedsgericht als befugt angesehen, die Frage unabhängig vom Parteivorbringen im Wege der Prozeßleitung in den Prozeß einzuführen.[607] Auch wird ein Schiedsgeicht als berechtigt, jedoch nicht verpflichtet, angesehen, das Verfahren durch Rücktritt von seinem Amt zu beenden, um den Erlaß eines ungültigen Schiedsspruches zu vermeiden.[608] Im Einzelfall können Schwierigkeiten bei der Abgrenzung des schiedsfähigen Streitgegenstandes aufkommen. Da einem Schiedsgericht in Zweifelsfragen keine Vorlageberechtigung an den EuGH zukommt und es auch keinen Vorabbescheid bei der Europäischen Kommission beantragen kann, wird es bei grenzüberschreitenden Sachverhalten auf das Fingerspitzengefühl der Schiedsrichter bei der Prozessführung ankommen. Gegebenenfalls muß versucht werden, die Frage in das Verfahren einzuführen, bzw. muß das Schiedsgericht die Klage abweisen. Eine Klageabweisung durch das Schiedsgericht kommt daher erst in Betracht, wenn es von einem Verstoß gegen Art. 81 EWGV überzeugt ist oder einen solchen zumindest für überwiegend wahrscheinlich hält. Die weitere vom EuGH aufgestellte Voraussetzung, daß dieser Verstoß nach nationalem Recht einen Aufhebungs- bzw. Ungültigkeitsgrund aufgrund ordre- public Verletzung darstellt, ist bei Vorliegen eines Verstosses sowohl nach deutschem wie schwedischem Recht stets gegeben.

Das LSF regelt weiter, daß das Schiedsgericht nach § 24 Abs. 2 LSF jeder Partei die Kenntnisnahme aller den Rechtsstreit betreffenden Unterlagen zu ermöglichen habe, die ihm durch die Gegenseite oder durch Dritte zugehen (sog. Kommunikationsprinzip). Die als Mindestvoraussetzung konzipierte Vorschrift ist an

---

603 Vgl. Prop. 1998/99:35, S. 58.

604 Die Motiven besagen, daß die Frage erneut aufgegriffen werden soll, sollte aus der Eco Swiss China Time Ltd. ./. Bennetton International NV – Entscheidung Handlungsbedarf folgen; vgl. Prop. 1998/99:35, S. 58.

605 Vgl. Prop. 1998/99:35, S. 58; Cars, S. 41 f.; Kvart/Olsson, S. 43; Dhunér, Stockholm Arb. Rep. 2000:1, S. 24 (29-31).

606 Nach Dhunér ist ein Schiedsspruch nicht ungültig oder aufhebbar, wenn er eine gegen nationales Wettbewerbsrecht verstoßende Vereinbarung aufrechterhält, da dies keinen Verstoß gegen den nationalen ordre-public darstellt; in Stockholm Arb. Rep. 2000:1, S. 24 (29-31) m.w.N.; a.A. Cars, S. 41 f.; Kvart/Olsson, S. 43 (ausnahmsweise).

607 Vgl. Cars, S. 41 f.; Kvart/Olsson, S. 44; von Quitzow, Stockholm Arb. Rep. 2000:1, S. 33 (37 u. 39), der weitergehend darauf hinweist, daß ein Schiedsgericht dies versuchen müsse.

608 Vgl. Prop. 1998/99:35, S. 59 mit Hinweis auf eine mögliche anfängliche Ungültigkeit des Schiedsspruches aufgrund von § 33 Nr. 1 LSF (ordre-public); Cars, S. 41 f., Heuman, Skiljemannarätt, S. 166; auch Kvart/Olsson, S. 44.

Art. 24 Abs. 3 UNC-MG angelehnt und umfaßt auch Gutachten und schriftliches Beweismaterial.[609] Die Übersendung kann formlos erfolgen. Ausnahmsweise kann es genügen, daß das Schiedsgericht den Parteien Prozeßmaterial zugänglich hält. Die Parteien haben ferner ein Teilnahmerecht an Sitzungen des Schiedsgerichts, in denen Prozeßmaterial präsentiert wird.[610]

ee) Beweiserhebung

Die Beweisführung obliegt nach § 25 Abs. 1 S. 1 LSF den Parteien. Das Schiedsgericht kann jedoch Beweisangebote ablehnen, die offensichtlich für die Streitfrage bedeutungslos sind oder wenn dies angesichts des Zeitpunktes des Beweisantrittes angemessen erscheint (Abs. 2). Hinsichtlich dieser neu im LSF eingefügten Bestimmungen, die keine Entsprechung im UNC-MG hat, weist die schwedische Reformkommission darauf hin, daß Beweisangebote wohlwollend zu behandeln seien.[611] Die Zurückweisung verspäteter oder überraschender Beweisangebote wird nur sehr vorsichtig gehandhabt. Alternativ kann im Zweifelsfall etwa die Hauptverhandlung unter Anberaumung eines neuen Termins unterbrochen werden. In den meisten Schiedsverfahren unter einem schwedischen Juristen als Vorsitzenden werden die Parteien kurz vor der Hauptverhandlung aufgefordert, die Beweisthemen und ihre Beweisangebote anzugeben.[612] In der Praxis führt die Beweiserhebung kaum zu Schwierigkeiten, da das Schiedsgericht mit den Parteien regelmäßig eine Einigung zu aufkommenden Fragen erreicht.

Über den Gesetzeswortlaut hinaus kann ein Schiedsgericht (Präklusions-) Fristen für Beweisantritte setzen und eine Partei auf ihre Beweislast hinweisen, doch hat jede Partei über das anzubietende Beweismittel allein zu bestimmen.[613] Eine selbständige Anordnung z. B. einer Zeugenvernehmung oder ein intensives Befragen des Zeugen durch das Schiedsgericht wird angesichts des Gebotes der Unparteilichkeit als unzulässig angesehen.[614]

Die Zeugenvernehmung ist vom schwedischen Zivilprozeßrecht und dieses wiederum durch die angelsächsische Rechtstradition beeinflußt. Die Parteianwälte befragen den Zeugen, zuerst durch die ihn benennende Partei allein und anschließend im Kreuz-

---

609 Vgl. Prop. 1998/99:35, S. 112 f. u. 227 f.; SOU 1994:81, S. 144 u. 279.

610 Vgl. SOU 1994:81, S. 279. Nach Ansicht der Reformkommission hatte eine Partei keinen Anspruch auf Übersendung des in einer Verhandlung präsentierten Materials habe, wenn sie trotz Ladung der Verhandlung freiwillig ferngeblieben war; vgl. SOU 1994:81, S. 144 u. 279. Die entsprechende Bestimmung § 24 Abs. 3 Satz 2 LSF wurde jedoch aufgrund internationaler Kritik im Gesetzgebungsverfahren gestrichen – vgl. Kvart/Olsson, JT 1998/99, 678 (684) – und die Beantwortung der Frage in den Motiven der Praxis überlassen, vgl. Prop. 1998/99:35, S. 113.

611 Vgl. SOU 1994:81, S. 149; ebenso Cars, S. 116.

612 Vgl. Hobér, EICLIT 2/1995, A4.26. Die Beweisangaben erscheint häufig erst nach dem mündlichen Vorbereitungstermin sinnvoll, da die Parteien dann ihre Positionen bestimmt haben; Lundblad, in: Festskrift Sandström, S. 327 f.

613 Vgl. Prop. 1998/99:35, S. 228; SOU 1994:81, S. 280.

614 Vgl. Prop. 1998/99:35, S. 115.

verhör.[615] Ein intensives Kreuzverhör wird der Wahrheitsfindung teilweise als förderlicher angesehen als eine eidliche Zeugenvernehmung oder die Abnahme einer eidesstattlichen Versicherung vor Gericht.[616] Ein Schiedsrichter kann nach schwedischem Recht ebenfalls Fragen an Zeugen stellen, doch wird aus Gründen der Wahrung der Unparteilichkeit insoweit zu starker Zurückhaltung geraten.[617] Schriftliche Zeugenaussagen sind zulässig, jedoch unüblich. Ihnen kommt ihnen wegen Verstoßes gegen den Unmittelbarkeitsgrundsatz regelmäßig nur begrenzter Beweiswert zu.[618] Zeugen können im übrigen mit Hilfe sämtlicher zur Verfügung stehenden technischen Hilfsmittel vernommen werden.[619] Der Geschäftsführer oder Aufsichtsrat einer Partei kann ohne Zustimmung der anderen Partei als Zeuge gehört werden.

Einem Schiedsgericht ist auch nach schwedischem Recht die Abnahme eines Eides oder einer eidesstattlichen Versicherung untersagt, ebenso die Verhängung einer Geldstrafe oder anderer Zwangsmittel zur Beschaffung von gefordeten Beweismitteln (§ 25 Abs. 3 LSF).[620] Es darf von sich aus im Schiedsspruch auch keine Geldstrafen oder Sanktionen gegenüber einer unterlegenen Partei für den Fall verhängen, daß sie Verpflichtungen aus einem Schiedsspruch nicht erfüllt.[621]

ff) Sachverständigenbeweis

Den Parteien obliegt grundsätzlich die Beweisführung, doch kann das Schiedsgericht selbst Sachverständige berufen, soweit sich nicht beide Parteien dem widersetzen (§ 25 Abs. 1 S. 2 LSF). Dies entspricht Art. 26 Abs. 1 UNC-MG, jedoch nicht der (bisherigen) schwedischen Praxis und kommt lediglich bei schwierigen technischen Fragestellungen vor.[622] Denkbare Ablehnungsgründe seitens der Parteien können nach den Motiven neben Kostenaspekten insbesondere auch Vertraulichkeitsgesichtspunkte sein.[623]

gg) Klageänderung / Klagerücknahme

Der Kläger kann neue und der Beklagte eigene Anträge stellen, soweit diese von der Schiedsvereinbarung umfaßt werden und deren Prüfung nicht aufgrund des Zeitpunktes ihres Vorbringens oder anderer Umstände unangebracht erscheint (§ 23 Abs. 2 S. 1

615 Vgl. Kap 36 § 17 schwedisches Prozeßgesetz (RB); Ekelöf, S. 214-218; Hobér, EICLIT 2/1995, A7.14.

616 Vgl. Arbitration in Sweden, S. 118. Zeugen sagen im ordentlichen Zivilprozeß – anders als in Deutschland – regelmäßig unter Eid aus (36:11 schwedisches Prozessgesetz (RB)).

617 Vgl. Lundblad, in: Festskrift Sandström, S. 327 (335).

618 Vgl. Nordenson, Swedish and International Arbitration 1984, 6 (12 f.), Cars, S. 119 m.w.N.

619 Vgl. Prop. 1998/99:35, S. 116.

620 Vgl. Prop. 1998/99:35, S. 117 f. mit rechtsvergleichenden Hinweisen z. B. zur teilweisen abweichenden Rechtslage in den Niederlanden (S. 116) und dem Hinweis, daß derzeit eine diesbezügliche Ausweitung der schiedsrichterlichen Befugnisse abzulehnen sei; rechtsvergleichend auch Mustill and Boyd, S. 309 f.; Craig/Park/Paulsson, 25.01.

621 Vgl. Welamson, in: FS till Bertil Bengtsson, S. 477 (486 f.) m.w.N.

622 Vgl. Jarvin, Stockholm Arb. Rep. 1999:1, S. 43 (55).

623 Vgl. Prop. 1998/99:35, S. 228; SOU 1994:81, S. 280.

LSF).[624] Die Einbeziehung „anderer Umstände" geht über den Wortlaut von Art. 23 Abs. 2 UNC-MG hinaus. Denkbar ist nach schwedischem Recht auch die Zurückweisung einer Klageänderung allein aufgrund „anderer Umstände", d. h. unabhängig von dem maßgeblichen Zeitpunkt ihres Vorbringens.[625] Unter sog. andere Umstände fällt beispielsweise der Fall, daß Schiedsrichter aufgrund speziellen Fachwissens ausgesucht wurden, die neuen Anträge jedoch fachlich in ein anderes Gebiet fallen. Hierunter fällt auch etwa der Fall, daß eine Klageänderung offensichtlich nur der Verfahrensverschleppung dient oder wenn das Schiedsgericht bei Berücksichtigung der neuen Anträge eine von den Parteien vereinbarte Urteilsfrist nicht einhalten könnte.[626] Bei der Bestimmung und Anwendung des unbestimmten Begriffes einer zeitlichen Ungeeignetheit ist dem Schiedsgericht angesichts der Vielschichtigkeit möglicher Fälle der Ungeeignetheit ein weiter Beurteilungsspielraum einzuräumen.[627]

Die Parteien können unter den vorgenannten Voraussetzungen jederzeit während des Verfahrens frühere Anträge ändern oder ergänzen sowie neue Tatsachen vortragen, die ihre Anträge stützen (§ 23 Abs. 2 S. 2 LSF). Hierüber entscheidet das Schiedsgericht folglich unter Berücksichtigung des Zeitpunktes und der Umstände des Vorbringens. Die Anträge können zu einer Ausweitung des Streitgegenstandes führen und andere als in dem verfahrenseinleitenden Schriftsatz angegebene Streitgegenstände betreffen, sofern sie sich innerhalb der Schiedsvereinbarung als äußerster Grenze einer Klageänderung halten.[628] Diese kann durch Vereinbarung, sonst nur ausnahmsweise ausgedehnt werden, etwa wenn eine Partei gegenüber einem über die Schiedsvereinbarung hinausgehenden Antrag der Gegenpartei keine Einwendungen erhebt.[629]

Eine Partei kann ihren Klageantrag jederzeit (teilweise) zurücknehmen. Das Schiedsgericht hat dann nach der Neuregelung in § 28 LSF das Verfahren insoweit einzustellen, sofern nicht die Gegenseite eine Entscheidung über den zurückgenommenen Antrag verlangt.[630] Das „Recht auf den Schiedsspruch" steht ihr unabhängig davon zu, ob sie bereits in der Sache erwidert hat oder ob ihr insoweit ein berechtigtes Interesse

---

624 Eine Fehlbeurteilung der Zulässigkeit kann zur Anfechtbarkeit des Schiedsspruches führen (§ 34 Abs. 1 Nr. 6 LSF); vgl. SOU 1994:81, S. 277. In den Gesetzmotiven wird dem Schiedsgericht daher empfohlen, diese Frage sorgfältig zu prüfen und die Tatsache eines z. B. verspäteten Vorbringens gegebenenfalls im Rahmen der späteren Entscheidung über die Kostenverteilung zu sanktionieren; Prop. 1998/99:35, S. 108 u. 226 f.; ebenso Jarvin, Stockholm Arb. Rep. 1999:1, 43 (51) und Cars, S. 109.

625 Vgl. zur Anwendung und Auslegung des Art. 23 Abs. 2 UNC-MG oben F. III. 1. gg).

626 Prop. 1998/99:35, S. 226; SOU 1994:81, S. 277. Nach Cars, S. 19 m.w.N., sollte das Schiedsgericht die Zulässigkeit nach Beginn der Hauptverhandlung restriktiv beurteilen.

627 Prop. 1998/99:35, S. 108 f. u. 226; SOU 1994:81, S. 141; Cars, S. 109.

628 Vgl. Prop. 1998/99:35, S. 226; SOU 1994:81, S. 277.

629 Schiedsgerichte sind nicht grundsätzlich zu einer Erweiterung des Streitgegenstandes verpflichtet, doch können die Parteien jederzeit neue Schiedsvereinbarungen treffen; Prop. 1998/99:35, S. 226; SOU 1994:81, S. 141 u. 277; ebenso Cars, S. 108.

630 Der Oberste Gerichtshof hat ein solches Recht einer Schiedspartei in einer älteren Entscheidung ohne nähere Begründung verneint (HD NJA 1964, 122 [125]); ähnlich Arbitration in Sweden, S. 116 m.w.N. (Negative Feststellungsklage). Mit der gesetzlichen Neuregelung ist diese Unklarheit beseitigt worden; bejahend bereits Hassler, Specialprocess (1972), 129 (anders noch in: Skiljeförfarande, S. 93 (1966)); Cars, S. 129 m.w.N.

zusteht.[631] Diese Regelung geht über das deutsche Recht und Art. 32 Abs. 2 a) UNC-MG („berechtigtes Interesse") hinaus. Die Antragsgegnerin kann dadurch eine rechtskraftsfähige Entscheidung erzwingen und dadurch etwa spätere Verfahren in derselben Sache gegen sich verhindern.[632] Verlangt die Gegenseite keine Entscheidung in der Sache, entscheidet das Schiedsgericht im Falle einer vollständigen Klagerücknahme durch Schiedsspruch, anderenfalls durch Beschluß.[633]

hh) Angriffs- und Verteidigungsmittel

Aufrechnungserklärung und Widerklage sind als Angriffs- und Verteidigungsmittel im Rahmen der Schiedsvereinbarung zulässig. Sie werden auch ohne ausdrückliche Nennung nunmehr von den vorstehenden Regeln über die Klageänderung in § 23 Abs. 2 LSF mit erfaßt. Dem Schiedsgericht kommt somit ein gewisses Ermessen bei der Prüfung der Frage zu, ob ein Widerklageantrag oder eine Aufrechnungserklärung zu prüfen sind. Eine Pflicht zur Prüfung einer Widerklage oder Aufrechnung besteht grundsätzlich nicht, selbst wenn der Antrag unter die Schiedsvereinbarung fällt. In den Motiven wird jedoch zur Vermeidung einer Präklusion des Vorbringens des Antragstellers eine großzügige Zulässigkeitsprüfung empfohlen.[634] Die Zulässigkeit einer Aufrechnung war nach früherem Recht streitig. Angesichts einer unklaren Rechtslage zum SML a.F. hat die Rechtsprechung – anders als nach allgemeinem schwedischen Prozeßrecht – eine Verpflichtung zur Prüfung einer zur Aufrechnung gestellten Forderung abgelehnt und eine Nichtberücksichtigung durch das Schiedsgericht nicht als Verfahrensfehler gewertet, der zur Aufhebung des Schiedsspruchs berechtigt.[635]

Eine Aufrechnung kann formlos erklärt werden.[636] Die Forderung und die mit dieser aufgerechnete Forderung sind vorbehaltlich anderer Parteivereinbarungen in einem Schiedsspruch zu entscheiden (§ 29 Abs. 1 S. 2 LSF).[637] Für die Erhebung der Widerklage genügt es, wenn sie in der schriftlichen Klageerwiderung erhoben wird.[638]

---

631 Vgl. Möller, Stockholm Arb. Rep. 1999:1, S. 57 (59).

632 Vgl. Prop. 1998/99:35, S. 129; SOU 1994:81, S. 162; ebenso Holtzmann/Neuhaus zu Art. 32 Abs. 2 a) UNC-MG, S. 869 in Fn. 17.

633 Gegen einen solchen Schiedsspruch sind Rechtsmittel nach § 36 LSF, gegen einen Beschluß sind keine Rechtsmittel gegeben.

634 Prop. 1998/99:35, S. 108 u. 226 f.; SOU 1994:81, S. 276; auch Jarvin, Stockholm Arb. Rep. 1999:1, S. 43 (50). Zur Zulässigkeit der Aufrechnung vgl. auch Erläuterung in Fn. 902.

635 Vgl. HD NJA 2000, 335 (344) in Übereinstimmung mit den Vorinstanzen. Die ältere schwedische Praxis legte § 11 SML a.F. so aus, daß beide Parteien einer Aufrechnung bzw. Widerklage zustimmen mußten (vgl. HD NJA 1924, 569; 1938, 532; 1955, 224) und anderenfalls ein getrenntes Schiedsverfahren einzuleiten war; vgl. Ramberg, Svensk och Internationell Skiljedom 1988, 23 (29). Nach neuerer Rechtsprechung zu § 11 SML a.F. wird dagegen bereits auf die heute in § 23 Abs. 2 LSF enthaltenen Kriterien abgestellt (s.o.); vgl. HD NJA 2000, 335 (344).

636 Vgl. Hassler/Cars, S. 105 f.

637 Die Bestimmung ist trotz des Wortlautes „skall" (auf deutsch: „ist") abdingbar; vgl. Prop. 1998/99:35, S. 231; SOU 1994:81, S. 285.

638 Vgl. Hassler/Cars, S. 95, Cars, S. 107 sowie SOU 1994:81, S. 133 u. 138. Die Vorschriften zur Widerklage im schwedischen Prozeßgesetz (RB 14:3) finden analoge Anwednung; vgl. Arbitration in Sweden, S. 115 f.

ii) Unterbrechung und Aussetzung

Eine Unterbrechung oder Aussetzung des Schiedsverfahrens ist grundsätzlich möglich. Es obliegt den Schiedsrichtern, darüber im Einzelfall zu entscheiden. Da insoweit keine allgemeinen zivilprozessualen Beschränkungen gelten, steht es den Parteien frei, hierüber individuelle Vereinbarungen zu treffen.

jj) Säumnis

Säumnisfolgen werden in § 24 Abs. 3 LSF geregelt. Wie auch nach deutschem Recht darf das Schiedsgericht jedoch allein aus der Tatsache einer Säumnis nicht den Vortrag der Gegenpartei als richtig unterstellen. Ausgangspunkt ist, daß das Schiedsgericht stets in der Sache zu entscheiden hat.[639] Es kann das schiedsrichterliche Verfahren auch dann fortführen und die Streitigkeit aufgrund des vorliegenden Materials entscheiden, wenn eine Partei ohne triftigen Grund zu einer Verhandlung nicht erscheint oder es in anderer Hinsicht unterläßt, eine Anordnung des Schiedsgerichts zu beachten. Die Bestimmung ist weiter gefaßt als Art. 25 c) UNC-MG, der neben dem Fall des Nichterscheinens zur mündlichenVerhandlung lediglich den Fall der Nichtvorlage von Schriftstücken zu Beweiszwecken erfaßt. Nach der Generalklausel in § 24 Abs. 3 LSF kann dagegen grundsätzlich jeder Fall der Nichtbefolgung schiedsrichterlicher Anordnungen dennoch zu einer Entscheidung auf der Grundlage des vorliegenden Prozeßmaterials führen. Dies umfaßt auch die in Art. 25 a)-b) UNC-MG geregelten Fälle der nicht fristgerechten Einreichung von Klage und Klageerwiderung. Ein Schiedsgericht hat somit nach schwedischem Recht mindestens ebenso weitgehende Möglichkeiten, das Verfahren trotz Säumnis einer Partei fortzuführen, wie sie im UNC-MG vorgesehen sind.

d) (Hilfs-) Aufgaben des staatlichen Gerichts

In der Schiedspraxis werden staatliche Gerichte eher selten um Hilfe bei der Beweiserhebung gebeten. Ein Grund ist, daß Zeugen meist freiwillig erscheinen und die begehrten Unterlagen freiwillig vorgelegt werden.[640] Die Freiwilligkeit geht allerdings in Verfahren mit hohen Streitwerten zunehmend zurück, so daß gerichtliche Hilfe dann bei einer Zeugenvernehmung oder der Vorlage beweisrelevanter Gegenstände erforderlich werden kann.[641] Das gilt – wie im deutschen Recht – auch für den Fall, daß es sich um ein ausländisches Schiedsverfahren handelt (§ 50 LSF). Die Regelung in § 26 LSF bestimmt die Möglichkeiten gerichtlicher Unterstützung bei der Beweisaufnahme. Dies entspricht im Grundsatz Art. 27 UNC-MG.

---

[639] So die h.M., vgl. Prop. 1998/99:35, S. 112; SOU 1994:81, S. 279; Cars, S. 115; Hassler/Cars, S. 111.

[640] Vgl. Prop. 1998/99:35, S. 119; Hassler/Cars, S. 114, Cars, S. 121 m.w.N.

[641] Vgl. Heuman; Svensk och Internationell Skiljedom 1987, 29. Nach Lundblad liegt der Sinn der Regelung zur Beweisaufnahme mit Hilfe des ordentlichen Gerichts vor allem in ihrer schlichten Existenz, denn ihr praktischer Nutzen sei sehr begrenzt; vgl. in: Festskrift Sandström, S. 327 (331).

Die Parteien können nach § 26 Abs. 1 LSF die eidliche Vernehmung eines Zeugen oder Sachverständigen oder die Vernehmung einer Partei unter einer sog. Wahrheitsversicherung (sog. „sanningsförsäkran") durch das Bezirksgericht beantragen.[642] Ein solcher Antrag bezweckt in der Praxis vor allem das Erreichen einer gesteigerten Glaubwürdigkeit von Zeugen.[643] Zuvor muß jedoch das Schiedsgericht dem Antrag stattgeben (§ 26 Abs. 1 S. 1 LSF). In den Motiven wird den Schiedsgerichten nahegelegt, entsprechende Anträge wohlwollend zu behandeln, wenn der Maßnahme Beweisbedeutung zukommt.[644] Nach dem Gesetzeswortlaut hat ein Schiedsgericht dem Antrag stattzugeben, wenn es ihn im Einzelfall für zulässig hält (§ 26 Abs. 1 S. 3 LSF). Ferner darf es sich nicht lediglich um einen Fall vermuteter Verschleppungsabsicht handeln.[645] Gibt das Schiedsgericht dem Antrag statt und liegen die Voraussetzungen für eine gerichtliche Beweisaufnahme vor, hat auch das Bezirksgericht dem Antrag stattzugeben (§ 26 Abs. 1 S. 4 LSF). Anträge auf Durchführung einer gerichtlichen Beweisaufnahme sind bei dem vom Schiedsgericht bestimmten Bezirksgericht, anderenfalls beim Bezirksgericht Stockholm zu stellen (§ 44 Abs. 2 S. 1-2 LSF). Seine Prüfungspflicht ist auf das Vorliegen gesetzlicher Hinderungsgründe beschränkt.[646] Das Bezirksgericht hat bei der Durchführung der Beweisaufnahme die Einhaltung der gesetzlichen Vorschriften zu beachten, jedoch die eigentliche Vernehmung den Parteien und Schiedsrichtern zu überlassen.[647] Zu einer Vernehmung sind die Schiedsrichter hinzuzuziehen und ihnen ist ein Fragerecht zu gewähren. Ihr Ausbleiben hindert jedoch nicht die Durchführung der Beweisaufnahme (§ 26 Abs. 2 S. 2-3 LSF).[648]

Nach § 26 Abs. 1 LSF kann eine Partei ferner den Erlaß einer einstweiligen Verfügung zum Zwecke der Erzwingung der Vorlage eines Dokumentes oder Beweisgegenstandes durch eine Partei oder einen Dritten beantragen (S. 2).[649] Die Antragsvoraussetzungen und -beschränkungen richten sich nach den Regeln des schwedischen Prozessgesetzes (RB). Voraussetzung einer solchen gerichtlichen Maßnahme ist, daß

642 Vgl. dazu RB 36:11 (Zeuge), RB 40:9 (Sachverständiger) und RB 37:2 (Partei). Die Bestimmung des Bezirksgerichts obliegt nach § 44 Abs. 2 LSF dem Schiedsgericht. Bei verschiedenen Vernehmungen kann dadurch eine Konzentration der Zuständigkeiten auf ein Bezirksgericht erreichen werden; Prop. 1998/99:35, S. 118; SOU 1994:81, S. 149.

643 Vgl. Cars, S. 121; a.A. Heuman, wonach allein dieser Wunsch nicht genügen könne; Svensk och Internationell Skiljedom 1987, 29 (31).

644 Prop. 1998/99:35, S. 118 u. 229; SOU 1994:81, S. 281; vgl. Beispiele bei Heuman, Svensk och Internationell Skiljedom 1987, 29 (31 ff.).

645 Vgl. Arbitration in Sweden, S. 118; Cars, S. 121.

646 Prop. 1998/99:35, S. 118; SOU 1994:81, S. 149 u. 281; auch Cars, S. 122 f. u. Heuman, Skiljemannarätt, S. 479 f. u. 482 f.

647 Prop. 1998/99:35, S. 119 f. u. 229; SOU 1994:81, S. 149 u. 281. Vgl. zur Durchführung der Beweisaufnahme Fischler/Vogel, S. 208 ff.; Heuman, Svensk och Internationell Skiljedom 1987, 29 (41 ff.).

648 Im Zusammenhang mit dem LSF wurde im schwedischen Geheimhaltungsgesetz (Sekretesslagen 1980:100) eine Bestimmung eingeführt (8. Kap. § 17 Abs. 3), die es für den Fall einer Anhörung von Zeugen vor dem ordentlichen Gericht nach §§ 26, 50 LSF einer Schiedspartei ermöglicht, die Geheimhaltung ihrer Geschäfts- oder Betriebsgeheimnisse zu beantragen – etwa durch den Antrag auf eine Anhörung hinter verschlossenen Türen –, sofern es nicht offensichtlich ist, daß die Angaben öffentlich gemacht werden können, ohne daß derjenige, den sie betreffen, dadurch Schaden leidet; vgl. Prop, S. 252 f.

649 Es handelt sich um ein sog. „editionsföreläggande" nach 38:2 u. 5 sowie 39:2 RB.

eine Partei oder das Schiedsgericht auf Antrag einer Partei die begehrte Maßnahme vom Antragsgegner zuvor bereits erfolglos begehrt hat. Möchte eine Partei zunächst erfahren, welche relevanten Dokumente in der Hand der anderen Partei oder des Dritten sind und ist eine zureichende Information nicht freiwillig zu erhalten, kann die Partei zunächst die isolierte Vernehmung der betroffenen Person zu dieser Frage bzw. die Vorlage von entsprechender schriftlicher Information beantragen.[650]

Anders als im deutschen Recht gibt es im schwedischen Recht kein Äquivalent zum sog. selbständigen Beweisverfahren (§§ 485 ff. ZPO). Eine Partei kann daher etwa nicht vor Einleitung eines Streitverfahrens zwecks Beweissicherung beim staatlichen Gericht einen Sachverhalt durch einen gerichtlich bestellten Sachverständigen beantragen. Dem Gericht kommt eine solche Kompetenz auch nicht nach § 26 LSF zu, selbst wenn das Schiedsgericht einer solchen Maßnahme zustimmen würde. Die gerichtliche Kompetenz beschränkt sich entsprechend dem Wortlaut der Vorschrift auf die Durchführung der Anhörung z. B. eines Sachverständigen während des Schiedsverfahrens.[651]

3. Stellungnahme

Das deutsche und das schwedische Recht enthalten gleichermaßen recht ausführliche Regelungen zur Durchführung des schiedsrichterlichen Verfahrens. Im deutschen Recht sind dabei die 18-27 UNC-MG so gut wie unverändert in die §§ 1042-1050 ZPO übernommen worden, einschließlich der Paragraphenüberschriften. In das schwedische Recht sind ebenfalls die meisten Regelungen aus dem UNC-MG mit eingeflossen, auch wenn die Anordnung der §§ 19-26 LSF vom Modellgesetz abweicht. Beide Rechtsordnungen stellen das Verfahren unter den Vorbehalt der Parteimaxime. Daneben bieten sie den Parteien einen liberalen rechtlichen Rahmen zur Verfahrensdurchführung in den jeweiligen gesetzlichen Regeln. Diese umfassen die wesentlichen Verfahrensfragen und erleichtern damit in- und ausländischen Nutzern den Zugang zum jeweiligen Schiedsverfahrensrecht. Die Regelungen machen ferner weitgehend einen Rückgriff auf das nationale Zivilprozeßrecht entbehrlich.

Das Verfahrensrecht in den beiden Ländern ist in vielen Fragen dem UNC-MG entnommen bzw. angelehnt und dadurch gewissermaßen vereinheitlicht. Insbesondere der Ablauf des Schiedsverfahrens weist in seinen äußeren Grundzügen eine Reihe von Gemeinsamkeiten auf. Die Unterschiede sind bei einem Vergleich jeweils rein nationaler Schiedsverfahren größer, da die Beteiligten dann auch eine „nationale" Praxis erwarten. In der Praxis internationaler Schiedsverfahren hat sich ein gewisser Verfahrensstandard entwickelt, der nationale Besonderheiten selbst bei Anwendung eines nationalen Verfahrensrechts weniger deutlich hervortreten lassen. Dies ist jedoch wesentlich abhängig von der Nationalität und der Persönlichkeit der Schiedsrichter.

Stellt man das deutsche und schwedische Verfahrensrecht gegenüber, ist zunächst eine unterschiedliche Art der sachlichen Prozessleitung festzustellen. Dieses ist auf die unterschiedliche Prozeßleitungspraxis der jeweiligen staatlichen Gerichte zu-

---

650 Vgl. Heuman, Skiljemannarätt, S. 459 f. („editionsförhör" – 38:4 Abs. 3 RB).

651 Vgl. Heuman, Skiljemannarätt, S. 349 u 351.

rückzuführen. In Schweden gilt vor den staatlichen Gerichten ein Verfahrensrecht, was in mancher Hinsicht eher Parallelen zum angelsächsischen als zum kontinentalen Verfahrensrecht aufweist. Dazu gehört, daß vor den ordentlichen Gerichten ein ausgeprägtes Mündlichkeitsprinzip gilt. Mündliche Verhandlungen in größeren wirtschaftsrechtlichen Verfahren werden häufig auf mehrere Tage angesetzt, um den Parteien den Raum zu geben, ihren Fall „vorzutragen“. Ein schwedischer Richter verhält sich verglichen mit seinem deutschen Kollegen in einer mündlichen Verhandlung tendenziell zurückhaltender. Es kommt in Schweden – anders als in Deutschland – etwa kaum jemals vor, daß ein Richter bereits am Anfang einer Verhandlung auf die nach seiner Ansicht entscheidungserheblichen Tatsachen hinweist, verbunden mit einer zwar unverbindlichen, aber bereits vorläufigen Äußerung einer Rechtsansicht zu einzelnen Fragen. Nach schwedischer Rechtsauffassung haben die Richter der staatlichen Gerichte eine weniger aktive Rolle als nach deutschem Rechtsverständnis. Dieser Unterschied im Rollenverständnis zeigt sich auch an einigen Stellen in der Schiedsgerichtspraxis. Am deutlichsten treten die Unterschiede bei einem Vergleich rein nationaler Verfahren hervor. Dagegen sind die Unterschiede insbesondere in der internationalen Schiedspraxis geringer.

Ein für die Praxis wichtiger Unterschied ist beim verfahrenseinleitenden Schriftsatz zu beachten. Entgegen § 1044 ZPO Recht und dem UNC-MG muß der Eröffnungsschriftsatz nach schwedischem Recht stets bereits die Angabe des vom Kläger ernannten Schiedsrichters enthalten (§ 19 LSF). Anderenfalls liegt grundsätzlich keine fristwahrende Erhebung der Schiedsklage vor. Dies hat stets dann Bedeutung, wenn bei Nichteinhaltung gesetzlicher oder vertraglicher Ausschlußfristen ein Wegfall von Ansprüchen droht. Auch wenn in diesem Zusammenhang der klassische Fall der Verjährungsunterbrechung bei Anwendbarkeit schwedischen materiellen Rechts aufgrund des tendenziell liberalen schwedischen Verjährungsgesetzes nur selten zu Schwierigkeiten führt, so besteht doch auch nach schwedischem Recht dieses Risiko in anderen einschlägigen Fällen. Diese Abweichung vom UNC-MG durch § 19 LSF kann für ausländische Anwender überraschend sein, sofern sie dieses Problem nicht aus ihrem Heimatrecht kennen und fälschlicherweise annehmen, daß Schweden insoweit dem UNC-MG gefolgt sei. Andererseits ist die Deutlichkeit der schwedischen Regelung ein Vorteil gegenüber der unsicheren Rechtslage in Deutschland. Nach dem Gesetzeswortlaut des § 1044 ZPO ist eine Ernennung des Schiedsrichters nicht gefordert. Andererseits setzt § 220 Abs. 2 BGB als Voraussetzung einer Verjährungsunterbrechung voraus, daß der „Berechtigte das zur Erledigung der Sache seinerseits Erforderliche“ vorgenommen hat. Angesichts der dabei in der Praxis bislang bestehenden Unsicherheit, ob dies die Ernennung des eigenen Schiedsrichters im Antragsschreiben nach § 1044 ZPO voraussetzt, muß dem Schiedskläger im Zweifel die Ernennung des eigenen Schiedsrichters bereits im Antragsschreiben geraten werden. Die Ernennung sollte somit stets sogleich vorgenommen werden, um etwa eine Verjährungsunterbrechung zu bewirken. Im übrigen erscheint die Regelung in § 19 LSF insofern vorteilhaft, als ihr verfahrensbeschleunigende Wirkung zukommt. Durch die Ernennungspflicht eines Schiedsrichters bereits im verfahrenseinleitenden Antragsschreiben wird das Schiedsgericht regelmäßig schneller konstituiert und handlungsfähig sein. Diesen Vorteil bieten auch zahlreiche institutionelle Schiedsordnungen, die ebenfalls bereits die Schiedsrichterernennung im verfahrenseinleitenden Schriftsatz voraussetzen (vgl. z. B. Art. 4 Abs. 3 e) ICC-SchO; § 6.2 Nr. 5 DIS-SchO;

§ 5 Nr. 5 SCC-SchO). Andererseits erfordert die Suche nach einem geeigneten Schiedsrichter oftmals eine nicht unerhebliche Zeit. In der Praxis kann dies leicht zu einem Wettlauf mit der Zeit werden, wenn die Wahrung einer rechtserhaltenden Frist auf dem Spiel steht. Sieht man daher ab von obigem verjährungsrechtlichen Problem nach deutschem Recht, erscheint die aus dem UNC-MG übernommende Regelung in § 1044 ZPO und damit der Verzicht auf die Schiedsrichterernennung bereits im Antragsschreiben gegenüber der schwedischen Lösung zumindest aus Sicht der Praxis vorteilhafter.

Die Beweisführung obliegt nach beiden Rechtsordnungen den Parteien des Schiedsverfahrens. Den Parteien bzw. Parteivertretern kommen dabei jedoch zum Teil unterschiedliche Rollen nach beiden Rechtsordnungen zu. Dies wird deutlich bei der Durchführung einer Zeugenvernehmung. Der Zeuge wird nach schwedischem Recht von den Parteien vernommen, insbesondere auch durch Kreuzverhör. Die Durchführung von Kreuzverhören ist deutschem Prozeßrecht fremd. Im Vergleich mit deutscher Prozeßpraxis stellen Schiedsrichter in einem schwedischen Schiedsverfahren nur sehr zurückhaltend ergänzende Fragen, obwohl dies grundsätzlich zulässig ist.

Bemerkenswert ist ferner, daß ein Schiedsgericht nach deutschem Recht von sich aus ein staatliches Gericht um Unterstützung bei der Beweisaufnahme oder bei sonstigen richterlichen Handlungen bitten kann (§ 1050 ZPO). Nach § 26 Abs. 1 LSF steht diese Antragsbefugnis ausschließlich den Parteien zu. Die deutsche Bestimmung entspricht Art. 27 UNC-MG, der eine „Kompromisslösung“ zwischen einem alleinigen Antragsrecht nur des Schiedsgerichts oder nur der Partei darstellt.[652] Bei Art. 27 UNC-MG und § 1050 ZPO handelt es um einen Kompromiß zwischen dem reinen Amtsermittlungsgrundsatz und der reinen Parteimaxime.[653] Aus schwedischer Sicht stellt das alleinige Antragsrecht des Schiedsgerichts einen Widerspruch zum Verhandlungsgrundsatz dar, wonach die Beweisaufnahme vorrangig den Parteien obliegt. Andererseits wurde bereits bei den Verhandlungen zum UNC-MG erörtert, daß im Falle einer alleinigen Antragsbefugnis der Parteien diese das Gericht nach Belieben anrufen und dadurch das Verfahren verzögern könnten.[654] Diese Gefahr ist im LSF – und der ZPO – durch das Zustimmungserfordernis des Schiedsgerichts behoben. Auch nach schwedischem Recht kann es also nicht zu einem Antrag nach § 26 Abs. 1 LSF beim ordentlichen Gericht kommen, ohne daß zuvor das Schiedsgericht dem Antrag zugestimmt hat. Für diese Lösung spricht, daß die Entscheidung über die Bedeutung einer Beweisfrage im Sinne einer Verfahrensbeschleunigung besser dem Schiedsgericht überlassen werden sollte.[655] Die schwedischen Gesetzesmotive nehmen keine Stellung zu der Frage, warum das Schiedsgericht nicht alleine zur Antragstellung befugt ist. Mit Blick auf die Praxis erscheint dieser Unterschied jedoch wenig praxisrelevant. Nach deutschem Recht wird ein Schiedsgericht häufig sein Vorgehen nach § 1050 ZPO mit den Parteien abstimmen. Besteht keine Einigkeit zwischen den

---

652 So ausdrücklich BT-Drs. 13/5274, S. 51.

653 Vgl. dazu Holtzmann/Neuhaus, S. 736.

654 Vgl. Holtzmann/Neuhaus, S. 744 f. (A/CN.9/233, para. 34).

655 Vgl. Hußlein-Stich, S. 137; a.A. Calavros, S. 120.

Parteien, wird dann ohnehin häufig eine Partei den Antrag nach § 1050 ZPO beim Schiedsgericht stellen, dem es dann gegebenenfalls zustimmen kann.[656]

Ein weiterer Unterschied ist, daß § 1050 ZPO die Einschaltung der ordentlichen Gerichte auch zur Unterstützung bei „sonstigen richterlichen Handlungen" vorsieht. Dies müssen nicht ausschließlich Maßnahmen im Zusammenhang mit der Beweisführung einer Partei sein. Eine so weite Hilfestellung ist nach § 26 LSF nicht möglich. Die deutsche Regelung erscheint aber deshalb vorteilhaft, da es dem Schiedsgericht bzw. einer Partei etwa im Fall öffentlicher Zustellung oder Zustellung im Ausland ein flexibles Hilfsinstrument in die Hände gibt.

Weiter ist für die Praxis zu beachten, daß nach § 26 Abs. 1 S. 2 LSF eine weiter gehende Vorlagepflicht hinsichtlich von beweiserheblichen Urkunden oder anderen Gegenständen besteht als nach deutschem Recht. Dies folgt bereits daraus, daß nach deutschem Recht ein solcher Vorlageanspruch – anders als nach schwedischem Recht – stets einen zivilrechtlichen Herausgabeanspruch voraussetzt. Ein Antrag nach § 26 Abs. 1 S. 2 LSF wird jedoch in der Praxis kaum gestellt werden, da der praktische Nutzen häufig fraglich sein dürfte und damit erhebliche Zeitverzögerungen für das Schiedsverfahren verbunden sein können. Die eigentliche Bedeutung der Bestimmung ist daher allein in ihrer Existenz und damit als Drohmittel zu sehen.

Die Unterschiede beruhen zum Teil darauf, daß in Schweden das Mündlichkeitsprinzip stärker als in Deutschland gewichtet wird. Schwedische Parteien haben grundsätzlich frei vorzutragen. In der Schiedspraxis ist dieser Grundsatz dadurch aufgelockert, daß häufig eine Bezugnahme auf den Inhalt der dem Gericht eingereichten Schriftsätze für deren Einbeziehung als ausreichend erachtet wird. Zum Ende der Hauptverhandlung haben die Parteivertreter jedoch nach schwedischem Recht frei zu plädieren. Die vorgenannten Unterschiede im Verfahrensablauf können im Einzelfall insbesondere für ausländische Parteien ungewohnt erscheinen, doch werden sie in der internationalen Praxis regelmäßig vom Schiedsgericht durch eine flexible Handhabung der Verfahrensdurchführung in ihrer Wirkung aufgefangen. Ferner können die Parteien jederzeit individuelle Vereinbarungen zum Verfahrensablauf treffen und sich dadurch ein Verfahren nach Maß schaffen.
Das deutsche und schwedische Recht gewähren ein hohes Maß an Flexibilität in der Handhabung unterschiedlicher Verfahrenskonstellationen. Beispielsweise sind im Rahmen der Schiedsvereinbarung Klageänderungen oder -ergänzungen sowie die Geltendmachung von Angriffs- und Verteidigungsmitteln in weitem Umfang zulässig. Die Parteien können hier auch noch in späteren Verfahrensstadien den Streitgegenstand bestimmen. Allerdings kommt einem Schiedsgericht bei der Beurteilung der Zulässigkeit der Parteianträge Ermessen zu. Zur Gewährleistung eines effektiven Verfahrens kann es daher nach dem Recht beider Länder Anträge zurückweisen, die verspätet und nicht genügend entschuldigt oder aus einem anderem Grunde abzulehnen sind.

---

[656] Gemeinsam ist beiden Gesetzen die Befugnis des Schiedsgerichts, von sich aus Sachverständige nach § 1049 Abs. 1 ZPO bzw. § 25 Abs. 1 S. 2 LSF zu ernennen, sofern nicht beide Parteien dem widersprechen.

Sowohl im deutschen (§ 1049 ZPO) wie im schwedischen Recht (§ 25 LSF) kann das Schiedsgericht ferner von sich aus Sachverständige beauftragen, es sei denn, beide Parteien widersprechen dem. Diese dem Art. 26 UNC-MG entnommene schiedsrichterliche Befugnis kann für Vertreter aus dem anglo-amerikanischen Rechtskreis ungewohnt sein, die es gewohnt sind, regelmäßig mit Partei-Sachverständigen zu arbeiten. Für diese Befugnis des Schiedsgerichts spricht jedoch, daß aus Zeit- und Kostengründen die Einholung neutraler Gutachten durch das Schiedsgericht das Verfahren beschleunigen kann. Andererseits würde es zu einer Verfahrensblockade kommen können, wenn allein der Widerspruch einer Partei die Beauftragung eines Sachverständigen verhindern könnte.

Zu beachten ist ferner, daß ein Beklagter im Fall der (auch teilweisen) Klagerücknahme nach § 28 LSF ein unabweisbares Recht auf Entscheidung des anhängigen Rechtsstreites hat, ohne daß es dabei auf das Vorliegen eines berechtigten Interesses beim Beklagten ankommt. Dem Beklagten kommt hiernach ein größerer Schutz als im deutschen Recht und im UNC-MG gegenüber zukünftigen und gegebenenfalls mißbräuchlichen Verfahrenseinleitungen durch den Kläger zu. In der Praxis dürfte dieser Unterschied sich kaum auswirken, denn auch nach deutschem Recht läge spätestens beim zweiten Mal einer Anhängigmachung des Klageanspruches durch den Kläger und erneuter Klagerücknahme ein berechtigtes Interesse des Beklagten im Sinne einer Entscheidung des Rechtsstreits vor. Im Fall der vollständigen Klagerücknahme beendet das Schiedsgericht nach schwedischem Recht das Verfahren durch Schiedsspruch, nach deutschem Recht jedoch durch Beschluß (§ 1056 Abs. 2 Nr. 1 b ZPO). Dem Beklagten wird es jedoch häufig darauf ankommen, auch seine ihm bis zur Klagerücknahme entstandenen Kosten der Verteidigung ersetzt zu bekommen. Bei einer Beschlußentscheidung ergeht jedoch keine Kostenentscheidung, so daß ein Widerspruch gegen die Verfahrensbeendigung bereits aus diesem Grunde angezeigt sein kann.

Beiden Gesetzen ist schließlich gemeinsam, daß sie vergleichbare Regeln zur Verhinderung von Verfahrensverzögerungen und den Säumnisfolgen enthalten. Es ist für eine Partei nach den jeweiligen Bestimmungen riskant, sich dem Verfahren schlicht durch Passivität zu entziehen, da das Schiedsgericht dann allein auf der Grundlage des vorgelegten Materials eine vollstreckbare Sachentscheidung fällen kann. Außerdem sind Einwände des Beklagten in diesem Fall regelmäßig präkludiert. Reine Passivität kann eine Partei sich daher nur dann leisten, wenn sie fest von der fehlenden Zuständigkeit der Schiedsrichter oder von der Aufhebbarkeit des Schiedsspruchs etwa aufgrund eines prozessualen Fehlers überzeugt ist.

IV. Einstweiliger Rechtsschutz

Für die Parteien eines Schiedsverfahrens kann es vor oder während eines Verfahrens notwendig werden, flankierende Maßnahmen des einstweiligen Rechtsschutzes zu ergreifen. Das gilt etwa für Maßnahmen zur Sicherung einer späteren Vollstreckung, da sich die tatsächlichen Gegebenheiten und die Vermögenssituation einer Partei im Laufe des Verfahrens erheblich verändern können. Hier kommt es darauf an, welche Instrumente des einstweiligen Rechtsschutzes den Schiedsvertragsparteien im Rahmen eines summarischen Erkenntnisverfahrens zur Verfügung stehen und wie sich insoweit staatliche Gerichtsbarkeit und Schiedsgerichtsbarkeit zueinander verhalten. Das UNC-MG geht von einer parallelen Anordnungszuständigkeit einstweiligen Rechtsschutzes aus. Die einschlägigen Bestimmungen aus dem UNC-MG lauten:

Art. 9 UNC-MG: „Mit einer Schiedsvereinbarung ist es nicht unvereinbar, wenn eine Partei vor oder während des schiedsrichterlichen Verfahrens bei einem Gericht eine vorläufige oder sichernde Maßnahme beantragt und das Gericht eine solche Maßnahme anordnet".

Art. 17 UNC-MG: „Haben die Parteien nichts anderes vereinbart, so kann das Schiedsgericht, wenn eine Partei es beantragt, jeder Partei auferlegen, alle vorläufigen oder sichernden Maßnahmen zu ergreifen, die das Schiedsgericht in bezug auf den Gegenstand des Streites für notwendig erachtet. Das Gericht kann von jeder Partei im Zusammenhang mit einer solchen Maßnahme angemessene Sicherheit verlangen".[657]

Das Konzept des konkurrierenden einstweiligen Rechtsschutzes durch das ordentliche Gericht oder durch das Schiedsgericht ist somit etwa aus dem UNC-MG vorbekannt.[658] Der deutsche und der schwedische Gesetzgeber sind dem Vorbild des UNC-MG vom Prinzip her gefolgt. In beiden Rechtsordnungen sind nunmehr erstmals Bestimmungen sowohl zum gerichtlichen (§ 1033 ZPO; § 4 Abs. 3 LSF) als auch zum schiedsgerichtlichen (§ 1041 ZPO; § 25 Abs. 4 LSF) einstweiligen Rechtsschutz enthalten. Es ist zu untersuchen, wie der schwedische und der deutsche Gesetzgeber die Voraussetzungen und das Verhältnis der alternativen Formen einstweiligen Rechtsschutzes im einzelnen zueinander geregelt haben.

1. Deutsches Recht

Das 10. Buch der ZPO regelt die Frage des einstweiligen Rechtsschutzes durch ordentliche Gerichte in § 1033 ZPO und durch Schiedsgerichte in § 1041 ZPO. Dem ordentlichen Gericht und dem Schiedsgericht kommt jeweils eine originäre Anordnungsbefugnis zu, sofern nicht die Parteien anderes vereinbart haben.[659]

---

657 Übersetzung abgedr. z. B. bei Schwab/Walter, S. 621.

658 Vgl. Holtzmann/Neuhaus, S. 332 u. 530; Hußlein-Stich, S. 100 m.w.N.

659 Die Parteien können die Zuständigkeit von einer der beiden Gerichtsbarkeiten zur Anordnung von Maßnahmen einstweiligen Rechtsschutzes ausschließen; vgl. Schwab/Walter S. 201 Rn. 24; Schütze, Rn. 235; ders., BB 1998, 1650.

a) Einstweiliger Rechtsschutz durch das staatliche Gericht

Eine Schiedsvereinbarung schließt nach § 1033 ZPO nicht aus, daß ein staatliches Gericht vor oder nach Beginn des Schiedsverfahrens auf Antrag vorläufige oder sichernde Maßnahmen bezüglich des Streitgegenstandes des Schiedsverfahrens anordnen kann. Die Art der Maßnahmen bestimmt sich nach den allgemeinen Vorschriften.[660] Die negative (Einrede-) Wirkung einer Schiedsvereinbarung erstreckt sich folglich nicht auf den Bereich des einstweiligen Rechtsschutzes. Die Regelung entspricht der bisherigen Rechtslage und bezweckt nach der Intention des Gesetzgebers die Vermeidung des gegenteiligen Eindruckes aufgrund der neu eingeführten parallelen Anordnungsbefugnis von Schiedsgerichten.[661] Einstweiliger Rechtsschutz durch ein staatliches Gericht ist nicht subsidiär, sondern beide Gerichtsbarkeiten verfügen insoweit über eine originäre Anordnungsbefugnis.[662]

b) Einstweiliger Rechtsschutz durch das Schiedsgericht

Ein Schiedsgericht kann ebenfalls auf Antrag vorläufige oder sichernde Maßnahmen anordnen, die es bezüglich des Streitgegenstandes für erforderlich hält, sofern die Parteien nicht anderes vereinbart haben (§ 1041 Abs. 1 S. 1 ZPO). Das Schiedsgericht kann ferner seine Anordnung von einer angemessenen Sicherheitsleistung des Antragstellers oder -gegners abhängig machen (S. 2). Die Parteien können somit in jedem Verfahrensstadium zwischen beiden Rechtsschutzformen wählen. Der Umfang schiedsrichterlichen einstweiligen Rechtsschutzes umfaßt „vorläufige und sichernde Maßnahmen". Diese an Art. 17 UNC-MG angelehnte Regelung wird gesetzlich nicht näher bestimmt. Der schiedsrichterliche Rechtsschutz soll nach der Intention des Gesetzgebers umfangmäßig gegenüber dem originären staatlichen Rechtsschutz grundsätzlich nicht beschränkt sein. Erfaßt werden neben einstweiligen Verfügungen und Arresten auch andere Maßnahmen. Einschränkend wird darauf hingewiesen, daß die Maßnahmen nicht in Rechte Dritter eingreifen dürfen. Das gelte etwa für den Arrest, der wegen seiner weitreichenden Auswirkungen vom Schiedsgericht ohnehin nur in absoluten Ausnahmefällen für „erforderlich" angesehen werden dürfte.[663]

Über die Vollziehung der schiedsrichterlichen Anordnung entscheidet auf Antrag das zuständige Oberlandesgericht nach pflichtgemäßem Ermessen. Die nach

---

660 Auch die Zuständigkeit zur Anordnung einstweiliger Maßnahmen – §§ 916 ff. (Arrest) und 935 ff. ZPO (einstweilige Verfügung) – richtet sich nach den allgemeinen Vorschriften; vgl. Baumbach/Lauterbach/Albers, § 1033 Rn. 4. Arrestgericht nach § 919 ZPO ist im Zweifel das Gericht am Schiedsverfahrensort (§ 1043 ZPO), vgl. OLG Hamburg, NJW 1997, 749 m.w.N.; zust. Zöller-Vollkommer, § 919 Rn. 3; ablehnend OLG Frankfurt a.M., NJW 1959, 1088 (1089); Baumbach/Lauterbach/Hartmann, § 919 Rn. 4 m.w.N. (Zuständigkeit des Gerichts, das ohne Schiedsvereinbarung zuständig wäre).

661 Vgl. BT-Drs. 13/5274, S. 38; Ref.-E., S. 114 f.

662 Vgl. BT-Drs. 13/5274, S. 38 u. 45; Ref.-E., S. 142; zum UNC-MG vgl. Calavros, S. 101 f.; Hußlein-Stich, S. 101; a.A. etwa Calavros, S. 56 f. u. 102, wonach der einstweilige Rechtsschutz durch das staatliche Gericht subsidiär ist, soweit effektiver Rechtsschutz durch das Schiedsgericht zu erreichen ist.

663 Vgl. BT-Drs. 13/5274, S. 45; Ref.-E., S. 143; vgl. dazu Kühn, DIS-Bd. 9, S. 65 (70 f.); Calavros, S. 101 f. (zum UNC-MG).

§ 1063 Abs. 1 ZPO dem Gericht freigestellte Anhörung des Antragsgegners kann dabei zur Wahrung des mit der Eilmaßnahme beabsichtigten Überraschungsmoments verzichtbar sein (§ 1063 Abs. 3 ZPO).[664] Das Gericht kann im Rahmen der Prüfung der Vollziehung die Gültigkeit der Schiedsvereinbarung prüfen und die Vollziehbarerklärung etwa bei unverhältnismäßigen Anordnungen verweigern.[665] Es kann der Vollziehung stattgeben, sofern noch keine entsprechende Maßnahme bei einem staatlichen Gericht beantragt wurde (§ 1041 Abs. 2 S. 1 ZPO). Diese Regelung dient der Vermeidung einer doppelten Befassung staatlicher Gerichte mit möglicherweise widersprüchlichen Entscheidungen. Diese Gefahr ist darauf zurückzuführen, daß den jeweiligen Amts- oder Landgerichten die originäre Anordnungsbefugnis zusteht, jedoch die Oberlandesgerichte für die Erteilung der Vollziehbarkeitserklärung schiedsrichterlich angeordneter Maßnahmen zuständig sind (§ 1062 Abs. 1 Nr. 3 ZPO).

Das Oberlandesgericht kann die schiedsrichterliche Anordnung sprachlich abändern (§ 1041 Abs. 2 S. 2 ZPO), wenn es dies beispielsweise zur Einhaltung des Bestimmtheitsgrundsatzes für erforderlich hält.[666] Es kann ferner den Anordnungsbeschluß auf Antrag ändern oder aufheben, falls der Anordnungsgrund (teilweise) entfallen ist, oder sich die Umstände verändert haben, auf denen er beruht. Erweist sich die schiedsrichterliche Anordnung nachträglich als von Anfang an ungerechtfertigt, kann sich der Antragsteller hinsichtlich des durch die Vollziehung beziehungsweise durch die Sicherheitsleistung zu deren Abwendung dem Gegner entstandenen Schadens ersatzpflichtig machen (§ 1041 Abs. 4 ZPO). Der Schadensersatzanspruch kann im (noch) anhängigen Schiedsverfahren geltend gemacht werden. Die Motive begründen das damit, daß er letztlich auf die schiedsrichterliche Anordnung zurückgehe.[667]

Die Neuregelung in § 1041 ZPO beendet einen Meinungsstreit. Die früher herrschende Meinung insbesondere in der Rechtsprechung ging von einer Alleinzuständigkeit der ordentlichen Gerichte zur Anordnung von Maßnahmen einstweiligen Rechtsschutzes aus.[668] Als Begründung wurde angeführt, daß die Schiedsgerichte im Zeitpunkt der Beantragung einstweiligen Rechtsschutzes häufig noch nicht konstituiert seien[669] und die Maßnahmen des Schiedsgerichts ohnehin stets der Vollstreckbarkeitserklärung durch staatliche Gerichte bedürften. Dabei kämen nur Entscheidungen in Form vollstreckungsfähiger bzw. endgültiger (Teil-) Schiedssprüche in Betracht und nur soweit die Maßnahmen sich als Verpflichtungen aus dem Vertrag selbst ergeben würden. Bei schiedsrichterlichen Maßnahmen des einstweiligen Rechtsschutzes handele es sich aber gerade nicht um endgültige Schiedssprüche. Ferner würde das Gesetz nicht die

664 Dem Antragsgegner kommt jedoch eine Abwendungsbefugnis zu (§ 1063 Abs. 3 S. 3 ZPO).

665 Vgl. BT-Drs. 13/5274, S. 45; Ref.-E., S. 135.

666 Vgl. BT-Drs. 13/5274, S. 45; Ref.-E., S. 136.

667 Vgl. BT-Drs. 13/5274, S. 46; Ref.-E., S. 136.

668 Das Reichsgericht ließ die Frage in RGZ 30, 319 (322) noch offen, entschied aber im Jahre 1893, daß einstweilige Anordnungen „natürlich" außerhalb der Zuständigkeit des Schiedsgerichts lägen, RGZ 31, 370 (375); auch BGH ZZP 71, 427 (436) m.w.N.; siehe dazu (ZPO a.F.) Schwab/Walter (5. Aufl.), S. 59 in Fn. 23; Lüke, in: FS 150 Jahre LG Saarbrücken, 1985, S. 297 (310 f.); Schütze/Tscherning/Wais, Rn. 44 u. 135; krit. Schwab, in: FS Baur, S. 627 (633 ff.).

669 Vgl. Laschet, ZZP 99, S. 271 (280 f. u. 285) m.w.N.

Aufhebung der Vollstreckbarerklärung nicht endgültiger Schiedssprüche regeln.[670] Die von den Parteien abgeleitete Entscheidungskompetenz des Schiedsgerichts umfasse nicht die Entscheidung über die Maßnahmen des einstweiligen Rechtsschutzes, da diese in einem besonderen und außerhalb des eigentlichen Erkenntnisverfahrens liegenden Verfahren zu prüfen seien.[671] Auch fehle einem Schiedsgericht die Befugnis zur Abnahme einer eidesstattlichen Versicherung als unentbehrliches Mittel der Glaubhaftmachung in Verfahren des einstweiligen Rechtsschutzes.[672]

Zunehmend wurde in der Vergangenheit eine abweichende Ansicht vertreten und auch der Gesetzgeber bezeichnete den bisherigen Rechtszustand als unbefriedigend.[673] Das Argument der fehlenden Befugnis zur Abnahme eidesstattlicher Versicherungen durch ein Schiedsgericht wird unter anderem damit zurückgewiesen, daß das Schiedsgericht zur Entgegennahme einer eidesstattlichen Versicherung befugt sei, ihr aber lediglich nicht höhere Beweiskraft als einer gewöhnlichen schriftlichen Aussage beimessen dürfe.[674] Im übrigen gebe es auch andere Mittel der Glaubhaftmachung. Die Schiedsrichter seien ferner nicht an die Vorschriften der Beweiserhebung gebunden, so daß diese Befreiung also erst recht im summarischen Verfahren gelten müsse.[675] Voraussetzung der Vollstreckbarerklärung sei ferner nicht die Endgültigkeit des Schiedsspruchs, sondern die sachliche Endentscheidung über die gestellten Anträge.[676]

Mit der Neuregelung in § 1041 ZPO steht nunmehr die Zulässigkeit der Anordnung einstweiligen Rechtsschutzes durch das Schiedsgericht fest. Die dem Schiedsgericht eingeräumte Befugnis entspricht einer neueren Entwicklung, der auch der deutsche Gesetzgeber gefolgt ist.

2. Schwedisches Recht

Die Bestimmungen zum gerichtlichen und schiedsgerichtlichen einstweiligen Rechtsschutz sind in § 4 Abs. 3 LSF bzw. in 25 Abs. 4 LSF enthalten.

---

670 RGZ 114, 165, RG 169, 52; BGHZ 10, 325; Laschet, ZZP 99, S. 271 (287); a.A. Brinkmann, S. 90 ff.; Sandrock/Nöcker, JPS Bd. 1 (1987), S. 74 (79 f. u. 83); Kühn, DIS-Bd. 9 S. 65 (71 ff.).

671 Vgl. Schwab, in: FS Baur, S. 627 (631); a.A. Sandrock/Nöcker, JPS Bd. 1 (1987), S. 74 (79).

672 Vgl. LG Frankfurt, BB 1985, 2277.

673 BT-Drs. 13/5274, S. 44. Zur ZPO a.F.: Ausführlich Kühn, JPS Bd. 1 (1987), S. 47 ff. m.w.N.; Sandrock/Nöcker, JPS Bd. 1 (1987), S. 74 (91). Teile des Schrifttums leiten eine (implizite) Kompetenz des Schiedsgerichts zum Erlaß einstweiliger Maßnahmen bereits aus der Schiedsvereinbarung her, basierend auf Treu und Glauben und dem Parteiinteresse an effektivem Rechtsschutz; vgl. Nachweise bei Berger, S. 231 f. Andere nehmen diese Befugnis des Schiedsgerichts dann an, wenn es in der Schiedsvereinbarung ausdrücklich dazu ermächtigt ist; Sandrock/Nöcker, JPS Bd. 1 (1987), S. 74 (80); Stein/Jonas/Schlosser, § 1034 Rn. 38; Schwab/Walter (5. Aufl.) S. 59. Vgl. auch LG Frankfurt/Main, NJW 1983, 761 (762): „(...) die staatlichen Gerichte sind jedenfalls konkurrierend zum Erlaß von einstweiligen Verfügungen zuständig".

674 Vgl. Schütze/Tscherning/Wais, Rn. 44.

675 Im übrigen sei die uneidliche falsche Zeugenerklärung als Beihilfe zum Prozeßbetrug strafbedroht; vgl. Kühn, DIS-Bd. 9 S. 65 (71 ff.).

676 Vgl. BT-Drs. 13/5274, S. 45.

a) Einstweiliger Rechtsschutz durch das staatliche Gericht

Nach schwedischem Schiedsverfahrensrecht sind die staatlichen Gerichte ebenso wie nach deutschem Recht dazu befugt, vor und während des Schiedsverfahrens Beschlüsse über sichernde Maßnahmen zu fassen (§ 4 Abs. 3 LSF).[677] Eine Schiedsvereinbarung steht dem nicht entgegen, und die gerichtlichen Befugnisse beziehen sich auf alle Formen einstweiligen Rechtsschutzes.[678]

b) Einstweiliger Rechtsschutz durch das Schiedsgericht

Ein Schiedsgericht kann auch nach schwedischem Recht während des Verfahrens auf Antrag einer Partei – und gegebenenfalls nur gegen Sicherheitsleistung – Maßnahmen zur Sicherung des zu prüfenden Anspruches anordnen, sofern die Parteien nichts anderes vereinbart haben (§ 25 Abs. 4 LSF). Dies entspricht der bisherigen Rechtslage in Schweden, auch wenn diese bislang nicht gesetzlich geregelt war.[679] Die Reichweite der Anordnungsbefugnis des Schiedsgerichts geht über die des ordentlichen Gerichts hinaus, vorausgesetzt, daß keine Vorwegnahme der Hauptsache erfolgt. Zulässige Maßnahmen sind solche zur Sicherung einer späteren Vollstreckung eines Schiedsspruchs oder beispielsweise auch Anordnungen gegenüber einer Partei zur Aufbewahrung von Beweismaterial, der Übergabe von bestimmten Sachen an einen Dritten zur Verwahrung oder zur Einzahlung eines bestimmten Betrages auf ein gesondertes Konto.[680] Ein Beschluß nach § 25 Abs. 4 LSF ist nicht durch die Vollstreckungsbehörde vollstreckbar.[681] Die Nichtbefolgung des Beschlusses durch die betroffene Partei ist daher grundsätzlich sanktionslos. Die Gesetzesmotive heben jedoch hervor, daß seine Nichtbefolgung Bedeutung bei der Entscheidung in der Hauptsache erlangen kann, etwa bei der Bestimmung der Höhe eines Schadensersatzes.[682]

Der schwedische Gesetzgeber hat anders als im deutschen Recht die bisherige Alleinkompetenz der staatlichen Gerichte zur Anordnung vollstreckbaren einstweiligen Rechtsschutzes beibehalten.[683] Im Laufe des Reformvorhabens wurde die Notwendigkeit der Einführung des § 25 Abs. 4 LSF diskutiert. Als Bedenken wurden unter anderem angeführt, daß die Praxis bislang ohne eine gesetzliche Regelung dieser Frage ausgekommen sei und daß die Anordnung von einstweiligen Maßnahmen durch ein Schiedsgericht, die der Antragsgegner nicht befolgt, die Autorität des Schiedsgerichts untergraben würde.[684] Diese Bedenken haben jedoch die Neuregelung

---

677 Da schiedsrichterlich angeordnete Eilmaßnahmen nach schwedischem Recht nicht vollstreckbar sind (vgl. dazu unten), ist nach Heuman eine Abbedingung der Zuständigkeit der ordentlichen Gerichte im Bereich des einstweiligen Rechtsschutzes nicht zulässig (déni de justice), Skiljemannarätt, S. 346 m.w.N.

678 Zu den Voraussetzungen vgl. RB 15:1-5 und Hobér, EICLIT 2/1995, A9.1-10.

679 Vgl. Prop. 1998/99:35, S. 74.

680 Vgl. Prop. 1998/99:35, S. 73 f. u. 228 f. sowie Beispiele bei Heuman, Skiljemannarätt, S. 350 f. m.w.N.

681 Vgl. Prop. 1998/99:35, S. 285; SOU 1994:81, S. 102 u. 285.

682 Vgl. Prop. 1998/99:35, S. 74; SOU 1994:81, S. 285; ebenso Heuman, Skiljemannarätt, S. 350 u. 421.

683 Vgl. dazu SOU 1994:81, S. 101 f.

684 Vgl. Prop. 1998/99:35, S. 74 u. 312.

nicht verhindert, d. h. befolgt der Antragsgegner die schiedsgerichtliche Anordnung einstweiligen Rechtsschutzes nicht freiwillig, muß der Antragsteller ein neues vorläufiges Rechtsschutzverfahren beim ordentlichen Gericht einleiten.

3. Stellungnahme

In beiden Ländern gilt für staatliche Gerichte und Schiedsgerichte eine parallele Anordnungsbefugnis bezüglich Maßnahmen des einstweiligen Rechtsschutzes. Eine Schiedsvereinbarung steht folglich dieser Kompetenz eines ordentlichen Gerichtes nicht entgegen. Ebensowenig verzichtet die beantragende Partei dadurch auf ihre Rechte aus der Schiedsvereinbarung. Damit sind beide Länder dem Vorbild des UNC-MG gefolgt, was seitens beider Gesetzgeber auch ausdrücklich angestrebt wurde. Dies ist im Sinne einer internationalen Harmonisierung der nationalen Schiedsverfahrensrechte zu begrüßen. International ist diese Frage uneinheitlich geregelt worden.[685] Viele häufig verwendete Schiedsgerichtsordnungen haben diese Praxis bereits vorweggenommen bzw. nachvollzogen.[686]

Vergleicht man beide Lösungen der Frage im deutschen und schwedischen Recht, ist zunächst festzuhalten, daß es von erheblicher Bedeutung jeder Partei einer Schiedsvereinbarung ist, gegebenenfalls einstweiligen Rechtsschutz erhalten zu können. Die Anordnungsbefugnis staatlicher Gerichte in Bezug auf Maßnahmen des einstweiligen Rechtsschutzes war bereits in der Vergangenheit nach beiden Rechtsordnungen vor und während des Schiedsverfahrens gegeben. An dieser Rechtslage hat sich nichts durch die Neuregelungen in § 1033 ZPO und § 4 Abs. 3 LSF geändert. Diesen kommt daher lediglich klarstellender Charakter zu. Diese Klarstellung ist zu begrüßen, da insbesondere ausländische Parteien, denen die gleichlautenden Bestimmungen des UNC-MG geläufig sind, auf diese Weise schnell einen Überblick über die jeweilige nationale Rechtslage bekommen können.

In Bezug auf die schiedsrichterliche Anordnungsbefugnis von Maßnahmen einstweiligen Rechtsschutzes war die Rechtslage in Deutschland bis zur Reform der §§ 1025 ff. ZPO nicht ganz eindeutig. In Schweden ist davon auszugehen, daß eine solche Anordnungsbefugnis des Schiedsgerichts bereits vor dem Inkrafttreten des LSF bestand, auch wenn dies nicht ohne weiteres ersichtlich war. Die insoweit mit § 1041 ZPO und § 25 Abs. 4 LSF in die jeweiligen Gesetze eingeflossenen Klarstellungen sind daher ebenfalls zu begrüßen. Auch hier gilt das Argument, daß insbesondere für ausländische Nutzer auf diese Weise der schnelle Zugang zum nationalen Recht erleichtert wird. Dabei ist zu beachten, daß die theoretische Gefahr widersprüchlicher Entscheidungen eher gering ist, da nach dem Recht beider Länder auch innerhalb des schiedsrichterlichen Rechtsschutzes stets ein Rechtsschutzbedürfnis gefordert wird.

---

[685] Vgl. Überblick bei Laschet, ZZP 99, S. 271 (273).

[686] Ein Schiedsgericht kann z. B. gemäß § 20 der DIS-SchO (Stand 01.07.1998) bzw. gemäß § 25 Abs. 4 der SCC-SchO (Stand 01.04.1999) auf Antrag vorläufige oder sichernde Maßnahmen gegenüber einer Partei anordnen; ebenso Art. 26 Abs. 1 u. 2 UNCITRAL-SchO (UAR) und Art. 23 Abs. 1 der ICC-SchO (Stand 01.01.1998).

Fraglich jedoch ist, ob das Wahlrecht zwischen der parallelen Anordnungsbefugnis von ordentlichem Gericht und Schiedsgericht den Parteien Vorteile bringt. Nur über das ordentliche Gericht kann eine Schiedspartei vor und während der mitunter langwierigen Konstituierungsphase des Schiedsgerichts effizienten Rechtsschutz erhalten. Anders als das Schiedsgericht hat das staatliche Gericht die beantragte einstweilige Anordnung bei Vorliegen der Voraussetzungen zu erlassen, da ihm bei seiner Entscheidung kein Ermessen zusteht. In Eilfällen sind einstweilige Anordnungen staatlicher Gerichte zudem regelmäßig schneller vollstreckbar. Entsprechende schiedsgerichtliche Anordnungen können nach schwedischem Recht nicht und nach deutschem Recht erst dann für vollstreckbar erklärt werden, wenn auch das staatliche Gericht dies geprüft hat. Selbst bei bereits konstituiertem Schiedsgericht ist einstweiliger Rechtsschutz über das ordentliche Gericht innerhalb weniger Stunden zu erhalten, dagegen muß ein Schiedsgericht sich zunächst beraten. Häufig wird es eine vorherige Anhörung der Gegenseite für erforderlich halten. In den Fällen, in denen es auf den schnellen Erlaß einer Maßnahme einstweiligen Rechtsschutzes ankommt, erscheint staatlicher Rechtsschutz daher regelmäßig vorzugswürdig.

Gegen die Effizienz einstweiligen Rechtsschutzes durch das Schiedsgericht spricht weiter die fehlende Befugnis des Schiedsgerichts zur Abnahme eidesstattlicher Versicherungen als Mittel der Glaubhaftmachung. Auch unter Berücksichtigung alternativer Mittel der Glaubhaftmachung erscheint gerade die eidesstattliche Versicherung als ein in der Praxis häufig verwandtes Mittel der Glaubhaftmachung. Auch ist beispielsweise eine Unterlassungsverfügung häufig erst in Kombination mit einem zugleich verhängten Ordnungsmittel als Sanktion für jede Zuwiderhandlung (wirtschaftlich) wirkungsvoll. Die Anordnung einer solchen Strafandrohung ist einem Schiedsgericht jedoch verwehrt. Schiedsrichterlicher einstweiliger Rechtsschutz erscheint auch von daher von begrenztem Nutzen für die Parteien.

Eine Kompetenzzuweisung an das Schiedsgericht unter Ausschluß des einstweiligen Rechtschutzes überzeugt andererseits nicht vor dem Hintergrund, daß ein Schiedsgericht den Rechtsstreit in der Hauptsache entscheiden kann.[687] Eine alternative Zuständigkeit des Schiedsgerichts zur Anordnung vorläufiger oder sichernder Eilmaßnahmen kann ferner dann hilfreich sein, wenn zu vermuten ist, daß die Anordnung vom Antragsgegner freiwillig befolgt werden wird. Die Gründe für eine solche Freiwilligkeit auf Seiten des Antragsgegners können vielfältig sein. Denkbar ist etwa, daß er sich dadurch Vorteile bei der Entscheidung des Schiedsgerichts in der Hauptsache erhofft. Dieser Aspekt der freiwilligen Befolgung wurde auch bei den Verhandlungen zum UNC-MG teilweise bestätigt.[688] Ob diese Ansicht berechtigt ist, läßt sich schwer nachprüfen. Richtig ist, daß ein Schiedsgericht in der Beweiswürdigung frei ist. Es kann daher alle Umstände des Falles bei seiner Entscheidungsfindung heranziehen. Für die Zulässigkeit schiedsrichterlicher vorläufiger Anordnungen spricht ferner, daß das Schiedsgericht aufgrund seiner häufig größeren Sachverhaltskenntnisse die Erforderlichkeit einstweiliger Maßnahme im Einzelfall besser als die ordentlichen

687 Brinkmann, S. 32, weist zu Recht darauf hin, daß einstweiliger Rechtsschutz durch das Schiedsgericht als „minus, kein aliud" zu der von den Parteien angestrebten endgültigen Streitentscheidung zu qualifizieren sei; vgl. auch Kerameus, ZZP 92, 429; Calavros, S. 98; Berger, S. 232.

688 Vgl. Holtzmann/Neuhaus, S. 543 para 5.

Gerichte beurteilen kann. Ist mit einer freiwilligen Befolgung der schiedsrichterlichen Anordnung zu rechnen und handelt es sich um einen komplexen Rechtsstreit, kann daher – im Ausnahmefall – aufgrund der Sachverhaltskenntnis des Schiedsgerichts einstweiliger Rechtsschutz durch das Schiedsgericht schneller zu erreichen sein als vor den ordentlichen Gerichten. Dies kann auch zu einem größeren Entscheidungseinklang führen, als wenn das staatliche Gericht über die Eilmaßnahme und das Schiedsgericht in der Hauptsache entscheidet.[689] Beachtet man weiter, daß die mit Abschluß einer Schiedsvereinbarung angestrebte Vertraulichkeit der Streiterledigung nur vor dem Schiedsgericht tatsächlich gesichert ist, ist als Ergebnis festzustellen, daß die schiedsrichterliche Anordnungsbefugnis für die Schiedsparteien im Einzelfall vorteilhaft sein und das Schiedsverfahren effektiver gestalten kann. Im Regelfall werden die Parteien sich aus den oben dargestellten Gründen jedoch in Fragen des einstweiligen Rechtsschutzes an die ordentlichen Gerichte wenden, so daß schiedsrichterlichen einstweiligen Anordnungen in praktischer Hinsicht lediglich eine Ergänzungsfunktion neben der originären Zuständigkeit der ordentlichen Gerichte zukommt.

Hinsichtlich der Frage nach der Zwangsvollstreckung schiedsgerichtlicher Maßnahmen ist zu differenzieren. Schiedsgerichten kommt nach keinem der Gesetze eine Zwangsvollstreckungskompetenz zu. Nur nach deutschem Recht kann zumindest die schiedsrichterlich angeordnete Eilmaßnahme gerichtlich vollstreckt werden. Eine gerichtliche Kontrolle schiedsrichterlicher Anordnungen, die mit Hilfe staatlicher Stellen vollstreckt werden sollen, ist im öffentlichen Interesse als unverzichtbar anzusehen. Dies gilt bereits deshalb, da solche Anordnungen auch von Nichtjuristen als Schiedsrichtern erlassen werden können. Angesichts drohender Schadensersatzverpflichtungen der Antragstellerin im Falle einer späteren Aufhebung rechtswidriger Eilmaßnahmen dürfte eine staatliche Kontrolle regelmäßig auch im Parteiinteresse liegen. Die Tatsache, daß nach schwedischem Recht eine schiedsgerichtliche Eilmaßnahme durch das ordentliche Gericht nicht für vollstreckbar erklärt werden kann, ist im Verhältnis der Parteien zum Schiedsgericht als vermeidbare Schwächung des Schiedsgerichts zu sehen. Die schwedische Lösung baut folglich allein auf der Freiwilligkeit der Erfüllung durch den Antragsgegner auf. Das Wissen um die fehlende Vollstreckbarkeit der Anordnung als eine Option flexibler schiedsrichterlicher Streiterledigung trägt jedoch nicht zu einer freiwilligen Befolgung bei. Verglichen mit dem deutschen Recht erscheint die fehlende Vollstreckbarkeit einer Anordnung des Schiedsgerichts nach schwedischem Recht bereits aus psychologischen Gründen als das stumpfere Schwert.

---

[689] Vgl. dazu Herdegen, RIW 1981, 304.

V. Schiedsspruch

Der Schiedsspruch stellt regelmäßig das Ziel eines Schiedsverfahrens dar. Wird ein Verfahren von den Parteien verglichen, kann auch der Vergleich als Schiedsspruch ausgestaltet werden. Dem Schiedsspruch kommt als Äußerung des Schiedsgerichts nach außen die Wirkung einer Sachentscheidung zu und ist durch das staatliche Gericht vollstreckbar. Die Einhaltung der formalen und sachlichen Voraussetzungen an einen Schiedsspruch durch die Schiedsrichter bei dessen Erlaß ist wichtig, um das Entstehen von anfechtungsbegründenden Fehlern zu vermeiden. Anderenfalls wäre das Verfahren im Ergebnis möglicherweise umsonst durchgeführt worden, mit allen damit zusammenhängenden nachteiligen Konsequenzen für die Beteiligten.

Sowohl die ZPO als auch das LSF enthalten diverse Bestimmungen über den Schiedsspruch, im deutschen Recht in den §§ 1051-1058 ZPO, im schwedischen Recht in den §§ 27-32 LSF. Diese Bestimmungen behandeln ebenso wie Art. 28-33 UNC-MG unter anderem Fragen des Zustandekommens eines Schiedsspruchs, seine Erscheinungsformen, inhaltlichen Anforderungen und Fragen der Beendigung des Verfahrens durch Schiedsspruch.

1. Deutsches Recht

Die Vorschriften zum Schiedsspruch im deutschen Recht in §§ 1051-1058 ZPO sind wesentlich detaillierter als nach früherem Recht. Neu sind etwa Bestimmungen über das anwendbare Recht, einen Vergleich in Form eines Schiedsspruches, eine Kostenregelung und über Möglichkeiten der Berichtigung, Auslegung und Ergänzung von Schiedssprüchen.

a) Ermittlung des anwendbaren Rechts

Das in der Hauptsache anwendbare Recht bestimmt sich gemäß § 1051 Abs. 1 S. 1 ZPO vorrangig nach der Parteimaxime. Dies entspricht Art. 27 Abs. 1 EGBGB[690] und der (internationalen) Praxis, wonach die meisten Verträge eine Rechtswahlklausel enthalten.[691] Das Schiedsgericht hat somit den Rechtsstreit nach den von den Parteien für anwendbar erklärten Rechtsvorschriften zu entscheiden. Die Parteien können ihr Bestimmungsrecht auch noch während des Verfahrens ausüben oder ändern (ebenso Art. 27 Abs. 2 S. 1 EGBGB). Als anwendbares Recht kommt sowohl eine (nationale) Gesamtrechtsordnung, aber auch eine teilweise Rechtswahl für einzelne Vertragsteile in Betracht, sofern die Rechtsspaltung („dépeçage“) sachgerecht und durchführbar ist.[692] Vorbehaltlich anderer

---

690 Dieser Grundsatz gilt auch kollisionsrechtlich im internationalen (Schuld-) Vertragsrecht; ganz h.M: vgl. Kegel/Schurig, S. 569, § 18 I 1 c); Kropholler, S. 409, § 52 II; v. Bar, S. 303 Rn. 412, jeweils m.w.N.

691 Vgl. Böckstiegel, in: FS Beitzke, S. 443 (448); Eisemann, in: FS Bülow, S. 59 (60); Berger, S. 347 m.w.N. Die Rechtswahl kann auch stillschweigend getroffen werden, vgl. BGHZ 53, 189 (191); OLG Hamburg, RIW 1986, 462 (463); OLG Köln NJW 1987, 1151; Basedow, JPS Bd. 1, S. 3 (17).

692 Vgl. Art. 27 Abs. 1 S. 3 EGBGB: „Die Parteien können die Rechtswahl für den ganzen Vertrag oder nur für einen Teil treffen“. Vgl. auch v. Bar, S. 315 Rn. 426; Kropholler, S. 411 (§ 52 II

Parteivereinbarungen gilt als Auslegungsregel die Bezeichnung des Rechts oder der Rechtsordnung eines einzelnen Staates stets als Verweisung auf die Sachvorschriften, d. h. das materielle Recht dieses Staates, nicht aber auf dessen Kollisionsrecht (§ 1051 Abs. 1 S. 2 ZPO).[693] Dies entspricht der Regelung in Art. 28 Abs. 1 S. 2 UNC-MG sowie Art. 35 I EGBGB und schließt eine (mögliche) kollisionsrechtliche Rückverweisung aus (sog. renvoi).

Haben die Parteien keine Rechtswahl getroffen, bestimmt sich das anwendbare Recht nach dem Recht des Staates, mit dem der Hauptvertrag die „engsten Verbindungen" aufweist (§ 1051 Abs. 2 ZPO).[694] Die Aufnahme einer eigenen Kollisionsregel in das Gesetz ist neu. Sie ist enger als Art. 28 Abs. 2 UNC-MG, wonach dem Schiedsgericht bei Fehlen einer Parteivereinbarung Ermessen bei der Bestimmung des von ihm für anwendbar erachteten Kollisionsrechts zukommt.

Das objektive Kriterium der „engsten Verbindung" entspricht der auch für Schiedsgerichte geltenden Regelung in Art. 28 Abs. 1 S. 1 EGBGB und ist nach deren Grundsätzen auszulegen.[695] Es wird von mehreren – widerlegbaren – Vermutungen konkretisiert (Art. 28 Abs. 2-5 EGBGB). Danach weist der Vertrag beispielsweise die engsten Verbindungen zu dem Staat auf, in dem sich der Aufenthaltsort bzw. die (Haupt-) Niederlassung der Partei befindet, welche die vertragscharakteristische Leistung zu erbringen hat (Art. 28 Abs. 2 S. 1 EGBGB). Charakteristisch ist regelmäßig die (entgeltliche und berufstypische) Leistung, die einen Schuldvertrag von anderen Verträgen unterscheidet und ihm seinen Namen gibt[696], doch kann das Schiedsgericht aufgrund weiterer Umstände auch zur Anwendung des materiellen Rechts eines anderen Staates kommen.
Der Gesetzgeber hat mit der Einführung des § 1051 Abs. 2 ZPO die Bindung der Bundesrepublik Deutschland an das EVÜ vom 19. Juni 1980 hervorgehoben (Art. 27 ff. EGBGB). Er hat zugleich bewußt den Vorschlag der Reformkommission

---

3 b); v. Hoffmann, S. 373 Rn. 38 (§ 10 II 5.). In den Motiven wird ergänzend darauf hingewiesen, daß vorbehaltlich zwingender nationaler Vorschriften die Zulässigkeit einer Rechtsspaltung dem Trend neuerer nationaler Gesetze entspreche; vgl. BT-Drs. 13/5274, S. 52.

693 Dies gilt auch für Verweise auf das Völkerrecht, sofern die Parteien keine anerkannte Völkerrechtssubjektivität besitzen; vgl. Böckstiegel, in: FS Beitzke, S. 443 (455).

694 Die „engste Verbindung" als „Grundprinzip des IPR" (Berger, S. 357 f.) geht zurück auf Art. 4 Abs. 1 des Europäischen Übereinkommen über das auf vertragliche Schuldverhältnisse anzuwendende Recht v. 19.06.1980 (EVÜ). Die einheitlichen Kollisionsregeln für vertragliche Schuldverhältnisse in Art. 1-21 EVÜ wurden durch eine Reform des Einführungsgesetzes zum BGB (Art. 27 ff. EGBGB) umgesetzt und am 25.07.1986 durch Gesetz verabschiedet (BGBL. 1986 II 809). Zeitgleich hat der Bundestag durch Gesetz v. 25.07.1986 dem EVÜ zugestimmt (BGBL. 1986 II 810), das für Deutschland am 01.04.1991 in Kraft getreten ist (BGBL. 1991 II 871); zum EVÜ siehe Reithmann/Martiny, Rn. 4 ff. m.w.N. Das Anknüpfungskriterium der „engsten Verbindung" entspricht etwa § 23.2 DIS-SchO.

695 Der Gesetzgeber folgte ausdrücklich der Lösung im schweizerischen Recht (Art. 187 Abs. 1 schweiz. IPRG); vgl. BT-Drs. 13/5274, S. 51 f. (ebenso z. B. im italienischen Recht (Art. 834 Abs. 1 S. 2. c.p.c. – abgedr. G. U. 17/1/1994, Nr. 12).

696 Vgl. Reithmann/Martiny, Rn. 111 ff.; v. Bar, S. 365 Rn. 495 ff. Eine Abweichung kann etwa vorliegen nach Art. 28 Abs. 2 S. 3 EGBGB, wenn das Heimatrecht beider ausländischer Parteien übereinstimmend auf den Ort des Vertragsschlusses abstellt; vgl. BT-Drs. 13/5274, S. 53; Ref.-E., S. 166.

zurückgewiesen, wonach für die internationale Schiedsgerichtsbarkeit ein Sonderkollisionsrecht anzunehmen sei, das einem internationalen Schiedsgericht bei der Bestimmung der lex causae einen Beurteilungsspielraum einräume.[697] Die Verbindlichkeit folgt nach den Motiven daraus, daß sich die Ausschlußklausel in Art. 1 Abs. 2 d) des EVÜ nicht auf den ganzen Hauptvertrag, sondern lediglich auf die in ihm enthaltene Schiedsklausel selbst beziehe.[698] Die Reformkommission hatte dagegen argumentiert, daß Schiedsverfahren üblicherweise in einem neutralen Drittstaat stattfänden, zu dem keine Parteianbindung bestehe und der nicht Erfüllungsort einer vertraglichen Hauptpflicht sei. Daher sei die Beurteilung des anwendbaren materiellen Rechts nicht zwingend nach dem mit Blick auf Gerichtsverfahren geschaffenen Kollisionsrecht dieses Drittstaates vorzunehmen. Beide Ansichten führen jedoch nach übereinstimmender Auffassung regelmäßig zu gleichen Ergebnissen, da neben der objektiven Anknüpfung in § 1051 Abs. 2 ZPO („engste Verbindung") auch schiedsrichterliches Ermessen lediglich zur Anwendung eines mit dem Hauptvertrag deutliche Verbindungen aufweisenden materiellen Rechts führen könne.[699]

Das Schiedsgericht hat seine Entscheidung stets unter Berücksichtigung der vertraglichen Bestimmungen und der bestehenden Handelsbräuche zu treffen (§ 1051 Abs. 4 ZPO). Diese Regelung entspricht Art. 28 Abs. 4 UNC-MG sowie den Erwartungen vieler Parteien internationaler Schiedsverfahren in wirtschaftsrechtlichen Streitigkeiten, wonach das Schiedsgericht den Rechtsstreit auch unter Beachtung kaufmännischer, d. h. vernünftiger Gesichtspunkte zu entscheiden habe.[700] Dieser Regelung kommt nach den Motiven lediglich klarstellende Funktion zu und steht unter Vorbehalt des anwendbaren zwingenden Rechts[701], wobei es sich in der Praxis häufig um eine durch Anknüpfung zu ermittelnde nationale Rechtsordnung handeln wird.
In der Schiedsgerichtsbarkeit, insbesondere in internationalen Verfahren, kommt es ausnahmsweise vor, daß Schiedsrichter ermächtigt werden, als sog. „amiables

---

697 Vgl. BT-Drs. 13/5274, S. 52 m.w.N. Die Reformkommission sah die §§ 27 ff. EGBGB für ein Schiedsgericht nicht als verbindlich an; vgl. Disk.-E., S. 167 m.w.N. Auch Art. 28 Abs. 2 UNC-MG räumt dem Schiedsgericht mehr Ermessen ein, wonach „das von ihm für anwendbar erachtete Kollisionsrecht" anzuwenden ist. Dieser Grundatz gilt international auch nach z. B. Art. 7 Abs. 1 EuÜ; Art. 33 Abs. 1 UAR; Art. 17 Abs. 1 ICC-SchO; § 24 Abs. 1 SCC-SchO; Art. 22.3 LCIA-SchO; Art. 28 Abs. 1 AAA-SchO; Art. 42 Abs. 1 Weltbankübereinkommen (ICSID) und Art. 59 (a) S. 3 WIPO. In den Motiven wird ferner zu Recht darauf hingewiesen, daß Schiedsgerichte teilweise sogar zur unmittelbaren Rechtswahl ohne Rückgriff auf Kollisionsnormen („voie directe") ermächtigt seien (vgl. Art. 1496 S. 1 2. HS frz. c.pr.c. und Art. 1054 Abs. 2 niederl. ZPO); vgl. BT-Drs. 13/5274, S. 52 f.; vgl. zum anwendbaren Kolisionsrecht auch Berger, DZWir 1998, 45 (52) m.w.N.

698 Art. 1 Abs. 1 u. 2 des EVÜ lautet auszugsweise: „(1) Die Vorschriften dieses Übereinkommens sind auf vertragliche Schuldverhältnisse bei Sachverhalten, die eine Verbindung zum Recht verschiedener Staaten aufweisen, anzuwenden. (2) Sie sind nicht anzuwenden auf (...) d) Schieds- und Gerichtsstandsvereinbarungen;", abgedr. bei Jayme/Hausmann, S. 113.

699 Vgl. BT-Drs. 13/5274, S. 53; Ref.-E., S. 157 f.; auch Disk.-E., S. 169. Durch § 1051 Abs. 2 ZPO („das Recht des Staates") wird ein Rekurs auf das Recht der sog. „lex mercatoria" als ausgeschlossen angesehen, anders als nach Art. 28 Abs. 2 UNC-MG („a law"); vgl. Sandrock Arb. Int. 1998, Vol 14 No 1, S. 33 (39) m.w.N.

700 Vgl. Gentinetta, S. 31.

701 Vgl. dazu BT-Drs. 13/5274, S. 53; Ref.-E., S. 167 f.

compositeurs“ Billigkeitsentscheidungen zu fällen (ex aequo et bono), ohne sich dabei auf eine Rechtsordnung zu stützen. Dies setzt nach deutschem Recht – ebenso wie nach Art. 28 Abs. 3 UNC-MG – eine Befreiung der Schiedsrichter von der Bindung an das Gesetz durch ausdrückliche Parteiermächtigung voraus (§ 1051 Abs. 3 ZPO), da ein Schiedsgericht im Zweifel materielles Recht anzuwenden hat.[702]

b) Entscheidungsfindung

Das Schiedsgericht entscheidet vorbehaltlich anderer Parteiabreden gemäß § 1052 Abs. 1 ZPO mit der (absoluten) Stimmenmehrheit, soweit es sich nicht um einen Einzelschiedsrichter handelt. Entsteht aufgrund von Stimmengleichheit eine Pattsituation, ist das Verfahren durch Beschluß zu beenden (§ 1056 Abs. 2 Nr. 3 ZPO). Dem Vorsitzenden wurde in Anlehnung an das UNC-MG bewußt keine Befugnis zum Stichentscheid eingeräumt. Es steht den Parteien jedoch frei, ein solches Recht des Vorsitzenden zu vereinbaren. Der Verzicht auf die Einführung eines Rechts zum Stichentscheid beruht auf der Empfehlung der Reformkommission. Dadurch soll ein Bedeutungsverlust der Beisitzervoten verhindert werden und das Bemühen um eine gemeinsam getragene Entscheidung nicht von vornherein sinnlos erscheinen.[703]

Verweigert ein Schiedsrichter die Teilnahme an der Abstimmung oder nimmt er sonst ohne zwingenden Grund nicht daran teil, können die übrigen Schiedsrichter allein entscheiden. Das gilt auch für den Fall einer Verweigerung durch den Vorsitzenden.[704] Voraussetzung ist jedoch stets, daß die Parteien von der bevorstehenden Abstimmung zuvor ausnahmsweise unterrichtet werden (§ 1052 Abs. 2 S. 2 ZPO) und die Stimmen bezogen auf die Gesamtbesetzung des Schiedsgerichts eine absolute Mehrheit erreichen. Dadurch soll nach dem Willen des Gesetzgebers den Parteien die Möglichkeit zur Einwirkung auf den sich verweigernden Schiedsrichter gegeben werden.[705]

Der Vorsitzende des Schiedsgerichts entscheidet kraft seines Amtes über die Fragen der Verhandlungsleitung, wie z. B. über die Terminierung oder die Reihenfolge der Zeugenvernehmungen. Ihm kann über diese Fragen des äußeren Verfahrensablaufes hinaus von den Parteien oder den Beisitzern ein Alleinentscheidungsrecht über „einzelne Verfahrensfragen“ eingeräumt werden (§ 1052 Abs. 3 ZPO). Die Motive nennen beispielhaft verfahrensleitende Verfügungen zu Fragen des inneren Verfahrensablaufes, zur Durchführung eines mündlichen oder schriftlichen Verfahrens, zur Bestimmung der Verfahrenssprache oder zu der Zuziehung von Sachverständigen. Diese Verfügungen setzen angesichts ihrer möglichen Auswirkung auf den Verfahrensaus-

---

[702] Vgl. dazu Stein/Jonas/Schlosser, § 1034 Rn. 1; Schütze, Rn. 118 sowie Sandrock, JPS, Bd. 2, 1988, S. 120 (122 f.) mit dem Hinweis auf eine umgekehrte Rechtslage in einigen südamerikanischen Ländern (dort Fn. 8).

[703] Vgl. BT-Drs. 13/5274, S. 53 f.; Disk.-E., S. 173; Ref.-E., S. 168. Bei den Beratungen zum UNC-MG wurde ebenfalls die Befürchtung vertreten, daß die Beisitzer allein aufgrund des Rechts des Vorsitzenden zum Stichentscheid ihren Mitwirkungspflichten zur gründlichen Beratung nicht mehr nachkommen würden; vgl. Holtzmann/Neuhaus, S. 808 f. u. S. 820 para 48.

[704] Vgl. Sandrock, Arb. Int 1998, Vol 14 no 1, S. 33 (44), mit dem richtigen Hinweis, daß sich der insoweit zur ZPO a.F. entstandene Meinungsstreit durch § 1054 Abs. 1 S. 2 ZPO erledigt habe.

[705] Vgl. BT-Drs. 13/5274, S. 54; Ref.-E., S. 169.

gang stets eine Einzelermächtigung voraus.[706] Diese Regelung bezweckt, ebenso wie die weitergehende Regelung in Art. 29 S. 2 UNC-MG, wonach dem Obmann durch die Parteien oder Beisitzer eine generelle Alleinentscheidungsbefugnis in Verfahrensfragen eingeräumt werden kann, die Begrenzung von Abstimmungsvorgängen innerhalb des Schiedsgerichts und somit eine Verfahrensbeschleunigung.[707]

Das Gesetz schreibt schließlich keine Frist zum Erlaß eines Schiedsspruches vor. Den Parteien steht die Vereinbarung einer Urteilsfrist frei, doch sollten dann auch die Rechtsfolgen für deren Nichteinhaltung bestimmt werden, etwa die Frage einer möglichen Mandatsbeendigung des Schiedsgerichts oder der Wegfall der Schiedsvereinbarung.

c) Inhalt und Form des Schiedsspruches

Die maßgeblichen inhaltlichen und formellen Anforderungen an einen Schiedsspruch richten sich nach § 1054 ZPO.

aa) Begründung

Der Schiedsspruch ist vorbehaltlich anderer Vereinbarungen nach § 1054 Abs. 2 ZPO zu begründen. Dies liegt im Parteiinteresse, um dadurch den Parteien inhaltlich zumindest die tragenden Erwägungen des Schiedsgerichts mitzuteilen.[708] Es wird dabei vorausgesetzt, daß der Schiedsspruch nicht lediglich widersinnige Begründungen und inhaltsleere Wendungen enthält, sondern zu den wesentlichen Angriffs- und Verteidigungsmitteln der Parteien Stellung nimmt.[709] Diese im Vergleich zu Urteilen staatlicher Gerichte milderen Anforderungen sollen es auch Laienschiedsrichtern erlauben, einen Schiedsspruch ohne streng juristische Argumentation zu formulieren.[710]

Der Schiedsspruch kann nach den Motiven ferner Sondervoten enthalten, sog. „dissenting opinions", in denen Schiedsrichter ihre Mindermeinungen kundgeben.[711] Der Schiedsrichter muß sich jedoch zur Wahrung des Beratungsgeheimnisses auf die

---

706 Vgl. BT-Drs. 13/5274, S. 54; Ref.-E., S. 169 f.

707 Vgl. zu den Motiven zu Art. 29 S. 2 UNC-MG Holtzmann/Neuhaus, S. 815 f. (A/CN.9/245, para. 104; A/CN.9/246, para. 108) und S. 818 (A/CN.9/264, para. 1).

708 Vgl. BGH NJW 1986, 1436 (1437); WM 1983, 1207.

709 Vgl. BGH NJW 1986, 1436 (1437); Zöller/Geimer § 1054 Rn. 8 m.w.N.

710 Vgl. BGH RIW 1990, 495; Schwab/Walter, S. 218 Rn. 11 m.w.N.

711 Anders als in der ordentlichen Gerichtsbarkeit (vgl. Baumbach/Lauterbach/Albers, Überbl. v. § 192 GVG) wird die Zulässigkeit von Sondervoten überwiegend bejaht, vgl. Schlosser, RipS, Rn. 691; Calavros, S. 139; Rauh, S. 135; Raeschke-Kessler/Berger, Rn 878; einschränkend Baumbach/Lauterbach/Albers, § 1054 Rn. 4 (nur bei Parteivereinbarung). Der Gesetzgeber hat daher – ebenso wie bei den Beratungen zum UNC-MG (vgl. Holtzmann/Neuhaus, S. 837) – die Frage nicht für regelungsbedürftig gehalten; vgl. BT-Drs. 13/5274, S. 56; Ref.-E., S. 175. Einschränkend werden Sondervoten teilweise wegen Verletzung des Beratungsgeheimnisses ohne eine Befreiung durch die Parteien für unzulässig gehalten (vgl. Schütze, Rn. 204 m.w.N.) bzw. zusätzlich eine Zustimmung der Schiedsrichter zu der Befreiung verlangt; vgl. Lachmann, Rn. 452 m.w.N.

Wiedergabe seiner abweichenden Rechtsmeinung beschränken.[712] Sondervoten können unterschiedlich motiviert sein, dienen jedoch in der Praxis häufig der indirekten Kundgabe einer erfolglosen Unterstützung der unterlegenen Partei.[713]

bb) Schriftform und Unterschrift

In formeller Hinsicht ist ein Schiedsspruch entsprechend Art. 31 Abs. 1 UNC-MG schriftlich abzufassen und von den Schiedsrichtern bzw. vom Einzelschiedsrichter eigenhändig zu unterschreiben (§ 1054 Abs. 1 S. 1 ZPO).[714] Dabei ist grundsätzlich die Unterschrift aller Schiedsrichter erforderlich. In Verfahren mit mehreren Schiedsrichtern genügt die Unterzeichnung der absoluten Mehrheit der Schiedsrichter, sofern der Grund für das Fehlen der Unterschrift (-en) angegeben wird (S. 2).[715] Die Unterschriftsverweigerung kann auch vom Vorsitzenden des Schiedsgerichts herrühren, wie die Motive ausdrücklich bestätigen.[716] Die Regelung in § 1054 Abs. 1 ZPO ist nicht abdingbar und dient der Vermeidung von Verfahrensobstruktionen durch nicht erreichbare, überstimmte oder unwillige Schiedsrichter.[717]

cc) Datums- und Ortsangabe

Im Schiedsspruch sind der Tag seines Erlasses und der Ort des Schiedsverfahrens anzugeben (§ 1054 Abs. 3 S. 1 ZPO). Das im deutschen Recht neue Erfordernis der Angabe des Schiedsverfahrensortes (§ 1043 ZPO) hängt zusammen mit der Bedeutung des ebenfalls neu eingeführten Territorialitätsprinzips (§ 1025 Abs. 1 ZPO). Die Schiedsrichter bestimmen den Zeitpunkt des Erlasses des Schiedsspruches, der unwiderleglich als an dem angegebenen Tag und Ort erlassen gilt (§ 1054 Abs. 3 S. 2 ZPO).[718] Durch diese gesetzliche Fiktion wird die Sicherheit der

---

712 Vgl. Raeschke-Kessler/Berger, Rn. 878.

713 Nach Raeschke-Kessler/Berger, Rn. 880, dienen Minderheitsvoten regelmäßig der Ermöglichung der Aufhebung oder der Verhinderung der späteren Vollstreckbarkeit des Schiedsspruches.

714 So auch Schwab/Walter, S. 223 Rn. 4. International sind die Formvorschriften uneinheitlich, zum Teil benötigt der Schiedsspruch eine notarielle Beurkundung (z. B. Art. 33.2 spanisches Gesetz über die Schiedsgerichtsbarkeit v. 07.12.1988), zum Teil kann der Schiedsspruch auch mündlich ergehen (z. B. Dänemark); vgl. David, S. 316 Rn. 346.

715 Nach § 1039 Abs. 1 S. 2 ZPO a.F. war bislang höchtens die Unterschrift eines Schiedsrichters verzichtbar; vgl. dazu MünchKommZPO-Maier, § 1039, Rn. 4.

716 Vgl. BT-Drs. 13/5274, S. 55 f.; Ref.-E., S. 166. Diese Frage war nach ZPO a.F. umstritten: Bejahend die wohl h.M.: Stein/Jonas/Schlosser, § 1039, Rn. 7; MünchKommZPO-Maier, § 1039 Rn. 4; Baumbach/Lauterbach/Albers, § 1039 Rn. 3; Thomas/Putzo, 20. Aufl., § 1039 Rn. 7; differenzierend: Zöller/Geimer, § 1039 Rn. 4 (20 Aufl.), der das Vorhandensein eines stellvertretenden Vorsitzenden voraussetzte; Schütze/Tscherning/Wais, Rn. 522, der für diesen Fall die Wahl eines Stellvertreters vorschlägt; Lörcher, BB 1988, 78, wonach in diesem Fall der Vorsitzende die Gültigkeit des Schiedsspruches doch bewirken könne, indem er vermerke, daß seine Unterschrift nicht zu erlangen gewesen sei; a.A. Sandrock, RIW-Beilage 2/1987 (zu Heft 5), S. 2 (4), wonach eine Klage auf Unterzeichnung erforderlich sei; ebenso Schwab/Walter (5. Aufl.), S. 183 Rn. 5 f.

717 Ebenso die Motive zum gleichlautenden Formerfordernis in Art. 31 Abs. 1 UNC-MG; vgl. Holtzmann/Neuhaus, S. 837; Hußlein-Stich, S. 160; Stein/Jonas/Schlosser, § 1039, Rn. 7.

718 So auch Lachmann, Rn. 454; a.A. Schütze Rn. 203 (widerleglich). Die Gesetzesfiktion aus Art. 31 Abs. 3 2. HS UNC-MG wurde in § 1054 Abs. 3 2. HS ZPO um das Zeitmoment erweitert.

Ermittlung des Erlasszeitpunktes des Schiedsspruches erhöht, etwa wenn der Schiedsspruch von den Schiedsrichtern im Versendungsverfahren unterzeichnet wurde.[719]

d) Bekanntmachung

Nach neuem Recht ist die förmliche Zustellung des Schiedsspruchs keine Wirksamkeitsvoraussetzung mehr (vgl. § 1054 Abs. 4 ZPO: „Jeder Partei ist ein (...) Schiedsspruch zu übersenden"). Der Begriff „Schiedsspruch" umfaßt das Original sowie die (unterschriebene) Abschrift und ersetzt damit den im früheren Recht verwandten Begriff „Ausfertigung".[720] Die formlose Versendung des Schiedsspruchs kann etwa als einfacher Brief erfolgen, empfehlenswert ist jedoch eine Übersendung gegen Empfangsbestätigung, beispielsweise als Einschreiben (gegen Rückschein), um den Zugangszeitpunkt bestimmen zu können. Auf die nach früherem Recht international unüblichen Erfordernisse der Niederlegung bzw. förmlichen Zustellung unter Einschaltung der ordentlichen Gerichte ist angesichts des damit insbesondere bei Auslandszustellungen verbundenen Zeitverlustes verzichtet worden.[721]

e) Arten

Bei den Arten von Schiedssprüchen ist zu differenzieren. Gesetzlich geregelt sind der sog. Endentscheid, der den Streit insgesamt erledigt und das Verfahren beendet (§ 1056 Abs. 1 ZPO; ebenso Art. 32 Abs. 1 UNC-MG) sowie der sog. Schiedsvergleich, im Gesetz bezeichnet als „Schiedsspruch mit vereinbartem Wortlaut", dem dieselbe Wirkung wie ein sonstiger Schiedsspruch zukommt (§ 1053 Abs. 1 S. 2, Abs. 2 ZPO, ebenso Art. 30 UNC-MG).[722]

Das Schiedsgericht kann ferner – auch ohne gesetzliche Regelung – Teil- und Zwischenschiedssprüche fällen.[723] Der Teilschiedsspruch entscheidet endgültig über einen abtrennbaren Teil des Streitgegenstandes und führt zu dessen Erledigung. Sein Erlaß steht im Ermessen des Schiedsgerichts und sollte zur Klarstellung als „Teilschiedsspruch" bezeichnet werden. Er ist wie ein Endschiedsspruch zu behandeln und zu vollstrecken. In der Praxis kommen Teilschiedssprüche eher selten vor, da sie isoliert anfechtbar sind und dies zu Verfahrensverzögerungen führen kann, auch in mißbräuchlicher Hinsicht.[724] Der Zwischenschiedsspruch entscheidet dagegen nur über einzelne Angriffs- und Verteidigungsmittel oder Verfahrensfragen.[725] Es kann sich etwa um einen stattgebenden Vorbehaltsschiedsspruch handeln, in dem sich das

---

[719] Vgl. BT-Drs. 13/5274, S. 56; Ref.-E., S. 176.

[720] Vgl. § 1039 Abs. 2 ZPO a.F. Der auch in der deutschen Übersetzung des Art. 31 Abs. 4 UNC-MG enthaltene Begriff „Ausfertigung" wurde aufgrund seiner fest umrissenen Bedeutung im Prozeßrecht nicht in § 1054 Abs. 4 ZPO übernommen; vgl. BT-Drs. 13/5274, S. 56; Ref.-E., S. 176 f.

[721] Vgl. dazu § 1039 Abs. 2 und 3 ZPO a.F. sowie BT-Drs. 13/5274, S. 56; Ref.-E., S. 176.

[722] Siehe zum Schiedsvergleich unten unter F. V. 1. h).

[723] Vgl. dazu MünchKommZPO-Maier, § 1040 Rn. 1a-4.

[724] So Raeschke-Kessler/Berger, Rn. 847 m.w.N.

[725] Der Zwischenschiedsspruch ist abzugrenzen von verfahrensleitenden Verfügungen des Vorsitzenden nach § 1052 Abs. 3 ZPO.

Schiedsgericht die Entscheidung über die Aufrechnung vorbehält, oder einen Schiedsspruch, der – ausnahmsweise – vor einem Oberschiedsgericht angefochten werden kann.[726] Der Zwischenschiedsspruch ist nicht endgültig, bindet aber das Schiedsgericht und kann nur zusammen mit dem Schluß- bzw. Endschiedsspruch angefochten werden.[727]

f) Rechtskraft

Ein Schiedsspruch hat zwischen den Parteien nach § 1055 ZPO die Wirkung eines rechtskräftigen gerichtlichen Urteils und beendet das Verfahren endgültig.[728] Mit Erfüllung aller Förmlichkeiten eines Schiedsspruchs nach § 1054 ZPO tritt die formelle (äußere) Rechtskraft des Schiedsspruchs ein. Diese ist grundsätzlich Voraussetzung der materiellen (inneren) Rechtskraft eines Schiedsspruchs. Letztere bewirkt wie bei einem staatlichen Gerichtsurteil, daß über die im Schiedsspruch entschiedene Rechtsfolge zwischen den Parteien kein neuer Rechtsstreit geführt werden darf (ne bis in idem).[729] Die Wirkung der materiellen Rechtskraft wird allerdings nur auf Einrede beachtet, da der Schiedsspruch kein Hoheitsakt ist.[730] Dem Schiedsspruch kommt keine Wirkung gegenüber Dritten zu, die nicht durch die Schiedsvereinbarung gebunden sind.[731] Im Gegensatz zum staatlichen Gerichtsurteil können die Parteien die Rechtskraft des Schiedsspruchs durch Vereinbarung aufheben.[732] Im übrigen kann die Rechtskraft nicht im Wiederaufnahmeverfahren, sondern lediglich durch seine Aufhebung bzw. im Verfahren der Vollstreckbarerklärung beseitigt werden.

g) Berichtigung, Ergänzung und Auslegung

Ein Schiedsspruch kann vom Schiedsgericht berichtigt, ergänzt und auslegt werden (§ 1058 Abs. 1 Nr. 1-3 ZPO). Die Bestimmung entspricht inhaltlich

---

726 Vgl. BGHZ 10, 325 (326 f.); MünchKommZPO-Maier, § 1040 Rn. 3; Glossner/Bredow/Bühler, Rn. 462.

727 Vgl. Schütze, Rn. 206 m.w.N. (auch zur a.A.). Nach MünchKommZPO-Maier, § 1040 Rn. 2, irritieren Zwischenschiedssprüche regelmäßig mehr als sie nützen. Lachmann weist darauf hin, daß unklar sei, ob ein Zwischenschiedsspruch über den Grund des Anspruchs sinnvoll ist, da dieser u. U. lediglich das Schiedsgericht binde; Rn. 468 m.w.N.

728 Das gilt ausnahmsweise nicht, wenn der Schiedsspruch anfechtbar ist, weil ein sog. Oberschiedsgericht vereinbart worden ist; vgl. z. B. Bosch, S. 39 u. 44.

729 So die h.M., vgl. nur Schwab/Walter, S. 228 Rn. 5 m.w.N. Bei ausländischen Schiedssprüchen richtet sich der Eintritt der Rechtskraft nach der jeweiligen nationalen Rechtsordnung; vgl. Loritz, ZZP 1992 (105), S. 1 f.

730 So die h.M., vgl. BGH NJW 1958, 950; Baumbach/Lauterbach/Albers, § 1055 Rn. 4; Schütze/Tscherning/Wais, Rn. 526; Thomas/Putzo, § 1055 Rn. 2; a.A. Zöller-Geimer, § 1055 Rn. 8; Bosch, S. 82; Schwab/Walter, S. 228 f. Rn. 6 (Fn. 11) m.w.N., wonach die Ungleichbehandlung bezüglich eines Schiedsspruches angesichts der Gleichstellung mit einem staatlichen Urteil in § 1055 ZPO nicht gerechtfertigt sei.

731 Vgl. BGH BB 1996, 1074 (1075); BB 1975, 583; Baumbach/Lauterbach/Albers, § 1055 Rn. 6, Zöller-Geimer, § 1055 Rn. 7, jeweils m.w.N.

732 Vgl. BayObLG MDR 1984, 496; OLG Bremen, NJW 1957, 1035; Schütze/Tscherning/Wais, Rn. 526; Schwab/Walter, S. 229 Rn. 7; a.A. Loritz, ZZP 1992 (105), S. 1 (12 f.); Baumbach/Lauterbach/Albers, § 1055 Rn. 4; Stein/Jonas/Schlosser, § 1040 Rn. 5, jeweils m.w.N.

Art. 33 UNC-MG.[733] Jeder Partei steht insoweit ein unabdingbares Antragsrecht zu. Der Antrag ist vorbehaltlich anderer Vereinbarungen innerhalb eines Monats ab Empfang des Schiedsspruchs zu stellen (Abs. 2). Eine Berichtigung kann das Schiedsgericht auch auf eigene Initiative hin vornehmen (Abs. 4). Es „soll" über eine Berichtigung und Auslegung innerhalb eines, über die Ergänzung des Schiedsspruchs innerhalb von zwei Monaten entscheiden (Abs. 3).[734] Das Verfahren nach § 1058 ZPO richtet sich nach den allgemeinen Bestimmungen und setzt die vorherige Benachrichtigung, Anhörung sowie die Einhaltung der formellen Anforderungen an den Schiedsspruch voraus (Abs. 5).

Berichtigungs- und Auslegungsschiedssprüche sind nach den Gesetzesmotiven lediglich Bestandteile des ursprünglichen Schiedsspruchs. Ein Ergänzungsschiedsspruch dagegen enthält eine Entscheidung über einen bislang nicht behandelten Anspruch und ist daher selbständig vollstreckbar.[735] Unter eine Berichtigung fallen in erster Linie die Beseitigung von Rechen-, Schreib- und Druckfehlern oder Fehlern ähnlicher Art. Bis zur Bekanntmachung des Schiedsspruchs handelt es sich lediglich um eine Verbesserung, da noch kein Schiedsspruch besteht.[736] Bei der Ergänzung eines Schiedsspruches empfiehlt es sich zur Klarstellung der Zuständigkeit des Schiedsgerichts gegebenenfalls den Tatbestand zu berichtigen.[737] Da bis zum Ergänzungszeitpunkt nur ein Teilschiedsspruch existiert, muß der übergangene Anspruch vollständig neu verhandelt und ein selbständiger Schiedsspruch gefällt werden.

Die Befugnis des Schiedsgerichts „bestimmte Teile des Schiedsspruchs auszulegen" umfaßt alle Teile des Schiedsspruchs. Sie ist neu im deutschen Recht und dient der Klarstellung eines mißverständlichen Tenors und dadurch der Vermeidung von Aufhebungsverfahren.[738] Die Regelung findet ihr Vorbild in der Bestimmung des Art. 33 Abs. 1 b) UNC-MG, in der die Auslegungsbefugnis jedoch einschränkend von einer Parteivereinbarung abhängig gemacht wird.

h) Schiedsvergleich

Auch für ein Schiedsgericht gilt die Pflicht, in jedem Verfahrensstadium auf eine gütliche Einigung der Parteien hinzuwirken (§ 279 Abs. 1 S. 1 ZPO). Vergleichen sich die Parteien während des Verfahrens, beendet es das Schiedsgericht durch Beschluß.[739] Auf Antrag hält es den Vergleich als sog. Schiedsspruch mit vereinbar-

---

733 Ebenso Art. 35-37 Uncitral Arbitration Rules (UAR); abgedr. z. B. bei Schütze, S. 199 ff.

734 Die Fristen können entsprechend Art. 33 Abs. 4 UNC-MG vom Schiedsgericht verlängert werden; BT-Drs. 13/5274, S. 58; Ref.-E., S. 182.

735 Der Ergänzungsschiedsspruch bewirkt, daß der bisherige Schiedsspruch ein Teilschiedsspruch wird; vgl. BT-Drs. 13/5274, S. 58; Ref.-E., S. 182 f.; ebenso Lachmann, S. 221.

736 Vgl. Schwab/Walter, S. 232 Rn. 14.

737 Vgl. Schwab/Walter, S. 232 Rn. 16.

738 Vgl. BT-Drs. 13/5274, S. 58; Ref.-E., S. 173.

739 Vgl. §§ 1053 Abs. 1 S. 1, 1056 Abs. 2 Nr. 2 ZPO. Nach h.M. hat der Prozeßvergleich als Prozessvertrag eine rechtliche Doppelnatur, da er privatrechtlich ein Vergleich im Sinne des § 779 BGB und als Prozeßvertrag zugleich Prozesshandlung ist; BGH NJW 1980, 1753 (1754). Dies gilt auch für den Schiedsvergleich vgl. MünchKommZPO-Maier, § 1044 a ZPO Rn. 2; Schwab/Walter, S. 241 Rn. 6 m.w.N.

tem Wortlaut fest (§ 1053 Abs. 1 S. 2 ZPO).[740] Ein solcher Vergleich muß die Angabe „Schiedsspruch" enthalten (Abs. 2) und hat dieselbe Wirkung wie jeder andere Schiedsspruch. Ein inländischer Schiedsvergleich kann als „Schiedsspruch" nach fast allen Rechtsordnungen, einschlägigen Staatsverträgen und internationalen Abkommen einschließlich des UNÜ von 1958 vollstreckt werden.[741] Eine gegebenenfalls erforderliche notarielle Beurkundung kann im Sinne einer Justizentlastung durch die Aufnahme der Parteierklärungen in den Schiedsspruch ersetzt werden (Abs. 3).[742]

i) Kostenentscheidung

Anders als im UNC-MG und dem früheren deutschen Recht hat ein Schiedsgericht nach der Neuregelung in § 1057 ZPO im Schiedsspruch über die Verteilung der Verfahrenskosten zwischen den Parteien zu entscheiden. Von dieser abdingbaren Regelung umfaßt sind wie im Zivilprozeß die den Parteien erwachsenen und zur zweckentsprechenden Rechtsverfolgung notwendigen Kosten, etwa von Sachverständigen, Zeugen und Prozeßbevollmächtigten sowie Auslagen. Den Verteilungsmaßstab der Kosten bestimmt das Schiedsgericht unter Berücksichtigung des Einzelfalles und des Verfahrensausganges nach seinem Ermessen (§ 1057 Abs. 1 S. 2 ZPO).[743] Die Kosten sind der Höhe nach ziffernmäßig festzusetzen, soweit sie feststehen (Abs. 2 S. 1). Ist dies unterblieben oder in diesem Zeitpunkt noch nicht möglich, ergeht hierüber ein Ergänzungs- oder separater Kostenschiedsspruch, ebenso bei der Verfahrensbeendigung durch Beschluß (§ 1056 Abs. 2 ZPO).

Die Vergütung der Schiedsrichter ist gesetzlich nicht geregelt. Sie können ihre Honorare grundsätzlich nicht im Schiedsspruch festsetzen, auch nicht indirekt über die Festsetzung des Streitwertes, da sie dann nach herrschender Ansicht in unzulässiger Weise als Richter in eigener Sache tätig wären.[744] Sind ihre Honorare jedoch von den Parteien vorschußweise geleistet worden, was in der Praxis nahezu stets vereinbart

---

740 Nach § 1044 a ZPO a.F. war erforderlich, daß Schiedsvergleiche protokolliert oder gesondert schriftlich festgehalten wurden und daß sich die zahlungsverpflichtete Partei zur Vollstreckung im Vergleich der sofortigen Zwangsvollstreckung unterwarf; vgl. Jagenburg, in: FS Oppenhoff, S. 147 (166); Baumbach/Lauterbach/Albers (55. Aufl.), § 1044 a ZPO Rn. 1.

741 Vgl. Baumbach/Lauterbach/Albers, § 1053 Rn. 1 sowie Zöller-Geimer, § 1053 Rn. 2, der ferner auf die Gleichstellung von Schiedsspruch und Schiedsvergleich in einer Reihe bilateraler Verträge hinweist.

742 Vgl. BT-Drs. 13/5274, S. 55. So auch die h.M. zur ZPO a.F. (§ 127 a iVm. § 1044 a ZPO a.F. analog); vgl. MünchKommZPO-Maier, § 1044 a ZPO Rn. 9. Eintragungen in Grundbücher oder andere öffentliche Register setzen jedoch eine vorherige Vollstreckbarerklärung voraus, die mit Zustimmung der Parteien von einem Notar mit Dienstsitz im Amtsbezirk des sonst gemäß § 1062 Abs. 1 und 2 ZPO zuständigen Gerichts erklärt werden kann (§ 1053 Abs. 4 ZPO); a.A. Stein/Jonas/Schlosser zu § 1044 a ZPO, Rn. 6.

743 Diese Entscheidung ergeht wie nach der ZPO a.F. unabhängig vom herkömmlichen Kostenrecht, richtet sich jedoch in rein innerdeutschen Verfahren regelmäßig nach den Grundsätzen der §§ 91 ff. ZPO; vgl. BT-Drs. 13/5274, S. 57; Zöller-Geimer, § 1057 Rn. 2; Münch-Komm-Maier, § 1040 Rn. 11; Schütze Rn. 225.

744 Vgl. BGHZ 94, 92 (95); BGH WM 1977, 319 (320 f.) Schütze Rn. 227; Lachmann Rn. 490; Schwab/Walter, S. 354 Rn. 15 m.w.N.

wird, sind sie festsetzungsfähig.[745] Fällig ist die Schiedsrichtervergütung, wenn das Verfahren vollständig durchgeführt ist.[746] In der Praxis befriedigen sich die Schiedsrichter unmittelbar nach Mitteilung des Schiedsspruchs aus dem Vorschuss und rechnen etwaige Überschüsse mit den Parteien ab. Anderenfalls sind die Schiedsrichter zur Beitreibung ihrer Honorare auf den ordentlichen Rechtsweg angewiesen. Dem Schiedsgericht steht gegebenenfalls ein Zurückbehaltungsrecht am Schiedsspruch bis zur Zahlung der Honorare durch die Parteien zu.[747]

Die Kostenentscheidung des Schiedsgerichts ist, auch wenn sie etwa im Widerspruch zu den Schiedsgerichtsbestimmungen steht, nicht separat anfechtbar. Dies folgt aus einer Entscheidung des BGH aus dem Jahre 1957, wonach dies im Widerspruch zur Schiedsgerichtsbarkeit und zu dem zivilprozessualen Verbot der isolierten Kostenanfechtung in § 99 ZPO stehe.[748] Diese Entscheidung ist im Schrifttum zu Recht auf Widerspruch gestoßen.[749] Sie erscheint widersprüchlich, da einerseits ein isolierter Schiedsspruch nach § 1057 Abs. 2 S. 2 ZPO nur über die Kosten ergehen kann und andererseits in den Bestimmungen über die Aufhebung eines Schiedsspruchs (§ 1059 Abs. 1 Nr. 1 d ZPO) kein Ausschluß der Aufhebung eines solchen Schiedsspruchs enthalten ist. In der Praxis dürfte jedoch bis auf weiteres die Entscheidung des BGH maßgebend sein.

Prozeßzinsen kann ein Schiedskläger ab dem Zeitpunkt der Schiedshängigkeit verlangen, d. h. ab dem Zeitpunkt, an dem der Beklagte die „Klage“ im Sinne von § 1046 ZPO empfangen hat. Die Erhebung der Schiedsklage entfaltet dieselben oder ähnliche materiellrechtliche Wirkungen wie die Klageerhebung vor einem staatlichen Gericht.[750] Die Entscheidung über Anspruchsgrund und –höhe hängt somit davon ab, ob und in welcher Höhe Prozeßzinsen beantragt wurden.

2. Schwedisches Recht

Im schwedischen Schiedsverfahrensrecht sind die Bestimmungen zum Schiedsspruch in §§ 27-32 LSF enthalten. Ferner sind in einem eigenen Abschnitt Bestimmungen zu den Schiedsverfahrenskosten geregelt (§§ 38-43 LSF).

---

745 Vgl. Nachweise in vorhergehender Fn.; kritisch Lachmann Rn. 492. Ist der Schiedsort in Deutschland, ist streitig, ob der ausländische Schiedskläger, sofern er nicht seinen gewöhnlichen Aufenthalt in einem EU- oder EWR-Staat hat, gemäß § 110 ZPO analog auf Verlangen des Beklagten sicherheitspflichtig ist; bejahend wohl h.M.; vgl. z. B. Schwab/Walter, S. 169 Rn. 23 und Schütze Rn 227a, jeweils m.w.N.; kritisch Sandrock, J.Int.Arb. 1997, Vol. 14 No. 2, S. 17 (25 u. 28) und Raeschke-Kessler/Berger Rn. 619 f.

746 Vgl. Lachmann, Rn. 816 unter Verweis auf § 614 BGB.

747 Vgl. BGH NJW 1985, 1903 (1904); Raeschke-Kessler/Berger Rn. 886.

748 Vgl. BGH in JZ 1957, 630.

749 Vgl. Schwab/Walter, S. 258 Rn. 26 mit richtigem Hinweis auf die gegenteilige Rechtsprechung des Reichsgerichts in RGZ 165, 140; zust. Lachmann Rn. 591.

750 Vgl. Lachmann, S. 164 Rn. 374 m.w.N.; auch Schwab/Walter, S. 163 Rn. 5. Ein Schiedsantrag nach § 1044 ZPO ohne eigene Schiedsrichterernennung wird dagegen als unzureichend erachtet.

a) Ermittlung des anwendbaren Rechts

Das LSF enthält – anders als das deutsche Recht (§ 1051 ZPO) und das UNC-MG (Art. 28) – keine (kollisionsrechtliche) Bestimmung über das in der Hauptsache anwendbare Recht. Die Motive weisen darauf hin, daß es möglicherweise einen Bedarf nach einer kollisionrechtlichen Bestimmung wie Art. 28 UNC-MG gebe, doch sei hierzu kein Vorschlag von der Reformkommission erarbeitet worden, so daß eine Entscheidungsgrundlage fehle. Sollte in der Praxis das Fehlen einer solchen Bestimmung zu Problemen führen, wird eine spätere Regelung nicht ausgeschlossen.[751]

Bei der Bestimmung des anwendbaren Rechts gilt anerkanntermaßen der Grundsatz der Parteiautonomie. Die Parteien können daher beispielsweise in internationalen Verhältnissen ein nationales (Kollisions-) Recht unmittelbar für anwendbar erklären, unabhängig von der Beziehung des Vertragsgegenstandes zu der Gerichtsbarkeit.[752] Eine vertragliche Verweisung lediglich auf schwedisches Recht ist – wie auch nach Art. 28 Abs. 1 S. 2 UNC-MG – als Verweis auf das materielle Recht unter Ausschluß des schwedischen Kollisionsrechts zu verstehen. Das gilt nach schwedischem Internationalem Privatrecht sinngemäß auch im umgekehrten Fall einer Verweisung auf ausländisches Recht.[753]

Haben die Parteien keine Rechtswahl getroffen, hat das Schiedsgericht das anwendbare Recht in der Hauptsache zu bestimmen. Die Motive besagen insoweit lediglich, daß ein Schiedsgericht grundsätzlich nach geltendem Recht zu entscheiden hat.[754] Dabei ist zunächst zu unterscheiden, wer den Schiedsverfahrensort bestimmt hat. International ist die Tendenz zu erkennen, daß die Parteien zunehmend den Ort des

[751] Die Einführung einer Bestimmung, die unmittelbar das Recht des Landes für anwendbar erklärt, mit dem der Streitgegenstand die engste Verbindung hat, wird ohne nähere Begründung abgelehnt; vgl. Prop. 1998/99:35, S. 194 f. Der Verzicht auf die Einführung einer kollisionsrechtlichen Bestimmung wird auch damit begründet, daß anderenfalls auch ein Aufhebungsgrund für den Fall der falschen Rechtsanwendung hätte eingeführt werden müssen, das neue Gesetz jedoch gerade die Begrenzung der Aufhebungsmöglichkeiten anstrebe (vgl. Prop. 1998/99:35, S. 123). Dieses Argument vermag nicht zu überzeugen, zumal die Motive selbst besagen, daß ein Schiedsspruch anfechtbar ist, wenn ein Schiedsgericht eine Entscheidung nach einem anderen als von den Parteien vereinbarten Recht treffen würde (Auftragsüberschreitung) (ebenda). Die befürchtete Notwendigkeit einer darüber hinaus gehenden Aufhebungsmöglichkeit überzeugt daher nicht.

[752] Vgl. Prop. 1998/99:35, S. 122 f.; Arbitration in Sweden, S. 46 f.; Wetter, Swedish and International Arbitration 1984, 16 (18).

[753] Dies entspricht jedenfalls seit Ende der sechziger Jahre herrschender Ansicht in der höchstrichterlichen Rechtsprechung, vgl. z. B. HD in NJA 1969, 163 (171) m.w.N. Eine kollisionsrechtliche Rückverweisung (renvoi) über das ausländische Kollisionsrecht ist grundsätzlich ausgeschlossen, abgesehen von Ausnahmen, die auf Schwedens Beitritt zu einigen internationalen Konventionen zurückzuführen sind (z. B. das § 79 Abs. 2 Wechselgesetz und § 58 Abs. 2 Scheckgesetz; vgl. dazu Bogdan, S. 54 f. (Kap. 4.2) mit weiteren Beispielen. Die Rechtslage war in Schweden insoweit in der älteren (Schieds-)Praxis nicht immer einheitlich (einschränkend z. B. Nordensson in SvJT 1977, 714 [717]), doch ist diese Unsicherheit überwunden; vgl. Pålsson, SvJT 96, 593 (596 u. 618) mit Rechtsprechungsnachweisen.

[754] Vgl. Prop. 1998/99:35, S. 123. So auch h.M., vgl. nur Cars, S. 138 f. mit Nachweisen in Fn. 547 sowie Darstellung der früher zum Teil abweichenden Ansichten in Schrifttum und Praxis.

Schiedsverfahrens selbst festlegen.[755] Haben die Parteien einen schwedischen Ort vereinbart, findet regelmäßig schwedisches Recht Anwendung.[756] Hat ihn das Schiedsgericht bestimmt, ist das anwendbare Recht nach allgemeinen schwedischen international-privatrechtlichen Kollisionsregeln zu ermitteln.[757]

Bis zum 1. Juli 1998 war das schwedische Internationale Privatrecht nicht zusammenfassend gesetzlich geregelt, abgesehen von vereinzelten kollisionsrechtlichen Bestimmungen zum Vertragsstatut für spezielle Vertragstypen. Hinsichtlich internationaler Kaufverträge über bewegliche Sachen wurde in Schweden die Haager Konvention über das anwendbare Recht bei internationalen Kaufverträgen vom 15. Juni 1955 in nationales Recht umgewandelt.[758] Am 1. Juli 1998 ist in Schweden zudem die Romkonvention über das anzuwendende Recht auf vertragliche Verpflichtungen vom 19. Juni 1980 (nachstehend „EVÜ") in Kraft getreten. Dies wird als Fortschritt im Sinne einer internationalen Rechtsharmonisierung gewertet.[759]

Das neue Gesetz findet auf Vereinbarungen Anwendung, die nach dem 1. Juli 1998 geschlossen wurden. Für die Praxis ist daher die frühere Rechtslage mit Blick auf alle früheren Verträge von großer Bedeutung. Die nachstehend dargestellte „frühere" Rechtslage und die darauf beruhende (Auslegungs-) Praxis in Rechtsprechung und Schrifttum wird daher noch für geraume Zeit von Bedeutung bleiben.

Bei der Bestimmung des anwendbaren Rechts in der Hauptsache erfolgte vor Einführung des EVÜ in Schweden grundsätzlich eine Anknüpfung an das Recht mit der engsten Verbindung zum Vertrag (so auch Art. 4 EVÜ). Seit der Entscheidung des Obersten Gerichtshofes aus dem Jahre 1937 im Rechtsstreit „Försäkringsbolaget

---

755 Aus der Statistik über die beim Schiedsgerichtshof bei der ICC in Paris durchgeführten Verfahren geht z. B. hervor, daß die Parteien im Jahre 1982 in 62 %, 1988 in 88 % und 1995 bereits in über 90 % der Fälle den Schiedsverfahrensort bestimmt hatten; vgl. Jarvin, ICC-Bull. 12/1996 (Vol. 7/No. 2), S. 54 (55).

756 Vgl. Arbitration in Sweden, S. 46; Hjerner, Swedish and International Arbitration 1982, 18 (22); Wetter, Swedish and International Arbitration 1984, 16 (20).

757 Nach der kollisionsrechtlichen Bestimmung in § 24 Abs. 1 SCC-SchO findet dagegen primär das von den Parteien gewählte, anderenfalls das Recht oder die Rechtsregeln Anwendung, das dem Schiedsgericht am geeignetsten erscheint.

758 Vgl. „Lag (1964:528) om tillämplig lag beträffande internationella köp av lösa saker", in Kraft getreten am 01.07.1964; vgl. dazu Hobér, Swedish and International Arbitration 1994, 7 (32 f.); Arbitration in Sweden, S. 48. Weitere kollisionsrechtliche Bestimmungen finden sich im schwedischen Wechsel- (1932:130) bzw. Scheckgesetz (1932:131), dem Gesetz über das anwendbare Recht in bestimmten Versicherungsverträgen (1993:645) sowie im transportrechtlichen Bereich; vgl. dazu Ds 1996:7, S. 18.

759 Die Inkorporierung in das schwedische Recht erfolgte durch Gesetz – „Lag (1998:167) om tillämplig lag för avtalsförpliktelser" und umfaßt die Artikel 1-16 und 18-21 des EVÜ einschließlich der Art. 1-4 des ersten Protokolls zur Auslegung der Konvention durch den Europäischen Gerichtshof und der Anpassungen und Änderungen aufgrund der Beitrittskonventionen vom 10.04.1984, 18.05.1992 und 29.11.1996. Zu den gesetzgeberischen Motiven der Übernahme des EVÜ vergleiche „Departementspromemoria" (Ds 1996:7) des schwedischen Justizministeriums sowie die Regierungsproposition 1997/98:14 – „Romkonventionen – tillämplig lag för avtalsförpliktelser". Das Inkrafttreten erfolgte zeitgleich mit Schwedens Beitritt zum Brüsseler EWG-Übereinkommen über die gerichtliche Zuständigkeit und die Vollstreckung gerichtlicher Entscheidungen in Zivil- und Handelssachen vom 27.09.1968 (EuGVÜ).

Skandia v. Riksgäldskontoret“[760] wird die „engste Verbindung“ nach der Schwerpunktmethode ermittelt („centre of gravity test“):

> Der Fall betraf den Verkauf von US-Dollar Bonds in New York durch das Königreich Schweden, vertreten durch die Reichsschuldenverwaltung („Riksgäldskontoret“). Die Bonds enthielten keine Rechtswahlklausel und die Frage war, ob sie schwedischem Recht oder dem Recht des Staates New York unterlagen. Der Oberste Gerichtshof stellte aufgrund zahlreicher Anhaltspunkte die Zugehörigkeit der Bonds zum amerikanischen Markt und daher die Maßgeblichkeit New Yorker Rechts fest (engste Verbindung). Das Gericht wandte nicht die traditionelle Bestimmungsregel lex domicilii debitoris an, obwohl die Obligationen/Anleihen (bonds) vom schwedischen Staat ausgegeben waren, sondern hatte der Form der Anleihen sowie der Tatsache, daß sie ausschließlich in New York und in Dollar zahlbar waren, entscheidendes Gewicht beigemessen.

Das anwendbare Recht, d. h. der (rechtliche) Schwerpunkt des Vertrages, wird unter gegenseitigem Abwägen aller objektiven Faktoren im Rahmen einer Gesamtbetrachtung ermittelt. Maßgebliche Faktoren sind dabei u. a. der Wohnsitz und die Nationalität der Parteien, der Erfüllungsort, der Ort der Vertragsunterschrift, die Vertragssprache oder die vertragliche Währung.[761] Als subjektive Komponente kommt dem Gericht bei der Bestimmung des relativen Gewichts der Faktoren im Einzelfall eine weitgehende Freiheit zu. Führt das Schwerpunktkriterium zu keinem klaren Ergebnis, werden subsidiär – zum Teil auch unmittelbar[762] – vertragstypische „in-dubio“ – Regeln herangezogen, die unverbindliche Bestimmungsgrundsätze enthalten.[763] Im Ergebnis führen sie z. B. beim Kaufvertrag über bewegliche Sachen zum Recht am Sitz des Verkäufers (lex domicilii), bei einseitigen Verträgen wie Bürgschaft, Garantie, Leihe oder Darlehen zum Recht am Sitz des Schuldners (lex domicilii debitoris).[764]

Die Schwerpunktmethode, auch individualisierende Methode genannt, wird von der schwedischen Praxis positiv bewertet und ihr wird ein hohes und in der internationalen Wirtschaft erforderliches Maß an Flexibilität zugesprochen.[765] In der neueren staatlichen Rechtsprechungspraxis wird die individualisierende Methode zunehmend von

---

760 Abgedr. in NJA I 1937, 1; vgl. dazu Arbitration in Sweden, S. 48 f.

761 Vgl. Wetter, Swedish and International Arbitration 1984, 16 (23 f.); Hobér, Swedish and International Arbitration 1994, 7 (8 ff.).

762 Vgl. Hobér, Swedish and International Arbitration 1994, 7 (10 u. 39 (Fn. 21)).

763 Vgl. Arbitration in Sweden, S. 49 m.w.N.

764 Die Bestimmung führt ferner nach h.M. bei einseitigen Verträgen wie Schenkung oder Spende zum Heimatrecht des Gebenden (lex patriae), beim Arbeits- oder Servicevertrag zum Recht am Ort der Ausführung der Leistung, beim Standardvertrag über Massengeschäfte mit u. a. Banken, Versicherungen oder Transportunternehmen zum Recht des die Dienstleistung erbringenden Unternehmens sowie bei Rechtsgeschäften an Märkten, Messen und Versteigerungen zum Recht am Ort der Vornahme des Rechtsgeschäfts (lex loci actus) und bei Lizenzverträgen zum Recht des Lizenznehmers bzw. der Rechtsordnung, in der das Recht ausgeübt werden soll; vgl. Wetter, Swedish and International Arbitration 1984, 16 (24); Hobér, Swedish and International Arbitration 1994, 7 (10), Eek, S. 268, jeweils m.w.N.

765 Vgl. Hobér, Swedish and International Arbitration 1994, 7 (9); ders., RIW 1986, 685 (689 f. u. 694); Eek, Lagkonflikter, S. 92 f.; ders., Exporträtt, S. 56 f.; Wetter, Swedish and International Arbitration 1984, 16 (29).

in-dubio bzw. Vermutungsregeln abgelöst.[766] So hat der Oberste Gerichtshof (HD) entschieden, daß nach schwedischem Internationalem Privatrecht vermutet werde, daß auf einen Agenturvertrag das Recht der Niederlassung des Agenten Anwendung finde, wenn nicht im Einzelfall andere eindeutig stärkere Anknüpfungspunkte vorliegen.[767] In einem anderen Fall stellte das Gericht ohne Anwendung der individualisierenden Methode fest, daß die Parteien eines Versicherungsvertrages im allgemeinen davon ausgingen, daß der Regreßanspruch des Versicherers dem Recht des Versicherungsvertrages unterliege.[768]

Die in-dubio bzw. Vermutungsregeln führten somit bereits in der Vergangenheit in der Praxis regelmäßig zur Anwendung des Rechts des Landes am Sitz der die vertragscharakteristische Leistung erbringenden Vertragspartei. Damit liegt ein Gleichklang mit Art. 4 EVÜ vor, der ebenfalls das Kriterium der „engsten Verbindung" anhand der „vertragscharakteristischen Leistung" festmacht (Abs. 2).[769] Das Kriterium der vertragscharakteristischen Leistung ist auch bereits in der Vergangenheit in diversen internationalen Schiedsverfahren mit Sitz in Schweden angewendet und zum Teil ausdrücklich als anerkannte Regel schwedischen Kollisionsrechts bezeichnet worden.[770]

In internationalen Kaufverträgen über bewegliche Sachen sind die Bestimmungen der in nationales Recht umgewandelten Haager Konvention über das anwendbare Recht bei internationalen Kaufverträgen vom 15. Juni 1955 zu beachten, die auch dem EVÜ vorgehen. Danach findet u. a. bei Fehlen einer Rechtswahl Verkäuferrecht Anwendung, es sei denn, die Bestellung ist im Käuferland empfangen worden.[771] Diese Besonderheit ist bei einschlägigen Verträgen zu beachten.

---

766 Vermutungsregeln setzen sich – anders als in-dubio Regeln – durch, sofern sie nicht widerlegt werden. Die in der Vergangenheit bei internationalen Verhältnissen herangezogenen in-dubio Regeln gelten jedoch nur für eine begrenzte Zahl von Vertragstypen und ihre Abgrenzung zu Vermutungsregeln ist nicht immer deutlich.

767 Der Oberste Gerichtshof spricht in NJA 1992, 823 (828) („Aktiebolaget Pergaco v. A.C. Pais Lde") ausdrücklich von einer Vermutungsregel („presumtionsregeln om agentens lag").

768 Vgl. HD in NJA 1990, 734 (742) – („Barmer Ersatzkasse v. Försäkringsbolaget Scandia").

769 Die Verwendung des Kriteriums der „engsten Verbindung" entspricht einer zunehmenden Tendenz in internationalen Schiedsverfahren; vgl. Lew, International Business Lawyer 04/1997, 157 (159) mit Nachweisen zu ICC-Verfahren.

770 Vgl. Hjerner, Swedish and International Arbitration 1982, 18 (23); vgl. auch die Darstellung zu vier unveröffentlichten Schiedssprüchen bei Hobér (insbesondere Case No. 1 u. 3), Swedish and International Arbitration 1994, 7 ff. (16 f. u. 29).

771 Vgl. § 4 Abs. 1 u. 2 „Lag (1964:528) om tillämplig lag beträffande internationella köp av lösa saker". In Bezug auf die ältere schwedische Praxis wird zum Teil vom Ausland kritisiert, daß schwedisches Kollisionsrecht aufgrund der vorgenannten Bestimmung in Verträgen mit Parteien aus der ehemaligen Sowjetunion regelmäßig zur Anwendung sowjetischen Rechts geführt habe und daß die damaligen sowjetischen Außenhandelsorganisationen daher gerne Stockholm – insbesondere die Stockholmer Handelskammer – als Schiedsverfahrensort vereinbart hätten. Bei Fehlen einer ausdrücklichen Rechtswahl sei regelmäßig sowjetisches materielles Recht zur Anwendung gekommen, da die sowjetische Seite entweder Verkäuferin, oder – soweit sie Käuferin gewesen sei – der Vertrag in der Sowjetunion abgeschlossen und die Bestellung dort empfangen worden sei; vgl. Stumpf/Lindstaedt, AWD 1972, 228; Schütze, Rn. 174. Diese Kritik läßt sich – soweit ersichtlich - nicht auf eine konkrete ältere Entscheidung zurückführen und bezieht sich – trotz Fortgeltung der einschlägigen vorgenannten Bestimmung – nicht auf die jüngere Vergan-

Sieht man von der vorgenannten Besonderheit ab, erschienen die Unterschiede des „früheren" schwedischen Internationalen Privatrechts („center of gravity test") gegenüber dem deutschen Internationalen Privatrecht (EGBGB) bzw. dem jetzt auch seit dem 1. Juli 1998 in Schweden geltenden EVÜ gering bzw. lediglich semantischer Natur.[772] Das Inkrafttreten des EVÜ in Schweden hat die Rechtslage daher nicht wesentlich verändert, da die schwedische Praxis die Neuregelungen zum großen Teil vorweggenommen hat.[773] Die heutige Rechtslage zur Bestimmung des anwendbaren Rechts in internationalen Verträgen ist daher grundsätzlich vergleichbar mit dem Recht anderer europäischer Staaten und bietet den Parteien ein vergleichbar vorhersehbares Kollisionsrecht.[774] Es bleibt abzuwarten, wie die schwedische Praxis die Regeln des EVÜ anwenden und auslegen wird.

b) Entscheidungsfindung

Vorbehaltlich anderer Parteiabreden haben die abstimmenden Schiedsrichter Entscheidungen mehrheitlich zu treffen (§ 30 Abs. 2 S. 1 LSF). Die Stimme eines nicht mit abstimmenden Schiedsrichters zählt nicht, sofern er ohne berechtigten Grund an der Abstimmung nicht teilnimmt und Gelegenheit zur Teilnahme hatte (Abs. 1). Dadurch soll Verfahrensverzögerungen durch eine Partei mit Hilfe eines widerspenstigen Schiedsrichters vorgebeugt werden.[775] Ist keine Mehrheit zu erreichen, entscheidet die Stimme des Vorsitzenden (§ 30 Abs. 2 S. 2 LSF).[776] Der neu im schwedischen Recht – jedoch nicht im UNC-MG – verankerte Stichentscheid des Vorsitzenden soll nach den Motiven gewährleisten, daß es stets zu einer Entscheidung der Streitfrage kommen kann.[777] Haben alle drei Schiedsrichter unterschiedliche Ansichten, soll durch den

---

genheit oder gegenwärtige schwedische Rechtsprechung, was auf die Praxis des weiterentwickelten schwedischen Kollisionsrechts zurückzuführen sein dürfte.

772 Vgl. auch Hobér, Swedish and International Arbitration 1994 7 (10 f.). Nach schwedischem Recht ist nunmehr ebenso wie nach dem EVÜ – jedoch entgegen früherem schwedischem Internationalen Privatrecht – eine Rechtsspaltung („dépeçage") zulässig, wonach die Parteien auf verschiedene Vertragsbestandteile unterschiedliches Recht für anwendbar erklären können; vgl. zur früheren Rechtslage Hobér; EICLIT 2/1995, A4.16. Ausnahmen bestanden z. B. bei komplexen „turn-key" Verträgen; ders., Swedish and International Arbitration 1994, 7 (39 Fn. 28) oder etwa in § 11 Abs. 2 des Gesetzes über das anwendbare Recht bei gewissen Versicherungsverträgen (1993:645); vgl. Ds 1996, 30 f.

773 Vgl. Nachweise bei Hobér zur Rechtsprechung des Obersten Gerichtshofs in Swedish and International Arbitration 1994, 7 (11 ff.).

774 Damit hat die im internationalen Schrifttum teilweise geäußerte Kritik an der Vorhersehbarkeit des „centre of gravity" – Tests, der zum Teil gleichgesetzt wurde mit „(...) reading the Kremlins tea leaves, or alternatively, reading the runes", ihre Berechtigung verloren; vgl. dazu Hobér, Swedish and International Arbitration 1994, 7 (9) mit Schrifttumsnachweisen (S. 37 Fn. 7).

775 Nach § 17 LSF kann ferner die Amtsenthebung des betreffenden Schiedsrichters beantragt werden, vorausgesetzt, dies erscheint in Anbetracht des erreichten Verfahrensstadiums sinnvoll; vgl. Prop. 1998/99:35, S. 231 f.; SOU 1994:81, S. 284.

776 Ein Recht zum Stichentscheid des Vorsitzenden enthalten auch z. B. § 30 SCC-SchO, Art. 19 S. 2 ICC-SchO sowie Art. 189 Abs. 2 schweiz. IPRG. Auch Finnland hat in seinem am 01.12.1992 in Kraft getretenen Schiedsverfahrensgesetz einen Stichentscheid verankert (vgl. 32 § st 2 Lag om skiljeförfarande 23.10.1992/967).

777 Hieraus folgt, daß in diesen Fällen nicht die nach schwedischem Prozessrecht geltende Abstimmungsregel gilt, wonach z. B. bei drei unterschiedlichen Meinungen über einen zuzusprechenden Geldbetrag die für die größte Summe abgegebene Stimme der für die zunächst geringere Summe

Stichentscheid verhindert werden, daß der Vorsitzende zwecks Erreichens einer Mehrheit geneigt sein könnte, einer rechtlich zweifelhaften Lösung zuzustimmen.[778] Einem möglichen Mißbrauch der insoweit starken Stellung des Vorsitzenden soll durch das Unterschriftserfordernis vorgebeugt werden, indem die Beisitzer den Schiedsspruch gegebenenfalls nicht unterschreiben würden.[779]

In Anpassung an das UNC-MG ist im neuen schwedischen Schiedsrecht auf die frühere gesetzliche sechsmonatige Urteilsfrist verzichtet worden.[780] Dies wird aus Sicht des Gesetzgebers als Gewinn an Flexibilität gewertet, da sich die alte Fristenregelung in internationalen Verfahren häufig als zu kurz und – unabhängig von dem Umfang und Schwierigkeitsgrad eines Rechtsstreits – zu starr erwiesen habe.[781] Vereinbaren die Parteien jedoch eine Urteilsfrist, etwa im Bestreben nach einer Verfahrensbeschleunigung, ist zu beachten, daß ein Schiedsspruch bereits aufgrund einer „verspäteten" Unterzeichnung aufgehoben werden kann.[782] Eine vereinbarte Urteilsfrist kann mangels Ermächtigungsgrundlage auch nicht durch ein staatliches Gericht verlängert werden.[783]

c) Inhalt und Form des Schiedsspruchs

Die inhaltlichen Anforderungen an einen Schiedsspruch sowie die formellen Voraussetzungen richten sich nach § 31 LSF.

---

abgegebenen Stimme so lange hinzugerechnet wird, bis sich eine Mehrheit ergibt; vgl. Prop. 1998/99:35, S. 127 (ebenso deutsches Recht: § 196 Abs. 2 GVG).

778 Mit dieser Begründung wurde von schwedischer und finnischer Seite bereits bei den Beratungen zum UNC-MG vergeblich die Einführung eines Stichentscheids zugunsten des Vorsitzenden vorgeschlagen; vgl. Holtzmann/Neuhaus, S. 816 (A/CN.9/263 Art. 29, para. 1).

779 Vgl. dazu Prop. 1998/99:35, S. 129; SOU 1994:81, S. 161.

780 Der Schiedsspruch war nach § 18 SML a.F. – vorbehaltlich abweichender Parteivereinbarungen – innerhalb von sechs Monaten nach Einleitung des Schiedsverfahrens zu erlassen, sofern nicht mindestens eine Partei ihren Sitz im Ausland hatte.

781 Vgl. Prop. 1998/99:35, S. 125 f.; SOU 1994:81, S. 157. Dagegen ist nach Ek, RIW 2000, 31 (37), der Wegfall der sechsmonatigen Urteilsfrist für nationale Schiedsverfahren zu bedauern, da dies die Attraktivität von Schiedsverfahren aufgrund ihrer Schnelligkeit erhöht habe. Zu beachten ist, daß die einjährige Urteilsfrist in der Schiedsordnung der Stockholmer Handelskammer (SCC) vom 01.01.1988 (§ 26 SCC-SchO a.F.) in der neuen Fassung vom 01.04.1999 sogar auf sechs Monate verkürzt wurde (§ 33 SCC-SchO), die jedoch in der Praxis häufig auf Antrag verlängert wird. Nach Wetter muß in internationalen Verfahren mit einer Verfahrensdauer von häufig zwischen 18-24 Monaten, jedenfalls kaum weniger als 12 Monaten gerechnet werden; vgl. Mealey's Int. Arb. Rep. 1988, Vol. 3 No. 5, S. 21 (24).

782 Vgl. beispielsweise das Stockholmer Bezirksgericht das durch Urteil vom 11.09.1998 (Az. T 6-353-97) einen Schiedsspruch nach § 21 SML a.F. aufhob, den lediglich der Vorsitzende, nicht jedoch die Beisitzer fristgerecht unterzeichnet hatten; vgl. auch Prop. 1998/99:35, S. 125; SOU 1994:81, S. 157.

783 Vgl. Prop. 1998/99:35, S. 126; SOU 1994:81, S. 158; Heuman, Skiljemannarätt, S. 533.

aa) Begründung

Ein Schiedsspruch muß nach schwedischem Recht nicht begründet werden, es sei denn, die Parteien haben dies vereinbart.[784] Der Gesetzgeber hat entgegen herrschender schwedischer Praxis und Art. 31 Abs. 2 UNC-MG die Festschreibung einer regelmäßigen Begründungspflicht abgelehnt.[785] Die Motive begründen dies damit, daß ein Schiedsgesetz lediglich die unter dem Gesichtspunkt der Vollstreckbarkeit absolut erforderlichen Minimalanforderungen aufstellen, im übrigen jedoch den Parteien die Regelung weiterer Fragen – etwa einer Begründungspflicht – überlassen sollte.[786] Die Begründung sei keine Vollstreckungsvoraussetzung und der Gesetzgeber sei bestrebt, die Anfechtungsmöglichkeiten eines Schiedsspruches zu begrenzen. Bei Bestehen einer Begründungspflicht könnten unbegründete Schiedssprüche aufgrund dieses Formmangels angefochten werden und es wären weitere Bestimmungen zum Umfang der Begründungspflicht erforderlich. Eine Begründungspflicht brächte ferner Probleme für die sog. Qualitätsarbitrage mit sich („sniff and look arbitration"). Auch stelle eine Begründung einen zusätzlichen Kostenfaktor für die Parteien dar, da sie mit Mehrarbeit des Schiedsgerichts verbunden sei. Eine Begründungspflicht ist daher ins schwedische Schiedsrecht nicht eingeführt worden.

In Bezug auf Minderheitsvoten enthält ebenso wie das UNC-MG auch das LSF keine gesetzliche Regelung, doch gilt ein überstimmter Schiedsrichter als berechtigt, seine abweichende Auffassung im Schiedsspruch oder als Anlage dazu festzuhalten.[787] Eine Begründungspflicht besteht auch insoweit nicht. Nach schwedischem Prozeßgesetz sind Minderheitsvoten grundsätzlich zulässig und wie das Urteil mitzuteilen.[788] Im Schrifttum wird die Gefahr einer Verletzung des Beratungsgeheimnisses des Schiedsgerichtes durch Minderheitsvoten im Ergebnis verneint.[789] Verboten seien lediglich unnötige und deshalb mißbräuchliche Mitteilungen über interne Beratungen zum Zwecke der Diskreditierung der anderen Schiedsrichter sowie die wörtliche Wiedergabe von deren Äußerungen. Andererseits dürfe der Schiedsrichter auch solche Überlegungen der Mehrheit kritisieren, die Grundlage der Entscheidung sind, ohne daß man jedoch im Schiedsspruch deren Wiedergabe für erforderlich hält.

---

784 Prop. 1998/99:35, S. 134 f. u. 233; SOU 1994:81, S. 166 u. 287.

785 Nach Ansicht von Bolding, Skiljeförfarande, S. 199 f., ist das Schiedsgericht gegenüber den Beteiligten moralisch zur Begründung der Entscheidung verpflichtet, um ihnen seine Rechtsfindung transparent zu machen; im Ergebnis ebenso Arbitration in Sweden, S. 134; Hassler/Cars, S. 121, Cars, S. 138 mw.N.; Ramberg, Stockholm Arb. Rep. 1999:1, S. 23 (30).

786 Vgl. zum folgenden Prop. 1998/99:35, S. 134 f. mit Hinweis auf das Fehlen einer Begründungspflicht auch im finnischen Schiedsverfahrensgesetz (Lag om skiljeförfarande 23.10.1992/967).

787 Vgl. Franke, in: Swedish Law, S. 532 (543) sowie § 32 Abs. 4 SCC-SchO; Cars, S. 136 m.w.N.

788 Vgl. RB 17:9 (Abs. 6).

789 Heuman, Skiljemannarätt, S. 499 f. u. 512 m.w.N., weist jedoch auf die Schwierigkeiten der Grenzziehung hin. Zulässig sei ein Minderheitsvotum jedenfalls dann, wenn es sich auf die Kundgabe der abweichenden Meinung des Dissidenten beschränke. Auch sei ein Schiedsrichter zu einem Minderheitsvotum deshalb berechtigt, um etwaigen Schadensersatzforderungen im Fall einer späteren Aufhebung des Schiedsspruches zu entgehen.

bb) Schriftform und Unterschrift

Ein Schiedsspruch bedarf nach § 31 Abs. 1 S. 1 LSF der Schriftform und muß zumindest von der Mehrheit der Schiedsrichter unterzeichnet werden. Anderenfalls ist er grundsätzlich unwirksam.[790] Fehlt die Unterschrift eines Schiedsrichters, muß der Grund für das Fehlen auf dem Schiedsspruch angegeben werden (S. 2). Die Parteien können über Art. 31 Abs. 2 UNC-MG hinaus vereinbaren, daß die Unterschrift des Vorsitzenden ausreicht (§ 1031 Abs. 1 S. 3 LSF). Dies räumt dem Vorsitzenden eine hervorgehobene Stellung ein und kann eine Erleichterung für die Praxis darstellen, etwa wenn die Schiedsrichter sich an verschiedenen Orten aufhalten.

cc) Datums- und Ortsangabe

Im Schiedsspruch ist der Tag seines Erlasses sowie der vom Schiedsgericht festgelegte Schiedsverfahrensort anzugeben (§ 31 Abs. 2 LSF).[791] Unerheblich jedoch ist, an welchem Ort er unterschrieben wurde. Die Ortsangabe ist in internationalen Verfahren von besonderer Wichtigkeit, da sich danach regelmäßig die Nationalität des Schiedsspruchs bestimmen läßt.[792] Ist lediglich der Mitteilungsort angegeben, ist anzunehmen, daß dieser zugleich der Ort des Schiedsverfahrens ist.[793]

dd) Rechtsbehelfsbelehrung

Ein Schiedsspruch muß ferner bestimmte Rechtsbehelfsbelehrungen enthalten. Nach § 41 Abs. 1 S. 4 LSF ist eine deutliche Rechtsbehelfsbelehrung bezogen auf die in Abs. 1 genannten Möglichkeiten einer isolierten Anfechtung der Kostenentscheidung im Schiedsspruch erforderlich. Das gilt auch für den Fall, daß das Verfahren durch Schiedsspruch beendet wird ohne Entscheidung in der Sache, z. B. bei Klageabweisung wegen Unzulässigkeit (vgl. § 36 Abs. 1 S. 3 LSF). Das Fehlen der Rechtsmittelbelehrung macht den Schiedsspruch nicht unwirksam, jedoch beginnt dann der Lauf der Anfechtungsfrist erst ab Kenntnis zu laufen.[794]

d) Bekanntmachung

Der Schiedsspruch soll den Parteien nach der Unterzeichnung unverzüglich zugestellt werden (§ 31 Abs. 3 LSF). Die Modalitäten der Durchführung sind nicht gesetzlich geregelt. Eine formelle Zustellung ist nicht erforderlich, sondern es genügt ebenso wie im deutschen Recht eine Übersendung per Brief, doch ist zur Fristenkontrolle eine

---

790 Vgl. § 33 Abs. 1 Nr. 3 LSF (Ungültigkeitsgrund). Der Formmangel kann jedoch nach § 35 Abs. 1 LSF geheilt werden, vgl. Prop. 1998/99:35, S. 152.

791 Die Regelung ist zwingend, doch sanktionslos, vgl. Prop. 1998/99:35, S. 232; SOU 1994:81, S. 286; Heuman, Skiljemannarätt, S. 534 f.

792 Die Ortsangabe soll verhindern, daß es nach schwedischem Recht zu einer Situation kommen könnte wie in der Entscheidung des House of Lords im Verfahren Hiscox v. Outhwaite (vgl. Arb. Int. 1994, Vol. 11 No.2, S. 119), die einen in Paris unterzeichneten Schiedsspruch betrifft, der bereits deshalb als in Frankreich ergangen galt.

793 Vgl. Prop. 1998/99:35, S. 225 u 232; SOU 1994:81, S. 275 u. 286.

794 Vgl. Cars, S. 186 f. m.w.N.

Übersendung gegen schriftliche Empfangsbestätigung empfehlenswert.[795] Ein fertiger Schiedsspruch darf von den Schiedsrichtern nicht bis zum Erhalt ihrer Vergütungen zurückgehalten werden (§ 40 LSF), es sei denn, die Parteien hätten dies vereinbart, z. B. indem sie eine dies gestattende institutionelle Verfahrensordnung für anwendbar erklärt haben.[796] Liegt noch kein fertiger Schiedsspruch vor, steht es den Schiedsrichtern selbst in fortgeschrittenen Verfahrensstadien frei, die Fortführung des Verfahrens von einer Sicherheitsleistung der Parteien abhängig zu machen.[797]

e) Arten

Der Begriff Schiedsspruch ist weit auszulegen und umfaßt nach § 27 Abs. 1 LSF die den Schiedsrichtern überlassene teilweise oder vollständige Sachentscheidung. Er umfaßt auch eine das Verfahren ohne Sachentscheidung vollständig abschließende Entscheidung, wie z. B. eine Klageabweisung[798] oder die Einstellung des Verfahrens. Auch Schiedsvergleiche können als Schiedsspruch ergehen (Abs. 2). Andere Entscheidungen, z. B. über prozessuale Fragen, werden als Beschlüsse bezeichnet (Abs. 3).[799]

Vorbehaltlich abweichender Parteivereinbarungen sind ferner Teil- und Zwischenschiedssprüche zulässig (§ 29 Abs. 1 S. 1 LSF). Das Gesetz spricht insoweit lediglich von „gesondertem Schiedsspruch" („särskild skiljedom"), doch folgt ausdrücklich aus den Motiven, daß davon sowohl Teil- und Zwischenschiedssprüche erfaßt werden.[800] Im Gegensatz zum UNC-MG und dem deutschen Recht regelt das LSF diese Frage ausdrücklich. Teilschiedssprüche („deldom") sind vollstreckbar und können in geeigneten Fällen über abtrennbare Fragen oder im Fall eines (Teil-) Anerkenntnisses ergehen (§ 29 Abs. 2 LSF). Eine Hauptforderung ist jedoch stets mit einer aufgerechneten Forderung in einem Schiedsspruch zu entscheiden (§ 29 Abs. 1 S. 2 LSF), damit der Aufrechnende nicht vorzuleisten und ein späteres Vollstreckungsrisiko beim Anspruchsteller zu tragen hat. In der Praxis geschieht dies jedoch nur selten, da die Beteiligten allgemein eine einheitliche Entscheidung am Ende des Verfahrens bevorzugen.[801] Die Zulässigkeit eines Zwischenschiedsspruches („mellandom") hat nach den Motiven prozeßökonomische Bedeutung, etwa wenn zunächst eine Entscheidung über

---

795 Mit der Zustellung beginnen u. a. die Fristen in §§ 32, 34, 36 u. 41 LSF zu laufen; vgl. dazu Arbitration in Sweden, S. 131; Cars, S. 140; Heuman, Skiljemannarätt, S. 522.

796 Vgl. Prop. 1998/99:35, S. 233 u. 241; SOU 1994:81, S. 287 u. 300.

797 Vgl. SOU 1994:81, S. 300; Schöldström, S. 364 f.; Cars, S. 185 m.w.N.

798 Abweisungsgründe sind z. B. (a) Klagerücknahme; (b) fehlende gültige Schiedsvereinbarung; (c) die Sache ist res judicata; (d) anderweitige Rechtshängigkeit des Streitgegenstandes (lis pendens); (e) Ablauf einer Urteilsfrist; (f) fehlende Sicherheitsleistung iSv. § 38 Abs. 1 LSF.

799 Beschlüsse über eine teilweise Verfahrenseinstellung oder Klageabweisung können lediglich durch eine Aufhebung des ganzen späteren Schiedsspruches angegriffen werden; vgl. Prop. 1998/99:35, S. 238; SOU 1994:81, S. 282 u. 296.

800 Vgl. Prop. 1998/99:35, S. 131 f.

801 Vgl. Cars, S. 130 Fn. 503. Macht der Beklagte absichtlich und in verzögernder Absicht übertriebene Forderungen mit umfangreichen Beweisangeboten geltend, ist fraglich, inwieweit das Schiedsgericht über die Aufrechnung mitentscheiden kann, vgl. Heuman, Skiljemannarätt, S. 543.

eine Verjährungseinrede oder nur über den Anspruchsgrund eine weitere über die Anspruchshöhe erübrigen kann.[802]

Die weite Definition des Begriffes „Schiedsspruch“ bezweckt eine Sicherstellung der internationalen Vollstreckbarkeit schwedischer Schiedssprüche wie von Schiedssprüchen aus anderen Ländern.[803] Diese richtet sich regelmäßig nach dem UNÜ und gilt nur für „award“, ohne diesen Begriff zu definieren. Die Entscheidung, ob ein darunter fallender Schiedsspruch vorliegt, richtet sich beim schwedischen Schiedsspruch nach schwedischem Recht.[804]

f) Rechtskraft

Ein Schiedsspruch erlangt formelle und materielle Rechtskraft zwischen den Parteien und enthält eine für Schieds- und ordentliche Gerichte bindende Entscheidung der Streitfrage („res judicata“), die auf Einrede zu berücksichtigen ist.[805] Ein rechtskräftiger Schiedsspruch kann daher als verbindliche Vorentscheidung nachfolgenden Rechtsstreitigkeiten zugrundegelegt werden. Die Regeln zur Rechtskraft von Urteilen staatlicher Gerichte finden auf Schiedssprüche analoge Anwendung, wenn nicht besondere Gründe dem entgegenstehen.[806] Die Parteien können wie nach deutschem Recht gemeinsam über die Rechtskraft der Entscheidung disponieren und z. B. eine neue Schiedsvereinbarung über die rechtskräftig entschiedene Frage treffen.[807]

g) Berichtigung, Ergänzung, Auslegung

Ein Schiedsspruch kann durch das Schiedsgericht berichtigt, ergänzt und ausgelegt werden, entweder auf eigene Initiative oder auf Antrag (§ 32 Abs. 1 LSF). Das Schiedsgericht kann innerhalb von dreißig Tagen nach Mitteilung des Schiedsspruches von sich aus offensichtliche Schreib- oder Rechenfehler oder ähnliche Versehen

---

802 Vgl. Prop. 1998/99:35, S. 131 f.; SOU 1994:81, S. 163 f. Bis zur Reform waren nur Teil- (§ 19 SML a.F.), nicht aber Zwischenschiedssprüche gesetzlich geregelt, die im schwedischen Schrifttum überwiegend als unzulässig angesehen werden; a.A. und Darstellung der Rechtsauffassungen bei Hellquist, SvJT 1983, 505 ff. (516 f.); Für Zulässigkeit bei Zustimmung der Parteien Nordenson, Swedish and International Arbitration 1984, 6 (14) m.w.N.; ebenso Heuman, Skiljemannarätt, S. 544.

803 Vgl. Prop. 1998/99:35, S. 124; SOU 1994:81, S. 155.

804 Eine (zu) extensive Definition des Begriffes Schiedsspruch könnte zur Folge haben, daß er nicht mehr unter den „award"-Begriff des UNÜ fällt, vgl. SOU 1994:81, S. 283.

805 Vgl. Arbitration in Sweden, S. 36; Nordenson, Swedish and International Arbitration 1984, 6 (8); Hassler/Cars, S. 123, Cars, S. 141. Die res judicata – Wirkung des Schiedsspruches präkludiert alle Verteidigungsvorbringen, die während des Schiedsverfahrens hätten vorgebracht werden können; vgl. Heuman, Current Issues, S. 249.

806 Vgl. HD in NJA 1953, 751 (AB Skanska Cementgjuteriet v. Motoraktiebolaget i Karlstad) und NJA 1998, 189 (202 f.) (Esselte Aktiebolag ./. Allmänna Pensionsfonden, Första, Andra och Tredje Fondstyrelserna); Heuman, Skiljemannarätt, S. 308 u. 374 m.w.N.; Westberg, JT 1998/99, 398 (400 u. 416).

807 Vgl. HD NJA 1953, 751 (AB Skanska Cementgjuteriet v. Motoraktiebolaget i Karlstad); auch Bolding, S. 52; Hilding, S. 109 f.; Dillén, S. 101; Arbitration in Sweden, 153 f.; Hassler/Cars, S. 31; Heuman, Skiljemannarätt, S. 380.

berichtigen[808] oder ihn ergänzen, etwa wenn versehentlich eine zu behandelnde Frage nicht entschieden wurde (Abs. 1 S. 1).[809] Eine Partei kann ebenfalls diese Maßnahmen beantragen, sowie zusätzlich die Auslegung des Tenors des Schiedsspruches. Der Antrag ist innerhalb von dreißig Tagen nach Kenntnisnahme vom Schiedsspruch zu stellen (S. 2). Eine Auslegung ist ausdrücklich auf den Tenor des Schiedsspruchs beschränkt und setzt die konkrete Angabe der vermeintlichen Unklarheit des Tenors durch den Antragsteller voraus.[810] Das UNC-MG enthält eine vergleichsweise weitere Auslegungsbefugnis in Art. 33 Abs. 1 (b), die sich erstreckt auf „interpretation of a specific point or part of the award". Andererseits setzt das UNC-MG das Vorliegen einer besonderen Parteivereinbarung zur Durchführung einer Auslegung voraus, was im schwedischen (und deutschen) Recht nicht der Fall ist.

Die Entscheidung des Schiedsgerichts in sämtlichen Fällen des § 32 LSF ergeht nach den Motiven nicht als neuer Schiedsspruch. Die Berichtigung, Ergänzung oder Auslegung ist regelmäßig auf dem Schiedsspruch unter Einhaltung der Formerfordernisse des § 31 LSF zu vermerken.[811]

Die Schiedsrichter sind zur Durchführung der Maßnahmen in § 32 LSF berechtigt aber nicht verpflichtet. Dies gilt unabhängig davon, inwieweit der Fehler auf das Schiedsgericht oder eine Partei zurückzuführen ist.[812] Die Vereinbarung einer Urteilsfrist – oder deren Ablauf – steht der Vornahme der vorgenannten Maßnahmen grundsätzlich nicht entgegen. Entscheidet sich das Schiedsgericht zur Durchführung einer solchen Maßnahme sind allerdings folgende zwingende Fristen zu beachten (Abs. 2)[813]: Eine von einer Partei beantragte Berichtigung des Schiedsspruches oder eine Auslegung des Tenors hat innerhalb von dreißig Tagen nach Entgegennahme des Antrages zu erfolgen. Eine Ergänzung des Schiedsspruchs ist innerhalb von 60 Tagen vorzunehmen. Den Parteien sollte schließlich vor einer Entscheidung des Schiedsgerichts die Möglichkeit zur Stellungnahme gegeben werden (Abs. 3), es sei denn, daß dies je nach Art

---

808 Eine fehlerhafte Rechtsanwendung oder ein Denkfehler können dagegen nicht berichtigt werden; vgl. Prop. 1998/99:35, S. 136; SOU 1994:81, S. 167.

809 Dies erfolgt durch einen Ergänzungsbeschluß („tillägsbeslut"); Prop. 1998/99:35, S. 136; SOU 1994:81, S. 167. Eine Ergänzungskompetenz enthielt das frühere Recht (SML a.F.) nicht und setzte voraus, daß die Parteien dies – etwa durch Verweis auf eine entsprechende Schiedsverfahrensordnung – vereinbart hatten; vgl. Urteil des Stockholmer Bezirksgericht vom 17.06.1998 (Russische Federation ./. Compagnie NOGA d'Importation et d'Exportation S.A.) – Az. T 6-365-97.

810 Vgl. Prop. 1998/99:35, S. 137; SOU 1994:81, S. 168; ebenso Cars, S. 143; Heuman, Skiljemannarätt, S. 560 m.w.N.

811 Vgl. Prop. 1998/99:35, S. 233; SOU 1994:81, S. 287.

812 Vgl. Prop. 1998/99:35, S. 233; SOU 1994:81, S. 287; vgl. dazu auch Heuman, Svensk och Internationell Skiljedom 1992, 19 f.

813 In den Motiven wird eine Verlängerungsmöglichkeit dieser Fristen entgegen dem Art. 33 Abs. 4 UNC-MG abgelehnt; vgl. Prop. 1998/99:35, S. 138. Die Motive besagen fälschlicherweise auch zum deutschen Recht, daß dieses keine Verlängerungsmöglichkeit vorsehe (vgl. jedoch § 1058 Abs. 3 ZPO und oben unter F. V. 1. g). Zu den prozessualen Schwierigkeiten aufgrund Fehlens einer Verlängerungsmöglichkeit vgl. Heuman, Skiljemannarätt, S. 553 ff.

und Auswirkung der Maßnahme oder innerhalb angemessener Zeit nicht möglich ist.[814]

h) Schiedsvergleich

Die Vergleichsbefugnisse der Schiedsrichter und die Vergleichsvoraussetzungen waren unter Geltung des früheren Rechts in Schweden umstritten und im Schrifttum wurde daher eine gesetzliche Regelung gefordert.[815] Nach der neuen Bestimmung in § 27 Abs. 2 LSF kann das Schiedsgericht ebenso wie nach deutschem Recht bzw. Art. 30 UNC-MG auf Wunsch der Parteien einen (materiellrechtlichen) Vergleich in Form eines Schiedsspruchs festhalten. Hierbei steht dem Schiedsgericht ein gewisser Entscheidungsspielraum zu, d. h. es kann die Protokollierung eines Vergleichs ablehnen, der beispielsweise in Betrugsabsicht getroffen wird, gegen die guten Sitten verstößt oder über einen nicht schiedsfähigen Streitgegenstand lautet.[816]

i) Kostenentscheidung

Ein Schiedsgericht kann nach § 42 LSF auf Antrag eine Partei zur Zahlung der der antragstellenden Partei entstandenen Kosten zuzüglich Zinsen[817] verpflichten sowie die endgültige Verteilung der Schiedsrichtervergütung zwischen den Parteien bestimmen.[818] Der Kostenverteilungsmaßstab richtet sich grundsätzlich nach dem Grad des Obsiegens bzw. Unterliegens der Parteien.[819]

---

814 Vgl. Prop. 1998/99:35, S. 233; SOU 1994:81, S. 288. Die (Aufhebungs-) Frist in § 34 LSF (u. §§ 35, 37, 42 LSF) läuft dann erst ab Kenntnisnahme des endgültigen Wortlauts des Schiedsspruches, soweit dies für die Klage einer Partei von Bedeutung ist.

815 Vgl. Hilding, Advokaten 1985, 108 (110 f.); allgemein: Bolding, Skiljeförfarande, S. 193 f. Ein schiedsrichterliches Bemühen um eine vergleichsweise Lösung des Rechtsstreites wurde teilweise abgelehnt, vgl. Wetter bezüglich der Bestimmung in § 279 Abs. 1 S. 1 ZPO, die aus schwedischer Sicht einen Fremdkörper im Schiedsverfahren darstelle; Mealey's Int. Arb. Rep. 1990, Vol. 5 No. 11, S. 13 (17).

816 Vgl. Prop. 1998/99:35, S. 133 u. 230; SOU 1994:81, S. 164 f. u. 282 sowie Art. 30 UNC-MG: „(...) if requested by the parties and not objected by the tribunal".

817 Die bisherige Ansicht des Obersten Gerichtshofs, wonach ein Schiedsgericht – ebenso wie ein ordentliches Gericht – die unterlegene Partei auch ohne Antrag zur Zahlung von Zinsen auf die Kosten verurteilen kann – vgl. HD in NJA 1989, 247 (249 f.) – ist überholt. Sie steht dem Wortlaut des § 42 LSF und den Motiven entgegen, vgl. Prop. 1998/99:35, S. 166; SOU 1994:81, S. 200; Arbitration in Sweden, S. 135 (ne ultra petita); Cars, S. 189; Heuman, Svensk och Internationell Skiljedom 1989, 39 (40 u. 42 f.), ders. in Current Issues, S. 197 (199 u. 202 f.); ders. Skiljemannarätt, S. 583 mit dem Hinweis, daß es sich dabei wohl um eine prozessuale Frage handele, so daß auch in internationalen Verfahren in Schweden der Zinssatz dem schwedischen Zinsgesetz zu entnehmen sei.

818 Nach schwedischem Recht kann die Stellung einer sog. Ausländersicherheit (cautio judicatum solvi) wohl nicht verlangt werden; vgl. Jarvin, Stockholm Arb. Rep. 1999:1, S. 43 (54).

819 Vgl. Wetter/Priem, The American Rev. of Int. Arb. 1991, S. 267 (271), ebenso Heuman, Skiljemannarätt, S. 582 m.w.N.

Anders als im deutschen Recht enthält das Gesetz ausführliche Regeln über die Vergütung der Schiedsrichter.[820] Die Parteien sind danach zur angemessenen und gesamtschuldnerischen Bezahlung der Arbeit und Auslagen des Schiedsgerichts verpflichtet (§ 37 Abs. 1 S. 1 LSF). Die Schiedsrichter sind nach einer neueren Entscheidung des Obersten Gerichtshofs zu einer marktgerechten Bezahlung berechtigt, so daß z. B. ein Rechtsanwalt als Schiedsrichter das auch sonst von ihm üblicherweise verlangte Anwaltshonorar verlangen kann.[821] Die Höhe der Schiedsrichterhonorare richten sich vorrangig nach den Parteivereinbarungen (§ 39 Abs. 1 LSF), doch werden individuelle Honorarabsprachen selten getroffen. Parteien ziehen es vor, eine Vergütungstabelle eines Schiedsgerichtsinstituts oder eine Kostenbegrenzung der unterlegenen Partei zu vereinbaren.[822] Anders als nach früherem Recht ist es nach § 39 Abs. 2 S. 1 LSF grundsätzlich zulässig, daß Schiedsrichter sich von den Parteien in unterschiedlicher Höhe bezahlen lassen, sofern entsprechende Vergütungsabreden mit den Parteien gemeinsam getroffen werden.[823] Der Oberste Gerichtshof hat in einer Entscheidung von 1983 eine solche Vereinbarung zwischen einem Gewerbetreibenden und Verbraucher für wirksam erklärt, da damit das Kostenrisiko des Verbrauchers begrenzt werde.[824]

Erklärt sich das Schiedsgericht im Schiedsspruch für unzuständig, ist der Beklagte nur mitverpflichtet, sofern dafür besondere Gründe vorliegen (§ 37 Abs. 1 S. 2 LSF). In den Motiven wird hervorgehoben, daß ein mittelloser Kläger den Beklagten ansonsten als Gesamtschuldner in eine unbillige Kostenverantwortung zwingen könnte.[825]

Das Schiedsgericht kann die Parteien nach § 37 Abs. 2 S. 1 LSF in einem abschließenden Schiedsspruch zur Zahlung der Schiedsrichterhonorare verpflichten, zuzüglich Zinsen ab einen Monat nach dessen Mitteilung.[826] Diese Befugnis des Schiedsgerichts

---

820 Diese entsprechen inhaltlich weitgehend den früheren §§ 23-25 SML a.F.. Siehe zum Vergütungsanspruch des Schiedsrichters nach schwedischem Recht: Heuman, JT 1995/96, 849 ff.; Schöldström, S. 149 ff.

821 Vgl. HD in NJA 1998, 574 (579 f.), bspr. bei Schöldström, JT 1998/99, 692 (693); im Ergebnis ebenso Edlund, JT 1998/99, 1036 ff.; Heuman, Skiljemannarätt, S. 563; Cars, S. 178. In die SCC-SchO vom 01.04.1999 wurde neu eingeführt eine streitwertabhängige Vergütungstabelle für Schiedsrichter, Ziffer III. § 1 im Anhang.

822 So bereits SML a.F.; vgl. NJA 1929, 54; auch Nordensson, Swedish and International Arbitration 1990, S. 19 (31); Prop. 1998/99:35, S. 162 f.; SOU 1994:81, S. 196. Anstellungsverträge von Geschäftsführern schwedischer Aktiengesellschaften enthalten z. B. häufig eine Schiedsklausel, wonach die Gesellschaft unabhängig vom Verfahrensausgang die Kosten vollständig oder überwiegend zu tragen hat.

823 Eine solche Vereinbarung war nach § 23 Abs. 1 SML a.F. unwirksam. Kritisch zum neuen Recht Heuman, Skiljemannarätt, S. 278 f. Separate Vereinbarungen zwischen einem oder mehreren Schiedsrichtern mit nur einer Partei stellen einen Befangenheitsgrund dar (§§ 8 Abs. 3, 39 Abs. 2 LSF). Dies kann ferner zur Amtsenthebung des Schiedsrichters (§ 8 Abs. 2 Nr.4 LSF) bzw. zur Aufhebung des Schiedsspruches führen (§ 34 Abs. 1 Nr. 5 LSF) führen.

824 Vgl. HD NJA 1983, 510.

825 Vgl. Prop. 1998/99:35, S. 163 u. 239; SOU 1994:81, S. 196 f.

826 Die Monatsfrist entspricht dem schwedischen Zinsgesetz (§ 4 Abs. 1 Räntelag 1975:635). Der Zinssatz beträgt danach 8 % über Diskontsatz (§ 6 S. 1 Räntelag); SOU 1994:81, S. 297; Prop. 1998/99:35, S. 239; Arbitration in Sweden, S. 135.

gilt unabhängig davon, ob die Parteien zuvor einen Vorschuß gezahlt haben.[827] Die Honorarforderung wird fällig mit Ablauf der Rechtsbehelfsfrist, d.h drei Monate nachdem die Partei Kenntnis vom Schiedsspruch bekommen hat.[828] Der Schiedsspruch stellt hierfür zugleich einen Vollstreckungstitel dar, sofern die Beträge für jeden Schiedsrichter einzeln im Schiedsspruch aufgeführt werden (§ 37 Abs. 2 S. 2 LSF).[829] Dies entspricht der seit Einführung des SML a.F. im Jahre 1929 bestehenden Rechtslage. Bereits der damalige Gesetzgeber sah in einer Festsetzung der Schiedsrichterhonorare im Schiedsspruch und der Möglichkeit der Vollstreckbarkeit daraus keinen Verstoß gegen den Grundsatz, daß niemand Richter in eigener Sache sein dürfe.[830] In der Praxis nutzt ein Schiedsgericht üblicherweise seine Befugnis aus, von den Parteien – auch getrennt nach Klageanträgen – vor und während des Verfahrens Sicherheitsleistung zu verlangen (§ 38 Abs. 1 LSF). Die Sicherheit kann vom Schiedsgericht zum Ersatz von Auslagen während des Verfahrens in Anspruch genommen werden (Abs. 2 S. 1).Wird die Sicherheit nicht gestellt und ist auch die Gegenpartei nicht zur Leistung der ganzen Sicherheit bereit, kann das Schiedsgericht das Verfahren (teilweise) einstellen (§ 38 Abs. 1 S. 3-4).[831] Die Befugnis der Schiedsrichter zur Einforderung von Sicherheitsleistung soll nach den Motiven unter anderem auch zur Vermeidung von Verfahrensverzögerungen durch laufende Gegenanträge des Beklagten dienen.[832]

Kommen die Parteien ihrer Zahlungsverpflichtung aus dem Schiedsspruch gegenüber den Schiedsrichtern nicht nach, können letztere ihre Vergütungsansprüche aus der Sicherheit befriedigen, soweit der Schiedsspruch vollstreckbar ist, d. h. nach Ablauf der dreimonatigen Rechtsbehelfsfrist hinsichtlich der Kostenentscheidung (§§ 38 Abs. 2 S. 2, 41 Abs. 1 LSF). Ein fertiger Schiedsspruch darf jedoch nicht bis zum Erhalt der Vergütung zurückgehalten werden (§ 40 LSF). Diese Bestimmung ist entgegen ihrem Wortlaut abdingbar, etwa durch Verweis auf eine dies gestattende Verfahrensordnung.[833]

---

827 Vgl. Heuman, Skiljemannarätt, S. 568.

828 Vgl. zur Möglichkeit der Einlegung eines separaten Rechtsbehelfs gegen die Kostenentscheidung §§ 37 Abs. 2, 41 Abs. 1 LSF sowie unten F. VI. 2. f).

829 Der in schwedischen Schiedssprüchen häufig enthaltene Beschluß über die Festsetzung der Schiedsrichterhonorare ist als Bestandteil des Schiedsspruches in Schweden vollstreckbar. Eine internationale Vollstreckung über das UNÜ entfällt jedoch, da der Beschluß nicht unter den „award"- Begriff des UNÜ fällt; vgl. Hjerner, Swedish and International Arbitration 1984, S. 31 (42); Heuman, Skiljemannarätt, S. 534.

830 Danach ist die schiedsrichterlich festgesetzte Vergütung als ein Angebot anzusehen; vgl. NJA I 1929, 54 (56), das zulässig sei, da (a) die Regel unter Parteivorbehalt stehe, (b) jeder Partei und jedem Schiedsrichter diesbezüglich ein separates Aufhebungsrecht eingeräumt werde, (c) eine Vollstreckung der Honorarforderung erst mit Ablauf der dreimonatigen Aufhebungsfrist zulässig sei sowie (d) ein fertiger Schiedsspruch nicht zur Erzwingung der Leistung zurückbehalten werden dürfe.

831 Stellt eine Partei nicht die geforderte Sicherheit, verliert sie die Schiedseinrede (§ 5 Nr. 3 LSF).

832 Das gilt nicht für Einwendungen/Einreden, wie z. B. die Aufrechnung; Prop. 1998/99:35, S. 165 u. 240; SOU 1994:81, S. 198 u. 298.

833 Vgl. Prop. 1998/99:35, S. 240 f.; SOU 1994:81, S. 300. Dagegen ist ein Zurückbehaltungsrecht am fertigen Schiedsspruch z.B. im deutschen Recht und nach Art. 28.1 ICC-SchO (Stand: 01.01.1998) zulässig.

3. Stellungnahme

Die Regelungen zum Schiedsspruch im deutschen und schwedischen Recht sind verglichen mit den jeweiligen früheren gesetzlichen Bestimmungen detailliert und umfangreich ausgefallen. Beide Länder haben sich unterschiedlich weitgehend am UNC-MG orientiert. Deutschland hat die Regelungen des UNC-MG einschließlich der Abschnittsüberschriften vollständig übernommen und durch weitere Regelungen ergänzt. Schweden hat viele Bestimmungen des UNC-MG mit in das LSF einfließen lassen, daneben jedoch eine Reihe abweichender Bestimmungen und eine formal eigene Anordnung der Regelungen aufgenommen.

Festzustellen ist zunächst, daß beide Rechtsordnungen erfreulicherweise und zum Teil über das UNC-MG hinaus vergleichbare und hilfreiche Regelungen für den in der Praxis nicht mehr seltenen Fall enthalten, daß etwa ein Schiedsrichter an der Abstimmung nicht teilnimmt (sog. „truncated tribunal").[834] Ein solcher Fall hindert die Entscheidungsfindung nach beiden Gesetzen ausdrücklich nicht (§ 1052 Abs. 2 ZPO, § 30 Abs. 1 LSF). Ferner muß – in Übereinstimmung mit Art. 31 Abs. 1 UNC-MG – lediglich die Mehrheit der Schiedsrichter den Schiedsspruch unterzeichnen, sofern der Grund für eine fehlende Unterschrift angegeben wird (§ 1054 Abs. 1 ZPO; § 31 Abs. 1 LSF). Sieht man diese Bestimmungen im Zusammenhang mit den jeweiligen Regelungen zur Säumnis einer Partei in § 1048 Abs. 2-3 ZPO und § 24 Abs. 3 LSF (vgl. Art. 25 UNC-MG) ist festzustellen, daß dem Schiedsgericht ein effizientes Instrumentarium zur Verfahrensdurchführung und – beendigung auch bei widerwilligen Parteien oder Schiedsrichtern zur Verfügung steht.

Eine im Ergebnis weitgehend vergleichbare, aber im Detail durchaus unterschiedliche Rechtslage, gilt in Bezug auf die in der internationalen Praxis wichtige Frage nach dem Bestimmungsmodus des anwendbaren Rechts in der Hauptsache. Beiden Rechtsordnungen ist gemeinsam, daß sie der Parteimaxime Vorrang einräumen. Auch werden in der ganz überwiegenden Zahl von internationalen Verträgen heute entsprechende Rechtswahlklauseln vereinbart. Schwierigkeiten können dann auftreten, wenn keine Rechtswahl gegeben ist. Das UNC-MG sieht hier in Übereinstimmung mit einer verbreiteten internationalen Praxis vor, daß das Schiedsgericht in solch einem Fall das anwendbare Recht nach eigenem Ermessen zu bestimmen habe. Nach deutschem Recht ist das Schiedsgericht an das Römische Schuldvertragsübereinkommen (EVÜ) gebunden und hat die kollisionsrechtliche Anknüpfung an das Recht vorzunehmen, mit dem der Gegenstand des Verfahrens die „engsten Verbindungen" aufweist (§ 1051 Abs. 2 ZPO). Das schwedische Schiedsverfahrensrecht regelt diese Frage selbst nicht. Die Rechtslage erscheint auf den ersten Blick komplizierter als etwa in Deutschland. Für alle nach dem 1. Juli 1998 abgeschlossenen Verträge gelten die ebenfalls in das schwedische Recht inkorporierten Bestimmungen des EVÜ, es sei denn, die spezielleren Regeln des schwedischen Gesetzes über das anwendbare Recht beim internationalen Kauf beweglicher Sache ist anwendbar.[835] Angesichts der exportorientierten Wirtschaft Schwedens ist davon auszugehen, daß unter dieses Gesetz in der Praxis eine Reihe internationaler Verträge fiele, wenn nicht die überwiegende Zahl internationaler

[834] Vgl. dazu Böckstiegel, DIS-MAT IV (1998), S. 3 (7).

[835] „Lag (1964:528) om tillämplig lag beträffande internationella köp av lösa saker" (IKL).

Verträge Rechtswahlklauseln enthalten würde. Bei Anwendbarkeit dieses Gesetzes ist ferner zu beachten, daß grundsätzlich das Recht am Sitz des Verkäufers bzw. seiner Geschäftsniederlassung Anwendung findet, doch ist das Käuferrecht dann maßgeblich, wenn der Verkäufer die Bestellung im Land des Käufers entgegengenommen hat. Schließlich ist für alle Verträge, die vor dem 1. Juli 1998 abgeschlossen wurden, noch die bis dahin bestehende nicht kodifizierte Rechtslage zu beachten. Danach finden jedoch in der Praxis regelmäßig ebenfalls die (Auslegungs-) Grundsätze des EVÜ Anwendung („engste Verbindung"). Die Bestimmung des anwendbaren Rechts kommt daher auch nach dem nur unvollständig kodifizierten schwedischen Internationalen Privatrecht von vor dem 1. Juli 1998 in aller Regel zu dem gleichen Ergebnis wie nach dem EVÜ. Insoweit kann jedoch insbesondere für ausländische Parteien mangels gesetzlicher Regelung der Zugang zum Recht und zu dem anwendbaren Kollisionsrecht erschwert erscheinen. Mit Blick auf die Zukunft ist zu erwarten, daß aufgrund des Inkrafttretens des EVÜ in Schweden eine auch von außen erkennbare Vereinheitlichung der Rechtsanwendung und -auslegung eintreten wird.[836] Dies ist aus ausländischer Sicht und aus Gründen der Rechtssicherheit zu begrüßen, unabhängig davon, daß davon auszugehen ist, daß auch mit Blick auf Verträge von vor dem 1. Juli 1998 bereits heute regelmäßig in Schweden und Deutschland im Ergebnis eine vergleichbare Rechtslage gilt. Als widerlegliches Kriterium zur Bestimmung der „engsten Verbindung" wird dabei nach beiden Rechtsordnungen wesentlich auf den Aufenthalts- bzw. Niederlassungsort der Partei abgestellt, die die vertragscharakteristische Leistung zu erbringen hat. Die Tatsache, daß im LSF keine separate kollisonsrechtliche Bestimmung zur Bestimmung des anwendbaren Rechts auf die Hauptsache in internationalen Verfahren enthalten ist, erscheint angesichts der etwas unübersichtlichen schwedischen Rechtslage konsequent. Aus Gründen der Rechtssicherheit ist den Parteien internationaler Verträge stets die Vereinbarung eindeutiger Rechtswahlklauseln zu empfehlen.

Sowohl Deutschland wie Schweden haben die in ihren bisherigen Gesetzen enthaltenen Urteilsfristen nicht beibehalten, da sich diese in der Praxis als zu starr erwiesen haben. Das UNC-MG enthält ebenfalls keine Urteilsfrist, doch die internationale Rechtsentwicklung in dieser Frage ist unterschiedlich. Finnland hat etwa auf eine Urteilsfrist in seinem neuen Schiedsrecht verzichtet, anders aber z. B. Spanien.[837] Es erscheint jedoch nicht einsichtig, dem Schiedsgericht Fristen aufzudrängen, wenn die Praxis zeigt, daß sie im Regelfall nicht sachdienlich sind, zumal die Parteien erforderlichenfalls Urteilsfristen vereinbaren können. Urteilsfristen werden zwar teilweise als Ansporn zu einer zügigen Verfahrensdurchführung empfunden, doch sollte dieses Ziel auch auf anderem Wege erreicht werden können. Eine starre Urteilsfrist beinhaltet im übrigen das Risiko, daß eine Partei das Verfahren verzögert, um einen rechtzeitigen Urteilsspruch zu verhindern. Um diese Schwierigkeiten zu vermeiden und um der Schiedsgerichtsbarkeit die ihr eigene Flexibilität zu erhalten, die sie häufig zur einzig denkbaren Form der Streiterledigung erhebt, ist eine starre Urteilsfrist abzulehnen. Der Verzicht auf Urteilsfristen in den beiden Gesetzen ist daher zu begrüßen.

---

836 Zum Grundsatz der einheitlichen Auslegung des EVÜ vgl. Art. 18 des schwedischen „Lag (1998:167) om tillämplig lag för avtalsförpliktelser" sowie Art. 36 EGBGB.

837 Vgl. Art. 30 spanisches Gesetz über die Schiedsgerichtsbarkeit v. 07.12.1988; Übersicht in Prop. 1998/99:35, S. 125; SOU 1994:81, S. 156.

Eine wesentliche Abweichung des schwedischen Rechts vom deutschen Recht und vom UNC-MG besteht darin, daß dem Obmann im Falle einer Pattsituation bei der Abstimmung im Schiedsgericht ein Recht zum Stichentscheid zukommt. Nach § 30 Abs. 2 S. 2 LSF kann es in einer Pattsituation folglich stets zu einem Schiedsspruch kommen. Nach deutschem Recht kann eine Pattsituation theoretisch zur Konsequenz haben, daß das Schiedsverfahren umsonst durchgeführt wurde, da keine Mehrheit erreicht wird. Es erscheint jedoch zweifelhaft, ob dieser Frage praktische Bedeutung zukommt. Bereits bei den Beratungen zum UNC-MG wurde darauf hingewiesen, daß seit Gründung der Internationalen Handelskammer in Paris (ICC), deren Schiedsordnung einen Stichentscheid vorsieht, kaum jemals ein Verfahren aufgrund des Alleinentscheidungsrechts des Obmanns entschieden wurde.[838] Hierbei ist zu beachten, daß es andererseits schwer zu beurteilen ist, wie sich das Wissen um die Existenz des Stichentscheids in einzelnen Verfahren ausgewirkt hat. Schweden thematisierte bereits bei den Beratungen zum UNC-MG, ob das Fehlen eines Alleinentscheidungsrechts des Obmanns die Schiedsrichter in einer Pattsituation dazu neigen lassen könnte, im Sinne einer Mehrheitsfindung einer rechtlich zweifelhaften Lösung zuzustimmen. Andererseits kann die Tatsache allein, daß sich eine Mehrheit innerhalb des Schiedsgericht zumindest für eine (Kompromiß-) Lösung finden läßt, nichts per se über die rechtliche Qualität der Entscheidung aussagen. Die von deutscher Seite geäußerte Befürchtung, daß die Einführung eines Rechts zum Stichentscheid die Beisitzervoten an Bedeutung verlieren lassen könnte und daß dadurch die Anstrengungen des gesamten Schiedsgerichts bei der Suche nach einer Entscheidung abnehmen würde, dürfte sich in der Praxis kaum nachweisen lassen. Die Meinungsbildung innerhalb eines Schiedsgerichts ist von vielen Faktoren abhängig, etwa der Kompetenz und Persönlichkeit der einzelnen Schiedsrichter. Das Recht des Vorsitzenden zum Stichentscheid dürfte daneben von lediglich untergeordneter Bedeutung sein. Ausgangspunkt jedes Verfahrens nach schwedischem oder deutschem Recht ist, daß alle Schiedsrichter gleichermaßen bei der Entscheidungsfindung mitwirken. Ihre Meinungen werden – wie innerhalb anderer gerichtlicher Spruchkörper auch – während der Beratungen gebildet und gefestigt. Eine Pattsituation oder drei miteinander unvereinbare Ansichten innerhalb des Schiedsgerichts werden sich häufig erst zum Ende des Verfahrens hin zeigen. Ein Vorsitzender wird regelmäßig auch daran interessiert sein, eine mehrheitliche Entscheidungsfindung zu erreichen. Die Gefahr einer mangelnden Mitwirkung der beisitzenden Schiedsrichter ist daher klein. Berücksichtigt man den (hypothetischen) regelmäßigen Willen der Parteien bei Abschluß einer Schiedsvereinbarung in Bezug auf die Folgen einer späteren Pattsituation im Schiedsgericht spricht vieles dafür, daß ein solches Verfahren durch Stichentscheid entschieden und nicht abgebrochen und beendet werden soll. Für die deutsche Lösung kann zwar angeführt werden, daß die Parteien bei der Bestellung eines aus mehreren Personen bestehenden Schiedsgerichts auch von einer späteren Mehrheitsentscheidung ausgehen. Auch wird eine solche von der unterlegenen Partei eher akzeptiert werden. Für die Lösung durch Stichentscheid dagegen spricht, daß die Parteien ein Schiedsverfahren vielfach aufgrund einiger damit verbundener Besonderheiten wählen, etwa der Eininstanzlichkeit und der kurzen Dauer des Verfahrens. Beendet ein Schiedsgericht jedoch in einer Pattsituation – wie nach § 1056 Abs. 2 Nr. 3 ZPO – das

---

838 Vgl. Holtzmann/Neuhaus, S. 809 u. S. 820 para 50.

Verfahren durch Beschluß, müßte der Kläger ein vollständig neues Schiedsverfahren einleiten und durchführen. Dies kann einen erheblichen Zeit- und Geldverlust bedeuten, da das Schiedsverfahren beim Eintritt einer Pattsituation bereits weit fortgeschritten und wesentliche Verfahrenskosten bereits enstanden sein können.[839] Bedenkt man ferner, daß manche Partei ein jahrelanges Warten auf die Durchsetzung von Ansprüchen finanziell nicht durchstehen kann, dürfte in einer Pattsituation eine Stichentscheidregelung dem regelmäßigen Parteiwillen am ehesten entsprechen. Das LSF räumt damit dem Vorsitzenden auch kein Übermaß an Macht ein, denn die Beisitzer werden in tatsächlichen Mißbrauchsfällen ihre Unterschriften unter den Schiedsspruch verweigern. Das Unterschriftserfordernis wirkt damit als angemessenes Korrektiv, vorausgesetzt, die Parteien haben nicht ausnahmsweise vereinbart, daß der Vorsitzende den Schiedsspruch allein unterzeichenen darf (§ 31 Abs. 1 S. 3 LSF). Die schwedische Regelung erscheint daher als gesetzlicher Regelfall grundsätzlich vorzugswürdig. Ein Stichsentscheid stellt andererseits kein Allheilmittel dar, etwa wenn zwei Beisitzer – aus welchen Gründen auch immer – ihre Unterschrift unter den Schiedsspruch verweigern bzw. sie uneins sind und der Vorsitzende die Teilnahme an der Abstimmung grundlos verweigert. In diesen Fällen muß das Verfahren auch nach schwedischem Recht neu durchgeführt werden, unabhängig davon, ob daneben eine zivilrechtliche Haftung einzelner Schiedsrichter in Betracht kommt.

Ein Unterschied in formeller Hinsicht stellt die vorgenannte Regelung dar, daß der Vorsitzende nach § 31 Abs. 1 S. 3 LSF von den Parteien zur alleinigen Unterzeichnung des Schiedsspruchs ermächtigt werden kann. Diese Kompetenz kann für die Praxis eine Erleichterung darstellen, erscheint jedoch in Verbindung mit einer möglichen Ermächtigung des Obmanns zur Entscheidung durch Stichentscheid sehr weitgehend. Sollte ausnahmsweise ein Fall des Machtmissbrauchs durch den Obmann vorliegen, kann dann die Kontrolle des Schiedsspruchs durch das grundsätzlich erforderliche Unterschriftserfordernis der Mehrheit der Schiedsrichter – so auch § 1054 Abs. 1 ZPO – nicht mehr greifen.

Eine andere Besonderheit stellt die schwedische Regelung dar, wonach ein Schiedsspruch nicht begründet werden muß. Diese Regelung ist auch im internationalen Vergleich ungewöhnlich (vgl. auch Art. 31 Abs. 2 UNC-MG). Vorbehaltlich anderer Parteivereinbarungen ist ein Begründungsverzicht nur in Ausnahmesituationen üblich, etwa bei Verfahren zu Qualitätsbeurteilungen („sniff and look arbitration"). Die schwedische Regelung steht im Widerspruch zur üblichen Praxis in Schweden. Sie bedeutet im konkreten Fall, daß die obsiegende Partei nur erfährt, daß sie gewonnen hat, und die unterlegene Partei, daß sie sich dem Schiedsspruch beugen bzw. ihn erfüllen muß. Der obsiegenden Partei wird das im Zweifelsfall genügen. Die schwedische Regelung erstaunt, da die Formulierung eines gesetzlichen Regelfalls auch die Festschreibung der Praxis bzw. des „Normalfalls" anstreben sollte. In den Motiven zum LSF wird der Verzicht auf die Begründungspflicht damit begründet, daß diese

[839] Nach deutschem Recht greift der bei den Beratungen zum UNC-MG erhobene Einwand nicht, daß ohne eine Stichentscheidlösung ein mehrinstanzliches ordentliches Gerichtsverfahren drohen würde (vgl. dazu Holtzmann/Neuhaus, S. 817 para 1), da nach einer Verfahrensbeendigung nach § 1056 Abs. 2 Nr. 3 ZPO die Schiedsvereinbarung fortgilt, wenn die Parteien nichts anderes vereinbart haben; vgl. Baumbach/Lauterbach/Albers, § 1056 Rn. 7.

keine Vollstreckungsvoraussetzung sei und daß sie zusätzliche Kosten verursache. Es ist fraglich, welches Gewicht diesen Argumenten zukommt. Die unterlegene Partei hat in der Regel ein berechtigtes Interesse daran, die tragenden rechtlichen und tatsächlichen Erwägungen, auf die das Schiedsgericht abgestellt hat, zu erfahren. Sie wird sich eher mit ihrem Schicksal abfinden, wenn sie erkennen kann, daß das Schiedsgericht die für sie nachteilige Entscheidung erst nach reiflicher Überlegung getroffen hat. Eine so erreichte Akzeptanz des Schiedsspruchs kann unnötige Anfechtungsprozesse verhindern. Die Begründung der Entscheidung ermöglicht ferner dem Schiedsgericht, seine Auffassung nochmals zu überprüfen. Sie hilft auch bei der Auslegung eines Schiedsspruchs und bei der Bestimmung von dessen Rechtskrafterstreckung. Die für eine Begründungspflicht sprechenden Gründe wiegen somit schwer. Die Pflicht zur Begründung eines Schiedsspruches sollte daher der Regelfall sein und es umgekehrt den Parteien freistehen, abweichende Vereinbarungen zu treffen.

Ein Schiedsgericht kann nach deutschem und schwedischem Recht einen Schiedsspruch berichtigen, ergänzen und auslegen. Eine Berichtigungs- und Ergänzungsbefugnis des Schiedsgerichts war auch bisher in beiden Länder gegeben. Sie hat sich als sinnvoll erwiesen, da das Schiedsgericht den Fall am besten kennt.[840] Im Unterschied zum deutschen Recht und dem UNC-MG kann das Schiedsgericht nach § 32 Abs. 1 S. 1 LSF die Ergänzung auch von Amts wegen vornehmen. Eine Auslegung eines Schiedsspruchs kommt in der Praxis eher selten vor und ist nach beiden Gesetzen nur auf Antrag zulässig, wurde jedoch entgegen dem UNC-MG nicht von einer Parteivereinbarung abhängig gemacht. Dieser Verzicht ist überzeugend, da diese Frage regelmäßig erst nach Erlaß des Schiedsspruches aufkommen wird und eine Partei einer Auslegung dann nur noch zustimmen wird, wenn sie ihr vorteilhaft erscheint. Damit würde die Auslegungsbefugnis jedoch ihre praktische Bedeutung verlieren. Die Frage nach der schiedsrichterlichen Auslegungsbefugnis war bereits bei den Beratungen zum UNC-MG umstritten. Dabei wurde auf die Gefahr hingewiesen, daß ein Auslegungsverfahren dem Grundsatz der Endgültigkeit des Schiedsspruches entgegenstehe und zu mißbräuchlichen Verfahrensverzögerungen sowie zu unberechtigter Inanspruchnahme von Schiedsgerichten einladen könnte. Es wird abzuwarten sein, ob diese Gefahr in Zukunft sich im deutschen oder schwedischen Recht verwirklichen wird. Vorteilhaft an einer Auslegung erscheint, daß sie zur Vermeidung von Aufhebungsverfahren beitragen kann. Das gilt etwa, wenn der Schiedsspruch sprachlich zweideutig ist. Das kann dazu führen, daß die zuständige Behörde eine Vollstreckung verweigert oder daß die unterlegene Partei die Anfechtungsmöglichkeiten nicht beurteilen kann. Hier kann sich eine Auslegungsbefugnis daher als hilfreich erweisen. Das Risiko mißbräuchlicher Auslegungsanträge wird dadurch minimiert, daß beide Gesetze lediglich befristete Antragsmöglichkeiten enthalten. Die Tatsache, daß diese Fristen nach schwedischem Recht nicht verlängerbar sind, dürfte in einigen internationalen Verfahren zur Konsequenz haben, daß die jeweilige Maßnahme nicht durchgeführt werden kann. Die ins deutsche Recht aus dem UNC-MG übernommene Möglichkeit der Fristverlängerung bietet hier eine flexiblere Handhabe. Mißbräuchlichen Auslegungsanträgen steht schließlich entgegen, daß der vermeintliche Auslegungsbedarf spezifiziert werden muß, was in § 1058 Abs. 1 Nr. 2 ZPO ausdrücklich

---

[840] So zu Recht Kühn, ICC-Bull. Dez. 96, letzte Seite.

geregelt ist („bestimmte Teile des Schiedsspruchs"). Eine solche Klarstellung wäre auch in § 32 LSF zu begrüßen gewesen. Zu beachten ist, daß eine Auslegung nach schwedischem Recht ausdrücklich auf den Tenor begrenzt ist, während das UNC-MG und das deutsche Recht die Auslegung jedes beliebigen Teils des Schiedsspruches zulassen. Die hierdurch gesteigerte Mißbrauchsgefahr wird in der Praxis durch das Erfordernis einer Spezifikation des Auslegungsbedarfs und das dem Schiedsgericht zustehende Ermessen begrenzt. Ein Mißbrauch der Auslegungsbefugnis kann zwar nicht ausgeschlossen werden, doch wird das Risiko auch dadurch begrenzt, daß den Schiedsrichtern nach dem Recht beider Länder bei der Entscheidung über den Auslegungsantrag Ermessen zusteht. In formeller Hinsicht ist zu beachten, daß nur nach deutschem Recht eine Ergänzung den Erlaß eines neuen Schiedsspruches voraussetzt, während nach schwedischem Recht lediglich ein Ergänzungsbeschluß auf dem ursprünglichen Schiedsspruch vermerkt wird.

Für die Praxis ist weiter wesentlich, daß überstimmte Schiedsrichter nach schwedischem Recht abweichende Ansichten als Minderheitsvoten mit oder ohne Begründung im Schiedsspruch mitteilen dürfen. Die nach den Motiven zum deutschem Recht zulässigen Minderheitsvoten setzen jedoch – zumindest nach dem Schrifttum – voraus, daß die Parteien die Schiedsrichter vom Beratungsgeheimnis entbunden haben. Das Beratungsgeheimnis genießt nach schwedischem Recht einen vergleichsweise nur eingeschränkten Schutz. Wie auch in ordentlichen Gerichtsverfahren in Schweden können im Fall eines Minderheitsvotums zumindest auf indirektem Wege Details über den Ablauf der Beratungen des Schiedsgerichts offenbart werden.[841] Die praktische Grenzziehung zur Verletzung des Beratungsgeheimnisses ist mit erheblichen Schwierigkeiten verbunden und und verursacht eine Rechtsunsicherheit. Die deutsche Lösung erscheint geeigneter, die Neutralität der Schiedsrichter zu wahren. Auch ist ein Zustimmungserfordernis der Parteien mit der Parteiautonomie am ehesten vereinbar.

Beide Gesetze enthalten Bestimmungen zur Kostenentscheidung (§ 1057 ZPO und § 42 LSF), die keine wesentlichen Änderungen zum bereits bisher in den jeweiligen Ländern geltenden Recht enthalten. Die Frage der Verteilung der Verfahrenskosten richtet sich primär nach den Vereinbarungen zwischen den Parteien und den Schiedsrichtern. Anderenfalls entscheidet hierüber das Schiedsgericht nach deutschem Recht von Amts wegen, nach schwedischem Recht nur auf Antrag einer Partei. Die obsiegende Partei stellt regelmäßig Kostenantrag. Die Schiedsrichter sind bei der Entscheidung über die Kostenverteilung frei, doch richtet sich die Kostenverteilung in der Praxis beider Länder nach den Grundsätzen des jeweiligen Prozeßrechts, d. h., nach dem Verhältnis des Obsiegens und Unterliegens.

Die weiteren Bestimmungen in §§ 38-42 LSF zur Vergütung der Schiedsrichter unterscheiden sich teilweise erheblich vom deutschen und – soweit ersichtlich – den meisten nationalen Schiedsrechten. Nach neuem und früherem schwedischen Recht sind Schiedsrichter befugt, ihre Vergütung im Schiedsspruch festzusetzen und damit zu titulieren, d.h. notfalls auch zu vollstrecken. Dies gilt unabhängig davon, ob die Parteien Vorschüsse geleistet haben. Der schwedische Gesetzgeber sieht darin traditionell keinen Verstoß gegen den Grundsatz, daß niemand Richter in eigener Sache

---

841 Vgl. zum folgenden Heuman, Skiljemannarätt, S. 499 u. 512 f. m.w.N.

sein dürfe. Die schwedische Regelung ist zwar im Zusammenhang damit zu sehen, daß ein fertiger Schiedsspruch nicht zur Erzwingung der Leistung zurückbehalten werden darf und daß – anders als nach dem UNC-MG und deutschem Recht – den Parteien oder den Schiedsrichtern nach § 41 Abs. 1 LSF ein separates Recht zur Anfechtung der Honorarfestsetzung im Schiedsspruch zusteht und eine Honorarvollstreckung erst nach Ablauf einer dreimonatigen Anfechtungsfrist zulässig ist.[842] Im Ergebnis überzeugt das schwedische Modell – ebenso wie das Argument der Abdingbarkeit dieser Regelung – jedoch nicht. Beim Eingehen einer Schiedsvereinbarung werden die Parteien in aller Regel an Individualvereinbarungen zu diesem Bereich nicht denken. Das Verbot, Richter in eigener Sache zu sein, ist von so grundlegender rechtstaatlicher Bedeutung innerhalb der Rechtspflege, daß es nicht durch einfachgesetzliche Regelung verdrängt werden sollte. Die Schiedsgerichtsbarkeit beansprucht in Schweden ebenso wie im Ausland eine uneingeschränkte Geltung als eine der ordentlichen Gerichtsbarkeit vergleichbar neutrale Gerichtsbarkeit. Es ist dann aber angemessen, den Grundsatz des Verbotes, nicht Richter in eigener Sache zu sein, auch auf die Schiedsgerichtsbarkeit anzuwenden. Die Möglichkeit der gerichtlichen Überprüfung der Höhe der vom Schiedsgericht in eigener Sache festgesetzten Honorare kann eine solche Gleichstellung nicht bewirken. Bereits der Verdacht oder Anschein, daß die Schiedsrichter bei der Frage ihrer Honorierung als Richter in eigener Sache handeln können, sollte ausgeschlossen werden. Die Beibehaltung der Regelung als gesetzlicher Regelfall erscheint auch nicht erforderlich, da das Gesetz den Schiedsrichtern die Befugnis gibt, rechtszeitig ausreichende Sicherheit zu verlangen (§ 38 Abs. 1 S. 1 LSF). Dies entspricht der Praxis und deshalb kommt es auch – soweit ersichtlich – so gut wie nie dazu, daß Schiedsrichter ihre Honorar einklagen müssen. Das UNC-MG regelt diese Frage nicht. Nach deutschem Recht ist die Vollstreckbarerklärung eines Schiedsspruchs hinsichtlich der Schiedsrichterhonorare unzulässig und würde ein Vollstreckungshindernis darstellen.[843] Auch hier gilt, daß die Schiedsrichter mit ihrem Recht auf Vorschuß ihre Honoraransprüche ausreichend sichern können. Diese Lösung erscheint auch im Interesse der Schiedsrichter angemessen und ausreichend. Haben sie auf Vorschüsse verzichtet, erscheint es zumutbar, sie auf den ordentlichen Rechtsweg zu verweisen. Das gilt nach deutschem wie nach schwedischem Recht. Zusammenfassend ist daher die deutsche Lösung gegenüber der Regelung in § 37 Abs. 2 LSF vorzuziehen. Eine solche Regelung enthält weder das UNC-MG noch die ZPO. Das sanktionslose Zurückbehaltungsverbot eines fertigen Schiedsspruch gemäß § 40 LSF (vgl. bereits § 23 Abs. 3 SML a.F.) ist – wie dargestellt – im Zusammenhang mit § 37 Abs. 2 LSF zu sehen, d. h. eine Zurückbehaltung des Schiedsspruchs ist nicht zur Sicherung der Honoraransprüche der Schiedssprüche erforderlich.

Als schwedische Besonderheit ist ferner hervorzuheben, daß ein Schiedsgericht in Bezug auf Kosten des Verfahrens auf Antrag die kostentragende Partei auch zur Zahlung von Zinsen auf diese Kosten verurteilen kann (§ 42 S. 2 LSF).

---

[842] Vgl. §§ 38 Abs. 2, 41 Abs. 1 LSF.

[843] Vgl. BGHZ 94, 92 (95 f.); Stein/Jonas/Schlosser, vor § 1025 Rn. 32; Schwab/Walter, S. 354 Rn. 15.

VI. Ungültigkeit und Aufhebung des Schiedsspruchs

Ein Schiedsspruch entscheidet ebenso wie ein staatliches Urteil über die dem Schiedsgericht vorgelegten Fragen. Er wirkt wie ein rechtskräftiges gerichtliches Urteil. Der Schiedsspruch ist grundsätzlich mit seinem Erlaß für die Parteien verbindlich. Dies gilt ausnahmsweise nicht, wenn die Parteien ein Oberschiedsgericht vereinbart haben. Die Rechtskraft eines Schiedsspruches kann aufgrund der in nationalen Schiedsgesetzen enthaltenen Anfechtungs- und Aufhebungsgründe beseitigt werden. Diese Gründe können entweder im Aufhebungsverfahren oder im Verfahren der Anerkennung und Vollstreckbarerklärung geltend gemacht werden. Die Nachprüfung umfaßt das (formelle) Verfahren, darf aber nicht zu einer sachlichen Nachprüfung des Schiedsspruchs (révision au fond) führen.

International einheitlich gilt der Grundsatz, daß ein staatliches Gericht lediglich „inländische" Schiedssprüche aufheben kann. Ein deutsches Gericht kann daher nur deutsche und ein schwedisches Gericht lediglich schwedische Schiedssprüche aufheben. Bei „ausländischen" Schiedssprüchen beschränkt sich ihre Befugnis darauf, diesen die Anerkennung für das Inland zu versagen.

1. Deutsches Recht

Im neuen 10. Buch der ZPO regelt § 1059 die gerichtliche Aufhebung des Schiedsspruchs. Als Rechtsbehelf gegen einen Schiedsspruch steht die Aufhebungsklage zur Verfügung.

a) Aufhebungsgründe

Die Aufhebungsgründe sind in § 1059 Abs. 2 ZPO abschließend aufgezählt. Sie entsprechen in Struktur und Inhalt weitgehend denen des Art. 34 UNC-MG, die wiederum fast wörtlich mit Art. 5 Abs. 1-2 UNÜ übereinstimmen. Die Aufhebungsgründe ermöglichen keine Inhaltskontrolle des Schiedsspruchs.[844]

Die Aufhebungsgründe sind nicht im vorhinein abdingbar, d. h. ein im voraus erklärter Verzicht auf die Aufhebungsklage ist wegen Verstoßes gegen das öffentliche Interesse an der Überprüfungsmöglichkeit des Schiedsspruches durch die staatlichen Gerichte auf schwerwiegende Mängel des Verfahrens oder Verstöße gegen den ordre-public grundsätzlich unzulässig.[845] Ein nachträglicher Rechtsbehelfsverzicht ist dagegen zulässig.[846] Das UNC-MG enthält in Art. 34 Abs. 1-2 eine Aufteilung zwischen amtswegig zu berücksichtigenden Aufhebungsgründen und solchen, die nur auf Antrag

---

[844] Im (internationalen) Schrifttum wird vereinzelt eine generelle Nachprüfbarkeit eines Schiedsspruches in einer zweiten Schiedsinstanz (Oberschiedsgericht) gefordert; vgl. z. B. Rubino-Sammartano, Commercial Justice, S. 73 (83).

[845] So die h.M., vgl. BGH NJW 1986, 1436; BGH WM 1985, 1485 (1487); OLG Frankfurt, NJW 1984, 2768; Baumbach/Hartmann/Albers, § 1059 Rn. 2; Stein/Jonas/Schlosser, § 1041 Rn. 1; ders. in RIW 1982, 857 (863); Schwab/Walter, S. 271 Rn. 53; a.A. Zöller/Geimer, wonach auf die Geltendmachung einzelner Mängel – nicht aber auf die Aufhebungsklage als solche – im voraus verzichtet werden kann; § 1059 Rn. 2.

[846] Vgl. Baumbach/Hartmann/Albers § 1059 Rn. 2; Stein/Jonas/Schlosser, § 1041 Rn. 1.

einer Partei zu berücksichtigen sind. Diese Regelung ist fast unverändert in das deutsche Recht übernommen worden.

In § 1059 ZPO sind die Aufhebungsgründe abschließend geregelt. Aufhebungsgründe, die nur auf Antrag zu berücksichtigen sind, werden in Abs. 2 Nr. 1 a-d geregelt und sind von den Parteien begründet geltend zu machen und zu beweisen. Die amtswegig zu prüfenden Aufhebungsgründe finden sich in Abs. 2 Nr. 2 a-b.

aa) Fehlende subjektive Schiedsfähigkeit bzw. ungültige Schiedsvereinbarung

Ein Schiedsspruch ist zunächst aufhebbar, wenn eine Partei subjektiv nicht schiedsfähig oder die Schiedsvereinbarung nach dem gewählten, anderenfalls nach deutschem Recht[847], ungültig ist (§ 1059 Abs. 2 Nr. 1 a ZPO).

bb) Behinderung in den Angriffs- und Verteidigungsmitteln

Weiter stellen die nicht rechtzeitige Benachrichtigung einer Partei von der Bestellung des Schiedsgerichts bzw. dem Schiedsverfahren Aufhebungsgründe dar, ebenso, wenn eine Partei ihre Angriffs- und Verteidigungsmittel nicht rechtzeitig geltend machen konnte (§ 1059 Abs. 2 Nr. 1 b ZPO). Für die Aufhebung genügt bereits eine schwache Wahrscheinlichkeit, daß das Schiedsgericht bei Gewährung rechtlichen Gehörs eine andere Entscheidung getroffen hätte.[848] Der Aufhebungsgrund des fehlenden rechtlichen Gehörs, der nach den Motiven auch unter andere Aufhebungsgründe fallen kann[849], wird von der unterlegenen Partei recht häufig angeführt, doch führt dieser Einwand in der Praxis lediglich selten zur Aufhebung des Schiedsspruches.[850]

cc) Kompetenzüberschreitung des Schiedsgerichts

Ein Schiedsspruch ist ferner aufhebbar, wenn er eine nicht (mehr) von der Schiedsvereinbarung erfaßte Streitigkeit betrifft (ultra petita). Von der Aufhebung wird jedoch ein abtrennbarer Streitpunkt nicht erfaßt, soweit er zugleich von der Schiedsvereinbarung erfaßt wird (§ 1059 Abs. 2 Nr. 1 c ZPO).

---

[847] Die Formulierung (das Recht) „dieses Staates" in Art. 34 Abs. 2 a (i) UNC-MG kann im Rahmen der Aufhebungsklage aufgrund der Festlegung des Territorialitätsprinzips in § 1025 ZPO nur das deutsche Recht (des Schiedsortes) sein; vgl. BT-Drs. 13/5274, S. 59; Ref.-E., S. 184.

[848] Vgl. Stein/Jonas/Schlosser, § 1041 Rn. 36; Baumbach/Lauterbach/Albers, §1059 Rn. 9.

[849] Die Verletzung des Grundsatzes des rechtlichen Gehörs kann nach den Motiven einen Aufhebungsgrund gemäß § 1059 Abs. 2 Nr. 1 b und d sowie Nr. 2 b ZPO darstellen; vgl. BT-Drs. 13/5274, S. 46; kritisch Lachmann, S. 233.

[850] Nach Ansicht des BGH kann die Übergehung eines Beweisantrages einen Aufhebungsgrund darstellen, sofern dies eine Verletzung des Grundsatzes des rechtlichen Gehörs bedeutet; BGH NJW 1992, 2298; ebenso Schwab/Walter, S. 147 Rn. 9 m.w.N., mit Kritik an BGH NJW 1966, 549 m.w.N., wonach „in aller Regel" kein Aufhebungsgrund vorliege.

dd) Unzulässige Bildung des Schiedsgerichts bzw. sonst unzulässiges Verfahren

Ein Schiedsspruch ist ebenfalls aufhebbar, wenn die Bildung des Schiedsgerichts oder die Durchführung des Schiedsverfahrens nicht den gesetzlichen Vorschriften (§§ 1025 ff. ZPO) oder den Parteivereinbarungen entsprochen hat, sofern davon eine Auswirkung auf den Schiedsspruch anzunehmen ist (§ 1059 Abs. 2 Nr. 1 d ZPO). Die Voraussetzung, wonach der Verfahrensfehler sich auf den Schiedsspruch ausgewirkt haben muß, geht über das UNC-MG hinaus. Ursächlichkeit liegt nur dann nicht vor, wenn ausgeschlossen ist, daß der Verstoß ursächlich war.[851] Unter diesen Aufhebungsgrund fallen auch die fehlende Begründung des Schiedsspruches[852] und andere Verstöße gegen verfahrensrechtliche Grundrechte, wie z. B. einige Fälle der Verletzung des Anspruchs auf rechtliches Gehör.[853] Der Verfahrensfehler ist in der Praxis der bedeutsamste Aufhebungsgrund. Ein lediglich formal fehlerhafter Schiedsspruch, dessen sachlicher Inhalt sich durch ein erneutes Verfahren nicht ändern würde, stellt jedoch keinen Aufhebungsgrund dar. Ein Verfahrensmangel kann ferner nur geltend gemacht werden, wenn der Antragsteller ihn bereits während des Verfahrens gemäß § 1027 ZPO gerügt hatte, da dieser Aufhebungsgrund anderenfalls präkludiert ist.

ee) Fehlende objektive Schiedsfähigkeit

Ein Schiedsspruch ist ferner aufhebbar, wenn der Streitgegenstand nach deutschem Recht nicht schiedsfähig ist (§ 1059 Abs. 2 Nr. 2 a ZPO). Das staatliche Gericht prüft diese Frage von Amts wegen. Der Aufhebungsgrund beruht auf der Grundvoraussetzung, daß allein das ordentliche Gericht über nicht schiedsfähige Streitgegenstände entscheidungsbefugt ist, da davon wichtige öffentliche Belange berührt werden.[854] Ist die Schiedsvereinbarung in einem internationalen Verfahren mit deutschem Schiedsgerichtsort einem anderen Recht unterworfen, ist zu beachten, daß § 1059 Abs. 2 Nr. 2 a ZPO kollisionsrechtlich gegenüber der für die Schiedsvereinbarung allgemein geltenden Kollisionsregel in § 1059 Abs. 2 Nr. 1 a ZPO Vorrang zukommt. Ein deutsches Gericht kann daher den Schiedsspruch mangels Dispositionsbefugnis der Parteien über die Voraussetzungen der objektiven Schiedsfähigkeit gegebenenfalls aufheben.[855]

ff) Verstoß gegen den ordre-public

Schließlich ist ein Schiedsspruch aufhebbar, wenn dessen Anerkennung oder Vollstreckung gegen die deutsche öffentliche Ordnung bzw. „ordre-public" verstoßen

---

851 Vgl. Schwab/Walter, S. 257 Rn. 30 m.w.N.; einschränkend Zöller-Geimer, § 1059 Rn. 44.

852 Vgl. Schwab/Walter, S. 257 Rn. 25; Baumbach/Lauterbach/Albers, § 1059 Rn. 6 u. 8; Zöller-Geimer, § 1059 Rn. 45.

853 Vgl. Baumbach/Lauterbach/Albers, § 1059 Rn. 9. Diese Aufhebungründe waren in § 1041 ZPO a.F. separat geregelt (Grundrechtsverstoß (Nr. 2) und Verweigerung rechtlichen Gehörs (Nr. 4).

854 In inländischen Fällen führt eine mangelnde Schiedsfähigkeit zugleich zur Ungültigkeit der Schiedsvereinbarung (§ 1059 Abs. 2 Nr. 1 a ZPO) und einem ordre-public Verstoß (§ 1059 Abs. 2 Nr. 2 b ZPO).

855 Vgl. BT-Drs. 13/5274, S. 59.

würde (§ 1059 Abs. 2 Nr. 2 b ZPO).[856] Der ordre-public Vorbehalt ist von Amts wegen zu beachten und umfaßt als Generalklausel die Korrektur von Schiedssprüchen, die gegen fundamentale inländische Gerechtigkeitsvorstellungen verstoßen.[857] Er ist in allen Staaten Bestandteil des Internationalen Privatrechts. In der deutschen Rechtspraxis werden der materiellrechtliche und verfahrensrechtliche ordre public wie folgt auseinandergehalten: Der materiellrechtliche ordre-public[858] ist nach Ansicht des BGH dann als verletzt anzusehen, wenn „das Ergebnis der Anwendung des ausländischen Rechts zu den Grundgedanken der deutschen Regelungen und der in ihnen liegenden Gerechtigkeitsvorstellung in so starkem Widerspruch steht, daß das Ergebnis aus deutscher Sicht für untragbar gehalten wird".[859] Ein Verstoß gegen den verfahrensrechtlichen ordre-public liegt vor, „wenn das schiedsrichterliche Verfahren an einem schwerwiegenden, die Grundlagen des staatlichen und wirtschaftlichen Lebens berührenden Mangel leidet".[860]

Nach der neueren BGH-Rechtsprechung besteht neben einem internen ordre-public auch ein liberalerer internationaler ordre-public.[861] Letzterer bestimmt sich danach, was im internationalen Maßstab einer ständigen und allgemeinen Praxis der Schiedsgerichtsbarkeit entspricht. Er ist verletzt, wenn der ausländische Schiedsspruch an einem so schwerwiegenden Mangel leidet, daß seine Anerkennung gegen zentrale Normen verstößt, die die Grundfragen des staatlichen und wirtschaftlichen Lebens darstellen.[862] Ist dies jedoch nicht der Fall, liegt auch kein Verstoß gegen den nationalen ordre-public vor.[863]

b) Aufhebungsverfahren

Im Vergleich zur ZPO a.F. sind im neuen deutschen Recht nur noch eingeschränkte Möglichkeiten der Aufhebung von Schiedssprüchen gegeben.

---

856 International wird statt „ordre public" auch von „public policy" gesprochen; vgl. Böckstiegel, ICCA's Congress Series No. 3, S. 177.

857 Ein Staat kann zur Einhaltung des ordre-public entweder eine Einschränkung der Schiedsfähigkeit des Streitgegenstandes oder die (teilweise) Unterwerfung des Schiedsspruches unter gerichtliche Kontrolle vorsehen. Kein Staat verzichtet auf einen dieser Wege vollständig; vgl. Schlosser, ZZP 92, 125 (139).

858 Unter ordre-public fallen die in der ZPO a.F. in § 1041 Abs. 1 Nr. 3 (nicht vorschriftmäßige Vertretung), Nr. 4 (Nichtgewährung rechtlichen Gehörs) und Nr. 6 (Restitutionsgründe gemäß § 588 ZPO) geregelten Aufhebungsgründe. Der Grund in Nr. 5 (fehlende Begründung) fällt nunmehr durch die Verletzung des § 1054 Abs. 2 ZPO unter § 1059 Abs. 2 Nr. 1 d ZPO.

859 BGHZ 50, 370 (376); NJW 1969, 369. Der materielle ordre-public wird durch zwingendes europäisches Gemeinschaftsrecht erweitert (= gemeinschaftsrechtlicher ordre-public), so z. B. durch das EG-Kartellrecht in Art. 81, 82 (früher Art. 85, 86) EWGV. Dies hat der EuGH in der ECO Swiss ./. Bennetton Entscheidung (Urteil v. 01.06.1999) ausdrücklich bestätigt, vgl. EuZW 1999, 565; auch Raeschke-Kessler, EuZW 1990, 145 (146).

860 BGHZ 104, 178 (184) = NJW 1988, 3090 (3092) unter Hinweis auf BGHZ 98, 70 (74) = NJW 1986, 3027; siehe auch BGHZ 110, S. 104 ff. mit Anm. von Schlosser, IPRax 1991, 218 ff.; Raeschke-Kessler, EuZW 1990, 145 (146).

861 Vgl. dazu Berger, S. 473 m.w.N.

862 BGHZ 98, 70 (74) = NJW 1986, 3027.

863 Vgl. Raeschke-Kessler, EuZW 1990, 145 (147).

aa) Geltendmachung der Aufhebungsgründe

Die Klage auf Aufhebung eines Schiedsspruches ist innerhalb von drei Monaten nach der (formlosen) Zustellung bei dem zuständigen Oberlandesgericht zu erheben (§§ 1059 Abs. 3 S. 1, 1062 Abs. 1 Nr. 4 ZPO).[864] Die Dreimonatsfrist stimmt überein mit Art. 34 Abs. 3 UNC-MG. Sie ersetzt die frühere Möglichkeit der unbefristeten Geltendmachung der Aufhebungsgründe, gilt gleichermaßen für die amtswegig zu beachtenden Aufhebungsgründe[865] und setzt die Einhaltung etwa vereinbarter Zustellungsvorschriften voraus. Wird nach der Zustellung ein Antrag auf Berichtigung, Auslegung oder Ergänzung des Schiedsspruchs gemäß § 1058 ZPO gestellt, verlängert sich die Frist um höchstens einen Monat nach Zugang der Entscheidung über diesen Antrag (§ 1059 Abs. 3 S. 3 ZPO).

Das Gericht entscheidet entgegen früherem Recht grundsätzlich zwar nicht mehr im Urteilsverfahren, sondern im vereinfachten Beschlussverfahren, doch gilt dies hier ausnahmsweise nicht, da es im Fall der Geltendmachung von Aufhebungsgründen nach § 1063 Abs. 2 LSF zur Durchführung einer mündlichen Verhandlung verpflichtet ist. Gegen die Entscheidung des Gerichts ist unter den Voraussetzungen der Revision (§§ 546 ff. ZPO) eine Rechtsbeschwerde zum BGH gegeben.[866] Als Rechtsmittelinstanz kann der BGH lediglich überprüfen, ob der Beschluß auf der Verletzung eines Staatsvertrages oder eines anderen Gesetzes beruht (§ 1065 Abs. 2 S. 1 ZPO).

Hat der Antragsteller die in §§ 1027, 1040 ZPO vorgesehenen Rügerechte nicht fristgemäß während des Schiedsverfahrens ausgeübt, ist er mit den darunter fallenden Aufhebungsgründen im Aufhebungsverfahren präkludiert. Die Präklusion der Rüge nach § 1027 ZPO setzt jedoch positive Kenntnis des Antragstellers von dem jeweiligen Verfahrensverstoß voraus.[867] Hat der Antragsteller die Aufhebung nicht rechtzeitig beantragt, ist damit ferner eine Gefahr der Präklusion der Aufhebungsgründe im späteren Verfahren der Vollstreckbarerklärung verbunden (§ 1060 Abs. 2 S. 3 ZPO). Eine Aufhebung ist ausgeschlossen, wenn der Schiedsspruch von einem deutschen Gericht für vollstreckbar erklärt worden ist (§ 1059 Abs. 3 S. 4 ZPO), da der Schuldner die Aufhebungsgründe bereits im gerichtlichen Verfahren hätte geltend machen können.[868] Werden Aufhebungsgründe ausnahmsweise erst nach Fristablauf bekannt, sind nach

---

864 Bei Fehlen eines deutschen Schiedsverfahrensortes ist in den Fällen des § 1062 Abs. 1 Nr. 4 das OLG örtlich zuständig, in dessen Bezirk der Antragsgegner seinen Sitz oder gewöhnlichen Aufenthalt hat, oder sich Vermögen von ihm bzw. der betroffene Gegenstand befindet, hilfsweise das Kammergericht in Berlin (Abs. 2).

865 Vgl. § 1041 ZPO a.F. und BT-Drs. 13/5274, S. 60.

866 Vgl. §§ 1065 Abs. 1 S. 1 iVm. 1062 Abs. 1 Nr. 4 ZPO. In vermögensrechtlichen Streitigkeiten muß die Revisionssumme von DM 60.000,- erreicht sein (Abs. 2 S. 2) oder es bedarf in nichtvermögensrechtlichen Streitigkeiten der Zulassung der Revision durch das OLG. Der BGH ist an die Zulassung und an die tatsächlichen Feststellungen des OLG gebunden (§§ 546 Abs. 1 S. 3, 561 ZPO).

867 Der noch im Regierungsentwurf vorgesehene Verlust des Rügerechts nach § 1027 ZPO auch bei einem „Kennenmüssen" des Verfahrensverstosses (BT-Drs. 13/5274, S. 32) wurde im Gesetzgebungsverfahren aus Gründen der Anpassung an Art. 4 UNC-MG wieder abgeändert; vgl. BT-Drs. 13/9124, S. 46.

868 Vgl. BT-Drs. 13/5274, S. 60.

den Gesetzesmotiven angemessene Lösungen über das Schadensersatzrecht zu suchen.[869]

bb) Zurückverweisung an das Schiedsgericht

Das Gericht kann die Sache „in geeigneten Fällen" auf Antrag einer Partei unter Aufhebung des Schiedsspruchs an das Schiedsgericht zurückverweisen (§ 1059 Abs. 4 ZPO). Dieses hat dann unter Beachtung der Rechtsauffassung des aufhebenden Gerichts einen neuen Schiedsspruch zu fällen. In den Motiven wird davon ausgegangen, daß „Aufhebungsgründe für den erneuten Schiedsspruch in aller Regel nicht mehr vorliegen werden" und daß daher das Aufhebungsverfahren vor der Entscheidung des Schiedsgerichts abgeschlossen werden könne.[870] Dies ist eine bewußte Abweichung von Art. 34 Abs. 4 UNC-MG, wonach das Aufhebungsverfahren lediglich auszusetzen ist. Die „Geeignetheit" der Zurückverweisung richtet sich u. a. danach, inwieweit es in der Macht des Schiedsgerichts steht, den Aufhebungsgrund zu beseitigen. Fehlte es bereits an einer wirksamen Schiedsvereinbarung, läge z. B. kein geeigneter Fall vor, da dieser Mangel nicht behoben werden könnte.

c) Aufhebungswirkung

Die Aufhebung des Schiedsspruchs bewirkt im Zweifel das Wiederaufleben der Schiedsvereinbarung und damit der schiedsrichterlichen Entscheidungskompetenz (§ 1059 Abs. 5 ZPO). Dies ist eine Änderung der bisherigen Rechtslage. Danach war die Schiedsvereinbarung mit Erlaß des Schiedsspruchs erloschen, sofern die Parteien nicht ausnahmsweise eine Fortsetzungsklausel oder ein neues Schiedsverfahren vereinbart hatten.[871] Diese im UNC-MG nicht geregelte Frage entspricht nach den Gesetzesmotiven dem regelmäßigen Willen der Parteien in internationalen Verfahren und soll zur Entlastung der Justiz beitragen.[872] Die Regelung bedeutet, daß einer Aufhebung nicht zwangsläufig ein staatliches Gerichtsverfahren nachfolgt. Aus § 1056 Abs. 3 ZPO folgt jedoch, daß das Wiederaufleben der Schiedsvereinbarung die Neubildung eines Schiedsgerichts erforderlich macht, da das bisherige Amt des Schiedsgerichts mit dem verfahrensbeendenden Schiedsspruch erloschen ist.

d) Ausschluß von Aufhebungsgründen

Ein von den Parteien vereinbarter Ausschluß der Geltendmachung der Aufhebungsgründe im Sinne des § 1059 Abs. 2 ZPO vor Erlaß des Schiedsspruches ist nach h.M. grundsätzlich unzulässig. Das Verbot einer solchen Verzichtsvereinbarung ist begründet durch das öffentliche Interesse an einer Kontrolle der staatlichen Gerichte über die

---

[869] So ausdrücklich Begründung BT-Drs. 13/5274, S. 60; mit Verweis u. a. auf die unter § 1059 Abs. 2 Nr. 2 ZPO fallenden Restitutionsgründe (bisher: § 1041 Abs. 1 Nr. 6 ZPO a.F.).

[870] Vgl. BT-Drs. 13/5274, S. 60.

[871] Vgl. z. B. Schwab/Walter, S. 278 Rn. 18; Maier, Rn. 471; Schütze/Tscherning /Wais, Rn. 548. Das Wiederaufleben der Zuständigkeit des Schiedsgerichts durch die Rückverweisung entstammt nach Hußlein-Stich dem angloamerikanischen Rechtskreis, S. 188 m.w.N.

[872] BT-Drs. 13/5274, S. 60; ebenso bzgl. internationaler Verfahren Schlosser, ZIP 1987, 492 (495).

Schiedsgerichtsbarkeit.[873] Als einzige Ausnahme zu dieser im UNC-MG nicht behandelten Frage ist nunmehr die Zulässigkeit eines Vorausverzichts der Schiedsvertragsparteien auf eine Begründung des Schiedsspruches in § 1054 Abs. 2 ZPO geregelt. Diese Ausnahme galt auch nach bisherigem Recht, wird aber – soweit ersichtlich – in der ganz überwiegenden Anzahl der Schiedsvereinbarungen nicht berücksichtigt. Der Grund dafür ist, daß die Parteien regelmäßig eine Begründung wünschen.[874] Ist der Schiedsspruch bereits erlassen und haben die Parteien von ihm Kenntnis erlangt, können sie jedoch auf die Geltendmachung von Aufhebungsgründen – auch pauschal – verzichten, die lediglich dem Parteiinteresse zu dienen bestimmt sind. Dem steht kein öffentliches Interesse entgegen.

2. Schwedisches Recht

Die Regelungen über Rechtsbehelfe gegen den Schiedsspruch sind in §§ 33-36 LSF enthalten. Der schwedische Gesetzgeber hat dabei – in Abweichung von dem UNC-MG – die bisherige Einteilung in Ungültigkeits- und Aufhebungsgründe beibehalten.[875] Dabei sah er sich von den Schiedsverfahrensgesetzen beispielsweise in Finnland und Belgien bestätigt.[876] Ein Wiederaufnahmeverfahren bezüglich eines Schiedsspruches steht – in Übereinstimmung mit dem deutschem Recht – nicht zur Verfügung.[877]

a) Ungültigkeitsgründe

Der Schiedsspruch ist ungültig, wenn einer der drei in § 33 Abs. 1 S. 1 LSF aufgeführten und von Amts wegen zu prüfenden Ungültigkeitsgründe gegeben ist. Die Aufzählung der Ungültigkeitsgründe ist abschließend. Jeder Ungültigkeitsgrund bezweckt den Schutz von Dritt- oder Allgemeininteressen, die nicht zur Parteidisposition stehen.[878] Ein Schiedsspruch kann auch teilweise ungültig sein (Abs. 2), etwa wenn nur ein Teil der von den Schiedsrichtern entschiedenen Fragen schiedsfähig ist.

---

873 Vgl. BGH NJW 1986, 1436; auch Baumbach/Lauterbach/Albers, § 1059 Rn. 2; Stein/Jonas/Schlosser § 1041 Rn. 1; Raeschke-Kessler/Berger, Rn. 1013; Schwab/Walter, S. 271 Rn. 53; einschränkend Zöller-Geimer, § 1059 Rn. 80 f. m.w.N., wonach ein Verzicht auf einzelne Aufhebungsgründe zulässig sei, soweit an der Einhaltung der fraglichen Rechtsnormen kein unmittelbares staatliches Interesse bestehe.

874 Siehe dazu oben F. V. 1. c) aa).

875 Der in § 34 LSF verwandte Begriff „klander" wird zum Teil mit „Anfechtung" übersetzt. Nachfolgend werden die Anfechtungsgründe in § 34 LSF jedoch zur Vereinheitlichung der Sprachregelung als „Aufhebungsgründe" bezeichnet.

876 Die Motive verweisen u. a. auf das finnische Recht, das ebenfalls zwischen Ungültigkeits- und Aufhebungsgründen unterscheidet (40-41 §§ Lag om skiljeförfarande 23.10.1992/967) sowie auf das belgische Recht, das zwar nur Aufhebungsgründe regele, jedoch eine Aufhebung wegen Verstoßes gegen den ordre-public oder fehlender objektiver Schiedsfähigkeit unbefristet zulasse. Auch nach dem UNC-MG (Art. 36 (1) (b)) seien der ordre-public Vorbehalt und die objektive Schiedsfähigkeit von Amts wegen im Vollstreckungsverfahren zu prüfen; Prop. 1998/99:35, S. 139.

877 Vgl. HD in NJA 1986, 620 m.w.N.; Hobér, Svensk och Internationell Skiljedom 1986, 28; Heuman, Specialprocess, S. 45.

878 Vgl. Prop. 1998/99:35, S. 141-143 u. 234; SOU 1994:81, S. 172, 174 u. 288.

Letzteres setzt voraus, daß sich die schiedsfähigen und nicht schiedsfähigen Fragen voneinander trennen lassen.

Ein ungültiger Schiedsspruch ist ipso iure unwirksam. Die unterlegene Partei kann die Ungültigkeit daher unbefristet geltend machen und muß grundsätzlich keine Maßnahmen zu dessen Beseitigung treffen. Aus praktischen Gesichtspunkten kann es jedoch ratsam erscheinen, ein Nichtigkeits-Feststellungsurteil eines staatlichen Gerichts zu erwirken, um beispielsweise die Abwehr gegen Vollstreckungsversuche in anderen Ländern zu erleichtern.[879]

aa) Fehlende objektive Schiedsfähigkeit – § 33 Abs. 1 Nr. 1

Unwirksam ist ein Schiedsspruch zunächst dann, wenn er über einen nach schwedischem Recht objektiv nicht schiedsfähigen Streitgegenstand entscheidet. Ist die Schiedsfähigkeit gesetzlich nur für zukünftige Streitigkeiten ausgeschlossen oder fehlt die Schiedsfähigkeit des Streitgegenstandes nach einem von den Parteien vereinbarten ausländischen Recht, ist der Schiedsspruch lediglich anfechtbar.[880]

bb) Verstoß gegen ordre-public – § 33 Abs. 1 Nr. 2

Einen weiteren Unwirksamkeitsgrund eines in- oder ausländischen Schiedsspruches bildet der Verstoß gegen den schwedischen ordre-public. Voraussetzung ist auch hier, daß der Schiedsspruch einen schweren Verstoß gegen elementare materiell- oder prozeßrechtliche Grundsätze (ordre-public) darstellt.[881]

cc) Verletzung des Formerfordernisses – § 33 Abs. 1 Nr. 3

Ist ein Schiedsspruch nicht schriftlich abgefaßt und von den Schiedsrichtern unterzeichnet worden (§ 31 Abs. 1 LSF), ist er ebenfalls unwirksam. Eine Teilunwirksamkeit nach Art. 33 Abs. 2 LSF scheidet in diesem Fall aus.[882] Ist ein Schiedsspruch lediglich von einer Person unterzeichnet, ist mangels anderweitiger Anhaltspunkte von der Unterschrift des Vorsitzenden auszugehen und davon, daß dies nach einer Vereinbarung der Parteien ausreichend ist.[883] Ferner stellen die fehlenden Angaben des Verfahrensortes oder des Datums des Schiedsspruches keine Unwirksamkeitsgründe dar.

b) Aufhebungsgründe

Ein Schiedsspruch ist vom Gericht auf Antrag ganz oder teilweise aufzuheben, wenn ein in § 34 Abs. 1 LSF geregelter Aufhebungsgrund oder ein Fall des

---

879 Vgl. Holmbäck/Mangård, YCA III (1978), 161 (178); Hobér, Stockholm Arb. Rep. 1999:1, S. 67 (69).

880 Die Motive nennen für den ersten Fall den Aufhebungsgrund des § 34 Abs. 1 Nr. 1 LSF (ungültige Schiedsvereinbarung) und erklären diesen auch auf den zweiten Fall anwendbar; vgl. Prop. 1998/99:35, S. 234; SOU 1994:81, S. 289.

881 Vgl. Prop. 1998/99:35, S. 234; SOU 1994:81, S. 172 f. u. 289.

882 So auch Cars, S. 150.

883 Vgl. Prop. 1998/99:35, S. 234 ; SOU 1994:81, S. 173 u. 289.

§ 36 Abs. 1 S. 1 LSF vorliegen.[884] Voraussetzung ist, daß der Aufhebungsgrund nicht dadurch, daß die antragstellende Partei ihn früher hätte geltend machen müssen oder aus sonstigen Gründen präkludiert ist (§ 34 Abs. 2 LSF).[885] Die Aufhebung führt wie im UNC-MG und dem deutschen Recht lediglich zu einer formalen Überprüfung des Schiedsspruchs auf das Vorliegen von Verfahrensfehlern.[886]

aa) Fehlende Schiedsvereinbarung – § 34 Abs. 1 Nr. 1

Ein Schiedsspruch ist aufhebbar, wenn ihm keine gültige Schiedsvereinbarung zwischen den Parteien zugrunde liegt (vgl. Art. 34 Abs. 2 a (i) UNC-MG). Dieser Aufhebungsgrund stellte nach früherem Recht dagegen einen Ungültigkeitsgrund dar[887] und erfaßt auch den Fall, daß die Streitfrage von einer gültigen Schiedsvereinbarung nicht mehr oder nur teilweise erfaßt wird oder die Vereinbarung (nachträglich) ungültig ist.[888] Ein Aufhebungsgrund liegt ferner vor, wenn nicht beachtet wurde, daß die

---

884 Der Reformentwurf (SOU 1994:81) sah – entgegen früherem Recht – zusätzlich einen Aufhebungsgrund mit dreijähriger Aufhebungsfrist vor, wenn der Schiedsspruch auf einem bewußt verfälschten Urkundsbeweis oder einer Falschaussage eines Dritten beruhe und anzunehmen sei, daß dies den Verfahrensausgang beeinflußt habe. Dagegen gilt nach SML a.F. eine Aufhebung selbst dann als unzulässig, wenn die unterlegene Partei einen unrichtigen Verfahrensausgang aufgrund falscher Zeugenaussage bzw. falschen schriftlichen Parteibeweises beweisen kann; vgl. HD NJA I 1986, 620; Bolding, Skiljedom, S. 146; Heuman, Specialprocess, S. 45; Arbitration in Sweden, S. 146 mit Rechtsprechungsnachweisen (Fn. 1), Cars, S. 162. Der Reformgesetzgeber lehnte jedoch die Einführung dieses Aufhebungsgrundes mangels praktischen Bedarfes ab, da bislang lediglich ein einschlägiger Fall in der Praxis bekannt geworden sei und das UNC-MG keine solche Regelung enthalte. Auch würde diese Regelung das Ziel schneller und endgültiger Verfahren nicht fördern und lade zu Aufhebungsverfahren von Schiedssprüchen ein und zudem seien Beweisprobleme zu erwarten; Prop. 1998/99:35, S. 150 f.

885 Eine Schiedsrichterernennung oder die Zahlung der Kosten des Schiedsgerichts nach einem Unterliegen bewirken keine Präklusion; vgl. Heuman, Skiljemannarätt, S. 300.

886 Vgl. Prop. 1998/99:35, S. 139; SOU 1994:81, S. 181; ausführlich Heuman, Skiljemannarätt, S. 641 ff.

887 Vgl. § 20 Nr. 1 SML a.F.

888 Vgl. Prop. 1998/99:35, S. 235; SOU 1994:81, S. 291. In diesem Zusammenhang ist hinzuweisen auf ein kürzlich ergangenes Urteil des Obersten Gerichtshofs (HD) vom 27.10.2000 – Az. T 1881-99 – (Bulgarian Foreign Trade Bank Ltd ./. A.I. Trade Finance Inc.) zum SML a.F. (NJA 2000, 538). Das Gericht hatte über die Gültigkeit eines Schiedsspruches zu entscheiden, dem folgender Sachverhalt zugrunde lag: Eine Partei eines laufenden internationalen Schiedsverfahrens in Stockholm hatte durch ihren amerikanischen Prozeßbevollmächtigten eine schiedsrichterliche Zwischenentscheidung in der amerikanischen Fachzeitschrift Mealey's International Arbitration Report (März 1997) veröffentlicht. Außerdem hatte der Vorsitzende des Schiedsgerichts, ein ehemaliger Richter am Obersten Gerichtshof, nach Veröffentlichung des Fachartikels – und während des laufenden Schiedsverfahrens – einem Kollegen vom Inhalt der Zwischenentscheidung und der Entscheidung einer darin behandelten Rechtsfrage erzählt und eine Kopie der Veröffentlichung zukommen lassen, der daraufhin dieser Rechtsansicht in einem einem ähnlich gelagerten Fall unter Berufung auf die veröffentliche schiedsrichterliche Entscheidung folgte. Die Klägerin erklärte daraufhin den sofortigen Rücktritt von der Schiedsvereinbarung aufgrund groben Vertragsverstoßes und Verstoßes gegen den Vertraulichkeitsgrundsatz und stellte einen Befangenheitsnatrag gegen den Vorsitzenden Schiedsrichter. Das Schiedsgericht wies die Anträge ab und es erging ein Endschiedsspruch, der auf Antrag der Klägerin vom Stockholmer Bezirksgericht aufgrund wirksamen Rücktritts und mangels Schiedsvereinbarung im Zeitpunkt des Erlasses des Schiedsspruches für ungültig erklärt wurde. Die Aufhebung dieser Entscheidung durch das Stockholmer Hofgericht hat der Oberste Gerichtshof bestätigt. Er führt u. a. aus, daß eine

Schiedsfähigkeit gesetzlich für bestimmte zukünftige Streitigkeiten ausgeschlossen ist, oder wenn Schiedsfähigkeit nach einem anwendbaren ausländischen Recht nicht gegeben ist.[889]

bb) Überschreiten der Urteilsfrist bzw. Kompetenzüberschreitung – § 34 Abs. 1 Nr. 2

Aufhebbar ist ein Schiedsspruch auch, wenn die Schiedsrichter die Urteilsfrist (vgl. Art. 34 Abs. 2 a (iv) UNC-MG) oder ihren Auftrag überschritten haben (vgl. Art. 34 Abs. 2 a (iii) UNC-MG). In Bezug auf das SML a.F. sind Aufhebungsverfahren aufgrund vermeintlicher Auftragsüberschreitung selten erfolgreich gewesen.[890] Eine Kompetenzüberschreitung liegt ferner – zumindest zwischen inländischen Parteien – nicht darin, daß ein Schiedsgericht auf den Sachverhalt eine Rechtsregel anwendet, die nicht von den Parteien vorgetragen wurde (iura novit curia).[891] Liegt ein Überschreiten der Urteilsfrist bei einem Schiedsspruch vor, der die Klage als unzulässig abweist, scheidet ebenfalls eine Anfechtung nach § 34 Abs. 1 Nr. 2 LSF aus.[892]

cc) Verfahren hätte nicht im Inland stattfinden dürfen – § 34 Abs. 1 Nr. 3

Ein weiterer Aufhebungsgrund liegt vor, wenn das Schiedsverfahren in einem internationalen Verfahren nach § 47 LSF nicht in Schweden hätte stattfinden dürfen.

Schiedsverfahrenspartei – aufgrund des Eingehens einer Schiedsvereinbarung – weder nach altem noch nach neuem schwedischem Recht noch nach den im zu entscheidenden Fall anwendbaren Regeln der United Nations Economic Commision for Europe (ECE Arbitration Rules) an eine Verschwiegenheitspflicht gebunden sei, wenn diese nicht zwischen den Parteien ergänzend vereinbart wurde. Weiter wird festgestellt, daß zu dieser Frage weder in der nationalen noch internationalen Praxis eine einheitliche Auffassung bestehe (zu den unterschiedlichen internationalen Ansichten vgl. z. B. Jarvin, JT 1996/97, 149 ff.). Das Verhalten des Schiedsrichters, das vom Obersten Gerichtshof mangels Erfolgsaussicht nicht zur Überprüfung zugelassen wurde, war nach Ansicht des Stockholmer Hofgerichts nicht angreifbar, da die Entscheidung zuvor bereits veröffentlicht war und der Schiedsrichter lediglich im Interesse der Rechtsfortbildung gehandelt habe (nach Cars, S. 104 u. 162, liegt kein anfechtbarer Verfahrensfehler vor, wenn ein Schiedsrichter gegen seine Verschwiegenheitspflicht verstößt, da sich dies nicht auf den Ausgang des Verfahrens auswirke, doch würden grundsätzlich Sekundäransprüche gegen ihn in Betracht kommen). Das Urteil des Obersten Gerichtshofs hat teilweise Kritik erfahren, vgl. z.B. Heuman, JT 2000/01, 662 ff. mwN.

889 Vgl. Heuman, Skiljemannarätt, S. 605.

890 Vgl. Nordensson, Swedish and International Arbitration 1993, S. 151 (154).

891 Vgl. Prop. 1998/99:35, S. 145 f.; Nordensson, JT 1993/94, 211 (216 f.). Einschränkend Calissendorff, JT 1995/96, 141 (146 f.), wonach diese Frage in wirtschaftsrechtlichen Verfahren bereits am Anfang mit den Parteien geklärt werden müsse. Ähnlich Cars, S. 155, der auf die Notwendigkeit materieller Prozeßleitung zwecks Vermeidung von überraschenden Entscheidungen verweist.

892 Ein solcher Schiedsspruch kann jedoch nach dem vorrangigen § 36 LSF (iVm. § 34 LSF) anfechtbar sein; vgl. Prop. 1998/99:35, S. 235; SOU 1994:81, S. 291.

Dieser Aufhebungsgrund stellt eine schwedische Besonderheit dar[893] und ist auch im UNC-MG nicht enthalten. Der Aufhebungsgrund liegt vor, wenn das Verfahren aufgrund Parteivereinbarung oder einer mit ihr in Einklang stehenden schiedsrichterlichen Bestimmung oder aufgrund einer fehlenden Einwilligung der Gegenpartei nicht im Inland hätte stattfinden dürfen (§ 47 Abs. 1 LSF). Dies gilt auch, wenn der Beklagte vor einem ordentlichen inländischen Gericht nicht hätte verklagt werden können (Abs. 2). Nach dieser Bestimmung soll niemand gegen seinen Willen zur Verteidigung vor einem Schiedsgericht in Schweden gezwungen werden können bzw. niemand mit Hilfe der ordentlichen Gerichte ein Schiedsverfahren gegen jemanden in Schweden erzwingen können.[894] In der Praxis hat dieser bereits im früheren Recht geltende Aufhebungsgrund keine Bedeutung erlangt.[895]

dd) Fehlerhafte Bildung des Schiedsgerichts – § 34 Abs. 1 Nr. 4

Ist ein Schiedsrichter entgegen den Bestimmungen der Schiedsvereinbarung oder dem Gesetz ernannt worden, ist der Schiedsspruch aufhebbar (vgl. Art. 34 Abs. 2 a (iv) UNC-MG). Neben der Verletzung gesetzlicher Vorschriften kommen hier Verstöße gegen ein vereinbartes Bestellungsverfahren in Betracht, etwa die mangelnde oder falsche Qualifikation eines Schiedsrichters oder seine zu späte Ernennung. Rein formelle Fehler des Bezirksgerichts bei der Auswahl eines Schiedsrichters stellen keinen Anfechtungsgrund dar.[896]

ee) Nichterfüllen persönlicher Voraussetzungen durch Schiedsrichter – § 34 Abs. 1 Nr. 5

Erfüllt ein Schiedsrichter die in §§ 7, 8 LSF aufgestellten persönlichen Voraussetzungen nicht[897], liegt nach § 34 Abs. 1 Nr. 5 LSF ein Aufhebungsgrund vor (vgl. Art. 34 Abs. 2 a (iv) UNC-MG). Dies gilt somit für den Fall, daß der Schiedsrichter nicht volljährig und unbeschränkt rechtsfähig ist, Beschränkungen in der Verfügungsbefugnis über sein Eigentum unterliegt (§ 7 LSF) oder aufgrund eines Umstandes im Sinne des § 8 LSF nicht als unparteiisch gilt. Voraussetzung der Aufhebungsklage ist aber, daß der Aufhebungsgrund nicht präkludiert und nicht ausnahmsweise von den Parteien abbedungen worden ist.[898]

---

893 So bereits Schlosser in Bezug auf den gleichlautenden § 21 Abs. 1 Nr. 2 SML a.F.; vgl. ZZP 92, 125 (136); ebenso Lindell, in Int. Schiedsgerichtsbarkeit (Hrsg. Gottwald), S. 779 (796), der diesen Aufhebungsgrund als „most unusual" bezeichnet.

894 Vgl. Prop. 1998/99:35, S. 189 f.; SOU 1994:81, S. 222; Holmbäck/Mangård, YCA III (1978), 161 (163) zu der mit § 47 LSF weitgehend identischen Vorschrift in § 4 SML a.F.

895 Vgl. Nordensson, Yearbook of Commercial Arbitration 1993, S. 151 (154); auch Cars, S. 156.

896 Vgl. Prop. 1998/99:35, S. 146 u. 235; SOU 1994:81, S. 178 u. 291.

897 Vgl. dazu oben unter Kapitel F. II. 2. a).

898 § 34 Abs. 2 S. 3 LSF verweist in Bezug auf Umstände im Sinne des § 8 LSF auf die besondere Präklusionsregeln nach §§ 10 (iVm. § 51) und 11 LSF.

ff) Verfahrensfehler – § 34 Abs. 1 Nr. 6

Das von den Parteien nicht verschuldete Auftreten eines Fehlers bei der Streiterledigung stellt einen Aufhebungsgrund dar, wenn sich der Fehler vermutlich auf den Ausgang des Verfahrens ausgewirkt hat. Dieser Aufhebungsgrund ist enger als Art. 34 Abs. 2 a (iv) UNC-MG, da das Modellgesetz nicht voraussetzt, daß sich der Verfahrensfehler vermutlich auf den Verfahrensausgang ausgewirkt hat. Die Generalklausel in § 34 Abs. 1 Nr. 6 LSF ist nach den Motiven einschränkend auszulegen.[899] Der Kausalzusammenhang zwischen Fehler und Ergebnis muß offensichtlich und deutlich sein. Dafür genügt es nicht, daß sich der Fehler nur mit beachtlicher Wahrscheinlichkeit auf das Ergebnis ausgewirkt hat.[900] Ein unter § 34 Abs. 1 Nr. 6 LSF fallender Verfahrensfehler besteht jedoch etwa darin, daß das Schiedsgericht das Verfahrenshindernis anderweitiger Rechtshängigkeit (lis pendens)[901] oder entgegenstehender Rechtskraft (res judicata)[902] nicht beachtet und daher die Sache fälschlicherweise entschieden hat.

gg) Keine Entscheidung durch das Schiedsgericht – § 36 Abs. 1 S. 1

Beendet das Schiedsgericht das Verfahren ohne Entscheidung der ihm unterbreiteten Fragen, ist der das Verfahren abschließende Schiedsspruch – nicht Teilschiedsspruch –

---

899 Vgl. Prop. 1998/99:35, S. 148; SOU 1994:81, S. 179. § 34 Abs. 1 Nr. 6 ist nicht subsidiär gegenüber anderen Aufhebungsgründen; Heuman, Skiljemannarätt, S. 635.

900 Vgl. Prop. 1998/99:35, S. 148; SOU 1994:81, S. 179 f.; ebenso Cars, S. 162; Heuman, Skiljemannarätt, S. 637 ff.

901 Vgl. Prop. 1998/99:35, S. 236; SOU 1994:81, S. 291. Arbitration in Sweden, S. 145. Dies gilt bezüglich ausländischer Verfahren nach Nordensson jedenfalls dann, wenn dessen Urteil in Schweden vollstreckbar wäre; Swedish and International Arbitration 1993, S. 151 (153).

902 Vgl. Arbitration in Sweden, S. 153 f.; Cars, S. 159 m.w.N. Der Oberste Gerichtshof (HD) hat zu dieser Frage in einem Urteil vom 03.04.1998 (Esselte Aktiebolag ./. Allmänna Pensionsfonden, Första, Andra och Tredje Fondstyrelsen (T 5685/96) eine bemerkenswerte Entscheidung gefällt: Esselte hatte in einem ersten Schiedsverfahren rund SEK 12 Millionen erfolgreich eingeklagt. Die Beklagte hatte zwar mit einer Forderung über rund SEK 38 Millionen aufgerechnet, doch die Aufrechnung wurde als unbegründet zurückgewiesen („ogillades") und Esselte verweigerte die Zustimmung zur Einbeziehung des Gegenanspruchs im Wege einer Widerklage. Die Beklagte begann während des ersten Schiedsverfahrens ein zweites Schiedsverfahren gegen Esselte und klagte den über SEK 12 Millionen hinausschießenden Betrag der bereits im ersten Schiedsverfahren aufgerechneten Forderung von rund SEK 38 Millionen ein. Esselte erhob den Einwand entgegenstehender Rechtskraft (res judicata). Das zweite Schiedsgericht befand sich jedoch zuständig, da Rechtskraft lediglich bis zur Höhe der „summa concurrens" eingetreten sei und verurteilte Esselte zur Zahlung des Differenzbetrages. Der Oberste Gerichtshof bestätigte jedoch – wie auch beide Vorinstanzen – die auf Antrag von Esselte erfolgte Aufhebung des zweiten Schiedsspruches mit der Begründung, daß über die gesamte Gegenforderung der Beklagten rechtskräftig im ersten Schiedsverfahren entschieden worden sei (res judicata) und daß die Nichtbeachtung der Rechtskraft des ersten Schiedsspruches einen Fehler im Sinne des § 21 Abs. 1 Nr. 4 SML a.F. darstelle (heute § 34 Abs. 1 Nr. 6 LSF); vgl. HD NJA 1998, 189 (202 f.) sowie englische Darstellung in Stockholm Arb. Rep. 1999:2, S. 77 ff. Nach deutschem Recht erstreckt sich die materielle Rechtskraft dagegen lediglich auf den zur Aufrechnung verwendeten Teil der Aufrechnung (§ 322 Abs. 2 ZPO), nicht auf den überschießenden Teil. Eine weitergehende Rechtskrafterstreckung ist verfahrensfehlerhaft und kann zu einer Zurückverweisung führen; vgl. Baumbach/Lauterbach/Hartmann, § 322 Rn. 22 m.w.N.

nach der Neuregelung in § 36 Abs. 1 S. 1 LSF aufhebbar.[903] Erfaßt werden ausschließlich Schiedssprüche ohne Entscheidung in der Hauptsache. Dieser aus der Rechtsprechungspraxis entwickelte Aufhebungsgrund gilt für einen das Verfahren einstellenden Schiedsspruch (z.B. nach Klagerücknahme) oder einen klageabweisenden Schiedsspruch wegen Unzulässigkeit der Schiedsklage (z.B. aufgrund ungültiger Schiedsvereinbarung).[904] Bei der gerichtlichen Überprüfung eines solchen Schiedsspruches kann es ausnahmsweise durch die Aufhebung des Schiedsspruches zu dessen Änderung und Nachprüfung kommen, wenn das Gericht im Fall einer schiedsrichterlichen Klageabweisung aufgrund einer vermeintlich ungültigen Schiedsvereinbarung rechtskräftig das Vorliegen einer wirksamen Schiedsvereinbarung feststellt.[905] Die Parteien müssen auf die Aufhebungsmöglichkeit nach § 36 Abs. 1 S. 3 LSF – anders als bezüglich der Aufhebungsgründe in § 34 LSF – im Schiedsspruch deutlich hingewiesen werden.[906]

c) Aufhebungsverfahren

Das Aufhebungsverfahren ist in § 34 Abs. 2-3 LSF geregelt.

aa) Geltendmachung der Ungültigkeits-/Aufhebungsgründe

Die Ungültigkeits- und Aufhebungsgründe sind nach neuem Recht nicht mehr vor den erstinstanzlichen Bezirksgerichten geltend zu machen, sondern die sachliche Eingangszuständigkeit liegt bei den Hofgerichten (§ 43 Abs. 1 LSF).[907] Lediglich eine Klage gegen die festgesetzte Schiedsrichtervergütung nach §§ 37 Abs. 2, 41 Abs. 1 LSF ist ausnahmsweise vor dem Bezirksgericht am Ort des Schiedsverfahrens zu erheben, hilfsweise beim Bezirksgericht Stockholm. Für die übrigen Aufhebungsklagen ist dagegen örtlich das Hofgericht zuständig, in dessen Gerichtsbezirk der Schiedsverfahrensort liegt. Ist kein Schiedsverfahrensort im Schiedsspruch angegeben, können Aufhebungs- und Ungültigkeitsklagen gegen den

903 Vgl. Prop. 1998/99:35, S. 238; SOU 1994:81, S. 296. Weder in der ZPO, dem LSF, dem UNÜ oder dem UNC-MG gibt es einen Aufhebungsgrund für einen Fall einer „infra petita" Entscheidung, wenn das Schiedsgericht also nicht alle vorgelegten Fragen entschieden hat. Einschlägige Bestimmungen enthalten z. B. Art. 2 Abs. 2 Genfer Abkommen von 1927; Art. 25 Abs. 2 e) Europäisches Übereinkommen von Straßbourg von 1966 und Art. 37 UAR. Der Verzicht auf die Aufhebbarkeit einer Entscheidung "infra petita" wird mit dem Streben nach Begrenzung der Aufhebungsgründe sowie damit begründet, daß das Schiedsgericht – anders als im Fall "ultra petita" – gerade innerhalb seiner Befugnisse entschieden hat; vgl. van den Berg, S. 320 f. (zum UNÜ). Nach deutschem und schwedischem Recht kann im Fall einer "infra petita" Entscheidung ein Ergänzungsschiedsspruch beantragt werden (§ 1058 Abs. 1 Nr. 3 ZPO; § 32 Abs. 1 LSF).

904 Vgl. HD NJA 1975, 536 (542 f.) unter (analoger) Anwendung des Aufhebungsgrundes wegen eines Verfahrensfehlers, der sich wahrscheinlich auf den Schiedsspruch ausgewirkt hat (§ 21 Abs. 1 Nr. 4 SML a.F. = § 34 Abs. 1 Nr. 6 LSF); auch 1990, 419 (431).

905 Vgl. Prop. 1998/99:35, S. 238; SOU 1994:81, S. 295.

906 Entscheidungen über die Kostenverteilung zwischen den Parteien nach § 42 LSF sind ausnahmsweise über § 36 Abs. 2 LSF anfechtbar, wenn sie in einem Schiedsspruch im Sinne des § 36 Abs. 1 LSF enthalten ist, in dem sich das Schiedsgericht für unzuständig erklärt hat. Wird der Schiedsspruch aufgehoben, hat auch die Kostenentscheidung keinen Bestand; Prop. 1998/99:35, S. 238; SOU 1994:81, S. 296.

907 Anders noch § 26 Abs. 1 SML a.F.

Schiedsspruch nach §§ 33, 34 und 36 LSF beim Hofgericht Stockholm erhoben werden. Die Klage ist innerhalb von drei Monaten nach Kenntnisnahme von dem Schiedsspruch bzw. nach Kenntniserlangung von dem endgültigen Schiedsspruch nach dessen Berichtigung, Ergänzung oder Auslegung gemäß § 32 LSF zu erheben (§ 34 Abs. 3 LSF).[908] Den Parteien steht in diesen Fällen lediglich eine Tatsacheninstanz zur Verfügung und die Entscheidung des Hofgerichtes ist grundsätzlich nicht rechtsmittelfähig (§ 43 Abs. 2 S. 1 LSF). Kommt der Streitfrage jedoch präjudizielle Bedeutung zu, kann es ausnahmsweise die Überprüfung durch den Obersten Gerichtshof genehmigen (S. 2).

Nach Ablauf der Dreimonatsfrist ist nach höchstrichterlicher Rechtsprechung die Geltendmachung neuer Aufhebungsgründe ausgeschlossen.[909] Aufhebungsgründe sind präkludiert, wenn anzunehmen ist, daß die Partei aufgrund rügelosen Einlassens oder aus sonstigem Grund von einer Geltendmachung abgesehen hat (§ 34 Abs. 2 S. 1 LSF). Eine Präklusion setzt jedoch Kenntnis von dem Aufhebungsgrund voraus[910] und wird ebenso wie die Frage der rechtzeitigen Erhebung der Aufhebungsklage vom Gericht nur auf Einwand der Gegenpartei geprüft.[911] Die Präklusion des Einwandes fehlender Zuständigkeit liegt stets nahe, wenn die Rüge der Unzuständigkeit nicht unverzüglich erhoben wurde, doch sind an die Feststellung dieser Rüge keine zu strengen Bedingungen zu stellen.[912] Über das UNC-MG hinaus, jedoch in Übereinstimmung mit deutschem Recht, gilt allein die Auswahl eines Schiedsrichters noch nicht als Anerkennung der schiedsrichterlichen Zuständigkeit (S. 2).

bb) Zurückverweisung an das Schiedsgericht

Das staatliche Gericht kann eine Ungültigkeits- oder Aufhebungsklage für eine gewisse Zeit durch unanfechtbaren Beschluß aussetzen[913], um dem Schiedsgericht die Wiederaufnahme des Verfahrens oder andere Maßnahmen zu ermöglichen, die nach Ansicht des Schiedsgerichts den Ungültigkeits- oder Aufhebungsgrund beseitigen (§ 35 Abs. 1 LSF). Voraussetzung einer Zurückverweisung ist stets, daß das Gericht die Klage für begründet hält und eine Partei die Aussetzung beantragt hat (§ 35 Abs. 1 Nr. 1 LSF) oder daß beide Parteien es beantragt haben (Nr. 2). Das Gericht ist jedoch nicht zur Aussetzung des Verfahrens verpflichtet. Haben beide Parteien eine Aussetzung beantragt, kann das Gericht dem Antrag stattgeben, selbst wenn es dessen Begründetheit für zumindest unsicher hält. Lehnt dagegen eine Partei

---

908 Für Teil- oder Zwischenschiedssprüche laufen unabhängig vom Endschiedsspruch eigene Aufhebungsfristen; Prop. 1998/99:35, S. 236; ebenso Cars, S. 164 m.w.N.

909 Vgl. ausdrücklich HD NJA 1996, 751, ebenso Svea Hovrätt in RH 1992:43 sowie Prop. 1998/99:35, S. 149; SOU 1994:81, S. 180 f.; Cars, S. 165; Heuman, Current Issues, S. 181 f.; a.A. im Schrifttum zum SML a.F. Hassler-Cars, S. 147 f.; Bolding, S. 224.

910 Vgl. Prop. 1998/99:35, S. 149; SOU 1994:81, S. 180 u. 291; Arbitration in Sweden, S. 156; Cars, S. 163 mit richtigem Hinweis auf Nordenson, der bereits ein „Kennenmüssen" eines Aufhebungsgrundes für ausreichend hält, damit die Präklusionswirkung eintritt (in SvJT 1977, 717).

911 Vgl. Prop. 1998/99:35, S. 236; SOU 1994:81, S. 292.

912 Vgl. Prop. 1998/99:35, S. 236; SOU 1994:81, S. 292.

913 Nach Cars, S. 171, kann auch eine mehrfache Unterbrechung in Betracht kommen. Die zeitliche Begrenzung einer Aussetzung auf 15 Tage nach schwedischem Zivilprozeßrecht (Kap. 43 § 11 Abs. 2 RB) gilt für Schiedsverfahren nach § 35 Abs. 3 LSF nicht.

eine Wiederaufnahme ab, kann das Gericht nach den Motiven den Rechtsstreit nur zurückverweisen, wenn es den Antrag für begründet hält.[914] Die Entscheidung des Gerichts hängt wesentlich davon ab, ob das Schiedsgericht den Aufhebungsgrund beseitigen kann. Dies ist etwa bei fehlender Schiedsfähigkeit nicht der Fall. In Bezug auf die Ungültigkeitsgründe in § 33 LSF kommt daher eine Zurückverweisung in der Regel nur zur Beseitigung von Formfehlern des Schiedsspruches in Betracht. Bei den Aufhebungsgründen in § 34 LSF dürfte der Hauptanwendungsfall die Beseitigung von Verfahrensfehlern sein[915], wodurch eine erneute Durchführung eines Gerichtsverfahrens im Sinne der Prozeßökonomie vermieden werden kann.

Kommt es zur Wiederaufnahme durch das Schiedsgericht, ist dessen Auftrag durch die bei Gericht geltend gemachten Unwirksamkeits- und Aufhebungsgründe begrenzt.[916] Soweit das Schiedsgericht einen neuen Schiedsspruch fällt[917], darf jede Partei innerhalb einer vom Gericht gesetzten Frist ohne das Erfordernis einer Klageschrift den Schiedsspruch insoweit anfechten, wie es aufgrund des wiederaufgenommenen Verfahrens oder der Änderung des ersten Schiedsspruches veranlaßt ist (§ 35 Abs. 2 LSF). Die Anfechtungsfrist dürfte dabei vom Gericht deutlich kürzer als die Dreimonatsfrist in § 34 LSF bemessen sein.[918] Die Partei, gegen die sich der geänderte bzw. neue Schiedsspruch richtet, kann dagegen Aufhebungsgründe geltend machen, auch soweit diese sich auf das erste Verfahren beziehen.[919]

d) Aufhebungswirkung

Die Frage, ob die Aufhebung des Schiedsspruchs ein Wiederaufleben der Schiedsvereinbarung bewirkt oder nicht, wird im Ergebnis zu bejahen sein. In den Motiven wird lediglich darauf hingewiesen, daß die Schiedsvereinbarung grundsätzlich mit Erlaß des Schiedsspruches erlischt und daß die bisherigen Schiedsrichter ohne gesonderte gesetzliche Ermächtigung danach nicht mehr zur Befassung mit der Angelegenheit berechtigt sind.[920] Als solche Ausnahmefälle werden genannt die Berichtigung, Auslegung und Ergänzung des Schiedsspruchs (§ 32) bzw. die Zurückverweisung des Verfahrens (§ 35). Weiter heißt es, daß die Streitfrage nach erfolgter gerichtlicher Aufhebung des Schiedsspruches nicht zur erneuten Prüfung an das Schiedsgericht verwiesen werde und daß die Parteien ein neues Schiedsverfahren einleiten könnten, sofern die Schiedsvereinbarung noch gelte. Dies besagt lediglich, daß das Amt des bisherigen Schiedsgerichts nach der Aufhebung regelmäßig erlischt, jedoch nichts zur

---

914 Vgl. Prop. 1998/99:35, S. 153 u. 237; SOU 1994:81, S. 185.

915 So zu Recht auch Cars, S. 168.

916 Vgl. Prop. 1998/99:35, S. 236; SOU 1994:81, S. 293. Die Rechtskraft des angefochtenen Schiedsspruches bleibt bis zu dessen Änderung oder dem Erlaß eines neuen Schiedsspruches bestehen. Er ist trotz Zurückverweisungsbeschlusses vollstreckbar, sofern das Gericht nicht auf Antrag der anfechtenden Partei Vollstreckungsschutz gewährt (Inhibitionsbeschluß nach UB 3:22 u. 18); Heuman, Skiljemannarätt, S. 660.

917 Das Schiedsgericht wird, falls neue Kosten entstanden sind, regelmäßig durch neuen Schiedsspruch entscheiden, um diese auf einfache Weise festsetzen zu können; vgl. Prop. 1998/99:35, S. 153 u. 237; SOU 1994:81, S. 184.

918 Vgl. Cars, S. 171.

919 Vgl. Prop. 1998/99:35, S. 153 u. 237; SOU 1994:81, S. 186.

920 Vgl. Prop. 1998/99:35, S. 99.

Frage der Weitergeltung der Schiedsvereinbarung an sich. Die Reformkommission sowie das neuere Schrifttum vertreten die Ansicht, daß eine Schiedsvereinbarung nur aufgrund Vereinbarung oder Gesetz erlöschen könne.[921] Nach Aufhebung eines Schiedsspruches bestehe eine Schiedsvereinbarung daher grundsätzlich fort, sofern im Aufhebungsurteil nicht gerade fehlende Schiedsfähigkeit oder Ungültigkeit der Schiedsvereinbarung festgestellt wurde. In den Motiven wird zu dieser Frage nicht weiter Stellung genommen, so daß abzuwarten bleibt, wie diese Frage in der Praxis beantwortet werden wird. Für das Verständnis der Reformkommission spricht ein älteres Urteil des Obersten Gerichtshofs, wonach eine Schiedsvereinbarung auch nach Aufhebung des Schiedsspruchs ein Verfahrenshindernis vor dem ordentlichen Gericht darstellte.[922] Es ist daher davon auszugehen, daß eine Schiedsvereinbarung auch nach Aufhebung des Schiedsspruches weitergilt und Wirkung entfaltet.

e) Ausschluß von Aufhebungsgründen

Gewerbetreibende ohne Sitz oder Betriebsstätte in Schweden können nach § 51 LSF im Rahmen ihrer geschäftlichen Tätigkeit untereinander und für die Zukunft die Anwendbarkeit der Aufhebungsgründe in § 34 LSF begrenzen oder ausschließen.[923] Ein Ausschluß von Ungültigkeitsgründen nach § 33 LSF fällt jedoch nicht darunter. Es kommt darauf an, daß die Parteien im Zeitpunkt der Vereinbarung des Rechtsbehelfsausschlusses keine Anbindung an Schweden haben. Dem steht es nicht entgegen, wenn eine Partei in Schweden pfändbares Eigentum oder eine Tochtergesellschaft mit Betriebsstätte hat oder sie erst zu einem späteren Zeitpunkt eine eigene Anknüpfung an Schweden aufbaut.[924] In formaler Hinsicht muß ein Verzicht nach § 51 Abs. 1 LSF ausdrücklich und schriftlich vereinbart werden. Allein der Hinweis auf eine Schiedsverfahrensordnung, nach der ein Rechtsbehelfsverzicht zulässig ist, genügt dafür nicht. Prozessual muß der Einwand der Ausschlußvereinbarung vom Aufhebungsgegner im Aufhebungsverfahren spätestens in der ersten mündlichen Verhandlung geltend gemacht werden.[925]

Der schwedische Gesetzgeber stellt mit § 51 LSF die Verantwortung des Staates für ein in seinem Hoheitsgebiet stattfindendes Schiedsverfahren teilweise zur Disposition der Parteien. Diese dem UNC-MG unbekannte Neuregelung geht zurück auf eine Entscheidung des schwedischen Obersten Gerichtshofes aus dem Jahre 1989 („Uganda-

---

921 Vgl. SOU 1994:81, S. 109; ebenso Cars, S. 50 f. u. 128; Heuman, Skiljemannarätt, S. 134; ähnlich Hjerner, der aus dem Wegfall einer Urteilsfrist im LSF (vgl. § 18 Abs. 2 SML a.F. – 6-Monatsfrist) folgert, daß das Schiedsgericht das Verfahren wieder aufnehmen kann; in Festskrift Strömholm, S. 393 (396). Das Schrifttum zum SML a.F. ist insoweit unklar, vgl. Hassler/Cars, 57 f. m.w.N. Bolding, Skiljedom, S. 121 f., legt die Rechtsprechung des Obersten Gerichtshofes zum SML a.F. so aus, daß das Fortbestehen der Schiedsvereinbarung von der Frage des Ablaufes der Urteilsfrist abhängt.

922 Vgl. HD NJA 1925, 136 (138).

923 Werden z. B. die Befangenheitsgründe in § 34 Abs. 1 Nr. 5 LSF ausgeschlossen, so entfällt damit auch die Möglichkeit ihrer Überprüfung während des Verfahrens gemäß § 10 Abs. 3 LSF; Prop. 1998/99:35, S. 246; SOU 1994:81, S. 308.

924 Vgl. Prop. 1998/99:35, S. 158 f.; SOU 1994:81, S. 192.

925 Vgl. 34. Kap. § 1 Abs. 3 RB.

Entscheidung")[926], die zu einer Änderung der bis dahin gültigen Rechtsauffassung führte. In ihr heißt es in englischer Übersetzung: „The case concerns parties lacking a connection with Sweden. For such parties, it should be considered possible – even before a dispute has arisen – to enter into an agreement which limits a party's right to challenge an arbitral award in a Swedish court on account of formal defects (...)."[927]

Ein im voraus erklärter Rechtsbehelfsverzicht gegenüber Schiedssprüchen ist auch in einigen anderen Ländern anerkannt.[928] Auch wenn die Gesetzesmotive insoweit schweigen, hat sich die schwedische Reformkommission ausdrücklich auch an dem weitgehend inhaltsgleichen Rechtsbehelfsverzicht in Art. 192 Abs. 1 des schweizerischen Bundesgesetzes über das Internationale Privatrecht (IPRG) orientiert.[929] Aus schweizer Sicht besteht ein Bedürfnis der Parteien internationaler Schiedsverfahren nach flexiblen und liberalen Formen der Streiterledigung, was die Möglichkeit eines Rechtsbehelfsverzichts einschließe.[930] Die Regelung in § 51 LSF ist jedoch vergleichsweise enger, da das schweizer Recht keine Unterscheidung von Ungültigkeits- und Aufhebungsgründen kennt und Art. 192 Abs. 1 schweiz. IPRG auch die Aufhebungsgründe umfaßt, die im schwedischen Recht als Unwirksamkeitsgründe (§ 33 LSF) von der Bestimmung in § 51 LSF ausgeschlossen sind.

Die Grenzen eines zulässigen Rechtsbehelfsverzichts waren nach früheren Recht unklar. Im schwedischen Schrifttum wurde die Wirksamkeit einer umfassenden Ausschlußvereinbarung unter Berücksichtigung der „Uganda-Entscheidung" des Obersten Gerichtshofes nicht ausgeschlossen. Andererseits galt als unsicher, ob das Gericht nur eine Beschränkung oder einen generellen Ausschluß eines Anfechtungsgrundes meine und ob dem Urteil über den entschiedenen Aufhebungsgrund hinaus

---

926 HD NJA I 1989, 143 ff. („Solel Boneh International Ltd et al gegen die Republik Uganda et al"); vgl. dazu Hobér, Svensk och Internationell Skiljedom 1989, 9 ff.; Wetter/Kadelburger, Mealey's Int. Arb. Rep. 1989, Vol. 4 No. 5, S. 19 ff.; Heuman, Current Issues, S. 205 ff.

927 Vgl. Auszug bei Heuman, Current Issues, S. 210.

928 Siehe rechtsvergleichend Berger zu Frankreich, Schweden (SML a.F.), die Niederlande, Österreich, Großbritannien, Schweiz und Belgien, in RIW 1989, 850 ff. sowie Jarvin, Svensk och Internationell Skiljedom 1989, 27 ff. (Belgien, England, Frankreich, Schweiz). Im belgischen Recht konnte nach Art. 1717 Nr. 4 (a.F.) Code judiciarie belge von 1985 – in Kraft bis 17.08.1998 – ein Schiedsspruch nur auf seine Gültigkeit überprüft werden, wenn eine Partei eine natürliche Person mit belgischer Staatsangehörigkeit war oder in Belgien wohnte oder – im Fall einer juristischen Person – wenn sie nach belgischem Recht gebildet ist oder eine Filiale bzw. Büro in Belgien hatte (vgl. dazu z. B. Jarvin, SvJT 1994, 577 (578 f.); ders., Svensk och internationell skiljedom, 1989, S. 27 ff.). Am 17. August 1998 ist das reformierte belgische Gesetz vom 19. Mai 1998 in Kraft getreten. Dabei wurde aufgrund der internationalen Kritik Art. 1717 Abs. 4 a.F. dahingehend und in Anlehnung an Art. 192 schweiz. IPRG geändert, daß nunmehr ein Verzicht auf Aufhebungsgründe zwar vereinbart werden kann, sofern keine belgische Parteien am Verfahren beteiligt ist, jedoch nicht von selbst eintritt; vgl. Verbist, BB-Beilage 9/1998 (Heft 39), S. 4 (5 u. 9) m.w.N.

929 Vgl. SOU 1994:81, S. 190. Art. 192 Abs. 1 schweiz. IPRG lautet auszugsweise: „Hat keine der Parteien Wohnsitz, gewöhnlichen Aufenthalt oder eine Niederlassung in der Schweiz, so können sie durch eine ausdrückliche Erklärung in der Schiedsvereinbarung oder in einer späteren schriftlichen Übereinkunft die Aufhebung der Schiedsentscheide vollständig ausschliessen; (...)".

930 Zustimmend Blessing, DIS Band 1/ II, S. 13 (83-85); Briner, ebenda, S. 99 (112); a.A. IPRG – Siehr, Art. 192 (einschränkende Interpretation), Rn. 33 m.w.N.

Gültigkeit für alle gesetzlichen Aufhebungsgründe zukomme.[931] Die Neuregelung in § 51 LSF hat diese Unsicherheiten beseitigt.[932]

Nach Ansicht des Gesetzgebers haben ausländische Parteien internationaler Wirtschaftsverfahren ein legitimes Interesse an der Möglichkeit des Ausschlusses der Aufhebungsgründe bereits bei Eingehung der Schiedsvereinbarung, da regelmäßig keine schwedischen Rechtsschutzinteressen betroffen seien. Die Parteien hätten keine direkte Anbindung an Schweden, kein inländisches Vermögen und daher würde es zu keiner Vollstreckung im Inland kommen.[933] Die beteiligten Parteien seien häufig unterschiedlicher Nationalität und hätten den schwedischen Schiedsverfahrensort, der für beide Parteien im Ausland liege, lediglich zufällig oder aus Neutralitätsgesichtspunkten bestimmt. Die Reformkommission weist ferner darauf hin, daß ihnen die Aufhebungsgründe im schwedischen Recht fremd und möglicherweise zu unbestimmt sein könnten und sie zum Teil ohnehin kein Interesse an einer rechtlichen Nachprüfbarkeit des Schiedsspruchs im Verfahrensland hätten.[934] Ein weiteres Motiv für die Einführung von § 51 LSF sei die latente Obstruktionsgefahr durch die unterlegene Partei. Diese könne die Anfechtungsklage einmal im Land des Schiedsverfahrens und im Mißerfolgsfalle auch im Vollstreckungsstaat erheben.

Die Regelung in § 51 LSF ist aus Rechtsschutzerwägungen nicht auf rein inländische Verfahren erstreckt worden, da den Aufhebungsgründen nach Ansicht des Gesetzgebers die Funktion zukomme, den Parteien ein Mindestmaß an unparteiischem und rechtsstaatlich korrektem Verfahren zu garantieren. Die Interessenlage sei zwischen Parteien ausländischer internationaler Verfahren anders, da diesen die Bedeutung eines Rechtsbehelfsverzichts bewußt sei.[935] Sollte ausnahmsweise die Vollstreckung eines solchen Schiedsspruchs in Schweden in Betracht kommen, wird er entsprechend dem schweizerischen Vorbild (Art. 192 Abs. 2 IPRG) nach den Regeln eines ausländischen Schiedsspruchs anerkannt und vollstreckt (§ 51 Abs. 2 LSF). Das gilt auch, wenn die Ausschlußvereinbarung nur einen Teil der Aufhebungsgründe umfaßt.[936] Im

---

[931] Vgl. Heuman, Current Issues, S. 212; Hobér, Svensk och Internationell Skiljedom 1989, S. 9 (22); wohl auch Jarvin, Svensk och Internationell Skiljedom 1989, 27 (37); Westerling, Swedish and International Arbitration 1982, 12 (15), jeweils auch mit Darstellung zum Meinungsstand.

[932] Zwei Mitglieder der schwedischen Reformkommission haben separate Stellungnahmen abgegeben: Hobér plädiert für die Wirkungserstreckung des § 51 LSF auch auf Verfahren unter Beteiligung von einer oder von ausschließlich schwedischen Parteien, da alle Vorteile der Regelung auch für sie gelten würden; SOU 1994:81, S. 323 f.; a.A. Prop. 1998/99:35, S. 158. Ramberg empfiehlt dagegen zwecks Vermeidung unvertretbarer Folgen einen Verzicht auf § 51 LSF, da ansonsten etwa ein Schiedsspruch bei Fehlen einer gültigen Schiedsvereinbarung nicht aufgehoben werden könnte bzw. ein nicht auf Erfüllung lautender Schiedsspruch (z. B. Klageabweisung oder stattgebende Feststellungsklage) bei Vorliegen eines Aufhebungsgrundes nicht beseitigt werden könnte und es in letzterem Fall auch nicht zu einer Überprüfung im Rahmen einer Vollstreckung komme; SOU 1994:81, S. 325 f.; a.A. Reformkommission, SOU 1994:81, S. 190.

[933] Vgl. Prop. 1998/99:35, S. 159; SOU 1994:81, S. 191 f.

[934] Vgl. SOU 1994:81, S. 189 u. 191.

[935] Vgl. SOU 1994:81, S. 188 f. u. 191.

[936] Vgl. Prop. 1998/99:35, S. 159; SOU 1994:81, S. 192 u. 309.

Exequaturstadium kommt es somit zu einer uneingeschränkten Kontrolle des Schiedsspruches anhand des UNÜ.[937]

f) Rechtsbehelf gegen die Kostenentscheidung

Ist eine Partei oder ein Schiedsrichter mit der festgesetzten Vergütung der Schiedsrichter nicht einverstanden, können sie den Schiedsspruch innerhalb von drei Monaten nach dessen Kenntnisnahme bzw. Mitteilung anfechten (§ 41 Abs. 1 LSF).[938] Die Prüfungskompetenz des Gerichts erstreckt sich dabei nur auf die Höhe der zugunsten der (oder des) Schiedsrichter(s) festgesetzten Honorare, nicht aber auf die Kostenverteilung zwischen den Parteien.[939] Setzt das Gericht das Honorar im Urteil herunter, so gilt das auch zugunsten der nicht klagenden Partei (Abs. 2).[940] Kostenbegrenzungsregeln etwa für zahlungsschwache Parteien enthält auch das schwedische Recht nicht.[941]

3. Stellungnahme

Die Ausgestaltung der Aufhebungsgründe spiegelt das Ausmaß der staatlichen Kontrolle über die Schiedsgerichtbarkeit wider, der die Schiedsgerichtsbarkeit in dem jeweiligen Land unterworfen ist. Jedes nationale Schiedsverfahrensrecht behält sich diese Kontrolle vor. Im Einzelfall kommt es auf die Reichweite der staatlichen Kontrolle an. Die deutsche Bestimmung in § 1059 ZPO folgt inhaltlich und in Struktur fast unverändert Art. 34 UNC-MG und dem damit übereinstimmenden Katalog der Versagungsgründe der Anerkennung und Vollstreckbarerklärung nach Art. 5 Abs. 1-2 UNÜ. Schweden hat im LSF dagegen sowohl in Struktur und zum Teil auch inhaltlich an dem früheren Recht weitgehend festgehalten und unterscheidet sich damit in einigen Punkten wesentlich vom deutschen Recht und dem UNC-MG. Teilweise enthält das schwedische Recht aus internationaler Perspektive ungewöhnliche Einzelbestimmungen, deren rechtliche und praktische Bedeutung zu verdeutlichen ist.

Zunächst ist jedoch hervorzuheben, daß beide Gesetzgeber eine Reihe vergleichbarer Regelungen mit dem Ziel einer Einschränkung der Rolle der ordentlichen Gerichte

---

937 Vgl. SOU 1994:81, S. 190. Andererseits bewirkt die Rechtskraft einer als unbegründet abgewiesenen Aufhebungsklage über nicht ausgeschlossene Aufhebungsgründe, daß diese später nicht mehr geltend gemacht werden können; ebenda, S. 309.

938 Das Aufhebungsrecht nach § 41 LSF erfaßt keine Kostenentscheidungen von Dritten oder Schiedsgerichtsorganisationen; vgl. Cars, S. 187.

939 Vgl. Prop. 1998/99:35, S. 242; SOU 1994:81, S. 301. Die Kostenquote im Schiedsspruch ist ausnahmsweise nach §§ 36 Abs. 2, 42 LSF durch das Gericht nachprüfbar, wenn das Schiedsgericht die Klage wegen Unzuständigkeit durch Prozessschiedsspruch abgewiesen hat.

940 Der Oberste Gerichtshof (HD) hat diesen Grundsatz bereits in NJA 1956, 87 (96) anerkannt, jedoch auch Ausnahmen davon für zulässig erklärt.

941 Der Gesetzgeber hat den im Schlußbericht enthaltenen Vorschlag nicht übernommen, der die Kostentragungslast von Parteien mit einer Verbraucher- oder sonst unterlegenen Stellung zwingend auf die Höhe eines "Basisbetrages" begrenzt hätte, wenn für sie die volle Kostentragungslast unbillig sei (Basisbetrag für 2000 = SEK 36.600), mit der Folge, daß die andere Partei die den Basisbetrag übersteigenden Mehrkosten zusätzlich zu tragen hätte; vgl. Prop. 1998/99:35, S. 281-283; SOU 1995:65, S. 217-224 und S. 243-247; ablehnende Kommissionsmitglieder: Heuman (S. 251 ff.) sowie Franke, Lindgren und Ramberg in gemeinsamer Stellungnahme (S. 257 ff.).

und damit zugunsten einer effektiven Schiedsgerichtsbarkeit eingeführt haben. Ein Beitrag zur Förderung einer zügigen endgültigen Streiterledigung haben beide Länder dadurch geliefert, daß für Anfechtungsklagen die Eingangszuständigkeit bei den Berufungsgerichten angesiedelt wurde (§ 1062 Abs. 1 Nr. 4 ZPO (Oberlandesgericht); § 43 Abs. 1 LSF (Hofgericht = Hovrätt)). Gegen deren Entscheidungen sind Rechtsmittel lediglich unter den einschränkenden Voraussetzungen der Revision (§§ 545 ff. ZPO) bzw. nur bei präjudizieller Bedeutung der Streifrage und gesonderter Zulassung durch das Berufungsgericht zulässig (§ 43 Abs. 2 LSF). Diese Regelungen sind zu begrüßen und dienen dem zügigen Erreichen von rechtskräftigen Entscheidungen des Rechtsstreits und damit Rechtssicherheit für die Parteien.

Die deutschen und schwedischen Bestimmungen sind systematisch verschieden in der Weise, daß das LSF neben Aufhebungsgründen zusätzlich Ungültigkeitgründe enthält, während § 1059 ZPO in Übereinstimmung mit dem UNC-MG einen abschließenden Katalog von Aufhebungsgründen enthält. Sämtliche Aufhebungsgründe sind spätestens innerhalb von drei Monaten nach Empfang des Schiedsspruches durch die Partei geltend zu machen (§ 1059 Abs. 3 ZPO). Lediglich die Aufhebungsgründe fehlender Schiedsfähigkeit und des ordre-public Verstoßes sind von Amts wegen zu beachten. Nach Fristablauf kann die Rechtskraft eines Schiedsspruches im Aufhebungsverfahren nicht mehr beseitigt werden. Das LSF enthält dagegen neben befristet geltend zu machenden Aufhebungsgründen in § 34 LSF die Möglichkeit der unbefristeten Geltendmachung von Ungültigkeitsgründen nach § 33 LSF. Auf eine vorherige Rüge des „Ungültigkeitsgrundes" kommt es nicht an, sondern ein Schiedsspruch ist nach § 33 LSF ipso iure ungültig bei fehlender objektiver Schiedsfähigkeit, bei einem Verstoß gegen den ordre public oder gegen das Formerfordernis. Im schwedischen Recht gilt somit bezüglich der Ungültigkeitsgründe in § 33 LSF eine weitergehende – unbefristete – staatliche Kontrolle über die Schiedsgerichtsbarkeit als in Deutschland. Die Beibehaltung von isolierten Ungültigkeitsgründen wird mit dem öffentlichen Interesse am Schutz von nicht disponiblen Dritt- und Allgemeininteressen begründet. Die Regelung in § 33 LSF verhindert jedoch den Eintritt von Rechtssicherheit, wenn auch nur ein geringer Anlaß besteht, einen Schiedsspruch möglicherweise für „ungültig" zu halten. Die Unterscheidung zwischen Ungültigkeits- und Aufhebungsgründen kann zudem schwierig sein. Das gilt etwa im Einzelfall bei der Abgrenzung zwischen einem befristet anfechtbaren Verfahrensfehler nach § 34 Abs. 1 Nr. 6 LSF und einer Verletzung des verfahrensrechtlichen ordre-public nach § 33 Abs. 1 Nr. 2 LSF. Auch kann die Frage des Vorliegens objektiver Schiedsfähigkeit schwierig zu beurteilen sein. Zur Beseitigung der Unsicherheiten kann eine (Nichtigkeits-) Feststellungsklage vor den ordentlichen Gerichten erhoben werden. Dies auch dann, wenn die Ungültigkeit vor einem ausländischen Vollstreckungsgericht eingewandt wird. Diese Möglichkeiten jedoch widersprechen dem Wunsch nach schneller Streiterledigung und relativieren die justizentlastende Komponente, die von schwedischer Seite der Bestimmung in § 33 LSF mit beigemessen wird, da hinsichtlich eines per se ungültigen Schiedsspruches kein Gerichtsverfahren eingeleitet werden muß.[942] Zu beachten ist, daß die in § 33 LSF genannten Ungültigkeitsgründe auch nach schwedischem Recht im Anerkennungs- und Vollstreckbarerklärungsverfahren geltend gemacht werden können. Dadurch ist

---

942 Vgl. dazu unten, F. VII. 2. b) aa).

gewährleistet, daß es zu einer Kontrolle eines Schiedsspruches auf fehlende Schiedsfähigkeit oder Verstoßes gegen den ordre-public auch in diesem Stadium kommen kann. Die betroffenen Parteien sind daher nicht in dem Sinne schutzbedürftig, daß sie neben befristeten Aufhebungsgründen eine Möglichkeit zur unbefristeten Geltendmachung von Ungültigkeitsgründe benötigen. Die in § 33 LSF geregelten Ungültigkeitsgründe hätte man – ebenso wie in § 1059 Abs. 2 Nr. 2 ZPO und Art. 34 Abs. 2 b UNC-MG – so ausgestalten können, daß sie stets von Amts wegen in einem Aufhebungsverfahren zu beachten sind. Das öffentliche Interesse an staatlicher Kontrolle der Schiedsgerichtsbarkeit kann somit durch eine Doppelkontrolle in Form einer befristeten Aufhebungsmöglichkeit und einer zusätzlichen Kontrolle der Schiedssprüche im Anerkennungs- und Vollstreckungsstadium befriedigt werden. Die Aufteilung in Ungültigkeits- und Aufhebungsgründe und somit die Bestimmung in § 33 LSF erscheint daher im Sinne einer möglichst weitgehenden Rechtssicherheit für die Parteien verzichtbar. Auch aus Gründen einer Rechtsvereinheitlichung wäre die Aufnahme der Ungültigkeitsgründe in die Kategorie der Aufhebungsgründe in § 34 LSF zu begrüßen gewesen.

Vergleicht man den Umfang der Aufhebbarkeit eines Schiedsspruchs im deutschen und schwedischen Recht hat sich zunächst gezeigt, daß alle in Art 34 Abs. 2 UNC-MG geregelten Aufhebungsgründe auch nach § 1059 Abs. 2 ZPO und §§ 33, 34 LSF Aufhebungs- bzw. Ungültigkeitsgründe darstellen. Im schwedischen Recht folgt dies nicht immer ausdrücklich aus dem Gesetzeswortlaut, doch ist ein Schiedsspruch nach beiden Rechtsordnungen aufhebbar bei (a) fehlender subjektiver Schiedsfähigkeit der Parteien[943], (b) Ungültigkeit der Schiedsvereinbarung[944], (c) Verletzung des Anspruchs auf rechtliches Gehör einer Partei bzw. fehlender Ermöglichung zur Geltendmachung von Angriffs- und Verteidigungsmitteln[945], (d) Überschreiten der Entscheidungskompetenz durch Schiedsgericht[946], (e) Fehlerhafter Bildung des Schiedsgerichts, wenn anzunehmen ist, daß dies sich auf den Verfahrensausgang ausgewirkt hat[947], (f) Verfahrensfehlern, wenn anzunehmen ist, daß diese sich auf den Verfahrensausgang ausgewirkt haben[948], (g) Schiedsunfähigkeit des Streitgegenstandes[949] und (h) wenn die Anerkennung und Vollstreckung des Schiedsspruchs gegen den ordre-public verstößt.[950]

Das LSF enthält ferner folgende in der ZPO nicht separat geregelte weitere Ungültigkeits- und Aufhebungsgründe, die jedoch im deutschen Recht von der Bestimmung in § 1059 Abs. 2 Nr. 1 d ZPO weitgehend mit erfaßt werden, etwa (a) das Nichterfüllen des Form- und Unterschriftserfordernisses des Schiedsspruches (§ 33 Abs. 1

---

943 Vgl. § 1059 Abs. 2 Nr. 1 a ZPO; § 34 Abs. 1 Nr. 1 LSF (vgl. dazu Cars, S. 153; Heuman, Skiljemannarätt, S. 653 Fn. 302).

944 Vgl. § 1059 Abs. 2 Nr. 1 a ZPO; § 34 Abs. 1 Nr. 1 LSF.

945 Vgl. § 1059 Abs. 2 Nr. 1 b u. Nr. 2 b ZPO; § 33 Abs. 1 Nr. 2 u. § 34 Abs. 1 Nr. 6 LSF.

946 Vgl. § 1059 Abs. 2 Nr. 1 c ZPO; § 34 Abs. 1 Nr. 2 LSF.

947 Vgl. § 1059 Abs. 2 Nr. 1 d ZPO; § 34 Abs. 1 Nr. 4 LSF.

948 Vgl. § 1059 Abs. 2 Nr. 1 d ZPO; § 34 Abs. 1 Nr. 6 LSF.

949 Vgl. § 1059 Abs. 2 Nr. 2 a ZPO; § 33 Abs. 1 Nr. 1 LSF.

950 Vgl. § 1059 Abs. 2 Nr. 2 b ZPO; § 33 Nr. 2 LSF.

Nr. 3 LSF)[951], (b) Überschreiten einer Urteilsfrist (§ 34 Abs. 1 Nr. 2 LSF)[952], (c) die Unzulässigkeit des Verfahrens im Inland (§ 34 Abs. 1 Nr. 3 LSF)[953] und (d) das Nichterfüllen der persönlichen Voraussetzungen durch die Schiedsrichter (§ 34 Abs. 1 Nr. 5 LSF)[954]. Die deutsche Bestimmung in § 1059 Abs. 2 Nr. 1 d ZPO ist jedoch enger, da sie voraussetzt, daß sich der Aufhebungsgrund auf den Verfahrensausgang ausgewirkt hat. Diese Einschränkung wird im schwedischen Recht lediglich bei einer Anfechtung aufgrund eines Verfahrensfehlers im Sinne des § 34 Abs. 1 Nr. 6 LSF gemacht, im übrigen nicht. Ferner fallen unter die schwedischen Aufhebungsgründe einige international ungewöhnlichen Umstände, wie etwa der Fall, daß ein Schiedsspruch aufhebbar ist, wenn ein Schiedsrichter nicht frei über sein Vermögen verfügen konnte (vgl. § 34 Abs. 1 Nr. 5 iVm § 7 LSF).

Im vorerwähnten Fall des § 34 Abs. 1 Nr. 3 LSF (iVm. § 47 LSF) kann ein Schiedsspruch aufgehoben werden, wenn das Schiedsverfahren aufgrund der Parteivereinbarungen nicht in Schweden hätte stattfinden dürfen. Dieser gesetzliche Aufhebungsgrund ist – soweit ersichtlich – international unüblich und ihm ist unter dem früheren Recht keine Bedeutung zugekommen. Ein Schiedsgericht dürfte sich auch kaum jemals über eine Parteivereinbarung, die Schweden als Schiedsverfahrensort ausschließt, hinwegsetzen. Im übrigen haben die Parteien es in der Hand, ein solches Schiedsgericht gemeinsam abzusetzen. Dieser Aufhebungsgrund mag in einem seltenen Ausnahmefall Bedeutung erlangen, doch erscheint er insgesamt verzichtbar.

Ein Schiedsspruch ist ferner aufgrund der isolierten Regelung in § 36 Abs. 1 S. 1 LSF aufhebbar, wenn das Schiedsgericht nicht über den Klageanspruch entschieden hat. Dies betrifft etwa den Fall, daß das Schiedsgericht die Klage als unzulässig abweist. Diese Entscheidung ergeht nach § 27 Abs. 1 S. 1 LSF durch Schiedsspruch, der nach obiger Regelung separat anfechtbar ist, unabhängig vom Vorliegen von Aufhebungsgründen nach § 34 Abs. 1 LSF. Nach deutschem Recht kann ein Schiedsgericht diese Entscheidung nach Ansicht des Gesetzgebers und nach Teilen des Schrifttums ebenfalls in Form eines klageabweisenden Prozeßschiedsspruchs (einschließlich Kostenentscheidung) treffen.[955] Aus dogmatischer Sicht kann hiergegen eingewandt werden, daß dem Schiedsgericht mangels Schiedsvereinbarung keine Entscheidungsbefugnis zustehe. Andererseits ist der Wille der Parteien regelmäßig so auszulegen, daß sie das Schiedsgericht im Fall einer Zuständigkeitsrüge im Zweifel zur Entscheidung über die Zuständigkeitsfrage ermächtigt haben. Das Schiedsgericht kann danach die Klage durch Prozeßschiedsspruch abweisen, der lediglich nach § 1059 ZPO im Aufhebungsverfahren bei Vorliegen der begrenzten Aufhebungsgründe anfechtbar ist. Dagegen geht die Möglichkeit zur Aufhebung nach § 36 Abs. 1 S. 1 LSF deutlich weiter und ermöglicht eine Überprüfung der Gültigkeit der Schiedsvereinbarung durch das staatliche Gericht in jedem Fall einer Verfahrensbeendigung ohne Sachentscheidung durch

---

951 Vgl. § 1059 Abs. 2 Nr. 1 d ZPO iVm § 1054 Abs. 1 ZPO.

952 Vgl. § 1059 Abs. 2 Nr. 1 d ZPO iVm mit einer Verletzung einer zulässigen Parteivereinbarung.

953 Vgl. § 1059 Abs. 2 Nr. 1 d ZPO, sofern die Unzulässigkeit auf der Verletzung einer Bestimmung in §§ 1025 ff. ZPO oder einer zulässigen Parteivereinbarung beruht.

954 Vgl. § 1059 Abs. 2 Nr. 1 d ZPO, sofern dies eine Verletzung einer Bestimmung der §§ 1025 ff. oder einer zulässigen Parteivereinbarung darstellt.

955 Vgl. oben unter F. I. 1. i).

Schiedsspruch. Nach deutschem Recht ist dagegen die Schiedsklausel verbraucht und daher zwangsläufig das ordentliche Gericht zuständig, wenn das Schiedsgericht seine Zuständigkeit durch (bindenden) Prozeßschiedsspruch verneint. Die Regelung in § 36 Abs. 1 S. 1 LSF gewährt den Parteien Rechtsklarheit über die Befugnis des Schiedsgerichts und verhindert das Aufkommen der im deutschen Recht teilweise vorhandenen Rechtsunsicherheit, ob das Schiedsgericht in diesem Fall durch (Prozeß-) Schiedsspruch entscheiden darf und ob dieser Schiedsspruch Bestand hat. Andererseits ist fraglich, ob die Regelung in § 36 Abs. 1 S. 1 LSF sinnvoll ist. Insbesondere die Zuständigkeitsfrage des Schiedsgerichts ist nach beiden Rechtsordnungen bereits in einem frühen Verfahrensstadium zu klären. Nach § 1040 Abs. 2 ZPO hat der Beklagte eine Zuständigkeitsrüge spätestens bereits mit der Klagebeantwortung vorzubringen und gegebenenfalls Klage vor dem ordentlichen Gericht zu erheben, anderenfalls droht die Präklusion des Einwands. Obwohl § 36 LSF keine ausdrückliche Präklusionsregel wie in § 34 Abs. 2 LSF enthält, ist auch nach schwedischem Recht der Einwand der ungültigen Schiedsvereinbarung oder der fehlenden Zuständigkeit des Schiedsgerichts regelmäßig präkludiert, wenn der Beklagte die Rüge nicht frühzeitig im Verfahren erhebt.[956] Die Bestimmung in § 36 Abs. 1 S. 1 LSF erscheint daher wenig praxisrelevant und aufgrund der Schaffung eines weiteren Aufhebungsgrundes auch nicht vorteilhaft im Sinne einer Straffung des Schiedsverfahrens.

Es kann zusammenfassend festgestellt werden, daß im schwedischen Recht weitergehende Aufhebungsgründe bestehen als nach deutschem Recht und daß im schwedischen Recht zudem die Ungültigkeitsgründe in § 33 LSF unbefristet geltend gemacht werden könnnen. Diese vom deutschen Recht und dem UNC-MG abweichende Systematik der schwedischen Bestimmungen entstammt dem früheren Recht (SML a.F.). Die aufgezeigten Abweichungen in Bezug auf § 33 LSF und § 36 LSF erscheinen aus den vorgenannten Gründen nicht überzeugend und verringern die Übersichtlichkeit des Gesetzes. Sie stehen dem internationalen Bestreben nach einer zahlenmäßigen Begrenzung der Aufhebungsgründe in den nationalen Schiedsgesetzen entgegen und dürften für internationale Betrachter ohne Kenntnisse des schwedischen Rechts ungewohnt erscheinen, soweit sie sich vom UNC-MG unterscheiden.

Neu im deutschen und schwedischen Recht ist eine Zurückverweisungsmöglichkeit des Rechtsstreits an das Schiedsgericht im Aufhebungsverfahren. Voraussetzung ist stets der Antrag mindestens einer Partei und das Vorliegen eines Aufhebungs- oder Ungültigkeitsgrundes, den das Schiedsgericht „heilen" kann. Dies entfällt beispielsweise bei fehlender Schiedsfähigkeit des Streitgegenstandes. Dem Gericht kommt nach beiden Rechtsordnungen Ermessen bei der Entscheidung über den Zurückverweisungsantrag zu. Es berücksichtigt dabei auch die Begründetheit des Antrages, insbesondere wenn nur eine Partei den Antrag stellt. Dies ist in § 35 Abs. 1 LSF ausdrücklich festgeschrieben. Beantragen beide Parteien die Zurückverweisung, kann das Gericht dem auch dann stattgeben, wenn es die Begründetheit des Antrages bezweifelt. Die Beurteilung der Begründetheit des Antrages kann eine weitere Sachverhaltsaufklärung und möglicherweise zunächst eine Anhörung der Parteien oder sonstige auch aufwendige Fallaufbereitung erforderlich machen. Die Gerichte können diese Situationen flexibel handhaben, doch ist zu vermuten, daß in der Praxis unter „geeignete

[956] Vgl. Prop. 1998/99:35, S. 236, Cars, S. 163.

Fälle" im Sinne des § 1059 Abs. 4 ZPO lediglich einfacher gelagerte Fälle fallen werden. Eine Zurückverweisung erfolgt nach § 1059 Abs. 5 ZPO unter Aufhebung des Schiedsspruchs und bewirkt im Zweifel das Wiederaufleben der Schiedsvereinbarung. Der ursprüngliche Schiedsspruch ist damit weggefallen. Nach schwedischem Recht wird das ordentliche Gerichtsverfahren während der Zurückverweisung entsprechend Art. 34 UNC-MG lediglich ausgesetzt und der Schiedsspruch bleibt bestehen. Auch die Schiedsvereinbarung gilt als fortbestehend. Erläßt das Schiedsgericht keinen neuen Schiedsspruch, hebt das Gericht den „alten" Schiedsspruch später auf. Beide Rechtsordnungen gehen zwar davon aus, daß das Schiedsgericht nicht zu einer Berichtigung, Korrektur oder Ergänzung eines Schiedsspruches gezwungen werden kann. Andererseits setzt man von deutscher Seite voraus, daß das Schiedsgericht stets die Rechtsauffassung des zurückweisenden Gerichts teilen werde. Eine rechtliche Pflicht der Schiedsrichter hierzu besteht jedoch nicht, ebensowenig wie nach schwedischem Recht. Im schwedischen Recht wird eine liberalere Haltung eingenommen und in § 35 Abs. 1 LSF betont, daß dem Schiedsgericht die Abänderung des Schiedsspruchs freistehe „(...) um das Schiedsgericht in die Lage zu versetzen, das schiedsrichterliche Verfahren wieder aufzunehmen oder andere Maßnahmen zu ergreifen, die nach Meinung des Schiedsgerichts den Grund für die Ungültigkeit oder die Aufhebung beseitigen."[957] Anders als nach der Neuregelung in § 1059 Abs. 5 ZPO ist nach schwedischem Recht nicht unumstritten, ob die Schiedsvereinbarung nach einer Aufhebung wieder auflebt. Nach überwiegender Ansicht in Schweden ist dies jedoch anzunehmen und eine gesetzliche Klarstellung auch im LSF wäre zu begrüßen gewesen. Bereits bei den Beratungen zum UNC-MG wurde eingewandt, ein Wiederaufleben der Schiedsvereinbarung könne zu immer neuen aufhebbaren Schiedssprüchen führen („repeated futile arbitrations").[958] Dem ist entgegenzuhalten, daß die Schiedsgerichte in der Regel die Rechtsauffassung des zurückverweisenden Gerichts berücksichtigen werden. Im Ergebnis ist die Einführung der Zurückverweisungsmöglichkeit in beiden Gesetzen zu begrüßen. Dadurch kann zumindest in einfacher gelagerten Fällen ein Schiedsspruch durch ein flexibles und schnelles Eingreifen durch die mit dem Sachverhalt vertrauten Schiedsrichter „geheilt" werden. Die Praxis wird zeigen, ob die Neuregelungen in § 1059 Abs. 4 ZPO bzw. § 35 Abs. 1 LSF Anwendung finden werden. Die Bestimmungen sind Ausdruck eines guten kooperativen Verhältnisses zwischen Schiedsgerichtsbarkeit und staatlicher Gerichtsbarkeit.

Das Ausmaß an staatlicher Kontrolle über die auf seinem Territorium ergehenden Schiedssprüche zeigt das Verhältnis zwischen staatlicher Gerichtsbarkeit und der Schiedsgerichtsbarkeit. International besteht der klassische Ansatz in einer doppelten Kontrolle. Danach können staatliche Gerichte den Schiedsspruch im Erlaßstaat aufheben beziehungsweise ihm die Anerkennung im Vollstreckungsstaat verweigern, vgl. etwa Art. 34 und 36 UNC-MG. Dieses Konzept entspricht deutschem Recht

---

957 Das Schiedsgericht ist kein „verlängerter Arm" des Gerichts; vgl. Prop. 1998/99:35, S. 153; SOU 1994:81, S. 185.

958 Bei den Beratungen zum UNC-MG wurde als Lösung dieses Problems vorgeschlagen, die Schiedsvereinbarung nach einer zweiten Aufhebung des Schiedsspruches erlöschen zu lassen; vgl. Holtzmann/Neuhaus, S. 921 (Fn. 60) und 945 para 26. Diese konstruiert erscheinende Lösung ist weder in die ZPO noch in das LSF übernommen worden.

(§ 1059 und §§ 1060-1061 ZPO) und ist auch im schwedischen Recht angelegt.[959] Vor diesem Hintergrund ist interessant, daß die Schiedsparteien ohne Anbindung an Schweden – anders als nach deutschem Recht und dem UNC-MG – gemäß § 51 LSF unter gewissen Einschränkungen im voraus einen Verzicht auf die Geltendmachung der Aufhebungsgründe in § 34 LSF vereinbaren können. Dies unterstreicht die Geltung der Parteiautonomie, steht jedoch vor Erlaß eines Schiedsspruches im Spannungsverhältnis zum – grundsätzlich unverzichtbaren – Justizgewährungsanspruch. Einem Staat ist danach verboten, die Verantwortung für auf seinem Territorium stattfindende Verfahren der Streitentscheidung gänzlich aus der Hand zu geben.[960] Die Regelung in § 51 LSF geht davon aus, daß sich nationale Gerichte nicht mit Schiedssprüchen ohne engere Beziehung zu Schweden befassen müssen. Hier kann die Verantwortung für in Schweden durchgeführte Verfahren weitgehend in die Hände der Parteien gelegt werden, da eine Mindestkontrolle des Schiedsspruches im Vollstreckungsstaat nach dem UNÜ möglich ist. Aus Sicht der obsiegenden Partei kann ein Ausschluß von Rechtsbehelfen vorteilhaft sein, um schnell und ungehindert den Schiedsspruch vollstrecken zu können, ohne in zeitraubende Aufhebungsverfahren im Erlaßstaat verwickelt zu werden. Die staatliche Justiz kann dadurch entlastet werden und für die Neuregelung spricht, daß auch andere Länder mit anerkannter Schiedstradition wie die Schweiz sogar noch weitergehende Rechtsbehelfsverzichte kennen (Art. 192 Abs. 1 schweiz. IPRG). Insoweit wird vertreten, daß dies einem Bedürfnis der Parteien internationaler Schiedsverfahren entspreche und ein Verbot von den Parteien als Bevormundung empfunden würde. Angesichts der geringen praktischen Relevanz, die – soweit ersichtlich – die Regelung in Art. 192 Abs. 1 schweiz. IPRG bislang erfahren hat, erscheint ein solches Bedürfnis zweifelhaft. Auch der internationale Ruf eines Landes als vorteilhafter Schiedsplatz dürfte von dieser gesetzlichen Regelung nicht abhängen. Es ist ferner zweifelhaft, ob ein auf einem Rechtsbehelfsverzicht beruhender Schiedsspruch nach dem UNÜ vollstreckbar ist.[961] Berücksichtigt man, daß sog. „anationale“ Schiedssprüche nicht in den Anwendungsbereich des UNÜ fallen[962], kann dies auch hier gelten, da in beiden Fällen das Verfahren bzw. der Schiedsspruch – wenn auch unterschiedlich weitgehend – vom (Sitz-) Recht gelöst ist.[963] Ferner läge ein Vollstreckungshindernis vor, wenn einige nationale Rechtsordnungen die Anfechtbarkeit des Schiedsspruches im Erlaßstaat als

---

959 Vgl. §§ 33, 34 u. 36 LSF einerseits und andererseits 3. Kap. §§ 15-18 „utsökningsbalken" (UB) (inländische Schiedssprüche) und §§ 54 und 55 LSF (ausländische Schiedssprüche).

960 Der Justizgewährungsanspruch wird im deutschen Recht aus dem Rechtsstaatsprinzip hergeleitet und gewährleistet eine tatsächliche und rechtliche Prüfung des Streitgegenstandes und eine verbindliche Entscheidung durch den staatlichen Richter; BVerfGE 94, 277 (291).

961 Erhebt der Antragsgegner aufgrund eines Aufhebungsverfahren im Erlaßstaat gemäß Art. 5 Abs. 1 e) UNÜ den Einwand mangelnder Verbindlichkeit des Schiedsspruches ist international eine restriktive Handhabung dieses Einwandes durch die Gerichte im Anerkennungs- und Vollstreckungsstaat zu verzeichnen, die dafür allein die Anhängigkeit eines Aufhebungsverfahrens nicht ausreichen lassen.

962 Vgl. van den Berg, S. 38 u. 40 m.w.N.

963 Vgl. Berger, S. 506 m.w.N. u. S. 525; s. zum Problem Haas, S. 132 f. für Art. 192 IPRG; zweifelnd Hobér, Svensk och Internationell Skiljedom 1989, 9 (21), da der Schiedsspruch auf einer Schiedsvereinbarung beruht und als einem Recht unterstehend gilt, das einen Rechtsmittelverzicht zuläßt und weder der Wortlaut noch die Vorarbeiten zum UNÜ oder die Praxis eine andere Auslegung stützen würden.

Teil ihres ordre-public ansehen würden.[964] Eine mögliche Versagung der Anerkennung und Vollstreckung eines ausländischen Schiedsspruches gilt ferner stets nur für das beantragte Land, hindert also nicht die neue Antragstellung in anderen Ländern, in denen der Antragsgegner Vermögen hat („exequatur-shopping"). Zu beachten ist, daß ein Rechtsbehelfsverzicht den weithin geltenden Grundsatz der doppelten Kontrolle von Schiedssprüchen aufgibt, wonach ein Schiedsspruch im Sitzstaat und Vollstreckungsstaat durch staatliche Gerichte auf die Einhaltung rechtsstaatlicher Mindeststandards überprüft werden kann. Akzeptiert man den hohen Stellenwert eines öffentlichen Interesses an der Einhaltung prozessualer Grundrechte bei der Verfahrensdurchführung und der Gewährung eines fairen und rechtsstaatlichen Verfahrens, muß sichergestellt sein, daß Verstöße hiergegen sanktioniert werden können. Bezogen auf Fälle des vollständigen Rechtsbehelfsverzichts ist für einen Verzicht auf die Geltendmachung der ohnehin begrenzten Rechtsbehelfe hiernach kein Raum, da dadurch die doppelte Kontrolle entfällt. Werden die Parteien ausnahmsweise mit einem Verfahren konfrontiert, das willkürlich oder massiv gegen grundlegende Verfahrensrechte der Parteien verstößt, bedeutet ein Ausschluß von Rechtsbehelfen für sie einen irreparablen Verlust grundlegenden Rechtsschutzes.[965] Es ist nicht anzunehmen, daß die Parteien die mit einem solchen Ausschluß verbundenen Risiken bei Vertragsschluß tatsächlich abschätzen konnten.[966] Ein umfassender Rechtsbehelfsverzicht ist aus den vorgenannten Gründen abzulehnen und auch nach schwedischem Recht unzulässig. Fraglich aber ist, ob dies auch für den begrenzten Rechtsbehelfsausschluß in § 51 LSF gilt. Nicht ausgeschlossen werden können danach die Ungültigkeitsgründe in § 33 LSF. Die unterlegene Partei kann daher in Schweden trotz einer Vereinbarung nach § 51 LSF nach Erlaß des Schiedsspruches die Unwirksamkeitsgründe der fehlenden Schiedsfähigkeit, einer Verletzung des ordre-public und eines Formverstoßes nach § 31 LSF unbefristet geltend machen. Das schwedische Recht garantiert daher der unterlegenen Partei einen Schutz gegen willkürliche oder massive Verstöße gegen grundlegende Verfahrensrechte der Parteien auch bei Vereinbarung eines Rechtsbehelfsverzichts nach § 51 LSF. Berücksichtigt man weiter, daß die in § 34 LSF enthaltenen Aufhebungsgründe dem Schutz von Parteiinteressen zu dienen bestimmt sind, erscheint es auch aus rechtsstaatlicher Sicht vertretbar, die in § 51 LSF umschriebenen ausländischen Parteien ohne Anbindung an Schweden zu ermächtigen, die in § 34 LSF bestimmten Aufhebungsgründe ganz oder teilweise auszuschließen. Andererseits erscheint der Verzicht auf eine vergleichbare Regelung im deutschen Recht angesichts der Erfahrungen der Praxis mit der weitergehenden Regelung in Art. 192 Abs. 1 schweiz. IPRG nicht nachteilig, denn bislang ist in der Praxis – soweit ersichtlich – angesichts der ohnehin begrenzten Anzahl von Aufhebungsgründen kein wirklicher Bedarf an vergleichbaren Bestimmungen erkennbar geworden. Auch ist zu beachten, daß auf vollstreckungsrechtlicher Seite die vor-

---

[964] Vgl. dazu Berger, S. 509 m.w.N.; auch v. Bernuth, S. 129.

[965] Vgl. Böckstiegel, DIS-Bd. 1/II, S. 1 (3) zum Rechtsmittelausschluß in Art 192 IPRG.

[966] In der Praxis werden angefochtene Schiedssprüche nur sehr selten aufgehoben, was dafür spricht, daß die Verfahren überwiegend von qualifizierten Schiedsrichtern verantwortlich gehandhabt werden. Hierbei ist es nicht unwahrscheinlich, daß dies auch auf der Tatsache beruht, daß die Schiedsrichter unter dem Druck eines Rechtsbehelfs stehen; vgl. Kühn, DIS-Bd. 1/II, S. 163 (181).

genannten Risiken auch bei einem nur teilweise Rechtsbehelfsverzicht nicht auszuschließen sind.

Schließlich ist auf die separate Anfechtungsmöglichkeit der Honorarfestsetzung der Schiedsrichter im Schiedspruch im schwedischen Recht hinzuweisen. Eine Partei oder ein Schiedsrichter können gegen diese Entscheidung nach § 41 Abs. 1 LSF fristgebunden Rechtsbehelfe einlegen, mit der Folge, daß das Gericht eine betragsmäßige Überprüfung der Honorarfestsetzung durchführt. Im deutschen Recht kann die Kostenentscheidung dagegen nur dadurch angefochten werden, daß Aufhebungsantrag gegen den gesamten Schiedsspruch gestellt wird. In Schweden hat diese Regelung auch schon in der Vergangenheit zu einigen praktischen Fällen geführt und es erscheint vorteilhaft, die Honorarfrage isoliert überprüfen lassen zu können, ohne den gesamten Schiedsspruch aufheben zu müssen. Die Einführung einer ähnlichen Regelung im deutschen Recht erscheint durchaus vorstellbar.

VII. Anerkennung und Vollstreckung des Schiedsspruchs

Ein Schiedsspruch entfaltet formelle und materielle Rechtskraft und hat zwischen den Parteien die Wirkung eines rechtskräftigen Urteils. Dies entspricht dem UNC-MG, dem deutschen und dem schwedischen Recht. Er kann jedoch nicht wie ein gerichtliches Urteil durchgesetzt werden, da ihm als nichthoheitlicher Akt die Vollstreckbarkeit fehlt. Zwar gestattet der Staat bei Einverständnis der Parteien in gewissen Grenzen die Ausübung der Gerichtsbarkeit durch Private, doch behält er sich bei der Zwangsvollstreckung aufgrund Berührung öffentlicher Interessen grundsätzlich eine Kontrolle des Schiedsspruches vor.

Das UNC-MG regelt im 8. Kapitel in den Art. 35-36 neben einigen formalen Voraussetzungen auch einen Katalog von Versagungsgründen der Anerkennung und Vollstreckbarerklärung. Verfahrensvorschriften enthält das UNC-MG nicht, da deren Ausgestaltung nach der Konzeption des Modellgesetzes den nationalen Rechtsordnungen obliegt.

In der Praxis unterwerfen sich die Parteien in aller Regel der Entscheidung des Schiedsgerichts und erfüllen den Schiedsspruch freiwillig. Wird jedoch die Vollstreckung eines Schiedsspruchs erforderlich, bedürfen ausländische Schiedssprüche stets – und inländische Schiedssprüche je nach Landesrecht – einer Vollstreckbarerklärung durch das staatliche Gericht (Exequatur) in Form eines (gestaltenden) Beschlusses oder Urteils.[967]

1. Deutsches Recht

Die Anerkennung und Vollstreckung von Schiedssprüchen regeln die §§ 1060-1061 ZPO. Dabei wird zwischen sog. inländischen und ausländischen Schiedssprüchen unterschieden.

a) Nationalität des Schiedsspruchs

Die Zuordnung eines Schiedsspruchs zu einem bestimmten Staat entscheidet über seine Natur als in- oder ausländisch und über das für seine Anerkennung maßgebliche Recht. Die Unterscheidung von in- und ausländischen Schiedssprüchen bzw. Schiedsverfahren ist international üblich.[968] Es entspricht bereits seit geraumer Zeit herrschender Ansicht, daß Schiedsgerichte nicht „in der Luft schweben“[969] können, da es keine überstaatlichen privaten Schiedsgerichte bzw. „anationale“ oder „deloka-

---

[967] Eine Erfüllungsklage oder Klage auf Feststellung der Wirksamkeit des Schiedsspruches anstatt eines Vollstreckbarerklärungsverfahrens ist mangels Rechtsschutzinteresses regelmäßig unzulässig; vgl. Glossner/Bredow/Bühler, S. 167; Schwab/Walter, S. 281 Rn. 4.

[968] So bereits ausführlich v. Beringe, der für die Bestimmung der Nationalität des Schiedsspruches anhand des Verkündungsortes eintritt, NJW 1959, 77 (78 ff.).

[969] So bereits Raape, S. 557 – ganz h.M. – siehe z. B. Zöller/Geimer § 1061 Rn. 11 m.w.N.

lisierte“ Schiedsverfahren und -sprüche gibt, die von jeder nationalen Rechtsordnung unabhängig sind.[970]

Die mit einem Schiedsspruch erstrebte rechtliche Wirkung ist nur aufgrund einer positiven Rechtsordnung zu erzielen, die durch den Sitz des Schiedsgerichts einem nationalen Verfahrensrecht zugeordnet wird. Die Zuordnung erfolgt nach der Territorialitäts- oder der verfahrensrechtlichen Theorie.[971] In § 1025 Abs. 1 ZPO ist nunmehr das sog. Territorialitätsprinzip festgeschrieben. Danach ist ein Schiedsspruch „inländisch“ (§ 1060 ZPO), wenn er aus einem in Deutschland durchgeführten Verfahren hervorgegangen ist. Lag der Verfahrensort im Ausland und wurde der Schiedsspruch dort erlassen, handelt es sich entsprechend um einen „ausländischen“ Schiedsspruch (§ 1061 ZPO). Diese Abgrenzung führt zu eindeutigen Ergebnissen, da der Schiedsspruch bzw. das Verfahren zwingend die Nationalität des Landes hat, in dem der Schiedsort liegt.[972] Ein Schiedsgericht ist demnach stets der Justizhoheit des Sitzstaates unterworfen, doch können die Parteien nach h.M. ein vom Sitzort verschiedenes Verfahrensrecht vereinbaren, soweit das (nationale) Verfahrensrecht am Sitzort abdingbar ist.[973]

Das Abstellen auf das Territorialitätskriterium bedeutet für das deutsche Recht eine Kehrtwende. Nach früher herrschender Meinung wurde die Nationalität eines Schiedsspruchs unabhängig vom Schiedsort nach dem angewandten und der Parteidisposition unterliegenden Verfahrensrecht bestimmt (verfahrensrechtliche Theorie).[974] Ein Schiedsspruch galt danach als ausländisch, wenn er nach ausländischem Verfahrensrecht und als inländisch, wenn er in einem Verfahren nach §§ 1025 ff. ZPO a.F. zu-

---

970 Auch das UNÜ geht nach ganz h.M. stets von nationalen ausländischen Schiedssprüchen aus, zumindest solange es keine autonome – über den Staaten stehende – Autorität mit einer eigenen Schiedsgerichtsbarkeit gibt, aus der supranationale Schiedssprüche hervorgehen, die nur internationalem Recht unterstehen. Ebenso geht das UNC-MG an vielen Stellen von einer Bindung an eine nationale Rechtsordnung aus, indem es die Unterstützung durch staatliche Richter und damit die Beziehung zu einem nationalen Richter vorsieht, z. B. beim einstweiligen Rechtsschutz (Art. 9); Ablehnungsverfahren bezüglich eines Schiedsrichters (Art. 13 Abs. 3) und bei der Unterstützung im Beweisverfahren (Art. 27); vgl. Böckstiegel, RIW 1984, 675; ders., in: FS Oppenhoff, S. 6 ff., Schwab/Walter, S. 310 Rn. 8 m.w.N.; Behrens, S. 13 (37).

971 Vereinzelt wird eine Bestimmung nach der Nationalität der Schiedsrichter bzw. nach dem angewandten materiellen Recht vertreten. Gegen ersteres spricht die reine Zufälligkeit der Zuordnung und die fehlende Beziehung zum Schiedsverfahren, gegen das zweite spricht, daß die Wirkungen der Qualifizierung verfahrensrechtlicher Art sind und deshalb nur das Prozeßrecht entscheidend sein kann, vgl. Schütze/Tscherning/Wais Rn. 612 ff.

972 Vorbildfunktion für die deutsche Neuregelung hatte u. a. Art. 2 schweiz. Konkordat und Art. 176, 194 schweiz. IPRG. Die Ermittlung des Schiedsgerichtssitzes richtet sich in der Schweiz vorrangig nach dem Parteiwillen, hilfsweise wird er vom Schiedsgericht bestimmt, vgl. Art. 176 Abs. 3 schweiz. IPRG.

973 Vgl. z. B. v. Hoffmann, IPRax 1981, 30. Diese Regelung entspricht in aller Regel auch dem hypothetischen Parteiwillen; vgl. Mann, in: FS Oppenhoff, S. 215 (219).

974 So bereits BGHZ 21, 365, NJW 1956, 1838; Zöller/Geimer, 20 Aufl., § 1044 ZPO a.F. Rn. 4; Stein/Jonas/Schlosser § 1044 Rn. 10. Zum Teil wurde die Anknüpfung an den Schiedsverfahrensort abgelehnt, da es sich bei diesem um eine Zufälligkeit handelt; vgl. dazu Schütze/Tscherning/Wais, Rn. 614; a.A. Schwab/Walter (4. Aufl.), S. 250 ff. mit Darstellung zum (überholten) Meinungsstand im Schrifttum.

stande gekommen war.[975] Hatten die Parteien insoweit keine Rechtswahl getroffen, wurde ihr mutmaßlicher Wille dahingehend ausgelegt, daß das Verfahrensrecht am Sitz des Schiedsgerichts maßgebend sein sollte. In der Praxis führen beide Prinzipien kaum zu unterschiedlichen Ergebnissen, da die Parteien den Sitz des Schiedsgerichts häufig an den Ort legen, dessen Verfahrensrecht sie anwenden wollen.[976] In Art. 1 Abs. 1 UNÜ sind beide Kriterien als gleichwertig nebeneinander gestellt.[977] Das verfahrensrechtliche Prinzip ist mit der Festschreibung des Territorialitätsprinzips in § 1025 ZPO Abs. 1 n.F. für das deutsche Recht gegenstandslos geworden.

b) Vollstreckbarerklärung eines inländischen Schiedsspruches

Die Zwangsvollstreckung aus einem inländischen Schiedsspruch erfolgt dadurch, daß der Schiedsspruch nach § 1060 ZPO für vollstreckbar erklärt wird. Das Verfahren der Vollstreckbarerklärung ist ein Erkenntnisverfahren eigener Art und schafft einen Titel als Voraussetzung der Zwangsvollstreckung. Es bezweckt die rechtskräftige Feststellung der Unanfechtbarkeit des Schiedsspruchs.[978]

aa) Voraussetzungen

Die Vollstreckbarerklärung setzt zunächst das Vorliegen eines wirksamen Teil- oder Endschiedsspruches und das Fehlen von Aufhebungsgründen voraus (vgl. § 1059 Abs. 2 ZPO). Anderenfalls wird der Antrag unter Aufhebung des Schiedsspruchs nach § 1060 Abs. 2 S. 1 ZPO abgelehnt. Aufhebungsgründe werden jedoch nicht berücksichtigt, wenn im Zeitpunkt der Zustellung des Antrages auf Vollstreckbarerklärung ein auf sie gestützter Aufhebungsantrag rechtskräftig abgewiesen ist (S. 2). Gleiches gilt, wenn die Aufhebungsgründe präkludiert sind, weil der Antragsgegner ihre Geltendmachung nicht innerhalb der dreimonatigen Aufhebungsfrist beantragt hat (S. 3). Dagegen können im Vollstreckbarerklärungsverfahren die amtswegig zu berücksichtigenden Aufhebungsgründe in § 1059 Abs. 2 Nr. 2 a)-b) ZPO (fehlende objektive Schiedsfähigkeit und Verstoß gegen den ordre-public) stets berücksichtigt werden.

Auch feststellende oder klageabweisende Schiedssprüche können nach h.M. vollstreckt werden, da es sich lediglich um ein Verfahren zur Herstellung urteilsgleicher Wirkungen handelt, d. h. der rechtskräftigen Feststellung der Unanfechtbarkeit.[979]

---

975 Zu den Schwierigkeiten des danach zu bestimmenden Verfahrensrechts in internationalen Fällen vgl. Beispiele bei Mann, in: FS Oppenhoff, S. 215 (217 ff.); zur Kritik ausführlich Sandrock, in: FS Glossner, S. 281 (285 ff.); Henn, JPS, Bd. 3, 1989, S. 31 (36 f.)

976 Vgl. Haas, S. 44 m.w.N.

977 Die Bestimmung in Art. 1 Abs. 1 S. 2 UNÜ ist eine Konzession an die frühere deutsche und die bis 1981 in Frankreich (Decret Nr. 81-500 v. 12.05.1981) geltende verfahrensrechtliche Theorie und hat in der Praxis keine Anwendung gefunden und würde erhebliche Probleme bei der Identifikation des tatsächlich angewandten Verfahrensrechts bereiten; Mann, in: FS Oppenhoff, S. 215 (218 f. u. 221 f.); van den Berg, S. 22 f. („dead letter").

978 Vgl. Schwab/Walter, S. 280 Rn. 3.

979 Vgl. BGH WM 1962, 430 (feststellender Schiedsspruch) u. BGH BB 1960, 302 (klageabweisender Schiedsspruch); Baumbach/Lauterbach/Albers, § 1060 Rn. 5; Rosenberg/Schwab/Gottwald

bb) Verfahren

Das Verfahren der Vollstreckbarerklärung beginnt mit der Antragstellung der zumindest teilweise obsiegenden Partei beim zuständigen Oberlandesgericht.[980] Das Gericht entscheidet über den nicht fristgebundenen Antrag auf Vollstreckbarerklärung durch vorläufig vollstreckbaren Beschluß.[981] Der Antragsgegner ist nach § 1063 ZPO vor der Entscheidung zu hören, doch ist das nicht zwingend (Abs. 1). Das Gericht hat mündliche Verhandlung anzuordnen, wenn Aufhebungsgründe in Betracht kommen, oder eine Partei dies beantragt (Abs. 2).[982] Bis dahin gilt vor dem Oberlandesgericht kein Anwaltszwang (§ 78 Abs. 1 ZPO), so daß Anträge und Erklärungen zu Protokoll der Geschäftsstelle gestellt bzw. abgegeben werden können (§ 1063 Abs. 4 ZPO). Mit dem Antrag auf Vollstreckbarerklärung ist ein den Anforderungen des § 1054 ZPO entsprechender Schiedsspruch in Urschrift oder in beglaubigter Abschrift vorzulegen (§ 1064 Abs. 1 S. 1 ZPO).[983] Dadurch kommt das Gericht in Besitz des Schiedsspruches.[984] Die Beglaubigung kann im Sinne der Verfahrensökonomie auch durch einen Rechtsanwalt vorgenommen werden (S. 2).

c) Vollstreckbarerklärung eines ausländischen Schiedsspruchs

Die Vollstreckbarerklärung ausländischer Schiedssprüche richtet sich gemäß § 1025 Abs. 4 ZPO nach den Regelungen in §§ 1061 – 1065 ZPO und somit im Ergebnis ausschließlich nach dem UN-Übereinkommen von 1958 (UNÜ), soweit nicht andere Staatsverträge zur Anwendung kommen (§ 1061 Abs. 1 S. 1 ZPO).

Im Verhältnis konkurrierender Staatsverträge untereinander und zwischen Staatsverträgen und nationalen Rechtsordnungen gilt das sog. Meistbegünstigungsprinzip.[985]

---

§ 177 I; Schütze, Rn. 244; Schwab/Walter, S. 282 Rn. 7; Stein/Jonas/Schlosser, § 1042 Rn. 2; a.A. Zöller/Geimer, § 1060 Rn. 2.

980 Vgl. § 1060 Abs. 2 S. 1 iVm. § 1062 Abs. 1 Nr. 4 ZPO. Die unterlegene Partei kann – unter Einhaltung der (Präklusions-) Fristen – der bevorstehenden Vollstreckung mit einem Aufhebungsantrag nach § 1059 ZPO zuvorkommen.

981 Vgl. § 1064 Abs. 2 ZPO. Dieses vereinfachte Beschlußverfahren ersetzt das bisherige Urteilsverfahren für die in § 1046 ZPO a.F. und § 1042 b Abs. 1 ZPO a.F. aufgeführten Entscheidungen.

982 Gemeint ist damit das förmliche Aufhebungsverfahren nach § 1059 ZPO, nicht jedoch ein Aufhebungsantrag als bloßer Gegenantrag im Rahmen eines Vollstreckbarerklärungsverfahrens; vgl. BGH in BB 2000, Beil. 8, S. 12 (13) m.w.N.

983 Die Vorlagepflicht ersetzt die bisher erforderliche Niederlegung nach § 1039 Abs. 3 S. 1 ZPO a.F.

984 Anders als nach Art. 35 Abs. 2 UNC-MG (ebenso Art. 4 Abs. 1 b) UNÜ) ist nicht zusätzlich die Urschrift oder ordnungsgemäß beglaubigte Abschrift der Schiedsvereinbarung vorzulegen. Diese wird nach den Motiven regelmäßig im Schiedsspruch wiedergegeben und unstreitig sein und das Gericht kann anderenfalls Vorlage verlangen (§ 142 ZPO); vgl. BT-Drs. 13/5274, S. 65; Ref.-E., S. 195. Die Vorlage der Schiedsvereinbarung kann dann schwierig sein, wenn sie z. B. durch Brief-, Telegramm- oder Telefaxwechsel (§ 1031 Abs. 1 S. 2 ZPO) zustande kam.

985 Zwischen nicht miteinander konkurrierenden Vorschriften gilt der allgemeine Grundsatz vom Vorrang des später in Kraft getretenen Rechts („lex posterior derogat legi priori"). Dabei ist die

Die Parteien können sich danach auf das für sie im Einzelfall günstigere Abkommen berufen, mit der Folge, daß regelmäßig das UNÜ anwendbar ist.[986] Der Anwendungsbereich des UNÜ wird durch das Territorialitätsprinzip in § 1025 Abs. 1 ZPO eingeschränkt, wonach es in Deutschland nicht mehr zu einem ausländischen Schiedsspruch kommen kann, da alle im Inland gefällten Schiedssprüche „inländisch" sind.[987]

aa) Allgemeine Voraussetzungen nach dem UNÜ

Die Wirkungserstreckung eines Schiedsspruchs setzt nach Art. 1 UNÜ voraus, daß es sich um einen ausländischen Schiedsspruch eines Ad-hoc- oder institutionellen Schiedsgerichts handelt.

aaa) Anwendungsbereich des UNÜ

Das UNÜ bestimmt seinen Anwendungsbereich in Art. 1 allein für die Anerkennung und Vollstreckung von Schiedssprüchen, nicht aber für die in Art. 2 Abs. 1 UNÜ geregelte Anerkennung von Schiedsvereinbarungen. Nach Art. 1 Abs. 1 UNÜ muß der Schiedsspruch in einem anderen Staat als dem Vollstreckungsstaat ergangen sein, oder im Staat des Schiedsortes selbst nicht als inländischer Schiedsspruch betrachtet werden. Gleichwertig nebeneinander gestellte Anknüpfungspunkte für die Bestimmung der Nationalität eines Schiedsspruchs sind Schiedsort oder angewandtes Verfahrensrecht. Nach der territorialen Abgrenzung (Art. 1 Abs. 1 S. 1 UNÜ) sind Sitz, Gerichtsstand und Nationalität der Schiedsparteien sowie deren Beziehungen zum Vollstreckungsstaat unerheblich.[988] Daher kann auch z. B. ein zwischen zwei inländischen Unternehmen gefällter Schiedsspruch aufgrund des UNÜ in einem anderen

---

Reihenfolge der Ratifizierung der Abkommen in den Mitgliedstaaten entscheidend; Kornmeier/Sandrock, Bd. 2 F Rn. 33.

986 Das Genfer Protokoll (GP) über die Schiedsklauseln von 1923 und das Genfer Abkommen (GA) zur Vollstreckung ausländischer Schiedssprüche von 1927 treten nach Art. 7 Abs. 2 UNÜ „zwischen den Vertragsstaaten in dem Zeitpunkt und in dem Ausmaß außer Kraft", wie das UNÜ (territorial) Geltung erlangt. Dabei kommt es allein auf das Verhältnis des Schiedslandes zum Anerkennungsstaat, nicht auf die Herkunft der Parteien an; Reithmann/Hausmann, Rn. 2313. Das Europäische Übereinkommen über die Handelsschiedsgerichtsbarkeit von 1961 (EuÜ) verdrängt die Genfer Abkommen nicht. Nach Art. 10 Abs. 7 EuÜ bleiben ältere internationale Verträge ausdrücklich unberührt. Allerdings gehören viele Vertragsstaaten des EuÜ zugleich dem UNÜ an, d. h., die Anwendbarkeit der Genfer Abkommen kann deshalb ausgeschlossen sein, weil gleichzeitig neben dem EuÜ das UNÜ eingreift. Im Verhältnis des UNÜ zum EuÜ gilt gemäß Art. 10 Abs. 7 EuÜ und Art. 7 Abs. 1 UNÜ das Meistbegünstigungsprinzip. Die bilateralen Abkommen mit der Bundesrepublik Deutschland verweisen fast ausnahmslos auf die multilateralen Abkommen bzw. auf die Verträge, die jeweils zwischen beiden Staaten in Kraft sind, so z. B. die Abkommen mit der Schweiz, Italien, Belgien, Österreich, Griechenland, den Niederlanden, Israel und Norwegen. Da alle diese Länder Vertragsstaaten des UNÜ sind, ist letzteres idR. maßgebend, d. h. auch hier gilt das Meistbegünstigungsprinzip. Lediglich in dem deutsch-tunesischen, deutsch-sowjetischen und deutsch-amerikanischen Vertrag sind detailliertere Regelungen enthalten (vgl. dazu Schütze/Tscherning/Wais Rn. 555). Soweit die Staatsverträge mit dem nationalen Recht konkurrieren, gilt wiederum der Grundsatz der Meistbegünstigung (Art. 7 Abs. 1 UNÜ). Das autonome Recht der Vertragsstaaten bleibt daneben von Bedeutung, soweit die Staatsverträge keine Regelung zu Einzelfragen enthalten.

987 Vgl. oben unter F. VII. 1. a).

988 Vgl. Stein/Jonas/Schlosser, vor § 1044 Rn. 10; ähnl. Schwab/Walter, S. 433 Rn. 2.

UNÜ-Vertragsstaat vollstreckt werden.[989] Das UNÜ ist auch anwendbar, wenn der ausländische Vertragspartner seinen Sitz in einem Nicht-Vertragsstaat hat. Es findet in der Praxis auf jeden Schiedsspruch Anwendung, der im Hoheitsgebiet eines anderen Vertrags- oder Nichtvertragsstaates ergangen ist. Nach dem verfahrensrechtlichen Kriterium (Art. 1 Abs. 1 S. 2 UNÜ) gilt ein Schiedsspruch auch dann als ausländisch, wenn ihm das (inländische) Schiedsgericht ausländisches Verfahrensrecht zugrundegelegt hat. Hierdurch wird der Anwendungsbereich des UNÜ erweitert.

bbb) Vertragsstaatenvorbehalt

Der weite Anwendungsbereich des UNÜ kann durch den sog. Vertragsstaatenvorbehalt eingeschränkt sein (Art. 1 Abs. 3 S. 1 UNÜ), wenn ein Mitgliedstaat erklärt, das Abkommen nur auf solche Schiedssprüche anwenden zu wollen, die in einem anderen „Vertragsstaat“ ergangen sind.[990] Von dem Vertragsstaatenvorbehalt haben rund die Hälfte aller Mitgliedsstaaten Gebrauch gemacht.[991] Seine praktische Bedeutung ist jedoch angesichts des bereits erreichten hohen Ratifikationsstands des UNÜ stark gesunken, auch als Gesichtspunkt bei der Verfahrensortswahl.[992]

Mit der Verabschiedung des neuen deutschen Schiedsrechts hat die Bundesrepublik Deutschland auf Empfehlung der Reformkommission seinen in Art. 2 des Zustimmungsgesetzes zum UNÜ von 1958 erklärten Vertragsstaatenvorbehalt zurückgezogen.[993] Die Rücknahme erfolgte mit Wirkung zum 1. September 1998.[994] Aus Sicht des Gesetzgebers bestand für die Beibehaltung des Vertragsstaatenvorbehaltes keine Notwendigkeit mehr. Nach deutschem Recht kann es daher nicht mehr dazu kommen, daß manche ausländische Schiedssprüche nach dem UNÜ und andere – aufgrund des Vertragsstaatenvorbehalts – nach anderen Vorschriften (früher: § 1044 ZPO a.F.) behandelt werden.

Der Vertragsstaatenvorbehalt ist nur im Rahmen des in Art. 1 Abs. 1 S. 1 UNÜ verankerten Territorialitätsprinzips anwendbar. Eine entsprechende Anwendung nach

---

989 Vgl. Kornmeier/Sandrock F Rn. 15; Schwab/Walter, S. 432 Rn. 2.

990 Der Vertragsstaatenvorbehalt (auch Territorialitäts- bzw. Gegenseitigkeitsvorbehalt) ist auch bei der Bestimmung des Anwendungsbereiches von Art. 2 UNÜ für Schiedsvereinbarungen zu berücksichtigen. Muß z. B. ein staatliches Einredegericht über die Gültigkeit der Schiedsvereinbarung entscheiden, und steht zu diesem Zeitpunkt bereits fest, daß der Schiedsort in einem Nichtvertragsstaat liegen wird, so ist auch Art. 2 in den Staaten nicht anwendbar, die den Vorbehalt erklärt haben; Stein/Jonas/Schlosser, v. § 1044 Rn. 25 f.; Nolting, IPRax 1987, 349 (350).

991 Mit Stand vom 18.05.1999 waren es 64 von 122 Staaten; vgl. Raeschke-Kessler/Berger, S. 329. Nach Schlosser besteht der alleinige Zweck des Vertragsstaaten- bzw. Gegenseitigkeitsvorbehalts darin, Nicht-Konventionsstaaten zum Beitritt zu bewegen; in RipS, Rn. 69; MünchKommZPO-Gottwald, Art. 1 UNÜ Rn. 20.

992 Vgl. Bredow in Bülow/Böckstiegel/Geimer/Schütze, Bd. II (714-10); van den Berg, S. 13.

993 Vgl. Art. 2 § 2 des Gesetzes zur Neuregelung des Schiedsverfahrensrechtes (Schiedsverfahrens-Neuregelungsgesetz – SchiedsVfG) vom 22.12.1997 (BGBL. 1997 I 3224 (3233)).

994 Vgl. BGBL. 1999 II 7.

Art. 1 Abs. 1 S. 2 UNÜ auf Schiedssprüche, die im Vollstreckungsstaat aus sonstigen Gründen nicht als inländisch gelten, scheidet nach Sinn und Zweck des UNÜ aus.[995]

ccc) Handelssachenvorbehalt

Eine Eingrenzung des sachlichen Anwendungsbereichs des UNÜ kann ferner aus dem sog. Handelssachenvorbehalt folgen, wenn ein Mitgliedstaat dessen Geltungsbereich auf Materien beschränkt hat, die nach dem eigenen Recht Handelssachen sind (Art. 1 Abs. 3 S. 2 UNÜ).[996] Das Vorliegen einer Handelssache bestimmt sich folglich nach dem autonomen Recht des Vorbehaltsstaates.[997] Von dieser Möglichkeit haben rund ein Drittel der Konventionsstaaten Gebrauch gemacht[998], nicht aber die Bundesrepublik Deutschland. Im Hinblick auf die internationale Vollstreckbarkeit eines Schiedsspruchs ist daher stets zu prüfen, ob das betreffende Geschäft nach dem Recht eines Vorbehaltsstaates eine Handelssache ist. Zum Verhältnis der beiden Vorbehalte zueinander gilt: Hat ein Konventionsstaat lediglich den Vertragsstaatenvorbehalt erklärt und soll in seinem Hoheitsgebiet ein Schiedsspruch aus einem anderen Vertragsstaat vollstreckt werden, der außerdem den Handelssachenvorbehalt erklärt hat, ist auf den Schiedsspruch das UNÜ nur anwendbar, wenn der Schiedsspruch dem Handelssachenvorbehalt genügt.[999]

ddd) Einredewirkung

Wird vor einem Gericht eines Vertragsstaates die Einrede der Schiedsvereinbarung erhoben, ist das Gericht nach Art. 2 Abs. 3 UNÜ verpflichtet, die Parteien auf Antrag einer Partei auf das schiedsrichterliche Verfahren zu verweisen, sofern eine gültige Schiedsvereinbarung gegeben ist. Der Zeitpunkt der Antragstellung und die Art der „Verweisung" richtet sich nach nationalem Recht, d.h. nach deutschem Recht müßte

---

995 Vgl. Schlosser RipS Rn. 75 f.; MünchKommZPO-Gottwald, Art. 1 UNÜ Rn. 20; Reithmann/Hausmann, Rn. 2327.

996 Die wenigen bisher bekannt gewordenen Gerichtsentscheidungen zum Handelssachenvorbehalt stammen aus den USA und Indien; vgl. Stein/Jonas/Schlosser v. § 1044 Rn. 20 f.

997 Anders das EuÜ, das lediglich für die Handelsschiedsgerichtsbarkeit gilt und das „internationale Handelsgeschäft" in Art. 1 Abs. 1 a „übereinkommensautonom" definiert (a.A. (lex fori) Schütze/Tscherning/Wais, Rn. 567 m.w.N.; offengelassen von BGH RIW 1980, 432), und – über § 343 Abs. 1 HGB hinaus – jedes auf eine grenzüberschreitende entgeltliche Leistung von Sachen, Kapital oder Diensten gerichtete Geschäft, unter Beteiligung mindestens einer nicht nur in rein privater Funktion handelnden Partei erfaßt; vgl.; Reithmann/Hausmann, Rn. 2393; Mezger, RabelsZ 1965, 231 (241); Stein/Jonas/Schlosser, vor § 1044 Rn. 35; v. Hülsen, S. 34 u. 37.

998 Mit Stand vom 18.05.1999 waren es 42 von 122 Staaten; vgl. Raeschke-Kessler/Berger, S. 329.

999 Betrifft der Schiedsspruch eine Nicht-Handelssache ist das UNÜ mangels Gegenseitigkeit unanwendbar. Nach Art. 14 UNÜ können sich Vorbehaltsstaaten gegenüber Nicht-Vorbehaltsstaaten nur insoweit auf das UNÜ berufen, wie sie kraft ihres eigenen Vorbehalts verpflichtet sind. Die USA haben ihrer Vorbehaltserklärung ausdrücklich den Zusatz „on the basis of reciprocity" hinzugefügt (abgedr. bei van den Berg, S. 416). Art. 14 betrifft in Wirklichkeit nur die völkerrechtliche Seite; Schlosser, RipS, Rn. 72, ders. in Stein/Jonas/Schlosser, Anh. zu § 1044 Rn. 92.

der Antrag spätestens mit der ersten Einlassung zur Sache erhoben und die Klage müßte als unzulässig abgewiesen werden.[1000]

bb) Versagungsgründe der Anerkennung und Vollstreckbarerklärung anhand des UN-Übereinkommen

Ein Vertragsstaat kann die Anerkennung und Vollstreckbarerklärung von Schiedssprüchen nur verweigern, wenn Versagungsgründe nach Art. 5 Abs. 1-2 UNÜ vorliegen.[1001] Diese sind aufgrund ihrer weltweiten Akzeptanz unter anderem als Aufhebungsgründe auch in Art. 34 Abs. 1-2 UNC-MG übernommen worden (bis auf Art. 5 Abs. 1e UNÜ). Die Versagungsgründe nach Art. 5 Abs. 1-2 UNÜ sind eng auszulegen, um eine erleichterte internationale Vollstreckbarkeit von Schiedssprüchen im Sinne der Intention des UNÜ nicht zu behindern. Dieses Auslegungsprinzip ist international anerkannt.[1002] Die Prüfung von Versagungsgründen führt im Ergebnis zu keiner Nachprüfung des Schiedsspruchs in der Sache.[1003] Zu unterscheiden sind die lediglich auf Antrag (Abs. 1) und die auch von Amts wegen zu beachtenden Versagungsgründe der Anerkennung und Vollstreckbarerklärung (Abs. 2).

aaa) Fehlende subjektive Schiedsfähigkeit – Art. 5 Abs. 1 a

Eine Anerkennung und Vollstreckung eines ausländischen Schiedsspruches anhand des UNÜ scheidet aus, wenn der Antragsgegner nachweist, daß die Parteien der Schiedsvereinbarung zum Abschluß der Schiedsvereinbarung nicht fähig waren. Die fehlende Rechts- bzw. Geschäftsfähigkeit stellt somit einen Versagungsgrund dar. Die Prüfung der subjektiven Schiedsfähigkeit richtet sich nach dem für die Parteien persönlich maßgebenden Recht, d. h. nach dem Kollisionsrecht des Anerkennungs- und Vollstreckungsstaates ist.[1004]

bbb) Ungültige Schiedsvereinbarung – Art. 5 Abs. 1 a

Die Anerkennung und Vollstreckung eines Schiedsspruches ist ferner zu versagen, wenn das Schiedsverfahren aufgrund einer ungültigen Schiedsvereinbarung durchgeführt worden ist. Deren Gültigkeit richtet sich nach dem von den Parteien gewählten, sonst nach dem Recht des Staates, in dem der Schiedsspruch erlassen wurde.

[1000] Vgl. Reithmann/Hausmann, Rn. 2361; Bredow in Bülow/Böckstiegel/Geimer/Schütze, Bd. 2, C. I. 3b (714-17).

[1001] Nach h.M. fallen unter das UNÜ keine sog. anationalen (bzw. „denational“, „transnationalen” oder „floating”) Schiedssprüche; van den Berg; YCA XII (1987), S. 409 (421); auch zur a.A.

[1002] Vgl. etwa die Entscheidung des United States Supreme Court v. 02.07.1985 (Mitsubishi Motors v. Soler Chrysler-Plymouth, 473 US614, 629): "(...) concerns of international comity, respect for the capacities of foreign and transnational tribunals, and sensitivity to the need of the international commercial system for predictability in the resolution of disputes require that we enforce the parties agreement, even assuming that a contrary result would be forthcoming in a domestic context"; vgl. dazu Raeschke-Kessler/Berger/Lehne, 2. Aufl., Rn. 39.

[1003] Vgl. van den Berg, S. 316.

[1004] Vgl. Schwab/Walter, S. 469 Rn. 18 m.w.N.; van den Berg, S. 276.

Der Schiedsvertrag ist etwa formungültig, wenn die dem Schiedsspruch zugrundeliegende Schiedsvereinbarung nicht der Schriftform nach Art. 2 Abs. 2 UNÜ entspricht. Das Schriftformerfordernis i.e.S., d. h. die Bindung an die schiedsrichterliche Streiterledigung[1005], ist erfüllt, wenn beide Parteien die Schiedsvereinbarung oder die sie enthaltende Vertragsurkunde unterzeichnen oder durch Austausch von Briefen oder Telegrammen, welche die Schiedsvereinbarung enthalten. Dem stehen Kommunikationsformen wie Telefax, Telex, Teletext und E-Mail gleich.[1006] Das in Art. 2 Abs. 2 UNÜ aufgestellte Formerfordernis stellt eine abschließende Regelung dar, d. h. die Vertragsstaaten dürfen keine strengeren Formerfordernisse aufstellen.[1007]

Das UNÜ verlangt – wie auch § 1031 ZPO – auch im vollkaufmännischen Rechtsverkehr die sog. „volle" Schriftlichkeit. Nicht ausreichend sind daher etwa ein rügeloses Einlassen vor dem Schiedsgericht oder ein kaufmännisches Bestätigungsschreiben im Rahmen internationaler Handelsbräuche.[1008] Das gilt selbst dann, wenn in solchen Vereinbarung eine mündliche Schiedsabrede richtigerweise bestätigt wird. Ausreichend aber ist, daß die Parteien ein Protokoll unterschreiben, in dem das Schiedsgericht seine Zuständigkeit feststellt, bzw. wenn eine Partei, die den Vertrag nicht unterschrieben hat, auf die Einhaltung der Schriftform verzichtet hat.[1009]

Ist eine Schiedsvereinbarung in Allgemeinen Geschäftsbedingungen (AGB) einer Partei enthalten, müssen diese auf der Rückseite der Vertragsurkunde abgedruckt oder mit dieser zumindest als Anlage verbunden und mitverschickt worden sein. Voraussetzung ist jedoch, daß im Vertrag ausdrücklich auf die AGB verwiesen wird und der Vertragspartner ihn unterschrieben oder schriftlich angenommen hat. Eines besonderen Hinweises auf die AGB-Schiedsklausel bedarf es nicht. Auch eine früher erfolgte Übersendung der AGB kann bei laufenden Geschäftsbeziehungen ausreichen.[1010]

ccc) Verletzung des Anspruchs auf rechtliches Gehör – Art. 5 Abs. 1 b

Der unterlegenen Partei muß umfassendes rechtliches Gehör gewährt worden sein. Ist sie beispielsweise von der Schiedsrichterbestellung bzw. dem Schiedsverfahren nicht gehörig in Kenntnis gesetzt worden oder hat sie sonst ihre Angriffs- und Verteidigungsmittel nicht geltend machen können, liegt ein Versagungsgrund vor. Die Prüfung

---

1005 Die Form zusätzlicher Vereinbarungen richtet sich nach dem Verfahrensstatut des Art. 5 Abs. 1 d UNÜ; Reithmann/Hausmann Rn. 2340.

1006 Vgl. Rechtsprechungsnachweise bei Reithmann/Hausmann, Rn. 2343; Schwab/Walter, S. 464 Rn. 7; zweifelnd das norwegische Berufungsgericht Hålogaland, Entsch. vom 16.08.1999, abgedr. Stockholm Arb. Rep. 1999:2, S. 121 (126); allg. einschränkend Kaplan, der eine zu strenge Auslegung des Art. 2 Abs. 2 UNÜ ablehnt, wenn eine liberalere Auslegung des Formerfordernisses nach dem angewandten Verfahrensrecht möglich ist, Arb.Int. 1996, Vol. 12 No. 1, 27 (44 f.).

1007 Vgl. dazu Schwab/Walter, S. 465 Rn. 9; Haas, S. 165 m.w.N.

1008 Im kaufmännischen Verkehr kann ein Schiedsvertrag häufig aufgrund der Meistbegünstigungsklausel des Art. 7 UNÜ auch ohne Wahrung der Form des Art. 2 UNÜ Gültigkeit erlangen.

1009 Vgl. Reithmann/Hausmann, Rn. 2342.

1010 Vgl. Stein/Jonas/Schlosser, Anh. zu § 1044 III Rn. 41a.

ausreichender Gewähr rechtlichen Gehörs durch das Schiedsgericht hat nach dem gleichen Maßstab wie vor den ordentlichen Gerichten zu erfolgen. Der Anspruch auf rechtliches Gehör stellt ein unabdingbares prozessuales Grundrecht dar, dessen Verletzung auch unter dem Aspekt des ordre-public zu würdigen ist (Art. 5 Abs. 2 b UNÜ).

ddd) Kompetenzüberschreitung des Schiedsgerichts – Art. 5 Abs. 1 c

Das Schiedsgericht muß im Schiedsspruch in den Grenzen der Schiedsvereinbarung entschieden haben (1. HS).[1011] Eine Kompetenzüberschreitung liegt vor, wenn der Schiedsspruch über eine von der Schiedsvereinbarung entweder überhaupt nicht (extra petita) oder nur teilweise umfaßte Streitigkeit entscheidet (ultra petita). Gegebenenfalls kommt eine beschränkte Anerkennung und Vollstreckung des Schiedsspruches in Betracht, wenn einzelne von der Schiedsvereinbarung erfaßte Streitpunkte von solchen, die nicht erfaßt sind, abgetrennt werden können (2. HS). Umfaßt die schiedsrichterliche Entscheidung nicht alle bzw. nicht die ganze Streitfrage (infra petita), liegt jedoch kein Versagungsgrund vor, da sich das Schiedsgericht hier noch innerhalb seiner Entscheidungskompetenz gehalten hat.[1012]

eee) Verletzung der Bestimmungen über die Bildung des Schiedsgerichts bzw. über das Schiedsverfahren – Art. 5 Abs. 1 d

Hat die Bildung des Schiedsgerichts oder das schiedsrichterliche Verfahren nicht dem von den Parteien gewählten oder subsidiär dem Recht des Verfahrensstaates entsprochen, liegt ebenfalls ein Vollstreckungsversagungsgrund vor. Die Versagungsgründe sind eng auszulegen, d. h. nicht jeder formelle Fehler führt zu einem Versagungsgrund.[1013] Wurde zwingendes Recht des Verfahrensstaates verletzt, stellt dies allein ebenfalls noch keinen Versagungsgrund dar, sofern die Parteivereinbarungen eingehalten worden sind.[1014] In diesem Fall kann es jedoch zu einer Aufhebung des Schiedsspruches im Verfahrensstaat kommen und dadurch ein Versagungsgrund nach dem UNÜ entstehen (vgl. Art. 5 Abs. 1 e UNÜ).

Ein von den Parteien gewähltes Recht muß die Grundvoraussetzungen eines rechtsstaatlichen Verfahrens erfüllen, anderenfalls kann die Rechtswahl einen Versagungsgrund nach Art. 5 Abs. 1 b oder Art. 5 Abs. 2 b UNÜ darstellen. Die in Art. 5 Abs. 1 d

---

[1011] In der Praxis kommt es fast niemals zu einer Versagung der Vollstreckbarerklärung aufgrund von Art. 5 Abs. 1 c; vgl. van den Berg, S. 312, zumal der Fall, daß die Entscheidung aufgrund einer unwirksamen Schiedsvereinbarung getroffen wurde, von Art. 5 Abs. 1 a UNÜ erfaßt wird; van den Berg, S. 321.

[1012] Vgl. van den Berg, S. 320 f., wonach dies jedoch nach einigen nationalen Schiedsverfahrensgesetzen einen Aufhebungsgrund für Schiedssprüche darstellt, die in diesen Ländern erlassen worden sind (vgl. National Reports in YCA unter Kap. VI 3., auch § 36 LSF). Erreicht in so einem Land der Antragsgegner die Aufhebung, kann er die Vollstreckung verhindern, indem er im Exequaturstaat die Aufhebung des Schiedsspruches einwendet –Art. 5 Abs. 1 e 2. Fall UNÜ.

[1013] Vgl. van den Berg, S. 313.

[1014] Die Befolgung zwingenden nationalen Rechts unter Mißachtung einer Rechtswahl stellt umgekehrt einen Aufhebungsgrund dar; van den Berg, S. 331.

UNÜ gewährte Parteiautonomie wird somit vom ordre-public des Anerkennungs- und Vollstreckungsstaates überlagert.[1015]

fff) Fehlende Rechtskraft – Art. 5 Abs. 1 e

Damit ein ausländischer Schiedsspruch nach dem UNÜ anerkannt und vollstreckt werden kann, muß er für die Parteien verbindlich geworden sein. Er darf nicht von den zuständigen Organen des Staates, in dem er erlassen wurde oder dessen Recht das Verfahren unterliegt, bzw. in einem Oberschiedsverfahren wieder aufgehoben worden sein.[1016] Zur Herstellung der Verbindlichkeit des Schiedsspruchs ist nicht erforderlich, daß er in seinem Erlaßstaat bereits für vollstreckbar erklärt wurde (sog. „doppelte Exequatur").[1017]

ggg) Fehlende objektive Schiedsfähigkeit – Art. 5 Abs. 2 a

Der Gegenstand des Rechtsstreits muß objektiv schiedsfähig sein. Die Vertragsstaaten müssen Schiedsvereinbarungen nur anerkennen, wenn der Streitgegenstand auf schiedsrichterlichem Wege geregelt werden kann (Art. 2 Abs. 1 UNÜ). Eine einheitliche Regelung der Schiedsfähigkeit enthält das UNÜ nicht, doch erfaßt werden etwa vertragliche, nichtvertragliche sowie Streitigkeiten aus unerlaubter Handlung. Das UNÜ bestimmt in Art. 2 Abs. 1 nicht, nach welchem Recht die Schiedsfähigkeit zu beurteilen ist.[1018] Art. 5 UNÜ setzt jedoch voraus, daß objektive Schiedsfähigkeit nach dem Recht des Anerkennungs- und Vollstreckungsstaates (Abs. 2 a) und nach dem nationalen Recht, dem der Schiedsvertrag untersteht, gegeben ist (Abs. 1 a). Die objektive Schiedsfähigkeit ist aber nicht kumulativ zu prüfen.[1019] Dabei könnten auch erhebliche Schwierigkeiten auftreten, wenn die Statuten von Schieds- und Hauptvertrag voneinander abweichen. Überwiegend wird daher heute Art. 5 Abs. 2 a UNÜ als abschließende kollisionsrechtliche Regelung betrachtet und die objektive Schiedsfähigkeit allein nach der lex fori des mit der Anerkennung befaßten Gerichts beurteilt.[1020] Daneben ist kein Raum für eine Ermessensentscheidung etwa eines Anerkennungsrichters. Wenn daher die Schiedsfähigkeit nach dem Recht der Schiedsvereinbarung gegeben ist, kann dennoch einem darauf beruhenden Schiedsspruch die Anerken-

---

[1015] Vgl. van den Berg, S. 324, wonach nicht jede ordre-public Verletzung unter Art. 5 Abs. 2 b UNÜ fällt, zumal der internationale ordre-public nach vielen nationalen Rechtsordnungen liberaler als der nationale gehandhabt wird; S. 360 u. 382; ebenso v. Winterfeld, NJW 1987, 3059 (3060); a.A. Kornblum, NJW 1987, 1105 (1106) m.w.N., wonach der interne ordre-public (§ 1041 Abs. 1 Nr. 2 ZPO a.F.) ebenso eng gefaßt sei wie der internationale (§ 1044 Abs. 2 Nr. 2 ZPO a.F.).

[1016] Vgl. z. B. OLG Rostock in BB 2000, Beil. 8, S. 20 (22), wonach einem im Ausland ergangenen Schiedsspruch die Anerkennung zu versagen ist (§ 1061 Abs. 2 ZPO; Art. 5 Abs. 1 e UNÜ), wenn der Schiedsspruch im Erlaßstaat aufgehoben wurde, auch wenn die Aufhebung noch nicht rechtskräftig ist; vgl. auch van den Berg, S. 320 f.

[1017] Vgl. van den Berg, S. 337.

[1018] Die Schiedsfähigkeit ist Bestandteil des ordre-public und wird daher bereits von Art. 5 Abs. 2 b UNÜ erfaßt; vgl. van den Berg, S. 368 f.

[1019] So die früher h.M.; vgl. dazu Schwab/Walter, S. 460 Rn. 1; Kornmeier/Sandrock, Bd. 2 F Rn. 53.

[1020] Art. 5 Abs. 2a UNÜ gilt analog in der Einredesituation; van den Berg, S. 369; Stein/Jonas/Schlosser, Anh. zu § 1044 II Rn. 29 m.w.N. in Fn. 104.

nung versagt werden, wenn dem Streitgegenstand nach dem Recht des Exequaturstaates die Schiedsfähigkeit fehlt.

hhh) Verstoß gegen ordre-public – Art. 5 Abs. 2 b

Die Anerkennung und Vollstreckung des Schiedsspruchs darf nicht gegen die tragenden Grundsätze der Rechtsordnung (ordre-public) des Vollstreckungsstaates verstoßen.[1021] Dieser Vorbehalt wird international von den angerufenen Gerichten tendenziell eng ausgelegt, doch ist er in der Praxis der häufigste Einwand gegen die Vollstreckung ausländischer Schiedssprüche.[1022] Er ermöglicht es dem Anerkennungs- bzw. Exequaturrichter den Schiedsspruch an nationalen Rechtsmaßstäben zu messen (lex fori), unabhängig von einem von den Parteien gewählten oder den Schiedsrichtern festgelegten Recht.[1023] Die bei der rechtlichen Prüfung anzuwendenden Maßstäbe sind nicht statisch, sondern unterliegen wie jede andere Einschränkung der Parteiautonomie auch dem Wandel der Zeit.[1024]

In der Bundesrepublik Deutschland wird nach der neueren BGH-Rechtsprechung der ordre-public in internationalen[1025] Fällen liberaler beurteilt als in nationalen.[1026] Dies entspricht der Differenzierung im deutschen Internationalen Privatrecht (IPR) und im für die staatlichen Gerichte geltenden Internationalen Zivilprozeßrecht. Es ist folglich zwischen dem „ordre-public interne“ und dem liberaleren „ordre-public international“ zu unterscheiden.[1027] Letzterer orientiert sich im internationalen Maßstab an der stän-

---

1021 Es gelten hierbei die Grundsätze zum ordre-public, wie sie auch im Aufhebungsverfahren nach § 1059 ZPO heranzuziehen sind.

1022 Vgl. dazu Stein/Jonas/Schlosser, § 1044 Rn. 19; Raeschke-Kessler, EuZW 1990, 145 (146 f.), der auf die Erweiterung des internationalen und nationalen ordre-public durch das zwingende EU-Gemeinschaftsrecht – z. B. Art. 85 u. 86 EWGV (heute: Art. 81 u. 82 EWGV) – hinweist. Dies hat der EuGH bestätigt in seinem Urt. v. 01.06.99 – Rs. C-126/97 (Eco Swiss China Time Ltd. ./. Benetton International NV), abgedr. in EuZW 1999 (Heft 18), S. 565 ff.; vgl. bereits BGH in der "Fruchtsäfte"-Entscheidung – NJW 1969, 978 (979 f.); NJW 1972, 2180 (2181)); auch Wunderer, S. 245 ff.

1023 Vgl. Schlosser, § 1044 Rn. 19 m.w.N.; v. Winterfeldt, NJW 1987, 3059 (3060).

1024 Vgl. Böckstiegel, ICCA`s Congress Series No. 3, S. 177 (180); vgl. Zitat von Allen in Kegel-Soergel, Art. 30 EGBGB, Rn. 19 (heute Art. 6 EGBGB): „The public policy is the policy of the day”.

1025 Teilweise wird eine Denationalisierung des ordre-public durch die Begründung des sog. „transnationalen” ordre-public befürwortet, worunter lediglich die Rechtsprinzipien fallen, die allen Rechtsordnungen gemeinsam sind; vgl. dazu Kornblum, in: FS Nagel, S. 141; ders., JPS 1987, S. 34 (42); Lalive, Rev. arb. 1986, 329 (331 ff.), jeweils m.w.N.

1026 Die unterschiedliche bzw. weniger strenge Behandlung ausländischer Schiedssprüche bei der Anerkennung und Vollstreckbarerklärung kann auch auf das Gebot der Rücksichtnahme (völkerrechtlich: comitas gentium) zurückgeführt werden, wonach die Achtung der Staaten und Staatengemeinschaften voreinander generell zu einem restriktiven Gebrauch von Vorbehaltsklauseln zur Durchsetzung eigener öffentlicher Interessen zwinge. Dies folgt auch aus der im Schiedsrecht den Parteien eingeräumten Parteiautonomie, sofern das Recht den Parteien erlaubt, ihr Verfahren einem ausländischen Verfahrensrecht zu unterstellen; vgl. v. Winterfeld, NJW 1987, 3059 (3060).

1027 BGH-Rechtsprechung seit BGHZ 98, S. 70 ff. („Oravitza”) = NJW 1986, 3027 ff.; JZ 1987, 154 ff. mit zust. Anm. Walter = YCA XII (1987), 489 ff.; zur Unterscheidung von ordre-pulic interne und international siehe bereits OLG Frankfurt, RIW 1975, 432; ausführlich Wunderer, S. 68 ff.

digen und allgemein anerkannten Praxis der Schiedsgerichtsbarkeit. Dieser Maßstab ist dann verletzt, wenn der ausländische Schiedsspruch an einem so schwerwiegenden Mangel leidet, daß seine Anerkennung zentrale Normen verletzt, die die Grundfragen des staatlichen und wirtschaftlichen Lebens regeln.[1028] Ist dies nicht der Fall, liegt auch kein Verstoß gegen den nationalen ordre-public vor. Es kann also beispielsweise ein ausländischer Schiedsspruch in Deutschland anerkannt werden, obwohl er einen Verstoß gegen den deutschen ordre-public darstellen würde, wenn es sich um einen inländischen Schiedsspruch handelte. Die unterschiedliche Gewichtung wird deutlich an der Entscheidung des Bundesgerichtshofs in BGHZ 54, 392 ff.[1029] einerseits und der „Oravitza"-Entscheidung des BGH[1030] andererseits: In beiden Fällen ging es um die Frage der Vollstreckbarkeit eines Schiedsspruches, der von einem allein durch eine Partei bestellten Schiedsrichter erlassen wurde. In BGHZ 54, 392 ff. sah der BGH hinsichtlich eines in einem inländischen Verfahren ergangenen Schiedsspruches einen Verstoß gegen die Überparteilichkeit des Schiedsgerichts (ordre-public) darin, daß das Schiedsgericht allein aus dem vom Schiedskläger bestellten Schiedsrichter bestand, weil die andere Partei die Ernennung ihres Schiedsrichters verweigert hatte. Der Schiedskläger müsse hier den Schiedsrichter für die säumige Partei durch das zuständige staatliche Gericht (§ 1029 Abs. 2 ZPO a.F.) oder durch einen vorher bezeichneten Dritten bestellen lassen. Dagegen verneinte der BGH in seiner „Oravitza"-Entscheidung einen Verstoß gegen den ordre-public (Art. 5 Abs. 2 b UNÜ) bei der Prüfung der Versagung der Vollstreckbarerklärung eines ausländischen Schiedsspruches, der von einem nach Section 7 Arbitration Act 1950 allein von der Antragstellerin ernannten Schiedsrichter erlassen wurde, nachdem die Gegenseite die Mitwirkung bei der Bildung des Schiedsgerichts versäumt hatte. Dem lag folgender Sachverhalt zugrunde:

> Die rumänische Antragstellerin (Vercharterer der „MS Oravitza") hatte entsprechend einer mit der Antragsgegnerin getroffenen Schiedsvereinbarung in der Charterparty beim zuständigen Londoner Schiedsgericht das Verfahren eingeleitet und ihren Schiedsrichter benannt. Hiervon setzte sie die Antragsgegnerin in Kenntnis und forderte sie gemäß Section 7 Arbitration Act 1950 auf, ebenfalls innerhalb von 7 Tagen von ihrem Benennungsrecht Gebrauch zu machen, da sie anderenfalls den Schiedsrichter zum Alleinschiedsrichter bestellen würde (sole arbitrator). Die Antragsgegnerin kam dem nicht nach, und im folgenden fällte der Alleinschiedsrichter – nach vorheriger Ankündigung gegenüber den Parteien – einen Schiedsspruch aufgrund der vorliegenden Urkunden zugunsten der Antragstellerin, aus dem diese daraufhin die Vollstreckbarerklärung in Deutschland betrieb. Hiergegen setzte sich die Antragsgegnerin zur Wehr. Der BGH verneinte hier – wie auch die Vorinstanz (OLG Hamburg) – einen Verstoß gegen den (deutschen) ordre-public bzw. die überparteiliche Rechtspflege bzw. gegen die richterliche Distanz und Neutralität. Dem Begriff der deutschen öffentlichen Ordnung seien hier im Interesse des internationalen Handelsverkehrs sowie mit Rücksicht darauf, daß der Inlandsbezug der Entscheidung sich im wesentlichen auf die Vollstreckung beschränkt, enge Grenzen gezogen.[1031] Eine Versagung der Anerkennung eines ausländischen Schiedsspruches komme nur dann in Betracht, wenn aus der Sicht eines unbefangenen Betrachters die konkrete Befürchtung gerechtfertigt sei, daß der Schiedsrichter nur Vollstrecker des Willens einer Partei sei oder wenn der Schieds-

---

[1028] BGH NJW 1986, 3027 (3028); Raeschke-Kessler, EuZW 1990, 145 (147); Berger, S. 473 m.w.N.

[1029] Auch veröffentlicht in BGH NJW 1971, 139 ff.

[1030] BGH in BGHZ 98, 70 ff. („Oravitza" – Entscheidung v. 15.05.1986).

[1031] BGH in BGHZ 98, 70 (74) („Oravitza" – Entscheidung v. 15.05.1986).

richter aus sachfremden Erwägungen die Belange einer Partei einseitig fördere, was hier nicht der Fall sei. Auch das Verfahren zur Bestellung des Alleinschiedsrichters nach Section 7 S. 1 b) Arbitration Act 1950 stelle keinen Verstoß gegen den (verfahrensrechtlichen) ordre-public dar, sofern die Gegenseite 7 Tage zuvor von dieser Absicht unterrichtet wird und zur Ernennung eines Schiedsrichters aufgefordert hat. Das aufgrund der Säumnis einer Partei gegebenenfalls eintretende Ungleichgewicht diene der Verfahrensbeschleunigung und hätte durch vertragsgemäßes Verhalten vermieden werden können. Das subsidiäre Alleinbestimmungsrecht stelle insoweit ein legitimes Druckmittel zur Vertragserfüllung dar.[1032] Der Spruch des Alleinschiedsrichters sei dann für die Parteien ebenso bindend, als wenn sie ihn übereinstimmend ernannt hätten.

Weiter ist denkbar, daß ein ausländischer Schiedsspruch aufgrund einer Verfahrensordnung ergangen ist, die keine Begründung des Schiedsspruchs vorschreibt, daß aber die Begründungspflicht zum ordre-public des Vollstreckungsstaates gehört. Dies hindert seine Vollstreckung unter dem Gesichtspunkt des „ordre-public international" nach der international zu verzeichnenden Tendenz nicht.[1033] Die Inhaltsbestimmung des ordre-public ist schwierig, da sie von jedem Staat autonom vorgenommen wird. Der Vorbehalt ist daher relativ und kann lediglich für den Einzelfall ausgefüllt werden.[1034] Dies beinhaltet für die aus einem ausländischen Schiedsspruch Vollstreckung suchende Partei einen Unsicherheitsfaktor, da nicht unbedingt das, was in einem Land unter den ordre-public fällt, auch in einem anderen Land Teil des ordre-public sein muß.

cc) Verfahren der Anerkennung und Vollstreckbarerklärung anhand des UNÜ

Ausländische Schiedssprüche bedürfen zur Wirkungsentfaltung zunächst der Anerkennung. Diese richtet sich nach Art. 3 UNÜ. Danach erkennt jeder Vertragsstaat Schiedssprüche als wirksam an und läßt sie nach den nationalen Vorschriften des Vollstreckungslandes zu, sofern die weiteren Voraussetzungen des UNÜ erfüllt sind.[1035]

Die Vollstreckbarerklärung erfolgt auf Antrag in einem gerichtlichen Verfahren. Die formellen Antragsvoraussetzungen sind in Art. 4 UNÜ enthalten (und entsprechen Art. 35 Abs. 2 UNC-MG). Dem Antrag sind der Schiedsspruch und die Schiedsvereinbarung in Urschrift oder in beglaubigter Abschrift (Art. 4 Abs. 1 a-b UNÜ) sowie gegebenenfalls Übersetzungen in die amtliche Sprache des Anerkennungs- und Vollstreckungsstaates beizufügen (Abs. 2).[1036] Der Antragsgegner ist entweder im Verfah-

---

1032 Ebenda, S. 76.

1033 Vgl. Stein/Jonas/Schlosser, § 1044 Rn. 25; auch OLG Hamburg (Urteil v. 27.07.1978) in YCA 1979, 266 (267), sowie rechtsvergleichend Wunderer, S. 230 ff.

1034 Vgl. Böckstiegel, ICCA`s Congress Series No. 3, 177 (180).

1035 Die Wirkungen des Schiedsspruches bestimmen sich primär nach dem maßgebenden ausländischen Recht, doch können keine dem deutschen Recht fremden Spruchwirkungen erstreckt werden; vgl. Schlosser, Rn. 902; Schütze, Rn. 146.

1036 Der BGH beurteilt die Regelung des Art. 4 Abs. 1 UNÜ als „bloße Beweismittelregelung" und fordert einen Beweis der Authentizität des Schiedsspruches, der regelmäßig nur mit den in Art. 4 Abs. 1 a UNÜ bezeichneten Urkunden geführt werden kann, lediglich dann, wenn die Authentizität des Schiedsspruches vom Antragsgegner bestritten wird; vgl. BGH in RIW 2000, 874 m.w.N. Dies muß folgerichtig auch für die Nachweispflicht des Antragstellers hinsichtlich der Schiedsvereinbarung gemäß Art. 4 Abs. 1 b UNÜ gelten.

ren der Vollstreckbarerklärung oder im Verfahren über die Aufhebung des Vollstreckungsbeschlusses anzuhören.[1037] Die Ausgestaltung des gerichtlichen Verfahrens ist nach allen Staatsverträgen dem zweitstaatlichen Recht überlassen. In Deutschland richtet es sich nach den für inländische Schiedssprüche geltenden Regeln (§§ 1025 Abs. 4, 1061-1065 ZPO).

Das zuständige Oberlandesgericht ist als Vollstreckungsgericht nach § 1061 Abs. 2 ZPO nicht zur Aufhebung eines ausländischen Schiedsspruchs berechtigt, sondern kann lediglich dessen fehlende Anerkennungsfähigkeit feststellen und damit die Vollstreckbarkeit im Inland versagen. Spätere andernorts angestrengte Vollstreckungsversuche aus dem Schiedsspruch sind dadurch nicht ausgeschlossen, so daß der Schuldner weitere Vollstreckungsversuche befürchten muß.[1038] Die Prüfungskompetenz des Vollstreckungsgerichtes ist folglich auf die Erfordernisse der Wirkungserstreckung beschränkt und umfaßt nicht die sachliche Nachprüfung des ausländischen Schiedsspruches (révision au fond).[1039]

Ein im Inland für vollstreckbar erklärter Schiedsspruch kann nach § 1061 Abs. 3 ZPO seine Wirkung verlieren, wenn er (nachträglich) im Ausland aufgehoben und ein Antrag auf Aufhebung der inländischen Vollstreckbarerklärung gestellt wird. Hätte der Unterlegene die Aufhebung jedoch bereits im Vollstreckbarerklärungsverfahren geltend machen können, ist der Aufhebungsgrund präkludiert.[1040] Gegen den Anspruch selbst können im Verfahren der Vollstreckbarerklärung über Art. 5 UNÜ hinaus nur Einwände geltend gemacht werden, soweit sie nach dem Erlaß des Schiedsspruchs entstanden sind.[1041]

d) Rechtsmittel

Der deutsche Gesetzgeber war bei der Novellierung des Schiedsrechts bestrebt, Rechtsmittel zwecks Entlastung der Justiz weitgehend auszuschließen.[1042] Gegen den Beschluß der Vollstreckbarerklärung von in- oder ausländischen Schiedssprüchen können daher nur eingeschränkt Rechtsmittel beim zuständigen Oberlandesgericht eingelegt werden (§ 1062 Abs. 1 Nr. 4 ZPO). Das Gericht ist in diesem Fall ausnahmsweise nach § 1063 Abs. 2 ZPO zur Durchführung einer mündlichen Verhandlung verpflichtet, sofern bei dem Antrag auf Anerkennung oder Vollstreckbarerklärung des Schiedsspruches Aufhebungsgründe nach § 1059 Abs. 2 ZPO in Betracht kommen. Gegen die Vollstreckbarerklärung eines in- oder ausländischen Schiedsspruches ist

---

1037 Vgl. van den Berg, S. 239.

1038 Sog. „Exequatur Shopping"; vgl. zum Begriff Bühler, IPRax 1987, 253 (255).

1039 Vgl. Schütze/Tscherning/Wais, Rn. 646.

1040 So auch nach ZPO a.F. unter analoger Heranziehung von § 767 Abs. 2 ZPO; Schütze/Tscherning/Wais Rn. 646; Schwab/Walter S. 323 Rn. 33.

1041 Dies ist nach Schwab/Walter, S. 545 Rn. Rn. 5 strittig, aber aus deutscher Sicht wohl zulässig; ders., S. 321 Rn. 27 (z. B. Aufrechnung mit einer Gegenforderung); vgl. Zöller/Geimer, § 1044 Rn. 21; BGH NJW 1990, 3210 (3211) und OLG Hamburg in RIW/AWD 1975, 645; Lachmann, S. 206 Rn. 480.

1042 Vgl. BT-Drs. 13/5274, S. 66; Ref.-E., S. 197.

lediglich unter den Voraussetzungen der Revision (§§ 546 ff. ZPO) die Einlegung einer Rechtsbeschwerde beim BGH zulässig (§ 1065 Abs. 1 ZPO).

2. Schwedisches Recht

Die Anerkennung und Vollstreckung von Schiedssprüchen wird im schwedischen Recht in §§ 52 ff. LSF geregelt. Auch danach wird zwischen inländischen und ausländischen Schiedssprüchen differenziert.

a) Nationalität des Schiedsspruches

Die Nationalität eines Schiedsspruches bestimmt sich – wie bereits vor der Reform[1043] – auch im schwedischen Recht nach dem Territorialitätskriterium (§ 52 LSF). Ein im Ausland erlassener Schiedsspruch gilt danach als ausländisch (Abs. 1). Dabei gilt er als in dem Staat erlassen, in dem das Verfahren durchgeführt wurde (Abs. 2). Hieraus folgt im Umkehrschluß, daß ein Schiedsspruch „schwedisch" ist, wenn er in Schweden erlassen wurde.

b) Vollstreckbarerklärung eines inländischen Schiedsspruches

Die Vollstreckbarerklärung eines inländischen Schiedsspruches ist nicht im LSF geregelt, sondern richtet sich nach dem schwedischen Vollstreckungsgesetz.[1044] Zuständig für die Bewilligung der Vollstreckung (Vollstreckbarerklärung) ist regelmäßig die örtliche Vollstreckungsbehörde, nicht jedoch das ordentliche Gericht.[1045] Diese ist als generelle Zwangsvollstreckungsbehörde von den Gerichten unabhängig und für alle Arten von Vollstreckungstiteln zuständig.

aa) Voraussetzungen der Vollstreckbarerklärung

Die Vollstreckungsbehörde prüft die Voraussetzungen der Vollstreckbarerklärung von Amts wegen.[1046] Diese sind im schwedischen Vollstreckungsgesetz („Utsökningsbalk" – UB) geregelt. Voraussetzung ist zunächst das Vorliegen eines gültigen schwedischen Schiedsspruches, dessen Anfechtungsfrist abgelaufen ist. Dieser darf keinen Vorbehalt materieller Überprüfung oder Anfechtungsvorbehalt enthalten, und er muß formgültig, d. h. schriftlich und unterzeichnet sein.[1047] Letzteres gilt auch, soweit der Antrag lediglich die Vollstreckbarerklärung des Schiedsspruchs hinsichtlich der Entscheidung über die Vergütung der Schiedsrichter betrifft.[1048] Beruht der Schiedsspruch auf einer

---

[1043] Vgl. Prop. 1998/99:35, S. 178; SOU 1994:81, S. 211.

[1044] Vgl. 3. Kap. §§ 15-18 „utsökningsbalken" (UB). Die Regeln im 3. Kap. § 15 UB gelten nach § 16 auch für Schiedssprüche, die auf einem gesetzlich angeordneten Schiedsverfahren beruhen.

[1045] Die schwedische Vollstreckungsbehörde heißt „Kronofogdemyndighet" (KFM) – 1. Kap. § 3 Abs. 1 (UB). Darstellung des Verfahrens bei Gregow, S. 34 ff. Eine gerichtliche Zuständigkeit soll nach den Motiven nur ausnahmsweise in Bertracht kommen; vgl. Prop. 1998/99:35, S. 180 f.; SOU 1994:81, S. 216.

[1046] Vgl. Prop. 1998/99:35, S. 178 u. 184; SOU 1994:81, S. 219; Hassler/Cars, S. 174.

[1047] Vgl. 3. Kap. § 15 Abs. 1 Nr. 1-2 (UB) iVm. § 31 Abs. 1 LSF.

[1048] Vgl. 3. Kap. § 15 Abs. 2 (UB).

Schiedsvereinbarung, die gemäß § 51 LSF in internationalen Verfahren die Anwendbarkeit der Aufhebungsgründe einschränkt oder ausschließt, wird er nicht nach den Regeln inländischer, sondern nach denen für ausländische Schiedssprüche für vollstreckbar erklärt (§ 51 Abs. 2 LSF). Schließlich darf der Schiedsspruch nicht aufgrund fehlender objektiver Schiedsfähigkeit oder eines Verstoßes gegen den (schwedischen) ordre-public unwirksam sein, doch prüft die Vollstreckungsbehörde dieses nur eingeschränkt nach. Liegen solche Unwirksamkeitsgründe nach Ansicht der Vollstreckungsbehörde vor und wäre der Antrag deshalb vollständig abzulehnen, hat sie nach dem Willen des Gesetzgebers den Antragsteller auf den ordentlichen Rechtsweg zu verweisen, gegebenenfalls unter gleichzeitiger Gewährung eingeschränkter Vollstreckbarkeit.[1049]

bb) Verfahren der Vollstreckbarerklärung

Sind die Vollstreckungsvoraussetzungen erfüllt, wird ein Schiedsspruch wie ein rechtskräftiges Urteil vollstreckt.[1050] Das Verfahren der Vollstreckbarerklärung beginnt nach Eingang des Antrages bei der Vollstreckungsbehörde mit der summarischen Prüfung der Gültigkeit des Schiedsspruches und der Anhörung der Gegenseite durch die Vollstreckungsbehörde.[1051] Die Anhörung soll einerseits dem Antragsgegner das Ergreifen von Gegenmaßnahmen ermöglichen und andererseits dessen Kenntnisnahme von dem Schiedsspruch vor einer etwaigen Vollstreckungsmaßnahme sicherstellen.[1052] Parallel zum Verfahren der Vollstreckbarerklärung und zur Sicherung der Vollstreckung sowie des damit verbundenen Überraschungseffektes kann der Antragsteller jederzeit vorläufige Sicherungsmaßnahmen beim zuständigen Bezirksgericht beantragen.[1053] Das Vorliegen von Aufhebungsgründen prüft die Vollstreckungsbehörde dagegen nicht, d. h. der Schiedsspruch kann vom Antragsgegner jederzeit (fristgemäß) vor dem insoweit allein zuständigen Gericht angefochten werden.[1054]

Die Vollstreckungsbehörde kann über den Antrag auf Vollstreckbarerklärung in dreifacher Weise entscheiden. Entweder sie lehnt ihn ab oder sie gibt ihm ganz oder eingeschränkt statt. Gibt sie ihm in vollem Umfang statt, faßt sie – zusammen mit der Entscheidung über die Vollstreckungsmaßnahme – einen einheitlichen (z. B. Pfän-

---

1049 Vgl. 3. kap. §§ 16, 18 Abs. 2 (UB). Die eingeschränkte Vollstreckbarkeit bedeutet, daß der Schiedsspruch zwar für vollstreckbar erklärt wird, daß aber in einem weiteren Beschluß dem Antragsteller die fristgebundene Klageerhebung vor dem ordentlichen Gericht auferlegt wird.

1050 Vgl. 3. Kap. § 18 Abs. 1 (UB).

1051 Vgl. 3. Kap. § 15 Abs. 3 (UB).

1052 Vgl. Prop. 1998/99:35, S. 181; SOU 1994:81, S. 216.

1053 Vgl. 15. Kap. schwedisches Prozeßgesetz (RB) – z. B. Beschlagnahme/Arrest (kvarstad). Diese Frage ist vom schwedischen Gesetzgeber bewußt nicht ausdrücklich geregelt worden, doch ist die Möglichkeit des einstweiligen Rechtsschutzes der obsiegenden Partei auch in diesem Stadium in der Rechtspraxis anerkannt, vgl. dazu HD in NJA 1983, 814 (vorläufige Sicherungsmaßnahmen aufgrund ausländischem Urteils) sowie HD in NJA 1979, 698 (allgemein) und Prop. 1998/99:35, S. 185 f.; SOU 1994:81, S. 220 u. 316.

1054 Die Prüfung der Ungültigkeit des Schiedsspruches obliegt ebenfalls dem ordentlichen Gericht, wenn nicht bereits die Vollstreckungsbehörde die Ungültigkeit eindeutig festgestellt hat; Prop. 1998/99:35, S. 181 f.; SOU 1994:81, S. 216 u. 314.

dungs-) Beschluß.[1055] Eine ablehnende Entscheidung ergeht dagegen, wenn der Schiedsspruch die Formvoraussetzungen nicht erfüllt, die Schiedsvereinbarung einen Ausschluß der Aufhebungsgründe enthält oder die Anfechtungsfrist noch nicht abgelaufen ist.[1056] Liegen nach Ansicht der Vollstreckungsbehörde Ungültigkeitsgründe vor, d. h. eine Entscheidung über einen nicht schiedsfähigen Streitgegenstand oder ein Verstoß gegen den ordre-public (vgl. § 33 Nr. 1 u. 2 LSF), hat sie dem Antragsteller aufzugeben, in der Sache vor dem zuständigen Bezirksgericht Klage zu erheben, sofern darüber noch kein Gerichtsverfahren anhängig ist.[1057] Gleichzeitig kann sie jedoch aufgrund einer Interessenabwägung den Schiedsspruch eingeschränkt für vollstreckbar erklären[1058], verbunden mit dem unanfechtbaren[1059] (Auflagen-) Beschluß an den Antragsteller, innerhalb eines Monats nach Zustellung des Beschlusses Klage auf Feststellung der Gültigkeit des Schiedsspruches zu erheben.

Mit Klageerhebung geht die volle Entscheidungskompetenz im weiteren Vollstreckungsverfahren auf das ordentliche Gericht über. Die Vollstreckungsbehörde stellt somit weder die Unwirksamkeit selbst fest, noch verweigert sie selbst die Vollstreckbarerklärung.[1060] Wird die Klage nicht fristgemäß erhoben oder wieder zurückgenommen, bleibt die Schiedsvereinbarung gültig, doch stellt die Vollstreckungsbehörde sodann das Verfahren ein und etwaige Vollstreckungsmaßnahmen werden rückgängig gemacht.[1061]

c) Ausländischer Schiedsspruch

Die Anerkennung und Vollstreckung eines auf einer Schiedsvereinbarung beruhenden ausländischen Schiedsspruches richtet sich nach den §§ 53-60 LSF im 9. Abschnitt des LSF. Diese Bestimmungen enthalten die bereits früher im schwedischen Gesetz über ausländische Schiedsverträge und Schiedssprüche („LUSK") enthaltenen Regelungen mit unwesentlichen Abweichungen.[1062] Dies gilt auch für einen Schiedsspruch, dem ein Rechtsbehelfsverzicht nach § 51 Abs. 1 LSF und damit ein Ausschluss der Aufhebungsgründe (§ 34 LSF) zugrundeliegt.

[1055] Vgl. Prop. 1998/99:35, S. 184; SOU 1994:81, S. 219 u. 318 (anders 3. Kap. § 17 UB a.F.).

[1056] Vgl. Prop. 1998/99:35, S. 183 f.

[1057] Vgl. 3. Kap. §§ 16, 18 Abs. 2 (UB). Das zuständige Bezirksgericht bestimmt sich nach 2. Kap. § 24 (UB) iVm. § 44 LSF.

[1058] Dies richtet sich nach den Vollstreckungsregeln über nicht rechtskräftige Urteile von Untergerichten; vgl. 3. Kap. §§ 6, 8 und 8. Kap. § 4 (UB). Danach kann bei einem Leistungsurteil auf Zahlung der Antragsgegner die Vollstreckung durch Sicherheitsleistung abwenden. Anderenfalls kann es ohne seine Einwilligung zwar zur Pfändung, nicht aber zur Verwertung seines Eigentums kommen. Ferner kann ein Anspruch auf Herausgabe einer beweglichen Sache (nur) bei vorheriger Stellung einer Sicherheit durch den Antragssteller vollstreckt werden.

[1059] Vgl. 18. Kap. § 5 Nr. 4 (UB); Prop. 1998/99:35, S. 184. SOU 1994:81, S. 219.

[1060] Vgl. 3. Kap. § 16 (UB); SOU 1994:81, S. 317.

[1061] Der Antragsteller ist für mögliche vollstreckungsbedingte Schäden des Antragsgegner ersatzpflichtig; SOU 1994:81, S. 218.

[1062] Vgl. „Lag (1929:147) om utländska skiljeavtal och skiljedomar", das 1971 bereits an das UNÜ angepaßt worden war. Im LSF sind inhaltlich neu §§ 56 Abs. 2 S. 2, 58 Abs. 2, § 60, vgl. dazu Prop. 1998/99:35, S. 247 f.

aa) Voraussetzungen

Ein ausländischer Schiedsspruch kann in Schweden nur anerkannt und für vollstreckbar erklärt werden, wenn keine Versagungsgründe aus §§ 54-55 LSF vorliegen. Die in § 54 Nr. 1-5 LSF aufgezählten und auf Antrag zu berücksichtigenden Versagungsgründe entsprechen wörtlich den Versagungsgründen der Anerkennung und Vollstreckung aus Art. 5 Abs. 1 a – e UNÜ. Die Versagungsgründe in § 55 LSF sind inhaltlich mit Art. 5 Abs. 2 a – b UNÜ identisch. Die Versagungsgründe entsprechen in Schweden daher vollständig denen im UNÜ.

Eine Anerkennung und Vollstreckung scheidet somit nach § 54 Nr. 1-5 LSF aus bei fehlender subjektiver Schiedsfähigkeit einer Partei oder Ungültigkeit der Schiedsvereinbarung (Nr. 1); bei nicht gehöriger Information einer Partei von der Bestellung eines Schiedsrichters oder von dem schiedsrichterlichen Verfahren oder wenn sie aus einem anderen Grunde ihr Anliegen nicht hat vorbringen können (Nr. 2); wenn das Schiedsgericht seine Entscheidungskompetenz überschritten hat, soweit nicht eine Teilanerkennung oder -vollstreckung in Betracht kommt (Nr. 3); wenn die Bestellung des Schiedsgerichts oder das Schiedsverfahren gegen die Parteivereinbarung bzw. gegen das Recht des Verfahrensstaates verstößt (Nr. 4) oder bei fehlender Verbindlichkeit des Schiedsspruches für die Parteien bzw. bei dessen Aufhebung (Nr. 5). Desweiteren scheidet eine Anerkennung und Vollstreckung nach § 55 LSF aus, wenn der Schiedsspruch die Prüfung einer nicht schiedsfähigen Frage beinhaltet (Nr. 1) oder offensichtlich gegen den schwedischen ordre-public verstößt (Nr. 2).

Schwedische Gerichte sind gegenüber Einwänden der Parteien, wonach ausländisches Recht oder ausländische Entscheidungen gegen den schwedischen ordre-public verstoßen, restriktiv eingestellt.[1063]

bb) Verfahren der Anerkennung und Vollstreckbarerklärung

Das Verfahren der Anerkennung und Vollstreckung eines ausländischen Schiedsspruches beginnt mit dem Stellen des Antrages beim Hofgericht in Stockholm (§ 56 Abs. 1 LSF). Dieses ist erstinstanzlich für die Vollstreckung ausländischer Schiedssprüche exklusiv zuständig.[1064] Hat das Hofgericht nichts anderes bestimmt, ist dem Antrag der Schiedsspruch im Original oder in beglaubigter Kopie sowie eine beglaubigte Übersetzung des ganzen Schiedsspruches in die schwedische Sprache beizufügen (Abs. 2). Von dem Erfordernis einer Übersetzung kann das Gericht absehen, wenn der Schiedsspruch etwa in norwegischer, dänischer oder englischer Sprache abgefaßt ist und es über entsprechende Sprachkenntnisse verfügt.[1065]

[1063] Vgl. Pålsson, SvJT 1996, 593 (596) mit Rechtsprechungsnachweisen. Nach Heuman sind keine Gerichtsentscheidungen in Schweden existent, wonach die Anerkennung und Vollstreckung ausländischer Schiedssprüche aufgrund Verstoßes gegen § 55 LSF und der Vorläufervorschrift im SML a.F. verweigert wurde, Skiljemannarätt, S. 750.

[1064] Das Verfahren dauert regelmäßig zwischen 3 und 8 Monaten; Heuman, Current Issues, S. 223.

[1065] Vgl. Prop. 1998/99:35, S. 203; SOU 1994:81, S. 242. Es ist ferner denkbar, daß das Gericht z. B. lediglich die Beibringung einer Übersetzung des Tenors des Schiedsspruches verlangt.

Bevor das Stockholmer Hofgericht über den Antrag entscheidet, muß dem Antragsgegner Gelegenheit zur Anhörung gegeben werden (§ 57 LSF). Wendet dieser das Fehlen einer Schiedsvereinbarung ein, hat der Antragsteller sie im Original oder in beglaubigter Kopie sowie in beglaubigter Übersetzung in die schwedische Sprache einzureichen. Alternativ hat er – etwa bei einer mündlichen Vereinbarung – auf andere Art zu beweisen, daß eine Schiedsvereinbarung getroffen wurde (§ 58 Abs. 1 LSF). Erhebt der Antragsgegner den Einwand, daß er die Beseitigung des Schiedsspruches oder den Aufschub der Vollstreckung bei der nach § 54 Nr. 5 LSF im Ausland zuständigen Behörde beantragt hat, kann das Hofgericht die Entscheidung vertagen. Dies setzt voraus, daß der Antragsgegner triftige Gründe für den erwarteten Erfolg der Aufhebungsklage vorträgt und daß das Gericht nicht lediglich von einer Maßnahme der Verfahrensverzögerung ausgeht.[1066] Der Oberste Gerichtshof handhabt Anträge auf Aufschub der Vollstreckung ausländischer Schiedssprüche unter Berufung auf die vollstreckungserleichternde Intention des UNÜ restriktiv.[1067] Allein die Erhebung einer Aufhebungsklage im Ausland genügt danach nicht für die Gewährung eines Aufschubes, selbst wenn sie im Ausland einen Suspensiveffekt hinsichtlich der Vollstreckung bewirkt. Gewährt das Hofgericht jedoch einen Aufschub nach § 58 Abs. 2 LSF kann es ihn im Interesse des Antragstellers und auf dessen Antrag von der Stellung einer angemessenen Sicherheit durch den Antragsgegners abhängig machen (§ 58 Abs. 2).[1068] Soweit das Hofgericht einen dem Antrag stattgebenden Beschluß faßt, ist der ausländische Schiedsspruch in Schweden gemäß § 59 LSF wie ein rechtskräftiges Urteil eines schwedischen Gerichts vollstreckbar, sofern kein Rechtsbehelf eingelegt wird.

Nach der Neuregelung in § 60 Abs. 1 LSF kann eine Partei auch im Zusammenhang mit einem ausländischen Schiedsverfahren in Schweden vorläufige Sicherungsmaßnahmen nach den allgemeinen Regeln beantragen, sofern das Verfahren zu einem in Schweden anerkennungsfähigen und vollstreckbaren Schiedsspruch führen kann (Abs. 1).[1069] Hat bereits ein Bezirksgericht über eine solche Maßnahme des vorläufigen Rechtsschutzes entschieden, geht die Entscheidungskompetenz mit Anhängigkeit des Antrages auf Anerkennung und Vollstreckbarerklärung automatisch auf das Stockholmer Hofgericht über (Abs. 2), dessen Entscheidungen rechtsmittelfähig sind.[1070]

1066 Vgl. Prop. 1998/99:35, S. 202; SOU 1994:81, S. 241.

1067 Vgl. NJA 1979, 527 (538-540) und 1992, 733 (739); auch Prop. 1998/99:35, S. 202.

1068 Dies entspricht der bisherigen Regelung in § 9 Abs. 2 LUSK a.F., die auf Art. 6 UNÜ zurückführen ist; vgl. auch HD NJA 1979, 527 (540); Prop. 1998/99:35, S. 204 f. In das LSF wurde im Sinne einer Anpassung an das UNÜ nicht die Bestimmung in § 10 LUSK a.F. (vgl. ähnliche Regelung in Art. 2 Abs. GA) übernommen, wonach das Hofgericht im Fall der Beantragung der Anerkennung und Vollstreckbarkeit eines ausländischen Teilschiedsspruches die Gewährung der Vollstreckbarkeit von einer Sicherheitsleistung abhängig machen konnte; Prop 1998/99:35, S. 205 f.; vgl. dazu Arbitration in Sweden, S. 169; Cars, S. 213. Vgl. ferner HD in NJA 1992, 733 (739), besprochen von Wetter/Priem, Mealey's Int. Arb. Rep. 1993, Vol. 8 No. 2, S. 25 ff.

1069 Vgl. 15. Kap. (§ 7) schwed. Prozeßgesetz (RB) und HD NJA 1983, 814 im Zusammenhang mit Urteilen ausländischer staatlicher Gerichte.

1070 Vgl. Prop. 1998/99:35, S. 248.

d) Rechtsmittel

Handelt es sich um einen inländischen Schiedsspruch kann die unterlegene Partei die stattgebende bzw. ablehnende Entscheidung der Vollstreckungsbehörde in bis zu drei Instanzen bis zum Obersten Gerichtshof gerichtlich überprüfen lassen.[1071] Gibt die Vollstreckungsbehörde dem Antrag jedoch unter gleichzeitiger Verweisung des Antragstellers auf den ordentlichen Klageweg nur zum Teil statt, kann er die eingeschränkte Vollstreckbarerklärung anfechten, nicht aber den Verweisungsbeschluß.[1072]

Handelt es sich dagegen um einen ausländischen Schiedsspruch, kann gegen eine stattgebende oder ablehnende Entscheidung des Stockholmer Hofgerichts beim Obersten Gerichtshof (HD) nach § 59 a.E. LSF Rechtsmittel eingelegt werden. Es bedarf keiner besonderen Zulassung durch den Obersten Gerichtshof angesichts der Tatsache, daß die Eingangsinstanz das Stockholmer Hofgericht ist.[1073] Die Einlegung eines Rechtsmittels bewirkt jedoch keine aufschiebende Wirkung hinsichtlich der Vollstreckungsmaßnahmen. Die Vollstreckungsgegnerin kann jedoch die Anordnung eines Suspensiveffekts durch den Obersten Gerichtshof gesondert beantragen.

3. Stellungnahme

Die Regelungen zur Anerkennung und Vollstreckbarerklärung eines Schiedsspruches unterscheiden sowohl im deutschen als auch im schwedischen Recht zwischen in- und ausländischen Schiedssprüchen. Beide Rechtsordnungen bestimmen die Nationalität eines Schiedsspruches nach der international anerkannten Territorialitätstheorie, d. h. es entscheidet hierüber der Sitz des Schiedsgerichts. In beiden Ländern gilt ein Schiedsspruch von einem Schiedsgericht mit Sitz im jeweiligen Inland als inländisch. Im Umkehrschluß gilt ein Schiedsspruch als ausländisch, wenn er aus Sicht des jeweiligen Vollstreckungsstaates von einem Schiedsgericht mit Sitz im Ausland erlassen wurde. Die Aufgabe der deutschen Sonderregelung zur Bestimmung der Nationalität des Schiedsspruches anhand der Nationalität des dem Schiedsverfahren zugrundegelegten Verfahrensrechtes ist im Sinne der Rechtsvereinheitlichung der internationalen Schiedsgerichtsbarkeit zu begrüßen. Gegen das Territorialitätsprinzip wird zum Teil vorgebracht, daß der Sitz des Schiedsgerichts rein zufällig und schwer zu ermitteln sei, insbesondere wenn es in verschiedenen Ländern tagen würde. Dies überzeugt jedoch nicht, da Schiedsgerichte regelmäßig ihren Sitz bereits vor der ersten Verhandlung festlegen, sofern die Parteien hierüber nicht ohnehin bereits eine bindende Vereinbarung getroffen haben. In internationalen Verfahren ist anderenfalls eine frühzeitige Bestimmung des formalen Sitzes des Schiedsgerichtes deshalb wichtig, damit die Beteiligten Klarheit über das anwendbare Verfahrensrecht und etwaige danach zu beachtende zwingende Bestimmungen bekommen. Werden solche Bestimmungen

---

[1071] Vgl. 17. Kap. § 1 schwed. Vollstreckungsverordnung („Utsökningsförordningen (1981:981)") sowie Cars, S. 228. Rechtsmittel gegen Urteile erster und zweiter Instanz werden gemeinsam als „överklagande" bezeichnet (50:1 und 54:1 ff. RB). Beschlüsse sind, soweit sie die Instanz abschließen, mit der Beschwerde anfechtbar, im übrigen nur zusammen mit einem Rechtsmittel gegen das Urteil; Fischler/Vogel, S. 218; Matz, S. 322 ff. und 358 ff.

[1072] Vgl. 3. Kap. § 16 UB.

[1073] Vgl. Cars, S. 213.

nicht im Verfahren beachtet, kann dies den Schiedsspruch aufhebbar – oder nach schwedischem Recht sogar ungültig – machen beziehungsweise einen Versagungsgrund für dessen Anerkennung und Vollstreckbarerklärung darstellen.

Wie der Vergleich der Vorschriften zur Anerkennung und Vollstreckbarerklärung ausländischer Schiedssprüche gezeigt hat, richten diese sich im Ergebnis jeweils nach den Vorschriften des UNÜ, sofern nicht ausnahmsweise aufgrund des Meistbegünstigungsprinzips andere staatsvertragliche Vorschriften Anwendung finden. Gesetzestechnisch ist dies unterschiedlich gelöst worden. Während der deutsche Gesetzgeber sich auf eine gesetzliche Verweisung auf das UNÜ in § 1061 Abs. 1 ZPO beschränkt hat, sind die Regeln zur Anerkennung und Vollstreckbarerklärung von ausländischen Schiedssprüchen im UNÜ – einschließlich der Versagungsgründe aus Art. 5 Abs. 1-2 UNÜ – von schwedischer Seite in die §§ 52-60 LSF übernommen worden. Die Übernahme erfolgte im wesentlichen ohne inhaltliche Abweichungen, insbesondere die Versagungsgründe wurden wörtlich in die §§ 54-55 LSF übernommen. In formeller Hinsicht verlangt § 58 Abs. 1 LSF – anders als Art. 4 Abs. 1 b UNÜ – den Nachweis der Schiedsvereinbarung lediglich im Fall des Bestreitens durch den Antragsgegner. Auch nach deutschem Recht ist der Nachweis der Schiedsvereinbarung durch Vorlage der Urschrift oder als beglaubigte Abschrift im Sinne des Art. 4 Abs. 1 b UNÜ lediglich im Bestreitensfall erforderlich, da die Bestimmung eine bloße Beweismittelregelung darstellt.[1074] Die Regelungen beider Länder zur Anerkennung und Vollstreckbarerklärung ausländischer Schiedssprüche unterscheiden sich daher im Ergebnis nicht.

Vergleicht man dagegen die Vorschriften beider Rechtsordnungen zur Vollstreckbarerklärung inländischer Schiedssprüche sind die Parallelen kleiner. In Schweden ist hierfür – abweichend von der deutschen und den meisten anderen Rechtsordnungen – die nationale Vollstreckungsbehörde (Kronofogdemyndigheten), in Deutschland stets als Eingangsinstanz das Oberlandesgericht zuständig.[1075]

Beiden Gesetzen ist zunächst gemeinsam, daß ein formgültiger Endschiedsspruch und ein ordnungsgemäßer Antrag auf Vollstreckbarerklärung vorliegen müssen.[1076] Gemeinsam ist beiden Gesetzen ferner, daß die nach § 1059 Abs. 2 Nr. 1 ZPO bzw. § 34 Abs. 3 LSF befristet geltend zu machenden Aufhebungsgründe im Verfahren der Vollstreckbarerklärung präkludiert sind, wenn sie nicht fristgerecht geltend gemacht wurden. Das Oberlandesgericht hat im übrigen von Amts wegen unbefristet den Schiedsspruch auf Vorliegen von Aufhebungsgründen nach § 1059 Abs. 2 Nr. 2 ZPO zu prüfen, d. h. die Fragen der objektiven Schiedsfähigkeit und des ordre-public Verstoßes. Nach schwedischem Recht hat die Vollstreckungsbehörde von Amts wegen den Schiedsspruch auf das Vorliegen von Ungültigkeitsgründen gemäß § 33 LSF zu prüfen, doch findet nur eine eingeschränkte Nachprüfung statt. Die Prüfung durch die

---

[1074] Vgl. BGH in RIW 2000, 874.

[1075] International ist diese Zuständigkeitsfrage sehr unterschiedlich geregelt, siehe Übersicht bei Calavros, S. 167-169.

[1076] Die Voraussetzung der Formgültigkeit (§ 1054 ZPO bzw. § 31 LSF) wird im deutschen Recht in § 1060 ZPO vorausgesetzt, vgl. Baumbach/Lauterbach/Albers, § 1060 Rn. 3 und im schwedischen Recht in 3. Kap. § 15 Abs. 1 Nr. 2 schwedisches Vollstreckungsgesetz (UB).

Vollstreckungsbehörde führt daher nur in Fällen schwerwiegender und für die Vollstreckungsbehörde erkennbarer Rechtsverstöße zu einer Versagung der Vollstreckbarerklärung durch die Vollstreckungsbehörde. Es kann daher festgestellt werden, daß der sachliche Prüfungsumfang nach beiden Gesetzen gleich ist und daß die Versagungsgründe fehlender objektiver Schiedsfähigkeit und eines ordre-public Verstoßes unbefristet und von Amts wegen zu prüfen sind.

Verfahrensrechtlich ist insbesondere die unterschiedliche Zuständigkeitsregelung zu beachten. Aus schwedischer Sicht bietet die Möglichkeit der direkten Beantragung der Vollstreckbarkeitserklärung bei der nationalen Vollstreckungsbehörde dem Gläubiger Vorteile, wenn dem Antrag uneingeschränkt stattgegeben wird, da dann ein einheitlicher Vollstreckungsbeschluß etwa in Form eines Pfändungsbeschlusses ergehen kann.[1077] Richtig ist, daß in diesem Fall eine separate Beantragung einer Vollstreckungsmaßnahme, die dann doch wieder durch die Vollstreckungsbehörde umzusetzen wäre, nicht erforderlich ist und daher die unmittelbare Zuständigkeit der Vollstreckungsbehörde für den Gläubiger zeitsparend sein kann. Das schwedische Verfahren der Vollstreckbarerklärung ist insoweit auch straffer, als die Vollstreckungsbehörde niemals Aufhebungsgründe zu beachten hat. Zu beachten ist jedoch, daß viele Einwände des Antragsgegners im Vollstreckungsverfahren sich auf das Vorliegen von Ungültigkeitsgründen nach § 33 LSF (ordre-public Verstoß etc.) stützen. Es wird daher auch nach schwedischem Recht häufig dazu kommen, daß die Vollstreckungsbehörde von sich aus oder nach Anhörung des Antragsgegners die Vollstreckbarkeitserklärung ablehnen und die Sache an das ordentliche Gericht verweisen wird. Hier wird der Antragsteller – trotz einer möglichen eingeschränkten Vollstreckbarkeit – darauf verwiesen (Feststellungs-) Klage vor dem ordentlichen Gericht zu erheben, da die Vollstreckungsbehörde die Unwirksamkeit des Schiedsspruches nicht selbst feststellt. Werden daher Ungültigkeitsgründe festgestellt oder geltend gemacht, wird die schwedische Zuständigkeitsregelung in der Praxis für den Gläubiger nicht vorteilhaft sein, in den übrigen Fällen kann dies jedoch möglich sein. Es besteht dabei das Risiko, daß der Antragsgegner eine Verzögerung der Vollstreckung dadurch erreicht, daß er zahlreiche Ungültigkeitsgründe geltend macht, die dann angesichts der begrenzten Prüfungskompetenz zur Verweisung an das ordentliche Gericht führen. Ist ein Schiedsspruch nicht oder nur zum Teil für vollstreckbar zu erklären, erscheint die deutsche Lösung vorzugswürdig, da die Entscheidung von vornherein in der (einen) Hand des Gerichts liegt. Es bleibt abzuwarten, ob die schwedische Zuständigkeitsregelung im Rahmen des Vollstreckbarkeitsverfahrens sich in der Praxis als vorteilhaft erweisen wird. Aus deutscher Sicht erscheint sie jedoch nicht als Alternative, da bereits keine vergleichbare nationale Vollsteckungsbehörde in Deutschland existiert, die eine entsprechende Aufgabe übernehmen könnte.

Zu beachten ist, daß nach schwedischem Recht in bestimmten Fällen ein nach Ansicht der Vollstreckungsbehörde möglicherweise nach § 33 LSF unwirksamer Schiedsspruch für eingeschränkt vollstreckbar erklärt werden kann. In der Praxis handelt es sich lediglich um eine beschränkte Vollstreckung, und der Antragsgegner

---

[1077] Vgl. Prop. 1998/99:35, S. 180; SOU 1994:81, S. 215 f.

kann im gerichtlichen Verfahren jederzeit die Einstellung der Vollstreckung beantragen.

Wichtig erscheint schließlich die Frage der Gewährung von Rechtsmitteln gegen die Entscheidung über eine Vollstreckbarerklärung. Hiervon kann die Dauer der Durchsetzung des Schiedsspruchs wesentlich abhängen. Gegenüber ausländischen Schiedssprüchen gibt es im Stadium der Vollstreckbarkeitserklärung sowohl in Deutschland als auch in Schweden lediglich eine Rechtsmittelinstanz. Dies gilt nach deutschem Recht auch für inländische Schiedssprüche, und für eine Revision zum BGH müssen die Voraussetzungen für eine Rechtsbeschwerde erfüllt sein. In Schweden steht bezüglich inländischer Schiedssprüche jedoch der ganze Instanzenweg zur Verfügung. Dies kann zu einer erheblichen Verfahrensverzögerung führen, sofern der Antragsgegner alle Möglichkeiten der Verteidigung ausschöpft. Dies ist ein für die Praxis wichtiger Aspekt. Die deutsche Regelung der Eingangszuständigkeit beim Oberlandesgericht auch im Zusammenhang mit inländischen Schiedssprüchen mit begrenzten Möglichkeiten einer Rechtsbeschwerde erscheint dagegen wesentlich geeigneter, die Erwartungen der Schiedsparteien an eine schnelle Streiterledigung zu erfüllen. Die Parteien dürften sich häufig nicht bewußt sein, daß sich nach Durchführung des Schiedsverfahrens noch ein dreiinstanzliches ordentliches Gerichtsverfahren im Vollstreckbarkeitserklärungsverfahren anschließen kann.

G. Schlußbetrachtung

Die vorstehende Untersuchung hat gezeigt, daß sowohl das neue 10. Buch der ZPO und das LSF jeweils in sich geschlossene Regelungspakete als Grundlage zur Durchführung von Schiedsverfahren enthalten. Sie beschränken sich in ihrem Anwendungsbereich nicht wie das UNC-MG auf die Handelsschiedsgerichtsbarkeit und gelten sowohl für in- und ausländische Verfahren. Dieser duale Ansatz ist überzeugend, denn er erfüllt das Bedürfnis der Praxis nach übersichtlichen und abschließenden Regelungen. Auch hätten anderenfalls auf nationaler Ebene jeweils zwei weitgehend identische Gesetze für in- und ausländische Schiedsverfahrensgesetze eingeführt werden müssen. Die Untersuchung hat weiter gezeigt, daß das auf internationalem Konsens beruhende UNC-MG einen wesentlichen Einfluß auf insbesondere die deutsche, aber in vielen Bereichen auch auf die schwedische Reform gehabt hat. Dabei entspricht es einem internationalen Trend, daß das UNC-MG eine höhere Regelungsdichte zeigt. Die Zahl der Bestimmungen im neuen 10. Buch der ZPO ist von 32 auf 42, und im LSF von bisher 42 (in zwei Gesetzen) auf insgesamt 61 angestiegen. Eine Überregelung zu Lasten der Parteiautonomie ist damit nicht verbunden, sondern die neuen Gesetze zeichnen sich durch Vollständigkeit und Übersichtlichkeit aus.

Die unterschiedlich starke Anlehnung Deutschlands und Schwedens an das UNC-MG steht im Zusammenhang mit den verschiedenen Ausgangssituationen vor der Reform. Schweden zeichnete sich durch einen größeren Bekanntheitsgrad als Schiedsnation und Beliebtheit als internationaler Schiedsverfahrensort aus. Die weitgehende Übernahme des UNC-MG bot sich für Deutschland deshalb an, da das UNC-MG inhaltlich die Vorstellungen des deutschen Gesetzgebers in den meisten Fragen erfüllte und Deutschland durch die Übernahme ein weit über 100 Jahre altes Gesetz ohne Zwischenschritte durch ein modernes und international anerkanntes Gesetz tauschen konnte. Schwedens Ausgangsposition war erklärtermaßen weniger von einem Anpassungsdruck geprägt. Ähnlich wie andere Länder mit ausgeprägter Schiedsverfahrenstradition hat man daher bewusst versucht, auch traditionell nationale Regelungen im LSF beizubehalten, auch wenn sie – wie die Arbeit gezeigt hat – im einzelnen nicht immer überzeugen bzw. im internationalen Vergleich ungewöhnlich erscheinen. Vielen dieser Regelungen kommt in der Praxis wenig Relevanz zu. Beispiele dafür sind etwa das Fehlen eines Formerfordernisses für Schiedsvereinbarungen, die Ausgestaltung der fehlenden Verfügungsberechtigung eines Schiedsrichters über sein Eigentum als Grund zur Aufhebung des Schiedsspruches, das Recht zum Stichentscheid des Obmanns in Pattsituationen und die fehlende Begründungspflicht von Schiedssprüchen. Andere Regelungen müssen im Zusammenhang miteinander gesehen werden, etwa das Zurückbehaltungsverbot am fertigen Schiedsspruch und das Recht der isolierten Anfechtung der vom Schiedsgericht in eigener Sache festgesetzten Honorare. Anderen Bestimmungen kann durchaus eine praktische Bedeutung zukommen, darunter die Beibehaltung von unbefristet geltend zu machenden Ungültigkeitsgründen von Schiedssprüchen, die Möglichkeit der Nachprüfung von klageabweisenden Schiedssprüchen durch das ordentliche Gericht, sofern keine Sachentscheidung getroffen wurde und schließlich die Möglichkeit des Rechtsbehelfsverzichts bezüglich disponibler Aufhebungsgründe für Verfahren zwischen Parteien ohne Anbindung an Schweden. Bei vergleichender Betrachtung und aus Sicht des UNC-MG ist festzustellen, daß das LSF in Teilbereichen zwar den bewußt eigenen „traditionellen" Reformansatz umgesetzt hat, daß aber die Regelungen zur Verfahrenseinleitung, Bildung des Schiedsgerichts und Verfahrensdurchführung einschließlich einer später möglichen Aufhebung oder Vollstreckung eines Schiedsspruches dem internationalen Standard und dem UNC-MG sowie dem deutschen Recht im wesentlichen entsprechen. Das LSF hat folglich in den meisten Fragen kein neues Terrain besetzt, sondern hat entweder nach eigenem Befinden bewährte Regelungen beibehalten oder die eigene Schiedspraxis umgesetzt, oder hat auf die Vorarbeiten anderer Länder, beispielsweise der Schweiz, aufbauen können. Schweden hat eine Anlehnung an das UNC-MG zwar kritisch beurteilt und einen „blueprint" abgelehnt, doch hat die Untersuchung gezeigt, daß das LSF näher an das UNC-MG angepaßt wurde, als wie es von schwedischer Seite zum Teil empfunden wird.[1078]

Sowohl das deutsche und das schwedische Recht enthalten kaum zwingende Regelungen und erlauben den Parteien in weitem Umfang das Verfahren nach eigenen Wünschen zu gestalten. Anderenfalls stellen beide Gesetze einen – wenn auch weitestgehend abdingbaren – vollständigen Verfahrensrahmen zur Verfügung. Dies entspricht auch der Konzeption des UNC-MG, in dem unter dem Gesichtspunkt der Rechtssicherheit das schiedsrichterliche Ermessen zurückgedrängt worden ist. Ein gesetzlicher Verfahrensrahmen ist insbesondere bei textarmen Schiedsklauseln hilfreich, wenn Parteien nach Streitentstehung nicht mehr konsensfähig sind. Berücksichtigt man ferner die internationale Tendenz der Abnahme von individuell ausformulierten Schiedsklauseln ist es zu begrüßen, daß nunmehr auch vollständige gesetzliche Verfahrensordnungen in Deutschland und Schweden zur Verfügung stehen.

Die Untersuchung hat gezeigt, daß bei der Verfahrenseinleitung und -durchführung weitgehend vergleichbare Bestimmungen gelten. Andererseits bestehen rechtliche und kulturelle Unterschiede in der materiellen Prozessleitung, die weniger aus dem Gesetzestext hervorgehen, als in der schwedischen Rechtstradition verwurzelt sind. Hier wird deutlich, daß ein Schiedsgericht nach schwedischem Recht sich zurückhaltender verhält und den Verfahrensablauf verglichen mit deutschem Recht stärker in die Verantwortung der Parteien legt. Dabei wird dem Mündlichkeitsprinzip im schwedischen Prozeß größeres Gewicht als im deutschen Verfahren beigemessen, etwa beim Sachvortrag in der mündlichen Verhandlung und den umfassenden Plädoyers der Parteien am Ende der mündlichenVerhandlung. Die Verantwortung für die Beweisaufnahme, die Zeugenvernehmung (Kreuzverhör) liegt bei den Parteien und ein schwedisches Schiedsgericht rät Parteien regelmäßig nicht von sich aus zu einem Vergleich, ohne dazu von den Parteien aufgefordert worden zu sein.

Bei der Bewertung der Effizienz des deutschen und schwedischen Schiedsverfahrensrechts ist festzustellen, daß beide Gesetze Vorsorge getroffen haben, um auftretende Verfahrenskomplikationen schnell und endgültig lösen zu können. Streitigkeiten über die Bestellung, Abberufung und sonstige Amtsbeendigung von Schiedsrichtern sind in beiden Gesetzen gleich geregelt. Dazu ergehende Entscheidungen des ordentlichen

---

[1078] Die UNCITRAL ist der Ansicht, daß das LSF – anders als das 10. Buch der ZPO – inhaltlich so weit vom UNC-MG abweicht, daß Schweden offiziell nicht als rezipierender Staat auf der fortlaufend aktualisierten Länderliste auf der UNCITRAL-Homepage www.uncitral.org (unter „Ratifications and Enactments") – Stand 11/2000 – genannt wird.

Gerichtes sind nicht rechtsmittelfähig. Nach Art. 16 Abs. 3 UNC-MG und deutschem Recht gilt dies auch für gerichtliche Entscheidungen über die (Un-) Zuständigkeit des Schiedsgerichts, die fristgebunden durch die erfolglos rügende Partei beantragt werden muß. Nach schwedischem Recht kann sie dagegen die Anfechtung des späteren Schiedsspruches abwarten, sofern keine Präklusion der Rüge eintritt. Bezüglich einer Entscheidung über einen Feststellungsantrag auf (Un-) Zulässigkeit des Schiedsverfahrens ist nach deutschem Recht gegen die Entscheidung des Oberlandesgerichts lediglich das Rechtsmittel der Rechtsbeschwerde gegeben (§ 1065 Abs. 1 S. 1 iVm. § 1062 Abs. 1 Nr. 2 ZPO). Nach schwedischem Recht ist insoweit das Bezirksgericht zuständig mit der Möglichkeit den Instanzenzug auszuschöpfen. Diese Beispiele zeigen, daß es dem deutschen Gesetzgeber konsequenter gelungen ist, die Möglichkeiten zur Einlegung von Rechtsmitteln gegen vorgenannte Entscheidungen der ordentlichen Gerichte zu begrenzen. Dies gilt auch bezüglich Entscheidungen über den Beschluß der Vollstreckbarerklärung eines inländischen Schiedsspruches. Dieser kann nach schwedischem Recht über den gesamten Instanzenzug angegriffen werden, während das deutsche Recht auch insoweit die Eingangszuständigkeit des Oberlandesgerichts festschreibt und lediglich die Möglichkeit einer Rechtsbeschwerde zum BGH vorsieht (§ 1062 Abs. 1 Nr. 4 ZPO). Gemeinsam ist beiden Gesetzen jedoch die gegenüber den früheren Gesetzen begrenzte Möglichkeit zur Einlegung von Rechtsbehelfen gegen den Schiedsspruch. Die grundsätzliche Verkürzung des Instanzenzuges und die Einführung der Oberlandesgerichte bzw. der Hofgerichte als einzige Tatsacheninstanz wird zur schnelleren Finalität von Schiedssprüchen beitragen. Die Zuständigkeitskonzentration ist zur Förderung einer einheitlichen Rechtsprechung zu den neuen Schiedsverfahrensgesetzen zu begrüßen. Mit diesen Neuregelungen kann zudem eine Entlastung der staatlichen Justiz und eine Verfahrensbeschleunigung erreicht werden.

Unter Berücksichtigung des Verhältnisses zwischen staatlicher Gerichtsbarkeit und Schiedsgerichtsbarkeit ist deutlich geworden, daß beide Länder von einer echten Gleichwertigkeit der Verfahrensarten ausgehen. Vor diesem Hintergrund erscheint es nicht überzeugend, daß schiedsrichterlich angeordnete Eilmaßnahmen nach schwedischem Recht durch ordentliche Gerichte nicht für vollstreckbar erklärt werden können. Dies hätte zusammen mit einer Verlagerung der generellen Prüfungszuständigkeit der schwedischen Vollstreckungsbehörde auf ein Gericht möglich sein können.

Eine Frage ist dann, ob die neuen Schiedsverfahrensgesetze in Deutschland und Schweden die Erwartungen der Parteien der internationalen Wirtschaftsschiedsgerichtsbarkeit erfüllen. Dieses kann – soweit ersichtlich – mit einem einfachen „Ja“ beantwortet werden. Beide Gesetze gestehen den Parteien eine weite Parteiautonomie zu und lassen dadurch Raum für individuelle Verfahrensgestaltungen. Ferner bieten beide Gesetze einen vollständigen Verfahrensrahmen und schaffen dadurch als vertrauensbildendes Kriterium ein für die Parteien vorhersehbares Verfahren. Eine weitere Forderung der Praxis ist, daß vollstreckbare Entscheidungen gefällt werden und daß Schiedsgerichte eine Rechtsentscheidung treffen. Auch dies wird durch beide Rechtsordnungen gewährleistet, da Entscheidungen etwa nach Billigkeit oder anderer Kriterien eine ausdrückliche Ermächtigung der Parteien voraussetzt.

Nachdem in beiden Ländern nach langjährigen Reformbemühungen die neuen Gesetze in Kraft getreten sind, fragt sich schließlich, ob die Neuerungen zum jeweiligen Ziel geführt haben, die eigene starke Stellung in der internationalen Handelsschiedsgerichtsbarkeit zu sichern (Schweden) bzw. die eigene Attraktivität im Bereich der internationalen Schiedsgerichtsbarkeit als Sitzland zu steigern. Die beteiligten Kreise beider Länder berichten von einer positiven Entwicklung der Schiedsgerichtsbarkeit in den letzten Jahren bis heute. In Schweden wird nach Angaben etwa des Schiedsgerichtsinstituts der Stockholmer Handelskammer die positive Entwicklung nicht direkt mit dem Inkrafttreten des neuen Gesetzes in Verbindung gebracht, sondern insoweit lediglich von einem eher marginalen Impuls gesprochen.[1079] Allerdings wird davon ausgegangen, daß die mit der Reform verbundene internationale Diskussion einen erheblichen Werbeeffekt bereits in den Jahren vor Inkrafttreten des Gesetzes ausgelöst hat. Auf deutscher Seite und nach Informationen von etwa der Deutschen Institution für Schiedsgerichtsbarkeit e.V. ist die anhaltend gute Entwicklung in Deutschland durchaus in Zusammenhang mit dem Inkrafttreten der Neuregelungen und der dazu ergangenen öffentlichen Diskussion zu bringen.[1080] Für beide Länder kann verständlicherweise keine zuverlässige Auskunft zu dem Bereich der ad-hoc Schiedsgerichtsbarkeit gemacht werden, doch ist in dem Bereich eine parallele Entwicklung zu vermuten. Zu beachten ist, daß in den letzten Jahren auch auf nationaler Ebene ein spürbar verstärktes Interesse an der Schiedsgerichtsbarkeit in den betroffenen Wirtschaftskreisen zu erkennen ist. Inwieweit die noch jungen Gesetze zu einem dauerhaften Erfolg der Schiedsgerichtsbarkeit beitragen können, wird sich nicht nachprüfbar feststellen lassen, doch können beide Länder heute ein modernes Verfahrensrecht und schiedsfreundliches Umfeld aufweisen und vermarkten. Voraussetzung für eine weiter positive Entwicklung ist jedoch vorrangig, daß in beiden Ländern eine erfolgreiche Schiedsverfahrenspraxis zu verzeichnen sein wird. Der Erfolg hängt dann davon ab, ob die Neuregelungen vom „Schiedsverfahrensmarkt“ angenommen werden. Insbesondere für das 10. Buch der ZPO gilt, daß das Ausland leicht dessen weitgehende Übereinstimmung mit dem UNC-MG erkennen kann und damit ein leichter Zugang zum deutschen Recht heute besteht. Obwohl im schwedischen Recht bei einzelnen Fragen zum Teil erhebliche Abweichungen vom UNC-MG festgestellt werden können, erscheint das Gesetz insgesamt ebenfalls als ein an das UNC-MG angenähertes Verfahrensrecht und dürfte von daher auch für das Ausland im wesentlichen vertraut erscheinen.

[1079] Vgl. statistische Angaben zu Fn. 152 sowie mündliche Auskunft von Ulf Franke, des Generalsekretärs des Schiedsgerichtsisntituts der Stockholmer Handelskammer, im Dezember 2000.

[1080] Mündliche Auskunft von Rechtsanwältin Isabel Mulder bei der Deutschen Institution für Schiedsgerichtsbarkeit e.V. im Dezember 2000.

Anhang

Gesetz (1999:116) über Schiedsverfahren[1]

Die Schiedsvereinbarung

§ 1 [Schiedsfähigkeit, Tatsachenfeststellung, Lückenfüllung, Wettbewerbsfragen]

Streitigkeiten in Fragen, über welche die Parteien einen Vergleich schließen können, können durch eine Vereinbarung einem oder mehreren Schiedsrichtern zur Entscheidung vorgelegt werden. Eine derartige Vereinbarung kann sich auch auf zukünftige Streitigkeiten beziehen, die aus einem in der Vereinbarung angegebenen Rechtsverhältnis entstehen. Die Streitigkeit kann auch das Vorliegen eines bestimmten Umstandes betreffen.

Die Parteien können die Schiedsrichter ermächtigen, Verträge über die Grenzen der Grundsätze der Vertragsauslegung hinaus zu ergänzen.

Die Schiedsrichter dürfen die zivilrechtlichen Wirkungen des Wettbewerbsrechts zwischen den Parteien prüfen.

§ 2 [Vorläufige Kompetenzkompetenz]

Die Schiedsrichter können selbst darüber entscheiden, ob sie für die Beilegung der ihnen vorliegenden Streitigkeit zuständig sind. Ein Gericht wird dadurch nicht daran gehindert, diese Frage auf Antrag einer Partei zu prüfen. Die Schiedsrichter können das schiedsrichterliche Verfahren in Erwartung der Entscheidung des Gerichts fortsetzen.

Selbst wenn die Schiedsrichter während des Verfahrens durch Beschluss ihre eigene Zuständigkeit für die Entscheidung der Streitigkeit festgestellt haben, ist dieser Beschluss nicht bindend. Für Rechtsbehelfe gegen einen Schiedsspruch, welcher eine Entscheidung über die Zuständigkeit beinhaltet, gelten die Vorschriften der §§ 34 und 36.

§ 3 [Schiedsklausel als eigenständige Vereinbarung]

Steht bei einer Prüfung der Zuständigkeit der Schiedsrichter die Gültigkeit einer Schiedsvereinbarung, die Bestandteil einer anderen Vereinbarung ist, in Frage, ist die Schiedsvereinbarung als eigenständige Vereinbarung zu behandeln.

§ 4 [Einrede der Schiedsvereinbarung, sichernde Maßnahmen durch ein Gericht]

Wird vor einem Gericht Klage in einer Angelegenheit erhoben, die Gegenstand einer Schiedsvereinbarung ist, so hat das Gericht die Klage als unzulässig abzuweisen, sofern der Beklagte dies rügt.

Die Einrede der Schiedsvereinbarung ist vorzubringen, sobald der Beklagte sich zur Sache vor Gericht einlässt, vorzubringen. Später vorgebrachte Rügen sind ohne Wirkung, wenn nicht ein triftiger Hinderungsgrund vorlag und die Rüge unmittelbar nach dem Wegfall des Hinderungsgrundes erhoben wird. Die Einrede der Schiedsvereinbarung ist selbst dann zu beachten, wenn die rügende Partei eine Frage, die von der Schiedsvereinbarung erfasst ist, von der Vollstreckungsbehörde im Mahnverfahren oder bei der Anordnung von Zwangsmitteln prüfen lässt.

---

[1] Die vorliegende sachdienliche Übersetzung des (= Lag (1999:166) om skiljeförfarande) wurde im Dezember 1999 von Hans STREMPEL, Mannheimer Swartling Advokatbyrå AB, und Sigvard JARVIN, Lagerlöf & Leman, Linklaters & Alliance, erstellt und dem Schiedsgerichtsinstitut der Stockholmer Handelskammer (SCC) zur Veröffentlichung zur Verfügung gestellt (www. chamber.se), abgedr. in Stockholm Arb. Rep. 2000:1, S. 113 ff.

Ein Gericht kann vor oder nach Beginn des Schiedsverfahrens unabhängig von der Schiedsvereinbarung sichernde Maßnahmen anordnen, für deren Anordnung nach dem Gesetz das Gericht zuständig ist.

§ 5 [Verlust des Einrederechts]

Eine Partei verliert das Recht auf die Einrede der Schiedsvereinbarung als Prozesshindernis, wenn die Partei
1. dem Antrag auf Einleitung des schiedsrichterlichen Verfahrens entgegengetreten ist,
2. nicht rechtzeitig den Schiedsrichter benennt, oder
3. nicht rechtzeitig ihren Anteil der eingeforderten Sicherheit für die Kostenerstattung der Schiedsrichter stellt.

§ 6 [Sonderregelungen zum Verbraucherschutz, bei Miet- und Pachtverhältnissen]

Betrifft eine Streitigkeit zwischen einem Unternehmer und einem Verbraucher eine Ware, Dienstleistung oder anderes Gut, das hauptsächlich für den privaten Gebrauch geliefert worden ist, so darf eine vor Entstehung der Streitigkeit geschlossene schiedsrichterliche Vereinbarung nicht geltend gemacht werden. Solche schiedsrichterlichen Vereinbarungen gelten jedoch in Miet- oder Pachtverhältnissen, in denen ein hyres- oder arrendenämnd (regionales Miet- oder Pachteinigungsamt) als Schiedsgericht fungieren soll, soweit sich etwas Abweichendes nicht aus Kap. 8 § 28 oder Kap. 12 § 66 Jordabalken ergibt.

Absatz 1 gilt nicht, wenn die Streitigkeit einen Vertrag zwischen einem Versicherer und einem Versicherungsnehmer über eine Versicherung betrifft, die sich auf einen allgemeinen Tarifvertrag oder auf einen Gruppentarifvertrag gründet und von Vertretern der Gruppe wahrgenommen wird. Absatz 1 gilt zudem auch dann nicht, wenn sich etwas anderes aus von Schweden eingegangenen internationalen Verpflichtungen ergibt.

Die Schiedsrichter

§ 7 [Zulassung als Schiedsrichter]

Jeder, der geschäftsfähig ist und über sein Eigentum unbeschränkt verfügen kann, kann Schiedsrichter sein.

§ 8 [Unparteilichkeit]

Ein Schiedsrichter muss unparteiisch sein.

Auf Antrag einer Partei ist ein Schiedsrichter seines Amtes zu entheben, falls Umstände vorliegen, die das Vertrauen in seine Unparteilichkeit erschüttern können. Ein solcher Umstand ist stets als gegeben anzusehen,
1. wenn der Schiedsrichter oder ein diesem Schiedsrichter Nahestehender eine Partei ist oder auf andere Weise erheblichen Nutzen oder Schaden aus dem Ausgang der Streitigkeit erwarten kann,
2. wenn der Schiedsrichter oder ein diesem Schiedsrichter Nahestehender ein Mitglied des Verwaltungsrates einer Gesellschaft oder einer anderen Vereinigung, welche Partei ist, oder in sonstiger Weise Vertreter einer Partei oder einer anderen Person ist, welche erheblichen Nutzen oder Schaden aus dem Ausgang der Streitigkeit erwarten kann,
3. wenn der Schiedsrichter als Sachverständiger oder in sonstiger Weise in der Streitigkeit Stellung bezogen hat oder einer Partei behilflich gewesen ist, ihre Klage vorzubereiten oder durchzuführen, oder
4. wenn der Schiedsrichter entgegen § 39 Abs. 2 eine Kostenerstattung entgegengenommen oder sich ausbedungen hat.

§ 9 [Offenlegungspflicht möglicher Hindernisse]

Derjenige, dem ein Schiedsrichteramt angetragen wird, hat unverzüglich sämtliche Umstände offenzulegen, die gemäß § 7 oder § 8 ein Hindernis für die Ausübung dieses Amtes durch ihn darstellen könnten. Ein Schiedsrichter hat die Parteien und die anderen Schiedsrichter über solche Umstände sofort nach der Bestellung sämtlicher Schiedsrichter und danach während des schiedsrichterlichen Verfahrens sofort nach Kenntniserlangung eines neuen Umstandes zu unterrichten.

§ 10 [Ablehnungsverfahren]

Ein Ablehnungsantrag auf Grund eines in § 8 genannten Umstandes ist innerhalb von fünfzehn Tagen von dem Zeitpunkt an zu stellen, in dem die Partei sowohl von der Benennung des Schiedsrichters als auch von dem relevanten Umstand Kenntnis erhalten hat. Über den Antrag ist durch die Schiedsrichter zu entscheiden, es sei denn, die Parteien haben die Entscheidung durch jemand anderen vereinbart.

Der Ablehnungsbeschluss ist nicht anfechtbar.

Eine Partei, die mit einem Beschluss unzufrieden ist, durch welchen ein Antrag als unbegründet abgewiesen oder als verspätet zurückgewiesen wurde, kann beim Amtsgericht einen Antrag auf Ablehnung des Schiedsrichters stellen. Der Antrag ist innerhalb von dreißig Tagen nach Zustellung des Beschlusses einzureichen. Die Schiedsrichter können das schiedsrichterliche Verfahren bis zum Vorliegen des Gerichtsentscheids fortsetzen.

§ 11 [Ablehnung durch ein Schiedsinstitut]

Die Parteien können entscheiden, dass der in § 10 Abs. 1 genannte Antrag abschließend von einem Schiedsinstitut zu prüfen ist.

§ 12 [Parteivereinbarungen hinsichtlich der Bestellung und Zahl der Schiedsrichter]

Die Parteien entscheiden über die Anzahl der Schiedsrichter und über das Verfahren ihrer Bestellung.

Liegt keine Parteivereinbarung vor, gelten die §§ 13-16.

Das Amtsgericht hat die Schiedsrichter auch in anderen Fällen als den in §§ 14-17 genannten zu bestellen, wenn die Parteien dieses vereinbart haben und eine Partei dieses beantragt.

§ 13 [Subsidiäre gesetzliche Bestimmungen, Drei Schiedsrichter]

Das Schiedsgericht besteht aus drei Schiedsrichtern. Jede Partei bestellt einen Schiedsrichter, und die so ernannten bestellen den dritten Schiedsrichter.

§ 14 [Bestellung der Schiedsrichter, Fristen]

Haben die Parteien selbst einen Schiedsrichter zu bestellen, und hat eine der Parteien in ihrem Antrag auf Einleitung eines Schiedsverfahrens der anderen Partei die Bestellung ihres Schiedsrichters gemäß § 19 mitgeteilt, so hat die andere Partei der antragenden Partei innerhalb von dreißig Tagen vom Erhalt der Mitteilung an schriftlich die Bestellung ihres Schiedsrichters anzugeben.

Eine Partei, die auf diese Weise die andere Partei von ihrer Bestellung eines Schiedsrichters unterrichtet hat, kann die Bestellung nicht ohne Zustimmung der anderen Partei widerrufen.

Bestellt die andere Partei ihren Schiedsrichter nicht innerhalb der angegebenen Frist, so ist der Schiedsrichter auf Antrag der auffordernden Partei vom tingsrätt (Amtsgericht) zu bestellen.

§ 15 [Bestellung durch das tingsrätt (Amtsgericht)]

Ist ein Schiedsrichter von anderen Schiedsrichtern zu bestellen und bestellen diese ihn nicht innerhalb von dreißig Tagen vom Zeitpunkt an, in dem der letzte von ihnen bestellt wurde, bestellt das Amtsgericht auf Antrag einer Partei diesen Schiedsrichter.

Hat die Bestellung eines Schiedsrichters durch jemand anderen als eine Partei oder die Schiedsrichter zu erfolgen, aber erfolgt dies nicht innerhalb von dreißig Tagen, nachdem die Partei, welche die Bestellung wünscht, die zur Bestellung verpflichtete Person dazu aufgefordert hat, so erfolgt die Bestellung durch das tingsrätt (Amtsgericht) auf Antrag der Partei. Dies gilt auch, wenn die Schiedsrichterbestellung durch die Parteien gemeinsam zu erfolgen hat, diese sich jedoch nicht innerhalb von dreißig Tagen nach Empfang der Benachrichtigung der einen durch die andere Partei einigen können.

§ 16 [Bestellung eines Ersatzschiedsrichters]

Tritt ein Schiedsrichter zurück oder wird er seines Amtes enthoben, bestellt das Amtsgericht auf Antrag einer Partei einen neuen Schiedsrichter. Treten die Umstände, wegen derer der Schiedsrichter seinen Auftrag nicht vollenden kann, nach der Bestellung ein, erfolgt die Bestellung des neuen Schiedsrichters jedoch durch die Partei, die den zu ersetzenden Schiedsrichter zu bestellen hatte. Für diese Bestellung gelten die §§ 14 und 15 entsprechend. Auch für die das schiedsrichterliche Verfahren einleitende Partei gilt eine Frist von dreißig Tagen; diese Frist läuft für sämtliche Beteiligte von dem Zeitpunkt an, in welchem sie Kenntnis von ihrer Verpflichtung zur Bestellung erlangen.

§ 17 [Verfahrensverzögerung durch Schiedsrichter]

Verursacht ein Schiedsrichter eine Verspätung des schiedsrichterlichen Verfahrens, enthebt das Amtsgericht auf Antrag einer Partei den Schiedsrichter seines Amtes und bestellt einen anderen Schiedsrichter. Die Parteien können vereinbaren, dass ein derartiger Antrag statt dessen abschließend von einem Schiedsinstitut entschieden wird.

§ 18 [Verweigerung der Schiedsrichterbestellung nur im Ausnahmefall]

Hat eine Partei den Antrag auf Schiedsrichterbestellung gemäß § 12 Abs. 3 oder der §§ 14-17 gestellt, darf das Amtsgericht nur dann dem Antrag nicht stattgeben, wenn die gesetzlichen Voraussetzungen für die Durchführung des schiedsrichterlichen Verfahrens offenkundig fehlen.

Das Verfahren

§ 19 [Beginn des schiedsrichterlichen Verfahrens]

Haben die Parteien nichts anderes vereinbart, so wird das schiedsrichterliche Verfahren dadurch eingeleitet, dass die andere Partei den Antrag auf Einleitung des Verfahrens gemäß Absatz 2 empfängt.

Der Antrag muss schriftlich erfolgen und folgendes beinhalten:
1) den ausdrücklichen und unbedingten Antrag, die Streitigkeit einem Schiedsgericht vorzulegen,
2) Angaben über den von der Schiedsvereinbarung erfassten Streitgegenstand, den die Schiedsrichter prüfen sollen, und
3) falls die Schiedsrichterbestellung durch die Parteien zu erfolgen hat, Angaben über die von der Partei getroffene Bestellung.

§ 20 [Vorsitz des Schiedsgerichts]

In einem Schiedsgericht, das aus mehreren Schiedsrichtern besteht, ist einer von ihnen als Vorsitzender zu ernennen. Haben die Parteien oder die Schiedsrichter nichts anderes festgelegt, so ist derjenige Vorsitzender, der von den anderen Schiedsrichtern oder, an deren Stelle, vom Amtsgericht bestellt wurde.

§ 21 [Verfahrensgrundsätze für die Schiedsrichter]

Die Schiedsrichter haben die Streitigkeit unparteiisch, zweckmäßig und schnell zu behandeln. Dabei haben sie, sofern keine Hindernisse hierfür vorliegen, den Vereinbarungen der Parteien zu folgen.

§ 22 [Ort des schiedsrichterlichen Verfahrens]

Die Parteien vereinbaren den Ort des schiedsrichterlichen Verfahrens. Fehlt eine solche Vereinbarung, so wird der Ort des schiedsrichterlichen Verfahrens vom Schiedsgericht bestimmt.

Haben die Parteien nichts anderes vereinbart, so kann das Schiedsgericht an jedem Ort innerhalb oder außerhalb Schwedens zusammentreten.

§ 23 [Klage und Klagebeantwortung]

Innerhalb der vom Schiedsgericht bestimmten Frist hat der Kläger seine Ansprüche in der Sache, welche in dem Begehren auf Erlass eines Schiedsspruches angegeben wurden, sowie diejenigen Tatsachen darzulegen, auf die sich diese Ansprüche stützen. Der Beklagte hat danach innerhalb der von dem Schiedsgericht festgelegten Frist zu den geltend gemachten Ansprüchen Stellung zu nehmen und die Tatsachen darzulegen, auf die er sich stützt.

Der Kläger darf neue Ansprüche und der Beklagte eigene Ansprüche vorbringen, soweit diese von der Schiedsvereinbarung umfasst werden und das Schiedsgericht es im Hinblick auf den Zeitpunkt der Vorlage oder andere Umstände nicht für unangebracht erachtet, hierüber zu entscheiden. Unter denselben Voraussetzungen kann jede der Parteien während des schiedsrichterlichen Verfahrens bereits geltend gemachte Ansprüche ändern oder ergänzen und neue Tatsachen zur Begründung ihres Begehrens vorbringen.

Der erste und der zweite Absatz gelten nicht, wenn die Parteien etwas anderes bestimmt haben.

§ 24 [Mündliches und schriftliches Verfahren, Zugänglichkeit der Beweismittel, Säumnis einer Partei]

Das Schiedsgericht hat den Parteien Gelegenheit zu geben, im vollen erforderlichen Umfang ihr Begehren schriftlich oder mündlich auszuführen. Vor der Entscheidung einer dem Schiedsgericht überlassenen Frage findet eine mündliche Verhandlung statt, wenn dies eine Partei verlangt und die Parteien nichts anders bestimmt haben.

Einer Partei ist die Möglichkeit zu geben, von allen Unterlagen und allem sonstigen Material, welches die Streitigkeit betrifft und den Schiedsrichtern von der anderen Partei oder jemand anderem vorgelegt wurde, Kenntnis zu erlangen.

Wenn eine Partei ohne triftigen Grund zu einer Verhandlung nicht erscheint oder es in irgendeiner anderen Hinsicht unterlässt, eine Anordnung des Schiedsgerichts zu beachten, führt dies nicht zu einem Hinderungsgrund gegen die Fortführung des schiedsrichterlichen Verfahrens und gegen eine Entscheidung der Streitigkeit aufgrund des vorliegenden Materials.

§ 25 [Beweiserhebung]

Die Parteien sind für die Beweiserhebung zuständig. Das Schiedsgericht kann jedoch Sachverständige benennen, wenn nicht beide Parteien widersprechen.

Das Schiedsgericht darf ein Beweisangebot zurückweisen, wenn es offenkundig keine Bedeutung für die Streitigkeit hat oder wenn dies im Hinblick auf den Zeitpunkt des Beweisangebots begründet ist.

Das Schiedsgericht darf keinen Eid und keine eidesstattliche Versicherung abnehmen. Es darf auch nicht ein Ordnungsgeld auferlegen oder andere Zwangsmittel einsetzen, um ein gefordertes Beweismittel zu beschaffen.

Wenn die Parteien sich nicht anders geeinigt haben, kann das Schiedsgericht auf Antrag einer Partei anordnen, dass die andere Partei während des schiedsrichterlichen Verfahrens eine bestimmte Maßnahme zu ergreifen hat, um den Anspruch zu sichern, welcher von dem Schiedsgericht zu entscheiden ist. Das Schiedsgericht kann anordnen, dass die Partei, welche die Maßnahme begehrt, eine angemessene Sicherheit für den Schaden zu stellen hat, welcher der anderen Partei durch die Maßnahme entstehen könnte.

§ 26 [Gerichtliche Unterstützung bei der Beweisaufnahme]

Wenn eine Partei will, dass ein Zeuge oder ein Sachverständiger unter Eid oder eine Partei unter Ableistung einer eidesstattlichen Versicherung vernommen wird, kann die Partei dies nach Zulassung durch das Schiedsgericht bei dem Amtsgericht beantragen. Das gleiche gilt, wenn eine Partei möchte, dass es einer Partei oder jemand anderem auferlegt wird, als Beweismittel ein Schriftstück oder einen Gegenstand einzubringen. Ist das Schiedsgericht im Hinblick auf die Sachverhaltsermittlung der Auffassung, dass die Maßnahme zulässig ist, hat es die Erlaubnis zur Antragstellung zu erteilen. Sind die gesetzlichen Anspruchsvoraussetzungen für die Maßnahme erfüllt, hat das Amtsgericht dem Antrag stattzugeben.

Die Vorschriften des Zivilprozessgesetzes finden hinsichtlich der im ersten Absatz beschriebenen Maßnahmen Anwendung. Die Schiedsrichter sind zu einer Vernehmung eines Zeugen, eines Sachverständigen oder einer Partei zu laden und ihnen ist Gelegenheit zu geben, Fragen zu stellen. Erscheint ein Schiedsrichter nicht zu einer Vernehmung, stellt dies kein Hindernis für die Durchführung der Vernehmung dar.

Der Schiedsspruch

§ 27 [Entscheidungsformen]

Die dem Schiedsgericht vorgelegten Fragen werden durch Schiedsspruch entschieden. Beendet das Schiedsgericht das schiedsrichterliche Verfahren, ohne über diese Fragen zu entscheiden, geschieht dies ebenfalls durch einen Schiedsspruch.

Vergleichen sich die Parteien, kann das Schiedsgericht auf deren Antrag den Vergleich in einem Schiedsspruch niederlegen.

Andere Entscheidungen, die nicht in einen Schiedsspruch aufgenommen werden, werden als Beschlüsse bezeichnet.

Der Auftrag des Schiedsgerichts wird als beendet betrachtet, wenn es einen abschließenden Schiedsspruch verkündet hat, es sei denn, es würde sich aus § 32 oder § 35 etwas anderes ergeben.

§ 28 [Rücknahme eines Antrages]

Zieht eine Partei einen Antrag zurück, so hat das Schiedsgericht diesen Teil der Streitigkeit als erledigt zu betrachten, wenn nicht die andere Partei beantragt, dass das Schiedsgericht über den Antrag entscheiden soll.

§ 29 [Zwischenurteil]

Ein Teil der Streitigkeit oder eine bestimmte Frage mit Bedeutung für den Ausgang der Streitigkeit kann durch Zwischenurteil entschieden werden, wenn sich nicht beide Parteien dem entgegenstellen. Über eine Forderung, mit der die Aufrechnung erklärt wird, ist jedoch in demselben Schiedsspruch zu entscheiden wie über die Hauptforderung.

Hat eine Partei eine Forderung ganz oder teilweise anerkannt, ist ein Zwischenurteil über den anerkannten Teil zulässig.

§ 30 [Entscheidung durch ein Schiedsrichterkollegium]

Nimmt ein Schiedsrichter ohne hinreichenden Grund nicht an der Entscheidung des Schiedsgerichts zu einer Frage teil, hindert dies die übrigen Schiedsrichter nicht daran, über diese Frage zu entscheiden.

Haben die Parteien nichts anderes vereinbart, gilt als Ansicht des Schiedsgerichts diejenige, auf die sich die Mehrheit der an der Entscheidung mitwirkenden Schiedsrichter geeinigt hat. Wird für keine Ansicht eine Mehrheit erreicht, gilt diejenige, die der Vorsitzende vertritt.

§ 31 [Form und Inhalt des Schiedsspruches]

Ein Schiedsspruch ist schriftlich abzufassen und von den Schiedsrichtern zu unterzeichnen. Es reicht aus, dass der Schiedsspruch von der Mehrzahl der Schiedsrichter unterzeichnet ist, wenn der Grund, weswegen nicht alle Schiedsrichter den Schiedsspruch unterzeichnet haben, darin angegeben ist. Die Parteien können bestimmen, dass der Vorsitzende des Schiedsgerichts allein den Schiedsspruch unterzeichnet.

In dem Schiedsspruch ist der Tag seiner Verkündung und der Ort des schiedsrichterlichen Verfahrens anzugeben.

Der Schiedsspruch ist den Parteien unverzüglich zuzustellen.

§ 32 [Berichtigung, Auslegung und Ergänzung des Schiedsspruchs]

Wenn das Schiedsgericht feststellt, dass ein Schiedsspruch irgendeine offenkundige Inkorrektheit infolge eines Schreibfehlers, Rechenfehlers oder vergleichbarer Versehen der Schiedsrichter oder eines anderen enthält, oder dass das Schiedsgericht versehentlich eine Frage nicht entschieden hat, die in dem Schiedsspruch zu behandeln war, können die Schiedsrichter innerhalb von dreißig Tagen von dem Tage der Verkündung des Schiedsspruches an über eine Berichtigung beschließen oder den Schiedsspruch ergänzen. Sie können einen Schiedsspruch auch berichtigen oder ergänzen oder den Tenor des Schiedsspruches auslegen, wenn eine der Parteien dies innerhalb von dreißig Tagen, nachdem der Partei der Schiedsspruch zugestellt wurde, beantragt.

Wenn das Schiedsgericht auf Antrag einer der Parteien eine Berichtigung oder eine Auslegung des Schiedsspruches beschließt, hat dies innerhalb von dreißig Tagen, nachdem das Schiedsgericht den Antrag der Partei empfangen hat, zu erfolgen. Beschließt das Schiedsgericht, das Urteil zu ergänzen, so hat dies innerhalb von sechzig Tagen zu erfolgen.

Bevor das Schiedsgericht einen Beschluss nach diesem Paragraphen fasst, ist den Parteien Gelegenheit zur Stellungnahme zu der Maßnahme zu geben.

Ungültigkeit und Aufhebung des Schiedsspruches

§ 33 [Ungültigkeit]

Ein Schiedsspruch ist ungültig,

1. wenn dieser die Entscheidung über eine Frage beinhaltet, welche nach schwedischem Recht nicht von einem Schiedsgericht entschieden werden darf,
2. wenn der Schiedsspruch oder die Art seines Zustandekommens offenkundig mit den Grundlagen der Rechtsordnung in Schweden unvereinbar ist, oder
3. wenn der Schiedsspruch nicht die Anforderungen des § 31 Abs. 1 nach Schriftform und Unterzeichnung erfüllt.

Die Ungültigkeit kann einen bestimmten Teil des Schiedsspruches betreffen.

§ 34 [Aufhebung des Schiedsspruchs]

Ein Schiedsspruch, der nicht nach § 36 angegriffen werden kann, muss, nach seiner Umsetzung, bei Rüge einer Partei ganz oder teilweise aufgehoben werden,

1. wenn dieser nicht von einer wirksamen Schiedsvereinbarung zwischen den Parteien erfasst wird,
2. wenn das Schiedsgericht den Schiedsspruch nach Ablauf der von den Parteien bestimmten Zeitfrist erlassen hat, oder das Schiedsgericht auf andere Weise über seinen Auftrag hinausgegangen ist,
3. wenn das schiedsrichterliche Verfahren gemäß § 47 nicht in Schweden hätte stattfinden dürfen,
4. wenn ein Schiedsrichter im Widerstreit mit der Vereinbarung der Parteien oder diesem Gesetz bestellt wurde,
5. wenn ein Schiedsrichter aufgrund eines in § 7 oder 8 aufgeführten Umstandes nicht zuständig war, oder
6. wenn, ohne Verschulden seitens der Parteien, in irgendeiner anderen Weise ein Verfahrensfehler vorgelegen hat, der sich wahrscheinlich auf den Schiedsspruch ausgewirkt hat.

Ein Umstand darf von einer Partei nicht geltend gemacht werden, wenn durch rügeloses Verhandeln oder aufgrund anderen Verhaltens angenommen werden kann, dass sie auf die Geltendmachung dieses Umstandes verzichtet hat. Aus der Tatsache, dass eine Partei einen Schiedsrichter bestellt hat, folgt nicht, dass sie die Zuständigkeit des Schiedsrichters hinsichtlich der Entscheidung über den vorgelegten Anspruch anerkannt hat. Aus §§ 10 und 11 folgt, dass eine Partei ihr in Absatz 1 Nr. 5 oben genanntes Rügerecht zur Geltendmachung eines in § 8 angegebenen Umstandes verlieren kann.

Der Antrag auf Aufhebung ist innerhalb von drei Monaten von dem Tag an gerechnet einzulegen, an dem die Partei von dem Schiedsspruch oder, bei Berichtigung, Ergänzung oder Auslegung nach § 32, von dem Schiedsspruch in dessen endgültiger Fassung Kenntnis erhalten hat. Nach Ablauf dieser Frist kann die Partei keinen neuen Grund für ihr Begehren auf Aufhebung des Schiedsspruches geltend machen.

§ 35 [Aussetzung des gerichtlichen Verfahrens]

Ein Gericht kann das Verfahren zur Feststellung der Ungültigkeit oder zur Aufhebung des Schiedsspruches für eine gewisse Zeit aussetzen, um das Schiedsgericht in die Lage zu versetzen, das schiedsrichterliche Verfahren wieder aufzunehmen oder andere Maßnahmen zu ergreifen, die nach Meinung des Schiedsgerichts den Grund für die Ungültigkeit oder die Aufhebung beseitigen,

1. wenn das Gericht zu dem Schluss gekommen ist, dass der Klage stattzugeben ist und eine Partei Aussetzung beantragt hat, oder
2. beide Parteien Aussetzung beantragt haben.

Erlässt das Schiedsgericht einen neuen Schiedsspruch, kann eine Partei innerhalb einer vom Gericht festgesetzten Frist ohne Klageerhebung insoweit Widerspruch gegen den Schiedsspruch erheben, als dieser sich auf das wiederaufgenommene Verfahren oder eine Änderung des ersten Schiedsspruches bezieht.

Die Fortsetzung der Hauptverhandlung kann ungeachtet des Kap. 43 § 11 Abs. 2 Zivilprozessordnung durchgeführt werden, auch wenn die Aussetzung länger als fünfzehn Tage dauert.

§ 36 [Änderung eines Schiedsspruchs]

Ein Schiedsspruch kann auf Antrag einer Partei ganz oder teilweise geändert werden, wenn über Ansprüche, die dem Schiedsgericht zur Entscheidung vorgelegt waren, von diesem nicht entschieden wurde. Der Antrag ist innerhalb von drei Monaten, nachdem die Partei von dem Schiedsspruch oder, bei Berichtigung, Ergänzung oder Auslegung nach § 32, von dem Schiedsspruch in dessen endgültiger Fassung Kenntnis erhalten hat, zu stellen. Der Schiedsspruch muss einen eindeutigen Hinweis darauf enthalten, was die Partei, die gegen den Schiedsspruch vorgehen will, zu tun hat.

Ein Antrag gemäß Absatz 1, der ausschließlich eine Angelegenheit gemäß § 42 betrifft, ist zulässig, wenn sich im Schiedsspruch das Schiedsgericht hinsichtlich der Entscheidung der Streitigkeit für unzuständig erklärt hat. Betrifft der Schiedsspruch etwas anderes, kann eine Partei, welche den Beschluss angreifen will, gegen den Schiedsspruch nach § 34 einen Rechtsbehelf einlegen.

Die Kosten des schiedsrichterlichen Verfahrens

§ 37 [Entscheidung über die Kosten]

Die Parteien haben gesamtschuldnerisch den Schiedsrichtern eine angemessene Erstattung für Arbeit und Unkosten zu zahlen. Hat das Schiedsgericht durch den Schiedsspruch seine Unzuständigkeit, die Streitigkeit zu entscheiden, festgestellt, so liegt eine Zahlungsverpflichtung des Beklagten nur in dem Umfang vor, in welchem dies durch besondere Umstände gerechtfertigt ist.

Die Schiedsrichter können in einem abschließenden Schiedsspruch die Parteien verpflichten, die Kostenerstattung einschließlich Zinsen ab dem Tag an sie zu zahlen, der einen Monat nach dem Tag der Verkündung des Schiedsspruches liegt. Die Erstattung ist für jeden Schiedsrichter gesondert anzugeben.

§ 38 [Sicherheiten]

Die Schiedsrichter können verlangen, dass für ihre Erstattungsansprüche eine Sicherheit gestellt wird. Sie können gesonderte Sicherheiten für einzelne Ansprüche verlangen. Stellt eine Partei nicht innerhalb der von den Schiedsrichtern vorgeschriebenen Frist ihren Anteil der verlangten Sicherheit, kann die andere Partei die Sicherheit stellen. Wird die verlangte Sicherheit nicht gestellt, dürfen die Schiedsrichter das Verfahren ganz oder teilweise beenden.

Die Schiedsrichter dürfen während des schiedsrichterlichen Verfahrens beschließen, die Sicherheit zu verwerten, um Auslagen zu decken. Soweit die Erstattung für die Schiedsrichter durch einen abschließenden Schiedsspruch feststeht und der Schiedsspruch diesbezüglich vollstreckbar ist, dürfen die Schiedsrichter die Sicherheiten zwecks Befriedigung ihrer Erstattungsansprüche in Anspruch nehmen, wenn die Parteien ihrer Zahlungsverpflichtung aus dem Schiedsspruch nicht nachkommen. Das Sicherungsrecht umfasst auch die Früchte des Eigentums.

§ 39 [Besondere Parteivereinbarung]

Die Bestimmungen der §§ 37 und 38 sind nicht anzuwenden, wenn die Parteien gemeinsam eine für die Schiedsrichter verbindliche andere Vorgehensweise vereinbart haben.

Vereinbarungen über die Erstattung für die Schiedsrichter, die nicht von den Parteien gemeinsam getroffen wurden, sind unwirksam. Hat eine Partei die ganze Sicherheit gestellt, kann die Partei jedoch allein die Sicherheit zwecks Deckung der Erstattung der Schiedsrichter für ausgeführte Tätigkeiten freigeben.

§ 40 [Kein Zurückbehalten des Schiedsspruchs]

Die Schiedsrichter dürfen den Schiedsspruch in Erwartung der Zahlung ihrer Erstattung nicht zurückhalten.

§ 41 [Beschwerde gegen Entscheidung über Kosten]

Eine Partei oder ein Schiedsrichter kann beim Amtsgericht Beschwerde gegen die im Schiedsspruch enthaltene Entscheidung über die Erstattung an die Schiedsrichter einlegen. Die Beschwerde ist innerhalb von drei Monaten von dem Tag gerechnet einzulegen, an dem die Partei von dem Schiedsspruch Kenntnis erhalten hat; für einen Schiedsrichter läuft diese Frist von der Verkündung des Schiedsspruches an. Liegt eine Berichtigung, Ergänzung oder Auslegung nach § 32 vor, ist der Widerspruch von einer Partei innerhalb von drei Monaten von dem Zeitpunkt an einzulegen, an dem die

Partei Kenntnis von dem Schiedsspruch in dessen endgültiger Fassung erhalten hat. Für einen Schiedsrichter gilt die gleiche Frist von dem Tag an, an dem der Schiedsspruch seine endgültige Fassung erhalten hat. Der Schiedsspruch muss einen eindeutigen Hinweis darauf enthalten, was eine Partei, die gegen den Schiedsspruch in dieser Hinsicht Rechtsbehelf einlegen will, zu tun hat.

Ein Urteil, durch welches die an einen Schiedsrichter zu zahlende Erstattung herabgesetzt wird, gilt auch für die Partei, die nicht gegen den Schiedsspruch Rechtsbehelf eingelegt hat.

§ 42 [Verteilung der Kosten unter den Parteien]

Soweit die Parteien nichts anderes vereinbart haben, hat das Schiedsgericht auf Antrag der einen Partei die andere Partei zu verpflichten, die Kosten dieser Partei für die Rechtsverfolgung zu tragen und zu entscheiden, wie die Kosten des schiedsrichterlichen Verfahrens zwischen den Parteien zu verteilen sind. Die Anordnung des Schiedsgerichts kann sich auch auf Zinsen beziehen, wenn die Partei dies beantragt hat.

Zuständigkeitsfragen und Rechtsbehelfsfristen

§ 43 [Rechtsbehelfe gegen den Schiedsspruch und Entscheidungen über Kostenerstattung]

Das hovrätt (Oberlandesgericht), in dessen Bezirk der Ort des schiedsrichterlichen Verfahrens liegt, ist für Rechtsbehelfe gemäß der §§ 33, 34 und 36 zuständig. Ist der Ort des schiedsrichterlichen Verfahrens im Schiedsspruch nicht angegeben, kann ein Rechtsbehelf beim Svea hovrätt (Stockholmer Oberlandesgericht) eingelegt werden.

Gegen die Entscheidung des hovrätt (Oberlandesgericht) ist ein Rechtsbehelf nicht zulässig. Das hovrätt darf einen Rechtsbehelf jedoch zulassen, wenn es grundlegende Bedeutung für die Rechtsanwendung hat, dass über den Rechtsbehelf durch das Högsta domstolen (Oberster Gerichtshof) entschieden wird.

Zuständig für den Rechtsbehelf gegen die Entscheidung auf Erstattung an einen Schiedsrichter ist das tingsrätt (Amtsgericht) am Ort des schiedsrichterlichen Verfahrens. Ist der Ort des schiedsrichterlichen Verfahrens im Schiedsspruch nicht angegeben, kann die Beschwerde beim Stockholms tingsrätt (Amtsgericht Stockholm) eingelegt werden.

§ 44 [Richterliche Zuständigkeit bei Bestellung oder Amtsenthebung eines Schiedsrichters, Anträge auf Beweiserhebung]

Anträge, die sich auf Fragen der Bestellung eines Schiedsrichters oder dessen Amtsenthebung beziehen, sind von dem tingsrätt (Amtsgericht) zu behandeln, in dessen Bezirk eine der Parteien ihren Wohnsitz oder Sitz hat oder in dessen Bezirk der Ort des schiedsrichterlichen Verfahrens liegt. Der Antrag kann auch vom Stockholms tingsrätt (Amtsgericht Stockholm) behandelt werden. Der anderen Partei soll, soweit möglich, Gelegenheit gegeben werden, sich zu dem Antrag zu äußern, bevor diesem stattgegeben wird. Betrifft der Antrag die Amtsenthebung eines Schiedsrichters ist auch dem Schiedsrichter Gelegenheit zu geben, sich zu äußern.

Ein Antrag auf Beweisaufnahme nach § 26 wird von dem durch die Schiedsrichter bestimmten tingsrätt (Amtsgericht) behandelt. Liegt ein derartiger Beschluss nicht vor, ist das Stockholms tingsrätt (Amtsgericht Stockholm) zuständig.

Die Entscheidung des tingsrätt (Amtsgericht), einem Antrag auf Bestellung oder Amtsenthebung eines Schiedsrichters stattzugeben, ist nicht anfechtbar. Weiterhin ist eine nach § 10 Abs. 3 getroffene Entscheidung des tingsrätt nicht anfechtbar.

§ 45 [Antrag auf Verkündung des Schiedsspruchs]

Ist laut Gesetz oder Vertrag ein Rechtsbehelf innerhalb einer bestimmten Frist einzulegen, wird jedoch der Rechtsbehelf von einer Schiedsvereinbarung umfasst, so hat die Partei innerhalb dieser Frist die Verkündung des Schiedsspruches gemäß § 19 zu beantragen.

Ist der Antrag auf Verkündung des Schiedsspruches rechtzeitig gestellt worden, das schiedsrichterliche Verfahren aber beendet worden, ohne dass über die Ansprüche, die Gegenstand des schiedsrichterlichen Verfahrens sind, rechtskräftig entschieden worden ist, und beruht dies nicht auf dem Verschulden einer Partei, so gilt der Rechtsbehelf als fristgerecht eingelegt, wenn die Partei innerhalb von dreißig Tagen von dem Tag an, an dem sie Kenntnis des Schiedsspruches erhielt, ein Schiedsverfahren beantragt oder ein gerichtliches Verfahren einleitet. Handelt es sich um einen aufgehobenen oder einen für unwirksam erklärten Schiedsspruch oder ist der Rechtsbehelf gegen den Schiedsspruch nach § 36 abgewiesen worden, läuft die Frist von der Rechtskraft des Urteils darüber an.

Internationale Angelegenheiten

§ 46 [Anwendungsbereich]

Die Vorschriften dieses Gesetzes sind anzuwenden, wenn der Ort des schiedsrichterlichen Verfahrens in Schweden liegt, selbst wenn der Rechtsstreit eine internationale Anknüpfung hat.

§ 47 [Ort des Schiedsverfahrens]

Ein schiedsrichterliches Verfahren nach diesem Gesetz darf in Schweden eingeleitet werden, wenn der Schiedsvereinbarung nach der Ort des schiedsrichterlichen Verfahrens in Schweden liegt oder das Schiedsgericht oder eine Schiedsgerichtsinstitution in Übereinstimmung mit der Vereinbarung bestimmt hat, dass der Ort des schiedsrichterlichen Verfahrens in Schweden liegen soll, oder wenn die zweite Partei dem in anderer Form zugestimmt hat.
Ein schiedsrichterliches Verfahren nach diesem Gesetz darf auch in Schweden eingeleitet werden, wenn der Beklagte seinen Wohnsitz in Schweden hat oder aus anderen Gründen in diesem Streit vor einem ordentlichen Gericht in Schweden verklagt werden kann, wenn sich nicht aus der Schiedsvereinbarung ergibt, dass das schiedsrichterliche Verfahren im Ausland stattfinden soll.

In anderen Fällen können schiedsrichterliche Verfahren nach diesem Gesetz in Schweden nicht durchgeführt werden.

§ 48 [Auf die Schiedsvereinbarung anwendbares Recht]

Hat eine Schiedsvereinbarung einen internationalen Anknüpfungsmoment, so ist auf die Schiedsvereinbarung das Recht anzuwenden, welches von den Parteien als darauf anwendbar bezeichnet worden ist. Haben die Parteien eine solche Vereinbarung nicht getroffen, so hat das Schiedsgericht das Recht des Staates anzuwenden, in welchem das schiedsrichterliche Verfahren aufgrund der Vereinbarung zwischen den Parteien stattgefunden hat oder stattfinden soll.

Absatz 1 gilt nicht für die Beurteilung der Frage, ob eine Partei befugt war, eine Schiedsvereinbarung einzugehen, oder diesbezüglich vorschriftsmäßig vertreten war.

§ 49 [Einrede der Schiedsvereinbarung bei Anwendbarkeit ausländischen Rechts]

Ist ausländisches Recht auf die Schiedsvereinbarung anzuwenden, gelten die Bestimmungen des § 4 für Fragen, die von der Vereinbarung umfasst sind, außer wenn

1. die Vereinbarung nach dem anzuwendenden Recht ungültig, ohne Wirkung oder undurchführbar ist, oder
2. die Streitigkeit nach schwedischem Recht nicht von einem Schiedsgericht entschieden werden darf.

Dass ein Gericht ohne Berücksichtigung der Schiedsvereinbarung Beschlüsse hinsichtlich sichernder Maßnahmen verkünden kann, für die das Gericht nach dem Gesetz zuständig ist, ergibt sich aus § 4 Absatz 3.

§ 50 [Beweisaufnahme im Ausland]

Die Vorschriften in § 26 und § 44 über die Beweisaufnahme während des schiedsrichterlichen Verfahrens in Schweden sind auch für schiedsrichterliche Verfahren anzuwenden, die im Ausland stattfinden, wenn das Verfahren aufgrund einer Schiedsvereinbarung stattfindet und die in der Streitigkeit zu entscheidenden Fragen nach schwedischem Recht schiedsfähig sind.

§ 51 [Ausschluss der Aufhebungsgründe]

Wenn keine der Parteien ihren Sitz oder ihre Betriebsstätte in Schweden hat, können die Parteien in einer Geschäftsbeziehung durch eine ausdrückliche schriftliche Vereinbarung die Anwendbarkeit der Gründe für die Aufhebung des Schiedsspruches gemäß § 34 ausschließen oder einschränken.

Ein Schiedsspruch, der von einer derartigen Vereinbarung gedeckt ist, wird nach denjenigen Vorschriften in Schweden anerkannt und vollstreckt, welche auf ausländische Schiedssprüche anzuwenden sind.

Anerkennung und Vollstreckung ausländischer Schiedssprüche und dergleichen

§ 52 [Ausländischer Schiedsspruch]

Ein im Ausland verkündeter Schiedsspruch gilt als ausländisch.

Nach diesem Gesetz wird ein Schiedsspruch als in dem Land verkündet angesehen, in dem der Ort des schiedsrichterlichen Verfahrens liegt.

§ 53 [Anerkennung und Vollstreckung]

Ein ausländischer Schiedsspruch wird in Schweden anerkannt und vollstreckt, wenn sich nicht aus den §§ 54 bis 60 etwas anderes ergibt.

§ 54 [Gründe der Nichtanerkennung]

Ein ausländischer Schiedsspruch wird in Schweden nicht anerkannt und für vollstreckbar erklärt, wenn die Partei, gegen welche der Schiedsspruch geltend gemacht wird, nachweist,

1. dass die Parteien nach dem auf sie anwendbaren Recht zum Abschluss der Schiedsvereinbarung nicht befugt waren oder nicht wirksam vertreten wurden, oder dass die Schiedsvereinbarung nach dem von den Parteien einvernehmlich als darauf anwendbar bezeichneten Recht oder, falls es diesbezüglich keine Anhaltspunkte gibt, nach dem Recht des Landes, in welchem der Schiedsspruch verkündet wurde, unwirksam ist,
2. dass die Partei, gegen welche der Schiedsspruch geltend gemacht wird, nicht in ordnungsgemäßer Weise über die Ernennung eines Schiedsrichters oder das schiedsrichterliche Verfahren unterrichtet wurde oder aus anderen Gründen nicht dazu in der Lage war, ihr Anliegen vorzubringen,
3. dass der Schiedsspruch eine Streitigkeit zum Gegenstand hat, deren Entscheidung durch Schiedsspruch die Parteien in ihrem Antrag nicht begehrt haben oder die ihr Antrag nicht umfasst, oder dass der Schiedsspruch Entscheidungen zu einer Frage enthält, welche aus dem Anwendungsbereich der schiedsrichterlichen Vereinbarung herausfällt. Jedoch ist der Teil des Schiedsurteils, der einen Beschluss über eine vom schiedsrichterlichen Antrag umfasste Frage enthält, anzuerkennen und zu vollstrecken, falls dieser trennbar ist von einem Beschluss in einer Frage, die nicht vom Auftrag umfasst wird.
4. dass die Ernennung oder Zusammensetzung des Schiedsgerichts, oder das Schiedsverfahren insgesamt, gegen die Parteivereinbarung verstößt, oder, falls es an einer diesbezüglichen Abrede

fehlt, gegen das Gesetz des Landes verstößt, in welchem das schiedsrichterliche Verfahren stattgefunden hat, oder

5. dass der Schiedsspruch für die Parteien noch nicht rechtskräftig geworden ist oder dieser von der zuständigen Behörde in dem Staat aufgehoben oder dessen Vollstreckbarkeit ausgesetzt worden ist, in welchem der Schiedsspruch oder nach dessen Recht dieser verkündet wurde.

§ 55 [Nichtanerkennung]

Ein ausländischer Schiedsspruch wird auch nicht anerkannt oder für vollstreckbar erklärt, wenn das Gericht erkennt,

1. dass der Schiedsspruch die Prüfung einer Frage beinhaltet, welche nach schwedischem Recht nicht von Schiedsrichtern entschieden werden darf, oder
2. dass es mit den Grundlagen der Rechtsordnung in Schweden offenkundig unvereinbar wäre, den Schiedsspruch anzuerkennen oder für vollstreckbar zu erklären.

§ 56 [Antrag auf Vollstreckbarerklärung]

Der Antrag auf Vollstreckbarerklärung eines ausländischen Schiedsspruchs ist beim Svea hovrätt (Oberlandesgericht Stockholm) zu stellen.

Dem Antrag ist der Schiedsspruch im Original oder als beglaubigte Abschrift beizufügen. Wenn das Gericht es nicht anders anordnet, ist zudem eine beglaubigte Übersetzung des ganzen Schiedsspruches in die schwedische Sprache beizufügen.

§ 57 [Anhörung der anderen Partei]

Dem Antrag auf Vollstreckbarerklärung darf nicht stattgegeben werden, ohne dass der Gegenpartei die Gelegenheit gegeben wurde, sich dazu zu äußern.

§ 58 [Einwendungen gegen Anerkennung und Vollstreckung]

Wendet die andere Partei ein, dass keine Schiedsabrede getroffen wurde, hat der Antragsteller die Schiedsvereinbarung im Original oder als beglaubigte Abschrift einzureichen sowie, falls das Gericht nichts anderes angeordnet hat, eine beglaubigte Übersetzung in die schwedische Sprache vorzulegen oder auf andere Weise nachzuweisen, dass eine Schiedsvereinbarung getroffen wurde.

Wendet die andere Partei ein, dass ein Antrag auf Aufhebung des Schiedsspruches oder auf Aussetzung der Vollstreckbarkeit bei einer in § 54 Nr. 5 bezeichneten Stelle gestellt wurde, darf das Gericht die Entscheidung aufschieben sowie, wenn der Antragsteller dies begehrt, der anderen Partei auferlegen, eine angemessene Sicherheit zu stellen mit der Maßgabe, dass ein Beschluss der Vollstreckbarerklärung ansonsten zugestellt werden kann.

§ 59 [Wirkung des anerkannten Schiedsspruchs]

Gibt das hovrätt (Oberlandesgericht) dem Antrag statt, wird der Schiedsspruch wie ein rechtskräftiges Urteil eines schwedischen Gerichts vollstreckt, wenn nicht der Högsta domstolen (Oberster Gerichtshof) nach einem Rechtsbehelf gegen die Entscheidung des hovrätt (Oberlandesgericht) etwas anderes entscheidet.

§ 60 [Sicherungsmaßnahmen]

Ist eine Sicherungsmaßnahme gemäß dem 15. Kapitel des Zivilprozessgesetzes bewilligt worden, ist bei der Anwendung von § 7 dieses Kapitels ein Antrag auf Einleitung eines Schiedsverfahrens, der im Ausland gestellt wird, einer Klageerhebung in Schweden gleichzustellen, wenn dieses Schiedsverfahren in einen Schiedsspruch münden kann, der in Schweden anerkannt ist und durchgesetzt werden kann.

Nachdem ein Antrag auf Vollstreckbarkeitserklärung eines ausländischen Schiedsspruches gestellt wurde, ist es Aufgabe des Gerichts über einen Antrag auf Sicherungsmaßnahmen oder über die Aufhebung eines solchen Beschlusses zu entscheiden.

Übergangsbestimmungen 1999:116

1. Das vorliegende Gesetz tritt am 1. April 1999 in Kraft, gleichzeitig treten das lagen (1929:145) om skiljemän (Gesetz über Schiedsrichter) und das lagen (1929:147) om utländska skiljeavtal och skiljedomar (Gesetz über ausländische Schiedsvereinbarungen und Schiedssprüche) außer Kraft.

2. Das ältere Gesetz ist anzuwenden, wenn das schiedsrichterliche Verfahren vor Inkrafttreten eingeleitet worden ist oder, soweit es um die Vollstreckung eines ausländischen Schiedsspruchs geht, wenn der Antrag auf Vollstreckung vor Inkrafttreten gestellt worden ist.

3. Ist eine Schiedsvereinbarung vor Inkrafttreten getroffen worden, gelten § 18 zweiter Absatz, § 21 erster Absatz, Punkt 1, und § 26 zweiter und dritter Absatz des lagen (1929:145) om skiljemän (Gesetz über Schiedsrichter) auch hinsichtlich der Frist zum Erlassen des Schiedsspruches in Verfahren, die weniger als zwei Jahre nach Inkrafttreten des neuen Gesetzes eingeleitet worden sind.

4. Die Parteien können in den in Punkt 2 und 3 angegebenen Fällen bestimmen, dass nur das neue Gesetz gelten soll.

5. Tauchen im Gesetz oder anderen Vorschriften Verweise auf das lagen (1929:145) om skiljemän (Gesetz über Schiedsrichter) auf, wird statt dessen das neue Gesetz angewendet.

Übersetzung der §§ 15-18 des schwedischen Vollstreckungsgesetzes (Utsökningsbalk) durch den Verfasser

Schiedsspruch

§ 15

Ein Schiedsspruch, der auf einer Schiedsvereinbarung beruht, ist vollstreckbar, wenn

(1) die Schiedsvereinbarung den Parteien gegen den Schiedsspruch keine Klagemöglichkeit einräumt oder, falls eine Klagemöglichkeit eingeräumt wird, wenn die Frist für die Einlegung der Klage verstrichen ist, ohne daß eine Klage erhoben wurde und

(2) der Schiedsspruch den Anforderungen an die Schriftform und die Unterzeichnung nach § 31 Abs. 1 des Gesetzes (1999:116) über Schiedsverfahren genügt.

Der Schiedsspruch ist hinsichtlich der Vergütung eines Schiedsrichters vollstreckbar, wenn

(1) die Frist für eine Klage der Parteien gegen diesen Teil des Schiedsspruchs verstrichen ist, ohne daß eine Klage erhoben wurde und

(2) der Schiedsspruch den Anforderungen an die Schriftform und die Unterzeichnung in § 31 Abs. 1 des Gesetzes (1999:116) über Schiedsverfahren entspricht.

Dem Antragsgegner ist vor der Vollstreckung stets die Möglichkeit einzuräumen, sich zu äußern.

Für die Vollstreckung eines Schiedsspruchs, der von einer solchen Vereinbarung über die Einschränkung des Klagerechts der Parteien gegen den Schiedsspruch erfasst ist, wie sie in § 51 des Gesetzes (1999:116) über Schiedsverfahren beschrieben ist, gelten die dortigen Vorschriften.

§ 16

Besteht ein Grund anzunehmen, daß ein Schiedsspruch, der gemäß § 15 vollstreckbar ist, ungültig ist und ist diesbezüglich noch kein gerichtliches Verfahren anhängig, so hat die Vollstreckungsbehörde dem Antragssteller aufzuerlegen, innerhalb eines Monats nach Erteilung dieser Auflage in der Sache Klage gegen den Antragsgegner zu erheben.

§ 17

Die Vorschriften in §§ 15 und 16 betreffen in ihren anwendbaren Teilen auch einen Schiedsspruch, der, ohne daß eine Schiedsvereinbarung vorliegt, aufgrund einer gesetzlichen Bestimmung nach den Vorschriften des Gesetzes (1999:116) über Schiedsverfahren erlassen wurde.

§ 18

Wenn die Vorschriften der §§ 15 und 17 der Vollstreckbarkeit des Schiedsspruchs nicht entgegenstehen, wird dieser wie ein rechtskräftiges Urteil vollstreckt, falls das Gericht, bei dem die Klage gegen den Schiedsspruch erhoben wird, nicht etwas anderes anordnet.

Ist dem Antragssteller auferlegt worden, Klage gemäß § 16 zu erheben, darf der Schiedsspruch lediglich in der Weise vollstreckt werden wie nicht rechtskräftige erstinstanzliche Urteile. Nachdem die Klage über die Gültigkeit des Schiedsspruchs durch den Antragssteller oder den Antragsgegner erhoben wurde, kann das Gericht über die Vollstreckbarkeit entscheiden. Wird die Klage nicht innerhalb der angegebenen Zeit erhoben oder wird der Fall ohne Prüfung in der Sache abgeschlossen, ist der Schiedsspruch unter Anwendung von § 22 als aufgehoben anzusehen.

UNCITRAL-Modellgesetz über die internationale[2] Handelsschiedsgerichtsbarkeit

(angenommen von der Kommission der Vereinten Nationen für internationales Handelsrecht am 21. Juni 1985)

Kapitel I. Allgemeine Bestimmungen

Art. 1 Anwendungsbereich[3]

1. Dieses Gesetz ist auf die internationale Handelsschiedsgerichtsbarkeit[4] anzuwenden; Verträge, die zwischen diesem Staat und einem oder mehreren anderen Staaten in Kraft sind, bleiben unberührt.
2. Mit Ausnahme der Artikel 8, 9, 35 und 36 sind die Bestimmungen dieses Gesetzes nur anzuwenden, wenn der Ort des schiedsrichterlichen Verfahrens im Hoheitsgebiet dieses Staates liegt.
3. Ein schiedsrichterliches Verfahren ist international, wenn
   a) die Parteien der Schiedsvereinbarung im Zeitpunkt des Abschlusses dieser Vereinbarung ihre Niederlassung in verschiedenen Staaten haben, oder
   b) einer der folgenden Orte außerhalb des Staates liegt, in dem die Parteien ihre Niederlassung haben:
      i) der Ort des schiedsrichterlichen Verfahrens, sofern dieser in der Schiedsvereinbarung bestimmt oder nach der Schiedsvereinbarung zu bestimmen ist,
      ii) jeder Ort, an dem ein wesentlicher Teil der Pflichten aus der Handelsbeziehung zu erfüllen ist, oder der Ort, mit dem der Gegenstand des Streites die engste Verbindung aufweist, oder
   c) die Parteien ausdrücklich vereinbart haben, daß der Gegenstand der Schiedsvereinbarung Beziehungen zu mehr als einem Land aufweist.
4. Für die Anwendung des Absatzes 3 ist,
   a) sofern eine Partei mehr als eine Niederlassung hat, die Niederlassung maßgebend, die mit der Schiedsvereinbarung die engste Verbindung aufweist,
   b) sofern eine Partei keine Niederlassung hat, an ihren gewöhnlichen Aufenthalt anzuknüpfen.
5. Dieses Gesetz berührt nicht andere Gesetze dieses Staates, wonach bestimmte Streitigkeiten einem schiedsrichterlichen Verfahren nicht oder nur nach anderen Bestimmungen als denen dieses Gesetzes unterworfen werden dürfen.

---

2 Abgedr. in Schwab/Walter, S. 615 ff.

3 Die Überschriften der Artikel sollen das bessere Auffinden erleichtern und sind nicht als Auslegungshilfe gedacht.

4 Der Begriff „Handel" sollte weit ausgelegt werden, so daß er Angelegenheiten umfaßt, die sich aus Handelsbeziehungen jeder Art ergeben, gleichviel, ob sie auf Vertrag beruhen oder nicht. Handelsbeziehungen schließen die folgenden Rechtsgeschäfte ein, ohne darauf beschränkt zu sein: Handelsgeschäfte über die Lieferung oder den Austausch von Waren oder Dienstleistungen; Vertriebsvereinbarungen; Handelsvertretungen oder -agenturen; Factoring; Leasing; Errichtung von Anlagen; Consulting, Engineering; Lizenzverträge; Investitionen, Finanzierungen; Bankgeschäfte; Versicherungen; Rohstoffgewinnung oder Konzessionen; Konsortialverträge (Joint ventures) und andere Formen industrieller oder wirtschaftlicher Zusammenarbeit; Personen- oder Güterbeförderung auf dem Luft-, Wasser-, Schienen- oder Straßenweg.

Art. 2 Begriffsbestimmungen und Auslegungsregeln

Im Sinne dieses Gesetzes

a) bedeutet „schiedsrichterliches Verfahren" jedes Verfahren der Schiedsgerichtsbarkeit, unabhängig davon, ob es von einer ständigen schiedsgerichtlichen Einrichtung durchgeführt wird oder nicht;
b) bedeutet „Schiedsgericht" einen Einzelschiedsrichter oder ein Schiedsrichterkollegium;
c) bedeutet „Gericht" eine Behörde oder ein Organ der Gerichtsbarkeit eines Staates;
d) schließt eine Bestimmung - ausgenommen Artikel 28 -, die es den Parteien freistellt, selbst über eine bestimmte Frage zu entscheiden, auch das Recht ein, einen Dritten einschließlich einer Einrichtung zu dieser Entscheidung zu ermächtigen;
e) werden Schiedsgerichtsregeln, auf die sich die Parteien in einer Vereinbarung beziehen, zu einem Bestandteil der Parteivereinbarung, sofern die Bestimmungen dieses Gesetzes eine solche Parteivereinbarung zulassen;
f) sind Bestimmungen - ausgenommen Artikel 25 Buchstabe a und Artikel 32 Absatz 2 Buchstabe a -, soweit sie sich auf eine Klage beziehen, auch auf eine Widerklage und, soweit sie sich auf eine Klagebeantwortung beziehen, auch auf die Beantwortung einer solchen Widerklage anzuwenden.

Art. 3 Empfang schriftlicher Mitteilungen

1. Haben die Parteien nichts anderes vereinbart,
a) gilt jede schriftliche Mitteilung als empfangen, wenn sie dem Empfänger persönlich ausgehändigt oder wenn sie an seiner Niederlassung, seinem gewöhnlichen Aufenthalt oder seiner Postanschrift übergeben worden ist; kann trotz angemessener Nachforschung keiner dieser Orte ermittelt werden, so gilt eine schriftliche Mitteilung als empfangen, wenn sie durch eingeschriebenen Brief oder durch andere Mittel, die den Versuch der Übergabe belegen, an die letztbekannte Niederlassung, den letztbekannten gewöhnlichen Aufenthalt oder die letztbekannte Postanschrift des Empfängers gesandt worden ist;
b) gilt die Mitteilung als an dem Tage empfangen, an dem sie so übergeben oder übermittelt worden ist.

2. Dieser Artikel ist auf Mitteilungen in gerichtlichen Verfahren nicht anzuwenden.

Art. 4 Verzicht auf das Recht der Einrede

Ist einer Bestimmung dieses Gesetzes, von der die Parteien abweichen können, oder einem Erfordernis der Schiedsvereinbarung nicht entsprochen worden, und setzt eine Partei trotz Kenntnis hiervon das schiedsrichterlicheVerfahren fort, ohne gegen diesen Verstoß unverzüglich oder, falls hierfür eine Frist vorgesehen ist, innerhalb dieser Frist Einspruch zu erheben, so wird angenommen, sie habe auf die Einrede verzichtet.

Art. 5 Ausmaß gerichtlichen Tätigwerdens

In den von diesem Gesetz geregelten Angelegenheiten darf ein Gericht nur tätig werden, soweit dieses Gesetz es vorsieht.

Art. 6 Zuständigkeit von Gerichten oder sonstigen Behörden zur Unterstützung und Aufsicht in schiedsrichterlichen Verfahren

Die in Artikel 11 Absatz 3 und 4, Artikel 13 Absatz 3, Artikel 14, Artikel 16 Absatz 3 und Artikel 34 Absatz 2 bezeichneten Aufgaben werden durch ... wahrgenommen. (Jeder Staat, der dieses Modellgesetz in sein innerstaatliches Recht übernimmt, gibt hier das Gericht bzw. die Gerichte oder, soweit das Modellgesetz dies vorsieht, die sonstige Behörde an, die für diese Aufgaben zuständig sein soll.)

Kapitel II. Schiedsvereinbarung

Art. 7 Begriffsbestimmung und Form der Schiedsvereinbarung

1. „Schiedsvereinbarung" ist eine Vereinbarung der Parteien, alle oder bestimmte Streitigkeiten, die zwischen ihnen in bezug auf ein bestimmtes Rechtsverhältnis vertraglicher oder nichtvertraglicher Art, entstanden sind oder künftig entstehen, einem schiedsrichterlichen Verfahren zu unterbreiten. Eine Schiedsvereinbarung kann in Form einer Klausel in einem Vertrag (Schiedsklausel) oder in Form einer selbständigen Vereinbarung (Schiedsabrede) geschlossen werden.
2. Die Schiedsvereinbarung bedarf der Schriftform. Die Schriftform ist erfüllt, wenn die Schiedsvereinbarung entweder in einem von den Parteien unterzeichneten Schriftstück oder in zwischen ihnen gewechselten Briefen, Fernschreiben, Telegrammen oder anderen Formen der Nachnichtenübermittlung, die einen Nachweis der Vereinbarung erlauben, enthalten ist, oder wenn anläßlich des Austausches von Klage und Klagebeantwortung das Bestehen einer Schiedsvereinbarung in der Klage behauptet und in der Klagebeantwortung nicht bestritten wird. Nimmt ein Vertrag auf ein Schriftstück Bezug, das eine Schiedsklausel enthält, so begründet dies eine Schiedsvereinbarung, wenn der Vertrag schriftlich abgefaßt und die Bezugnahme dergestalt ist, daß sie diese Klausel zu einem Bestandteil des Vertrages macht.

Art. 8 Schiedsvereinbarung und Klage vor Gericht

1. Wird vor einem Gericht Klage in einer Angelegenheit erhoben, die Gegenstand einer Schiedsvereinbarung ist, so hat das Gericht die Parteien auf das schiedsrichterliche Verfahren zu verweisen, sofern eine Partei dies spätestens bei ihrer ersten Erklärung zur Sache beantragt, es sei denn, das Gericht stellt fest, daß die Schiedsvereinbarung nichtig, unwirksam oder undurchführbar ist.
2. Ist eine Klage im Sinne des Absatzes 1 erhoben worden, so kann ein schiedsrichterliches Verfahren gleichwohl eingeleitet oder fortgesetzt werden und ein Schiedsspruch ergehen, während die Sache bei Gericht anhängig ist.

Art. 9 Schiedsvereinbarung und vorläufige gerichtliche Maßnahmen

Mit einer Schiedsvereinbarung ist es nicht unvereinbar, wenn eine Partei vor oder während des schiedsrichterlichen Verfahrens bei einem Gericht eine vorläufige oder sichernde Maßnahme beantragt und das Gericht eine solche Maßnahme anordnet.

Kapitel III. Bildung des Schiedsgerichts

Art. 10 Anzahl der Schiedsrichter

1. Die Parteien können die Anzahl der Schiedsrichter frei vereinbaren.
2. Fehlt eine solche Vereinbarung, so ist die Zahl der Schiedsrichter drei.

Art. 11 Bestellung der Schiedsrichter

1. Niemand darf wegen seiner Staatsangehörigkeit vom Schiedsrichteramt ausgeschlossen werden, es sei denn, die Parteien haben etwas anderes vereinbart.
2. Die Parteien können vorbehaltlich der Absätze 4 und 5 das Verfahren zur Bestellung des Schiedsrichters oder der Schiedsrichter frei vereinbaren.
3. Fehlt eine solche Vereinbarung, so gilt:
   a) In schiedsrichterlichen Verfahren mit drei Schiedsrichtern bestellt jede Partei einen Schiedsrichter; diese beiden Schiedsrichter bestellen den dritten Schiedsrichter-, hat eine Partei den Schiedsrichter nicht binnen dreißig Tagen nach Empfang einer entsprechenden Aufforderung durch die andere Partei bestellt oder können sich die beiden Schiedsrichter nicht binnen dreißig Tagen nach ihrer Bestellung über den dritten Schiedsrichter einigen,

so ist der Schiedsrichter auf Antrag einer Partei durch das in Artikel 6 bezeichnete Gericht oder die dort bezeichnete sonstige Behörde zu bestellen.

b) In schiedsrichterlichen Verfahren mit einem Einzelschiedsrichter wird der Schiedsrichter, wenn die Parteien sich über seine Bestellung nicht einigen können, auf Antrag einer Partei durch das in Artikel 6 bezeichnete Gericht oder die dort bezeichnete sonstige Behörde bestellt.

4. Haben die Parteien ein Verfahren für die Bestellung vereinbart und
   a) handelt eine Partei nicht entsprechend diesem Verfahren oder
   b) können die Parteien oder die beiden Schiedsrichter eine Einigung entsprechend diesem Verfahren nicht erzielen oder
   c) erfüllt ein Dritter, einschließlich einer Einrichtung, eine ihm nach diesem Verfahren übertragene Aufgabe nicht,

   so kann jede Partei bei dem in Artikel 6 bezeichneten Gericht oder der dort bezeichneten sonstigen Behörde die Anordnung der erforderlichen Maßnahmen beantragen, sofern das vereinbarte Bestellungsverfahren zur Sicherung der Bestellung nichts anderes vorsieht.

5. Gegen eine Entscheidung in einer Angelegenheit, die nach Absatz 3 oder 4 dem in Artikel 6 bezeichneten Gericht oder der dort bezeichneten sonstigen Behörde übertragen wird, ist kein Rechtsmittel zulässig. Das Gericht oder die sonstige Behörde hat bei der Bestellung eines Schiedsrichters alle nach der Parteivereinbarung für den Schiedsrichter vorgeschriebenen Voraussetzungen angemessen zu berücksichtigen und allen Gesichtspunkten Rechnung zu tragen, die die Bestellung eines unabhängigen und unparteiischen Schiedsrichters sicherstellen; bei der Bestellung eines Einzelschiedsrichters oder eines dritten Schiedsrichters hat das Gericht oder die sonstige Behörde auch zu berücksichtigen, ob es zweckmäßig ist, einen Schiedsrichter mit einer anderen Staatsangehörigkeit als derjenigen der Parteien zu bestellen.

Art. 12 Ablehnungsgründe

1. Wird einer Person ein Schiedsrichteramt angetragen, so hat sie alle Umstände offenzulegen, die berechtigte Zweifel an ihrer Unparteilichkeit oder Unabhängigkeit wecken können. Ein Schiedsrichter hat vom Zeitpunkt seiner Bestellung an und während des schiedsrichterlichen Verfahrens den Parteien unverzüglich solche Umstände offenzulegen, über die er die Parteien nicht schon vorher unterrichtet hat.
2. Ein Schiedsrichter kann nur abgelehnt werden, wenn Umstände vorliegen, die berechtigte Zweifel an seiner Unparteilichkeit oder Unabhängigkeit aufkommen lassen, oder wenn er die zwischen den Parteien vereinbarten Voraussetzungen nicht erfüllt. Eine Partei kann einen Schiedsrichter, den sie bestellt oder an dessen Bestellung sie mitgewirkt hat, nur aus Gründen ablehnen, die ihr erst nach der Bestellung bekannt geworden sind.

Art. 13 Ablehnungsverfahren

1. Die Parteien können vorbehaltlich des Absatzes 3 ein Verfahren für die Ablehnung eines Schiedsrichters frei vereinbaren.
2. Fehlt eine solche Vereinbarung, so hat die Partei, die einen Schiedsrichter ablehnen will, binnen fünfzehn Tagen, nachdem ihr die Zusammensetzung des Schiedsgerichts oder ein Umstand im Sinne des Artikels 12 Absatz 2 bekannt geworden ist, dem Schiedsgericht schriftlich die Ablehnungsgründe darzulegen. Tritt der abgelehnte Schiedsrichter von seinem Amt nicht zurück oder stimmt die andere Partei der Ablehnung nicht zu, so entscheidet das Schiedsgericht über die Ablehnung.
3. Bleibt die Ablehnung nach dem von den Parteien vereinbarten Verfahren oder nach dem in Absatz 2 vorgesehenen Verfahren erfolglos, so kann die ablehnende Partei binnen dreißig Tagen, nachdem sie von der Entscheidung, mit der die Ablehnung verweigert wurde, Kenntnis erlangt hat, bei dem in Artikel 6 bezeichneten Gericht oder der dort bezeichneten sonstigen Behörde eine Entscheidung über die Ablehnung beantragen; gegen diese Entscheidung ist kein Rechtsmittel zulässig. Während ein solcher Antrag anhängig ist, kann das Schiedsgericht einschließlich des abgelehnten Schiedsrichters das schiedsrichterliche Verfahren fortsetzen und einen Schiedsspruch fällen.

Art. 14 Untätigkeit oder Unmöglichkeit der Aufgabenerfüllung

1. Ist ein Schiedsrichter rechtlich oder tatsächlich außerstande, seine Aufgaben zu erfüllen, oder kommt er aus anderen Gründen seinen Aufgaben in angemessener Frist nicht nach, so endet sein Mandat, wenn er von seinem Amt zurücktritt oder wenn die Parteien die Beendigung seines Mandats vereinbaren. Bei Meinungsverschiedenheiten über einen dieser Gründe kann jede Partei bei dem in Artikel 6 bezeichneten Gericht oder der dort bezeichneten sonstigen Behörde eine Entscheidung über die Beendigung des Mandats beantragen; gegen diese Entscheidung ist kein Rechtsmittel zulässig.
2. Tritt ein Schiedsrichter nach diesem Artikel oder nach Artikel 13 Absatz 2 von seinem Amt zurück oder stimmt eine Partei der Beendigung des Mandats eines Schiedsrichters zu, bedeutet das nicht die Anerkennung der Gültigkeit eines der in diesem Artikel oder in Artikel 12 Absatz 2 angeführten Gründe.

Art. 15 Bestellung eines Ersatzschiedsrichters

Endet das Mandat eines Schiedsrichters nach den Artikeln 13 oder 14 oder wegen seines Rücktritts vom Amt aus einem anderen Grund oder wegen der Aufhebung seines Mandats durch Vereinbarung der Parteien oder liegt ein anderer Fall der Beendigung seines Mandats vor, so ist ein Ersatzschiedsrichter zu bestellen, und zwar nach den Regeln, die auf die Bestellung des zu ersetzenden Schiedsrichters anzuwenden waren.

Kapitel IV. Zuständigkeit des Schiedsgerichts

Art. 16 Befugnis des Schiedsgerichts zur Entscheidung über die eigene Zuständigkeit

1. Das Schiedsgericht kann über die eigene Zuständigkeit einschließlich aller Einreden bezüglich des Bestehens oder der Gültigkeit der Schiedsvereinbarung entscheiden. Zu diesem Zweck ist eine Schiedsklausel, die Bestandteil eines Vertrags ist, als eine von den übrigen Bestimmungen des Vertrags unabhängige Vereinbarung zu behandeln. Entscheidet das Schiedsgericht, daß der Vertrag nichtig ist, so folgt daraus nicht ohne weiteres die Nichtigkeit der Schiedsklausel.
2. Die Einrede der Unzuständigkeit des Schiedsgerichts ist spätestens mit der Klagebeantwortung vorzubringen. Von der Erhebung einer solchen Einrede ist eine Partei nicht dadurch ausgeschlossen, daß sie einen Schiedsrichter bestellt oder an der Bestellung eines Schiedsrichters mitgewirkt hat. Die Einrede, das Schiedsgericht überschreite seine Befugnisse, ist zu erheben, sobald die Angelegenheit, von der behauptet wird, sie liege außerhalb der Befugnisse, im schiedsrichterlichen Verfahren zur Erörterung kommt. Das Schiedsgericht kann in beiden Fällen eine spätere Einrede zulassen, wenn es die Verspätung für gerechtfertigt hält.
3. Das Schiedsgericht kann über eine Einrede nach Absatz 2 als Vorfrage oder in einem Schiedsspruch zur Sache entscheiden. Bejaht das Schiedsgericht seine Zuständigkeit als Vorfrage, so kann jede Partei binnen dreißig Tagen, nachdem sie von dem Beschluß Kenntnis erlangt hat, bei dem in Artikel 6 bezeichneten Gericht eine Entscheidung beantragen; gegen die Entscheidung ist kein Rechtsmittel zulässig. Während ein solcher Antrag anhängig ist, kann das Schiedsgericht das schiedsrichterliche Verfahren fortsetzen und einen Schiedsspruch fällen.

Art. 17 Befugnis des Schiedsgerichts zur Anordnung vorläufiger Maßnahmen

Haben die Parteien nichts anderes vereinbart, so kann das Schiedsgericht, wenn eine Partei es beantragt, jeder Partei auferlegen, alle vorläufigen oder sichernden Maßnahmen zu ergreifen, die das Schiedsgericht in bezug auf den Gegenstand des Streites für notwendig erachtet. Das Schiedsgericht kann von jeder Partei im Zusammenhang mit einer solchen Maßnahme angemessene Sicherheit verlangen.

Kapitel V. Durchführung des schiedsrichterlichen Verfahrens

Art. 18 Gleichbehandlung der Parteien

Die Parteien sind gleich zu behandeln; jeder Partei ist Gelegenheit zur umfassenden Darlegung ihres Standpunktes zu geben.

Art. 19 Bestimmung der Verfahrensregeln

1. Die Parteien können vorbehaltlich der Bestimmungen dieses Gesetzes die Verfahrensregeln frei vereinbaren, an die sich das Schiedsgericht bei der Durchführung des Verfahrens zu halten hat.
2. Fehlt eine solche Vereinbarung, so kann das Schiedsgericht, vorbehaltlich der Bestimmungen dieses Gesetzes, das schiedsrichterliche Verfahren in der ihm geeignet erscheinenden Weise durchführen. Zu den dem Schiedsgericht übertragenen Befugnissen gehört auch, über Zulässigkeit, Erheblichkeit, Bedeutung und Gewicht von Beweisen zu entscheiden.

Art. 20 Ort des schiedsrichterlichen Verfahrens

1. Die Parteien können den Ort des schiedsrichterlichen Verfahrens frei vereinbaren. Fehlt eine solche Vereinbarung, so wird der Ort des schiedsrichterlichen Verfahrens vom Schiedsgericht bestimmt; dabei sind die Umstände des Falles einschließlich der Eignung des Ortes für die Parteien zu berücksichtigen.
2. Haben die Parteien nichts anderes vereinbart, so kann das Schiedsgericht, ungeachtet des Absatzes 1, an jedem ihm geeignet erscheinenden Ort zur Beratung zwischen seinen Mitgliedern, zur Vernehmung von Zeugen, Sachverständigen oder der Parteien oder zur Besichtigung von Waren und anderen Gegenständen oder zur Einsichtnahme in Schriftstücke zusammentreten.

Art. 21 Beginn des schiedsrichterlichen Verfahrens

Haben die Parteien nichts anderes vereinbart, so beginnt das schiedsrichterliche Verfahren über eine bestimmte Streitigkeit mit dem Tag, an dem der Beklagte den Antrag, diesen Streit einem Schiedsgericht vorzulegen, erhalten hat.

Art. 22 Sprache

1. Die Parteien können die Sprache oder die Sprachen, die im schiedsrichterlichen Verfahren zu verwenden sind, frei vereinbaren. Fehlt eine solche Vereinbarung, so bestimmt hierüber das Schiedsgericht. Diese Vereinbarung oder Bestimmung ist, sofern darin nichts anderes vorgesehen wird, für alle schriftlichen Erklärungen einer Partei, alle mündlichen Verhandlungen, alle Schiedssprüche, Entscheidungen und anderen Mitteilungen des Schiedsgerichts maßgebend.
2. Das Schiedsgericht kann anordnen, daß alle schriftlichen Beweisstücke mit einer Übersetzung in die Sprache oder die Sprachen versehen sein müssen, die zwischen den Parteien vereinbart oder vom Schiedsgericht bestimmt worden sind.

Art. 23 Klage und Klagebeantwortung

1. Innerhalb der von den Parteien vereinbarten oder vom Schiedsgericht bestimmten Frist hat der Kläger die Tatsachen, auf die sich sein Anspruch stützt, die streitigen Punkte und sein. Begehren darzulegen, und der Beklagte hat zu diesen Punkten in seiner Klagebeantwortung Stellung zu nehmen, es sei denn, die Parteien haben hinsichtlich des erforderlichen Inhalts ihrer Schriftsätze etwas anderes vereinbart. Die Parteien können mit ihren Schriftsätzen alle ihnen erheblich erscheinenden Schriftstücke vorlegen oder auf Schriftstücke oder andere Beweismittel Bezug nehmen, die sie künftig vorlegen wollen.
2. Haben die Parteien nichts anderes vereinbart, so kann jede Partei im Laufe des schiedsrichterlichen Verfahrens ihre Klage oder ihre Klagebeantwortung ändern oder ergänzen,

es sei denn, das Schiedsgericht läßt eine solche Änderung wegen der Verspätung, mit der sie vorgenommen wird, nicht zu.

Art. 24 Mündliche Verhandlung und schriftliches Verfahren

1. Haben die Parteien nichts Gegenteiliges vereinbart, so entscheidet das Schiedsgericht, ob mündliche Verhandlungen für die Beweisaufnahme oder für mündliche Ausführungen abzuhalten sind oder ob das Verfahren auf der Grundlage von Schriftstücken und anderen Unterlagen durchzuführen ist. Falls die Parteien nicht vereinbart haben, daß keine mündliche Verhandlung stattfindet, hat das Schiedsgericht eine solche Verhandlung in einem geeigneten Abschnitt des Verfahrens durchzuführen, wenn eine Partei es beantragt.
2. Die Parteien sind von jeder Verhandlung und jedem Zusammentreten des Schiedsgerichts zur Besichtigung von Waren und anderen Gegenständen oder zur Einsichtnahme in Schriftstücke rechtzeitig in Kenntnis zu setzen.
3. Alle Schriftsätze, Schriftstücke oder sonstigen Mitteilungen, die dem Schiedsgericht von einer Partei vorgelegt werden, sind der anderen Partei zu übermitteln. Auch jedes Gutachten oder jedes als Beweismittel geltende Schriftstück, auf das sich das Schiedsgericht bei seiner Entscheidung stützen kann, ist den Parteien zu übermitteln.

Art. 25 Säumnis einer Partei

Haben die Parteien über die Folgen der Säumnis nichts anderes vereinbart so gilt:

a) Versäumt es der Kläger, ohne einen hinreichenden Grund dafür anzugeben, seine Klage nach Artikel 23 Absatz 1 einzureichen, so beendet das Schiedsgericht das Verfahren;
b) versäumt es der Beklagte, ohne einen hinreichenden Grund dafür anzugeben, seine Klagebeantwortung nach Artikel 23 Absatz 1 einzureichen, so setzt das Schiedsgericht das Verfahren fort, ohne diese Säumnis als Zugeständnis der Behauptungen des Klägers zu behandeln;
c) versäumt es eine Partei, ohne einen hinreichenden Grund dafür anzugeben, zu einer mündlichen Verhandlung zu erscheinen oder ein Schriftstück zum Beweis vorzulegen, so kann das Schiedsgericht das Verfahren fortsetzen und den Schiedsspruch auf der Grundlage der ihm vorliegenden Beweise fällen.

Art. 26 Vom Schiedsgericht bestellter Sachverständiger

1. Haben die Parteien nichts anderes vereinbart, so kann das Schiedsgericht
   a) einen oder mehrere Sachverständige zur Erstattung eines Gutachtens über bestimmte vom Schiedsgericht festzulegende Fragen bestellen,
   b) eine Partei auffordern, dem Sachverständigen jede sachdienliche Auskunft zu erteilen, oder alle für das Verfahren erheblichen Schriftstücke, Waren oder sonstigen Gegenstände zur Besichtigung vorzulegen oder zugänglich zu machen.
2. Haben die Parteien nichts anderes vereinbart, so hat der Sachverständige, wenn eine Partei dies beantragt oder das Schiedsgericht es für erforderlich hält, nach Erstattung seines schriftlichen oder mündlichen Gutachtens an einer mündlichen Verhandlung teilzunehmen; bei der Verhandlung können die Parteien dem Sachverständigen Fragen stellen und sachverständige Zeugen beibringen, die zu den streitigen Fragen aussagen.

Art. 27 Gerichtliche Unterstützung bei der Beweisaufnahme

Das Schiedsgericht oder eine Partei mit Bewilligung des Schiedsgerichts kann das zuständige Gericht dieses Staates um Unterstützung bei der Beweisaufnahme ersuchen. Das Gericht kann das Ersuchen im Rahmen seiner Zuständigkeit und nach seinen für die Beweisaufnahme geltenden Verfahrensvorschriften erledigen.

Kapitel VI. Schiedsspruch und Beendigung des Verfahrens

Art. 28 Anzuwendendes Recht

1. Das Schiedsgericht hat die Streitigkeit in Übereinstimmung mit den Rechtsvorschriften zu entscheiden, die von den Parteien als auf den Inhalt des Rechtsstreites für anwendbar bezeichnet worden sind. Die Bezeichnung des Rechts oder der Rechtsordnung eines bestimmten Staates ist, sofern nicht ausdrücklich etwas anderes vereinbart wurde, als unmittelbare Verweisung auf das materielle Recht dieses Staates und nicht auf sein Kollisionsrecht zu verstehen.
2. Haben die Parteien das anzuwendende Recht nicht bestimmt, so hat das Schiedsgericht das Recht anzuwenden, welches das von ihm für anwendbar erachtete Kollisionsrecht bestimmt.
3. Das Schiedsgericht hat nur dann nach Billigkeit (ex aequo et bono, amiable compositeur) zu entscheiden, wenn die Parteien es ausdrücklich dazu ermächtigt haben.
4. In allen Fällen hat das Schiedsgericht in Übereinstimmung mit den Bestimmungen des Vertrags zu entscheiden und die auf das Geschäft anwendbaren Handelsbräuche zu berücksichtigen.

Art. 29 Entscheidung durch ein Schiedsrichterkollegium

Haben die Parteien nichts anderes vereinbart, so ist in schiedsrichterlichen Verfahren mit mehr als einem Schiedsrichter jede Entscheidung des Schiedsgerichts mit Stimmenmehrheit aller Mitglieder zu treffen. Über Verfahrensfragen kann der vorsitzende Schiedsrichter allein entscheiden, wenn die Parteien oder alle Mitglieder des Schiedsgerichts ihn dazu ermächtigt haben.

Art. 30 Vergleich

1. Vergleichen sich die Parteien während des schiedsrichterlichen Verfahrens über die Streitigkeit, so beendet das Schiedsgericht das Verfahren und hält, falls die Parteien dies beantragen und das Schiedsgericht nichts dagegen einzuwenden hat, den Vergleich in der Form eines Schiedsspruches mit vereinbartem Wortlaut fest.
2. Ein Schiedsspruch mit vereinbartem Wortlaut ist in Übereinstimmung mit Artikel 31 zu erlassen und muß angeben, daß es sich um einen Schiedsspruch handelt. Ein solcher Schiedsspruch hat dieselbe rechtliche Qualität und Wirkung wie jeder andere Schiedsspruch zur Sache.

Art. 31 Form und Inhalt des Schiedsspruchs

1. Der Schiedsspruch ist schriftlich zu erlassen und durch den Schiedsrichter oder die Schiedsrichter zu unterzeichnen. In schiedsrichterlichen Verfahren mit mehr als einem Schiedsrichter genügen die Unterschriften der Mehrheit aller Mitglieder des Schiedsgerichts, sofern der Grund für jede fehlende Unterschrift angegeben wird.
2. Der Schiedsspruch ist zu begründen, es sei denn, die Parteien haben vereinbart, daß keine Begründung gegeben werden muß, oder es handelt sich um einen Schiedsspruch mit vereinbartem Wortlaut im Sinne des Artikels 30.
3. Im Schiedsspruch sind der Tag, an dem er erlassen wurde, und der nach Artikel 20 Absatz 1 bestimmte Ort des schiedsrichterlichen Verfahrens anzugeben; der Schiedsspruch gilt als an diesem Ort erlassen.
4. Nach Erlassen des Schiedsspruchs ist jeder Partei eine von den Schiedsrichtern nach Absatz 1 unterzeichnete Ausfertigung zu übersenden.

Art. 32 Beendigung des schiedsrichterlichen Verfahrens

1. Das schiedsrichterliche Verfahren wird mit dem endgültigen Schiedsspruch oder mit einem Beschluß des Schiedsgerichts nach Absatz 2 beendet.
2. Das Schiedsgericht hat einen Beschluß über die Beendigung des schiedsrichterlichen Verfahrens zu erlassen, wenn
   a) der Kläger seine Klage zurücknimmt, es sei denn, daß der Beklagte dem widerspricht und das Schiedsgericht ein berechtigtes Interesse des Beklagten an der endgültigen Beilegung der Streitigkeit anerkennt;
   b) die Parteien die Beendigung des Verfahrens vereinbaren;

c) das Schiedsgericht der Auffassung ist, daß die Fortsetzung des Verfahrens aus einem anderen Grund unnötig oder unmöglich geworden ist.

3. Vorbehaltlich der Artikel 33 und 34 Absatz 4 endet das Mandat des Schiedsgerichts mit der Beendigung des schiedsrichterlichen Verfahrens.

Art. 33 Berichtigung, Auslegung und Ergänzung des Schiedsspruchs

1. Haben die Parteien keine andere Frist vereinbart, so kann jede Partei binnen dreißig Tagen nach Empfang des Schiedsspruchs unter Benachrichtigung der anderen Partei beim Schiedsgericht beantragen,
   a) Rechen-, Schreib- oder Druckfehler oder Fehler ähnlicher Art im Schiedsspruch zu berichtigen,
   b) bestimmte Punkte oder Teile des Schiedsspruchs auszulegen, sofern die Parteien eine Auslegung des Schiedsspruchs vereinbart haben.

   Hält das Schiedsgericht den Antrag für berechtigt, so hat es die Berichtigung oder die Auslegung binnen dreißig Tagen nach Empfang des Antrages vorzunehmen. Die Auslegung ist Bestandteil des Schiedsspruchs.
2. Das Schiedsgericht kann jeden Fehler der in Absatz 1 Buchstabe a bezeichneten Art binnen dreißig Tagen ab dem Datum des Schiedsspruchs von sich aus berichtigen.
3. Haben die Parteien nichts anderes vereinbart, so kann jede Partei binnen dreißig Tagen nach Empfang des Schiedsspruchs unter Benachrichtigung der anderen Partei beim Schiedsgericht beantragen, einen ergänzenden Schiedsspruch über solche Ansprüche zu erlassen, die im schiedsrichterlichen Verfahren zwar geltend gemacht, im Schiedsspruch aber nicht behandelt worden sind. Hält das Schiedsgericht den Antrag für berechtigt, so hat es den ergänzenden Schiedsspruch binnen sechzig Tagen zu erlassen.
4. Das Schiedsgericht kann erforderlichenfalls die in Absatz 1 oder 3 genannten Fristen zur Berichtigung, Auslegung oder Ergänzung des Schiedsspruchs verlängern.
5. Artikel 31 ist auf die Berichtigung, Auslegung oder Ergänzung eines Schiedsspruchs anzuwenden.

Kapitel VII. Rechtsbehelf gegen den Schiedsspruch

Art. 34 Aufhebungsklage als ausschließlicher Rechtsbehelf gegen den Schiedsspruch

1. Gegen einen Schiedsspruch kann beim Gericht nur Aufhebungsklage nach den Absätzen 2 und 3 erhoben werden.
2. Ein Schiedsspruch kann durch das in Artikel 6 bezeichnete Gericht nur aufgehoben werden,
   a) wenn die klagende Partei den Beweis erbringt,
      i) daß eine der Parteien, die eine Schiedsvereinbarung im Sinne des Artikels 7 geschlossen haben, in irgendeiner Hinsicht hierzu nicht fähig war, oder daß die Schiedsvereinbarung nach dem Recht, dem die Partelen sie unterstellt haben, oder, falls die Parteien hierüber nichts bestimmt haben, nach dem Recht dieses Staates ungültig ist, oder
      ii) daß sie von der Bestellung eines Schiedsrichters oder von dem schiedsrichterlichen Verfahren nicht gehörig in Kenntnis gesetzt worden ist, oder daß sie aus einem anderen Grund ihre Angriffs- oder Verteidigungsmittel nicht hat geltend machen können, oder
      iii) daß der Schiedsspruch eine Streitigkeit betrifft, die in der Schiedsabrede nicht erwähnt ist oder nicht unter die Bestimmungen der Schiedsklausel fällt, oder daß er Entscheidungen enthält, welche die Grenzen der Schiedsabrede oder der Schiedsklausel überschreiten; kann jedoch der Teil des Schiedsspruchs, der sich auf Streitpunkte bezieht, die dem schiedsrichterlichen Verfahren unterworfen waren, von dem Teil, der Streitpunkte betrifft, die ihm nicht unterworfen waren, getrennt werden, so kann nur der erstgenannte Teil des Schiedsspruchs aufgehoben werden, oder
      iv) daß die Bildung des Schiedsgerichts oder das schiedsrichterliche Verfahren der Vereinbarung der Parteien nicht entsprochen hat, es sei denn, daß die Vereinbarung

ihrerseits einer Bestimmung dieses Gesetzes, von der die Parteien nicht abweichen können, widersprochen hat oder, sofern eine Vereinbarung nicht getroffen wurde, daß die Bildung des Schiedsgerichts oder das schiedsrichterliche Verfahren diesem Gesetz widersprochen hat, oder

b) wenn das Gericht feststellt,
   i) daß der Gegenstand des Streites nach dem Recht dieses Staates nicht auf schiedsrichterlichem Weg geregelt werden kann, oder
   ii) der Schiedsspruch der öffentlichen Ordnung dieses Staates widerspricht.

3. Eine Aufhebungsklage kann nach Ablauf einer Frist von drei Monaten nicht mehr erhoben werden; die Frist beginnt mit dem Tag, an dem die klagende Partei den Schiedsspruch empfangen hat, oder, falls ein Antrag nach Artikel 33 gestellt worden ist, mit dem Tag, an dem dieser Antrag vom Schiedsgericht erledigt worden ist.

4. Ist eine Aufhebungsklage erhoben worden, so kann das Gericht in geeigneten Fällen auf Antrag einer Partei das Aufhebungsverfahren für einen vom Gericht zu bestimmenden Zeitraum aussetzen und dadurch dem Schiedsgericht Gelegenheit geben, das schiedsrichterliche Verfahren wiederaufzunehmen oder andere Maßnahmen zu treffen, die nach Auffassung des Schiedsgerichts die Gründe für die Aufhebung beseitigen.

Kapitel VIII. Anerkennung und Vollstreckung von Schiedssprüchen

Art. 35 Anerkennung und Vollstreckung

1. Ein Schiedsspruch ist unabhängig davon, in welchem Land er erlassen worden ist, als bindend anzuerkennen und auf schriftlichen Antrag an das zuständige Gericht zu vollstrecken, vorbehaltlich dieses Artikels und des Artikels 36.

2. Die Partei, die sich auf einen Schiedsspruch beruft oder dessen Vollstreckung beantragt, hat die gehörig beglaubigte (legalisierte) Urschrift des Schiedsspruchs oder eine Abschrift, deren Übereinstimmung mit einer solchen Urschrift ordnungsgemäß beglaubigt ist, sowie die Urschrift der Schiedsvereinbarung im Sinne des Artikels 7 oder eine Abschrift, deren Übereinstimmung mit einer solchen Urschrift ordnungsgemäß beglaubigt ist, vorzulegen. Ist der Schiedsspruch oder die Vereinbarung nicht in einer amtlichen Sprache dieses Staates abgefaßt, so hat die Partei eine gehörig beglaubigte Übersetzung des Schiedsspruchs und der Vereinbarung in diese Sprache vorzulegen.[5]

Art. 36 Gründe für die Versagung der Anerkennung oder Vollstreckung

1. Die Anerkennung oder Vollstreckung eines Schiedsspruchs darf, unabhängig davon, in welchem Lande er erlassen worden ist, nur versagt werden:

a) auf Antrag der Partei, gegen die der Schiedsspruch geltend gemacht wird, wenn diese Partei dem zuständigen Gericht, bei dem die Anerkennung oder Vollstreckung beantragt wird, den Beweis erbringt,
   i) daß eine der Parteien, die eine Schiedsvereinbarung im Sinne des Artikels 7 geschlossen haben, in irgendeiner Hinsicht hierzu nicht fähig war, oder daß die Schiedsvereinbarung nach dem Recht, dem die Parteien sie unterstellt haben, oder, falls die Parteien hierüber nichts bestimmt haben, nach dem Recht des Landes, in dem der Schiedsspruch ergangen ist, ungültig ist, oder
   ii) daß die Partei, gegen die der Schiedsspruch geltend gemacht wird, von der Bestellung eines Schiedsrichters oder von dem schiedsrichterlichen Verfahren nicht gehörig in Kenntnis gesetzt worden ist, oder daß sie aus einem anderen Grund ihre Angriffs- oder Verteidigungsmittel nicht hat geltend machen können, oder
   iii) daß der Schiedsspruch eine Streitigkeit betrifft, die in der Schiedsabrede nicht erwähnt ist oder nicht unter die Bestimmungen der Schiedsklausel fällt, oder daß er Entscheidungen enthält, welche die Grenzen der Schiedsabrede oder der

---

[5] Die in diesem Absatz enthaltenen Voraussetzungen sind als Höchstanforderungen zu verstehen. Deshalb widerspricht es der durch dieses Modellgesetz angestrebten Rechtsvereinheitlichung nicht, wenn ein Staat weniger strenge Voraussetzungen beibehält.

Schiedsklausel überschreiten; kann jedoch der Teil des Schiedsspruchs, der sich auf Streitpunkte bezieht, die dem schiedsrichterlichen Verfahren unterworfen waren, von dem Teil, der Streitpunkte betrifft, die ihm nicht unterworfen waren, getrennt werden, so kann der erstgenannte Teil des Schiedsspruchs anerkannt und vollstreckt werden, oder

iv) daß die Bildung des Schiedsgerichts oder das schiedsrichterliche Verfahren der Vereinbarung der Parteien oder, mangels einer solchen Vereinbarung, dem Recht des Landes, in dem das schiedsrichterliche Verfahren stattfand, nicht entsprochen hat, oder

v) daß der Schiedsspruch für die Parteien noch nicht verbindlich geworden ist, oder daß er von einem Gericht des Landes, in dem oder nach dessen Recht er ergangen ist, aufgehoben oder in seinen Wirkungen einstweilen gehemmt worden ist, oder

b) wenn das Gericht feststellt,

i) daß der Gegenstand des Streites nach dem Recht dieses Staates nicht auf schiedsrichterlichem Wege geregelt werden kann, oder

ii) daß die Anerkennung oder Vollstreckung des Schiedsspruchs der öffentlichen Ordnung dieses Staates widersprechen würde.

Ist bei einem Gericht im Sinne des Absatzes 1 Buchstabe a Ziffer v ein Antrag gestellt worden, den Schiedsspruch aufzuheben oder in seinen Wirkungen einstweilen zu hemmen, so kann das Gericht, bei dem die Anerkennung oder Vollstreckung geltend gemacht wird, sofern es dies für angebracht hält, seine Entscheidung aussetzen; es kann auch auf Antrag der Partei, welche die Anerkennung oder Vollstreckung des Schiedsspruchs begehrt, der anderen Partei auferlegen, angemessene Sicherheit zu leisten.

Schriftenreihe der August Maria Berges Stiftung für Arbitrales Recht

Herausgegeben von Dr. Hubertus W. Labes

Band 1 August Maria Berges – Ausgewählte Schriften zum Schiedsrecht. Herausgegeben von der August Maria Berges Stiftung für Arbitrales Recht. 1998.

Band 2 Iris Koch: Außergerichtliche Streitbeilegung im japanischen Wirtschaftsverkehr unter besonderer Berücksichtigung der Schiedsgerichtsbarkeit. 2000.

Band 3 Hans-Claudius Scheef: Der einstweilige Rechtsschutz und die Stellung der Schiedsrichter bei dem Abschluß von Schiedsvergleichen nach dem deutschen und englischen Schiedsverfahrensrecht. Eine rechtsvergleichende Untersuchung. 2000.

Band 4 Dominik Lentz: Die internationale Wirtschaftsschiedsgerichtsbarkeit in der Russischen Föderation. Darstellung und Analyse anhand der Praxis des internationalen Handelsschiedsgerichts bei der Handels- und Industriekammer der Russischen Föderation. 2000.

Band 5 Torsten Lörcher: Neue Verfahren der internationalen Streiterledigung in Wirtschaftssachen. Verfahren vor dem Internationalen Seegerichtshof, WTO-Panelverfahren, ICSID-und WIPO-Schiedsverfahren. 2001.

Band 6 Julia Tief: Discovery und Informationspflichten der Parteien in der Internationalen Schiedsgerichtsbarkeit. Ein deutsch-amerikanischer Vergleich. 2000.

Band 7 Richard Happ: Schiedsverfahren zwischen Staaten und Investoren nach Artikel 26 Energiechartavertrag. Eine Studie zum Wandel der Streitbeilegung im Investitionsschutzrecht unter den Bedingungen einer globalen Weltwirtschaft. 2000.

Band 8 Jörn Schämann: Schiedsgerichte unter staatlicher Kontrolle. Das englische Recht und das UNCITRAL-Modellgesetz. 2001.

Band 9 Jana Dominique Jaeger: Die Umsetzung des UNCITRAL-Modellgesetzes über die internationale Handelsschiedsgerichtsbarkeit im Zuge der nationalen Reformen. 2001.

Band 10 Michael Kronenburg: Vollstreckung ausländischer Schiedssprüche in den USA. Die Rechtsprechung US-amerikanischer Gerichte. 2001.

Band 11 Jan-Michael Ahrens: Die subjektive Reichweite internationaler Schiedsvereinbarungen und ihre Erstreckung in der Unternehmensgruppe. 2001.

Band 12 Klaus Peter Berger: Arbitration Interactive. A Case Study for Students and Practitioners. 2002.

Band 13 Daniel Paul Simms: Das Recht der Schiedsgerichtsbarkeit in Irland. 2002.

Band 14 Johann von Pachelbel-Gehag: Das reformierte deutsche und schwedische Schiedsverfahrensrecht. Eine vergleichende Betrachtung unter Berücksichtigung des UNCITRAL-Modellgesetzes über die internationale Handelsschiedsgerichtsbarkeit. 2002.

Christian Zuleger

Die UNCITRAL-Schiedsregeln – 25 Jahre nach ihrer Schaffung

Eine Untersuchung wichtiger Problemkreise unter besonderer Berücksichtigung der Rechtsprechung des Iran-U.S. Claims Tribunals und der Regelungen ausgewählter Schiedsordnungen

Frankfurt/M., Berlin, Bern, Bruxelles, New York, Oxford, Wien, 2002. 198 S.
Europäische Hochschulschriften: Reihe 2, Rechtswissenschaft. Bd. 3380
ISBN 3-631-39183-8 · br. € 35.30*

Vor 25 Jahren nahm die Kommission der Vereinten Nationen für Internationales Handelsrecht nach dreijähriger Vorbereitungszeit die UNCITRAL-Schiedsregeln an. Kurz darauf wurde diese Entscheidung von der Vollver sammlung der Vereinten Nationen bestätigt. Die UNCITRAL-Schiedsregeln stellen eine Muster-Verfahrensordnung für ad hoc-Schiedsgerichte dar. Sie sind für die weltweite Anwendung konzipiert und sollen sowohl in Industrie- wie in Entwicklungsländern und in Common Law- ebenso wie in Civil Law-Rechtskreisen akzeptabel sein. Die größte Bewährungsprobe hatten die UNCITRAL-Schiedsregeln bei den Schiedsverfahren des Iran-U.S. Claims Tribunals zu bestehen, dem in der Geschichte der Schiedsgerichtsbarkeit im Hinblick auf Dauer und Umfang bislang einmaligen Tribunal.

Aus dem Inhalt: Entstehungsgeschichte der UNCITRAL-Schiedsregeln · Anwendungsbereich und Bedeutung in der Praxis · Das Iran-U.S. Claims Tribunal · Vergleich mit anderen Schiedsordnungen · Mehrparteienschiedsgerichtsbarkeit · Befangenheit und Ablehnung von Schiedsrichtern · Widerklage · Verspätetes Vorbringen und Säumnis der Parteien · Einstweiliger Rechtsschutz · Förmlichkeiten des Schiedsspruchs

FSC®
www.fsc.org
MIX
Papier | Fördert gute Waldnutzung
FSC® C083411

Kolibri 360 GmbH
Ferdinand-Jühlke-Straße 7
99095 Erfurt, Deutschland
produktsicherheit@kolibri360.de

Druck:
CPI Druckdienstleistungen GmbH
im Auftrag der
Kolibri 360 GmbH
Ferdinand-Jühlke-Str. 7
99095 Erfurt